GIOVANNI DIENSTMANN

UM DOS MAIORES ESPECIALISTAS INTERNACIONAIS EM MINDFULNESS

CB127688

O PODER DA
AUT
DISCI
PLINA

Como superar a procrastinação e distrações, e ter foco para alcançar seus objetivos na vida

São Paulo
2024

Grupo Editorial
UNIVERSO DOS LIVROS

Mindful self-discipline: living with purpose and achieving your goals in a world of distractions
Copyright © 2021 by Giovanni Dienstmann

© 2024 by Universo dos Livros

Todos os direitos reservados e protegidos pela Lei 9.610 de 19/02/1998.
Nenhuma parte deste livro, sem autorização prévia por escrito da editora, poderá ser reproduzida ou transmitida sejam quais forem os meios empregados: eletrônicos, mecânicos, fotográficos, gravação ou quaisquer outros.

Diretor editorial
Luis Matos

Gerente editorial
Marcia Batista

Assistentes editoriais
Letícia Nakamura e Raquel F. Abranches

Tradução
Laura Folgueira

Preparação
Marina Constantino

Revisão
Alessandra Miranda de Sá
Bia Bernardi

Arte
Renato Klisman

Capa
Zuleika Iamashita

Diagramação
Nadine Christine

Dados Internacionais de Catalogação na Publicação (CIP)
Angélica Ilacqua CRB-8/7057

D562a

Dienstmann, Giovanni
O poder da autodisciplina: Como superar a procrastinação e distrações, e ter foco para alcançar seus objetivos na vida / Giovanni Dienstmann. -- São Paulo : Universo dos Livros, 2024.
480 p. ; il.

ISBN 978-65-5609-282-9

1. Autoajuda 2. Meditação 3. Desenvolvimento pessoal
4. Autoconhecimento 5. Autodisciplina
I. Título

22-2726 CDD 158.1

Universo dos Livros Editora Ltda.
Avenida Ordem e Progresso, 157 — 8º andar — Conj. 803
CEP 01141-030 — Barra Funda — São Paulo/SP
Telefone: (11) 3392-3336
www.universodoslivros.com.br
e-mail: editor@universodoslivros.com.br

SUMÁRIO

AGRADECIMENTOS

Agradecimentos especiais:

À minha esposa, Sepide Tajima, por todo o apoio nesta jornada — desde seu feedback perspicaz sobre os primeiros rascunhos até os conselhos em relação à capa do livro, e ainda por cuidar muito bem da nossa pequena para que eu pudesse me concentrar neste projeto durante meses.

Aos vários leitores e estudantes de meditação que me deram feedback sobre as ideias, exercícios e ilustrações deste livro.

Aos clientes das minhas sessões de *coaching*, que me fizeram perceber como a autodisciplina é realmente essencial e transformadora.

A uma editora, que permanecerá anônima, que, em meados de 2019, entrou em contato comigo encomendando a escrita de um livro sobre autodisciplina. Esse projeto nunca aconteceu, mas a semente foi plantada em minha mente.

A todos os meus *haters*, críticos e questionadores, por me lembrarem de ser uma luz para mim mesmo e defender o que acredito.

A todos os iogues e mestres de meditação, que me inspiraram a seguir a melhor e mais elevada disciplina, e moldaram quem eu sou.

Ao meu professor espiritual, cujo nome vou manter em segredo, por me encorajar neste processo e me assegurar de seu êxito.

PREFÁCIO

ROY F. BAUMEISTER

A AUTODISCIPLINA É UM DOS TRAÇOS DE PERSONALIDADE mais importantes e valiosos a se cultivar. Neste sábio e maravilhoso livro, Giovanni Dienstmann reúne seu amplo conhecimento das tradições espirituais antigas com um impressionante domínio da pesquisa psicológica moderna. Se você reconhece que sua vida seria melhor se trabalhasse sua autodisciplina — algo que é verdade para a maioria de nós —, eis aqui um guia claro, bem escrito e bem informado sobre como fazer com que essa mudança positiva aconteça.

A autodisciplina é usada com frequência como sinônimo de autocontrole, e outras vezes se refere a uma grande parte dele, embora não integralmente. Seja como for, os dois conceitos estão fortemente ligados. Levanto essa questão porque, na literatura psicológica científica, o autocontrole é muito mais debatido do que a autodisciplina. Mesmo assim, grande parte dessa pesquisa é bastante recente.

Para situar este trabalho, podemos perguntar: quais são as características que contribuem para o sucesso na vida? Comecei minha carreira com um grande interesse pela autoestima. Como diversos colegas, eu achava que muitas pessoas eram prejudicadas pela baixa autoestima. Acreditávamos que a melhora da autoestima das pessoas levasse a todo tipo de benefícios. Alguns ainda acreditam nisso, mas os dados reunidos não foram favoráveis. A autoestima parece ser mais um resultado do que uma causa, seus benefícios são poucos e pequenos, e os esforços para elevá-la não resultaram em grandes melhorias.

Quando tentei dimensionar o que os psicólogos realmente achavam ser os traços mais importantes, apenas dois tiveram amplo apoio: inteligência e autocontrole. Pessoas inteligentes são mais bem-sucedidas profissionalmente. E não apenas em carreiras acadêmicas ou científicas. A inteligência parece melhorar o desempenho em praticamente todas as profissões estudadas, entre elas, garçom/garçonete, zelador, faz-tudo etc.

O autocontrole surgiu mais tarde, pelo menos no contexto da pesquisa psicológica. Mas, em pouco tempo, acumulou um registro verdadeiramente impressionante de benefícios. Muitos deles estão documentados em meu livro *Força de vontade: a redescoberta do poder humano* (com John Tierney). Pessoas com bom autocontrole são mais bem-sucedidas nos estudos e no trabalho. Elas ganham mais dinheiro. Têm menos problemas psicológicos e são menos propensas a vícios como tabagismo, alcoolismo e outros. Cometem menos crimes e têm menos probabilidade de serem presas. (Mesmo os criminosos condenados com melhor autocontrole têm menos probabilidade de serem presos novamente após saírem da prisão.) Elas são mais saudáveis física e mentalmente. São mais populares entre colegas e professores. Têm laços familiares mais fortes e parceiros amorosos mais felizes. E vivem mais tempo.

Porém, a autodisciplina e o autocontrole também não dizem respeito a apenas obter bons resultados com uma rotina de deveres, sem alegria. Meu grupo de pesquisa chamou isso de "hipótese puritana", em homenagem aos primeiros colonos dos Estados Unidos, que são amplamente estereotipados como trabalhadores sérios, sóbrios, que odeiam diversão e que vivem em razão do dever. Pelo contrário, descobrimos que quem tinha altos níveis de autocontrole era mais feliz do que as outras pessoas. Isso é verdade para ambas as maneiras como os cientistas medem a felicidade. Em um cenário mais amplo, as classificações gerais indicavam que essas pessoas estavam mais satisfeitas com sua vida. E, quando eram acompanhadas ao longo do tempo, sentiam emoções positivas com mais frequência do que emoções negativas.

Parte do júbilo benéfico de uma boa autodisciplina é que sua vida corre sem sobressaltos, com menos problemas. Descobrimos que as pessoas com pouco autocontrole estão sempre lutando para lidar com problemas que elas mesmas criaram. Elas não cumprem prazos e depois têm que lidar com as tensões e os problemas que resultam disso. Muitas vezes se veem correndo de uma coisa para outra, incapazes de se concentrar no que estão fazendo no momento. Não conseguem economizar e, portanto, muitas vezes falta dinheiro. Elas se metem em brigas com seus entes queridos, e esses conflitos têm um custo alto. Relatam um sono de pior qualidade. Um nível alto de autocontrole não evita completamente todos esses problemas — mas os reduz de modo significativo.

Em geral, vejo o mundo em termos de trocas. Muitas vezes, uma vantagem é compensada por alguma desvantagem. (As várias pequenas diferenças entre homens e mulheres costumam funcionar assim, de tal forma que cada vantagem para um gênero é compensada por uma desvantagem.) Mas o autocontrole, assim como a inteligência, não parece ter um lado negativo. Quanto mais inteligente alguém for, melhor será sua situação — e o mesmo vale para o autocontrole e a autodisciplina.

Por todas essas e outras razões, encorajo você a ler este livro e desfrutar dele. Trabalhar sua autodisciplina tornará a vida melhor em muitos aspectos — tanto para você como para as pessoas ao seu redor.

O MANIFESTO

UMA AUTODISCIPLINA CONSCIENTE É MUITO MAIS DO que apenas ter uma rotina, construir hábitos, gerenciar seu tempo e manter-se trabalhando em seus objetivos. Trata-se de levar uma vida de total engajamento, expressar seu potencial, encontrar a realização e morrer sem arrependimentos. Trata-se de melhorar a si mesmo e conquistar bem-estar. Trata-se de viver como um **ser humano com um propósito**.

Seres humanos intencionais têm aspirações claras e poderosas.

Seres humanos intencionais assumem total responsabilidade e acreditam em si mesmos.

Seres humanos intencionais pensam no longo prazo e priorizam a realização ao conforto.

Seres humanos intencionais praticam meditação, autorreflexão e vivem de maneira consciente.

Seres humanos intencionais cultivam pausas, consciência e força de vontade na vida.

Seres humanos intencionais perseveram no caminho até seu objetivo.

Seres humanos intencionais são gentis com seu eu presente e seu eu futuro.

Seres humanos intencionais têm hábitos consistentes e uma poderosa rotina matinal.

Seres humanos intencionais têm um plano, trabalham pelo sucesso e se reestruturam quando falham.

Seres humanos intencionais têm um comprometimento inegociável com o qual adotam o Nunca Zero.

Seres humanos intencionais sabem lidar com procrastinação, distrações, desculpas e dúvidas.

Seres humanos intencionais vivem alinhados com seus objetivos e valores mais elevados, dia após dia.

Se você se pegou dizendo sim a alguns dos itens acima, seja bem-vindo. A Autodisciplina Consciente é para você! Vire a página e vamos começar esta emocionante jornada.

APRESENTAÇÃO

Dentre mil princípios para o sucesso desenvolvidos ao longo dos anos, esta qualidade ou prática, mais do que qualquer outra coisa, é a que mais lhe garantirá realizar coisas maravilhosas com sua vida. Esta qualidade é tão importante que, se não a desenvolver ao máximo, é impossível alcançar o que você é realmente capaz de alcançar.
BRIAN TRACY

TIRE DE MIM TUDO O QUE TENHO, TUDO O QUE SEI, TODOS os meus contatos e qualidades pessoais, mas me deixe com uma coisa, e eu conseguirei tudo de volta.

Essa coisa é a autodisciplina.

Nenhum talento, dinheiro, conhecimento ou truques de autoajuda pode compensar a sua falta. E, neste mundo de distrações e gratificações instantâneas, até mesmo um pouco dela faz diferença. Tudo ao seu redor é projetado para romper com sua autodisciplina. E agora você tem uma escolha: continuar deixando isso acontecer ou assumir o controle de sua vida para poder viver com mais propósito e alcançar seus objetivos.

A autodisciplina é a habilidade mais essencial para que você alcance seus objetivos em qualquer área da vida. É a mãe de todas as virtudes, o motor de todo crescimento e a bússola de que precisa para viver de acordo com seus maiores objetivos e valores, dia após dia.

Não se trata de uma loteria genética nem de um presente divino — é uma habilidade que se aprende. O tempo que passar dominando-a lhe trará ricos dividendos. Porque a autodisciplina torna tudo em sua vida mais fácil.

Quer ser mais saudável? Emagrecer? Meditar todos os dias? Economizar mais? Fazer seu negócio crescer? Levar sua carreira para o próximo nível? Tornar-se um melhor cônjuge ou pai? Dominar uma habilidade? Fazer a diferença no mundo?

Você está em um momento de vida em que precisa recomeçar, reiniciar e reinventar-se? Ou simplesmente quer ir dormir todas as noites satisfeito consigo mesmo e com a forma como empregou seu tempo?

A autodisciplina — a autodisciplina *consciente* — lhe permite fazer tudo isso. Permite que você viva sem desculpas e morra sem arrependimentos.

E este livro é um guia passo a passo completo. Se quer aprender essa habilidade, acredito que não encontrará um livro melhor do que este que tem em suas mãos neste momento.

INTRODUÇÃO

Disciplina é escolher entre o que se quer agora
e o que se quer mais.
ABRAHAM LINCOLN

Considero mais corajoso aquele que supera seus desejos
do que aquele que conquista seus inimigos;
pois a vitória mais difícil é a sobre si mesmo.
ARISTÓTELES

AUTODISCIPLINA: A CHAVE DE TODOS OS OBJETIVOS

Pare um momento para pensar nas áreas de sua vida que são verdadeiramente importantes para você. Pense nas mudanças que quer fazer — em si mesmo e em sua vida — e no que elas significariam.

Pense em como você se sentiria se, daqui a dez anos, ainda não tivesse feito essas mudanças.

Agora, deixe-me fazer-lhe algumas perguntas:

- Você sente que está tendo o progresso desejado nessas áreas?
- Você atinge consistentemente seus objetivos nas áreas de carreira, saúde, finanças, relacionamentos, negócios ou espiritualidade?

- Está levando a vida que havia planejado?
- Sempre cumpre as promessas que faz para si mesmo?
- Está plenamente satisfeito com a maneira como está empregando seu tempo, energia e vida?

Se você respondeu "não" a uma ou mais dessas perguntas, estou aqui para lhe dizer que a autodisciplina é a peça que falta.

Saber o que se quer, mas não ser capaz de fazer acontecer é doloroso. Você talvez sinta que o tempo está escorrendo por entre os dedos, e, enquanto algumas outras pessoas parecem conseguir tudo o que se propuseram a conseguir, você luta para seguir em frente. Ou leva muito mais tempo e se esforça mais do que o necessário para realizar tarefas, exaurindo-se pelo caminho.

Por que você ainda não atingiu alguns de seus objetivos? Por que é difícil romper com certos hábitos negativos, manter os hábitos positivos e ter uma rotina estimulante todos os dias?

O que está faltando não é conhecimento. Não importa o que queira mudar em si mesmo ou em sua vida, aposto que você sabe o que precisa fazer. Também não é falta de dinheiro, de apoio ou de tempo. Não é sequer falta de motivação. O que está faltando é um **compromisso profundo**, assim como a **autodisciplina** para transformar esse compromisso em ação efetiva, diária, *não importa o que aconteça*.

Quando se tem esse compromisso e essa disciplina, as resoluções de Ano-Novo não fracassam, os sonhos não são esquecidos em uma lista de desejos de dez páginas, projetos e metas não são abandonados pela metade e hábitos ruins não tomam conta de sua vida. "Eu decido, portanto eu faço" torna-se seu novo mantra.

Para algumas pessoas, porém, a autodisciplina tem uma má reputação: é algo difícil e chato; algo que machuca, que você é obrigado a fazer. No entanto, quando vista sob a ótica certa, percebemos que a autodisciplina não é autocastração; é autoafirmação. É uma ferramenta que serve aos seus melhores interesses.

A autodisciplina é autorrespeito.

Enquanto você desejar crescer como pessoa, haverá a necessidade de autodisciplina. Por quê? Porque haverá uma lacuna entre a pessoa que você é e a pessoa que quer ser. A autodisciplina ajuda a preencher essa lacuna.

Há também outros elementos, é claro — como a sorte e a genética —, mas são coisas sobre as quais você não pode fazer nada. Suas atitudes, pensamentos e rotina diária são as coisas sobre as quais pode ter controle total. Quanto mais você assumir o controle delas, mais será capaz de vencer o caos da vida e viver, consistentemente, de acordo com as próprias regras.

Não importa a sua idade, sexo, sexualidade, estilo de vida, posicionamento político ou crenças. Se você tem um objetivo, precisa de autodisciplina. É simples assim.

O resultado de uma vida vivida com autodisciplina é a realização.

O resultado de uma vida vivida sem ela é o arrependimento.

O PODER DA AUTODISCIPLINA CONSCIENTE

A autodisciplina não significa apenas formar hábitos. Desenvolver hábitos é uma das principais *expressões* da autodisciplina, mas não a única. Ela é também mais do que fazer a gestão do tempo, ter uma mentalidade positiva, estabelecer metas eficazes e agir — essas são apenas algumas de suas *práticas*.

A autodisciplina não é apenas um dos vários tópicos do desenvolvimento pessoal — é seu próprio *cerne*. É o fio que une todos os inúmeros tópicos do autodesenvolvimento, por exemplo:

- Mentalidade de crescimento;
- Construção de hábitos;
- Meditação;
- Estabelecimento de metas;
- Autocontrole;
- Produtividade;
- Desenvolvimento de virtudes;
- Pensamento positivo;
- Força de vontade;

- Busca por propósito;
- Visualizações;
- Afirmações;
- Concentração e perseverança.

É por isso que cada um dos capítulos deste livro poderia ser um livro por si só. Na verdade, vários livros foram escritos sobre cada um dos conceitos-chave abordados em qualquer um dos capítulos. Meu objetivo, aqui, é reunir tudo isso; apresentar cada tópico de forma altamente prática e coesa, sem a enrolação típica de análises acadêmicas e estudos de caso intermináveis.

É possível passar o dia todo falando sobre definição de metas, dicas de produtividade e truques para o cérebro. Ainda assim, tudo isso tem uma coisa em comum: exige comprometimento. Em outras palavras, você precisa *pôr em ação*. Precisa seguir as ferramentas e aplicá-las, mesmo quando não lhe apetece. São, portanto, *disciplinas*. Sendo assim, a autodisciplina é necessária para todas elas.

Certo, mas por que ter uma autodisciplina *consciente*?

Porque minha abordagem é baseada na meditação e na consciência, não na contundência. Ela o convida a harmonizar todas as partes de si para alcançar um objetivo significativo, em vez de se martirizar para se manter nos trilhos. Ela evoca o poder interior do *monge* em você — não do soldado.

A abordagem consciente da autodisciplina é mais prática e exequível do que confiar na força. E tem o bônus de lhe dar muitos dos benefícios comprovados da prática meditativa. Se você já tentou ser disciplinado antes, mas falhou, a Autodisciplina Consciente pode ser justamente a nova abordagem pela qual estava procurando.

COMO TIRAR O MELHOR DESTE LIVRO

Este livro concentra-se em ajudá-lo a atingir seus objetivos, vivenciar seus sonhos e valores e fazer as mudanças que deseja. Ele funcionará quer você tenha um propósito que consuma todos os seus esforços, quer precise apenas de ajuda para ter sucesso em tarefas mais simples, como economizar, acordar cedo e comer melhor.

Eis aqui como este livro está estruturado.

Na primeira parte, você aprenderá o que é autodisciplina, como ela funciona em seu cérebro e os benefícios de desenvolver essa habilidade. Verá a necessidade de ter equilíbrio em suas disciplinas, para que viva bem e não fique esgotado. Discutiremos então o papel essencial da força de vontade e como desenvolvê-la.

As partes dois a quatro falam sobre cada um dos três pilares da autodisciplina: Aspiração, Consciência, Ação.

Na seção sobre o pilar Aspiração, você aprenderá a encontrar suas aspirações mais profundas na vida, ampliá-las, criar metas específicas para elas e priorizá-las em sua rotina diária. Verá como lidar com a autossabotagem e, também, como adotar três virtudes poderosas que lhe permitirão viver suas aspirações mais plenamente: senso de propriedade, autoconfiança e sacrifício.

Na seção sobre o pilar Consciência, chegamos ao cerne da Autodisciplina Consciente. Consciência é uma qualidade desenvolvida através da meditação diária e da autorreflexão (escrita em um diário), e aplicada em sua rotina com a ajuda do Método PAV. Você aprenderá três maneiras diferentes de mudar seu estado mental e emocional usando sua força de vontade, de modo a ser capaz de tomar decisões que o aproximem de seus objetivos em vez de afastá-lo deles. Aprenderá a perseverar, não importa o que aconteça. Aprenderá também técnicas que ajudam a superar distrações e desculpas pelo percurso.

Na seção sobre o terceiro pilar, o da Ação, você projetará seu plano de ação, criando marcos para seus objetivos e passando pelos detalhes da criação de hábitos eficazes que o farão avançar. Depois discutiremos métodos específicos para superar os obstáculos do esquecimento, da procrastinação e da dúvida. Você também aprenderá a planejar o fracasso, de modo que possa recuperar-se com elegância. Fechamos com "chave de ouro" falando sobre o compromisso Nunca Zero — algo que você nunca esquecerá.

Na última parte do livro, mencionaremos assuntos que vão aprimorar os três pilares. Você aprenderá princípios de gestão de tempo consciente e diretrizes específicas para construir rotinas matinais e noturnas eficazes. Falaremos de virtudes, sobre por que elas são importantes e como desenvolvê-las. Também discutiremos outros elementos do estilo de vida que podem tornar a autodisciplina mais fácil ou difícil para você — como o sono e as companhias. Abordaremos então o tema da espiritualidade como camada opcional que pode acrescentar maior força e significado à sua autodisciplina, assim como crescer com ela.

Sugiro que leia este livro sequencialmente, do começo ao fim. Isso, por si só, é um exercício de autodisciplina. Entretanto, se tem pouco tempo e quer ir direto para o que vai lhe assegurar uma "vitória rápida", leia os capítulos 17-24 e, depois, os capítulos 31, 34 e 40. Ainda assim, você talvez se pergunte: "Giovanni, se eu *realmente* só tivesse tempo para ler e implementar três capítulos, quais seriam eles?". Se for seu caso, recomendo que se concentre nos capítulos 17 (O Método PAV), 31 (Comprometa-se com o Nunca Zero) e em um dos "capítulos de obstáculos" (12, 21, 22, 23, 28, 29 e 30) que tenha a ver com as suas necessidades.

Ao prosseguir por este livro, por favor, **não se sobrecarregue**. Não é necessário seguir cada exercício e experimentar todas as técnicas. Se aprender e realmente implementar apenas *um* dos métodos, sua autodisciplina já terá melhorado. Se implementar de três a cinco deles, ela será transformada. Durante a leitura, anote os assuntos que mais o farão evoluir e concentre-se em integrar esses exercícios à sua vida até que se tornem naturais. Aí, pode voltar e experimentar outros. Consulte também a seção Checklist, no final do livro, para obter um guia prático de como aplicar esses conceitos na vida diária.

Este livro possui algumas repetições incorporadas. Isso é deliberado. Vou revisitar alguns dos conceitos várias vezes, de diferentes ângulos, para realmente ajudá-lo a absorver essas ideias.

O estilo de escrita deste livro, diferentemente do meu primeiro, *Meditação: orientações passo a passo para praticar, acalmar a mente e alcançar o bem-estar*, é mais direto e "penetrante". Você pode sentir às vezes que minhas palavras o estão pressionando, dissecando as coisas profundamente e deixando-o sem ter para onde fugir. Por favor, entenda que isso é feito em nome do serviço e da compaixão, e não do julgamento.

Ao ler estas palavras, permita que elas o *incendeiem*. Mas não comece a se culpar. Vergonha e culpa são emoções negativas que muitas vezes o mantêm atado a maus hábitos; esse *não* é o caminho da Autodisciplina Consciente, e não é o que se espera. Ninguém é perfeito em autodisciplina; todos estamos apenas aprendendo o que precisamos aprender para dar o próximo passo.

AUTODISCIPLINA E EU

As pessoas dizem que a autodisciplina é uma das minhas superpotências. Aliás, se você perguntar a algum de meus amigos próximos ou familiares qual é minha maior habilidade pessoal, a maioria diria "disciplina" ou uma de suas variantes (perseverança, resiliência, força de vontade).

Minha esposa diz, brincalhona, que eu deveria mudar meu nome para Giovanni *Disciplinado* Dienstmann.

Bem, a disciplina definitivamente me serviu em todas as áreas da vida. É algo que cultivo há anos — e não um dom genético (sou o único em minha família que é disciplinado assim).

Foi a autodisciplina que me permitiu prosperar em meu trabalho na advocacia ainda jovem, depois em TI, depois escrevendo em blogs. É a autodisciplina que me permite acordar sempre às 2h30 da manhã, tomar um banho frio, meditar por duas horas e comer apenas uma vez por dia — sete dias por semana. É devido a essa habilidade que pratiquei mais de 10 mil horas de meditação e escrevi um livro popular sobre o tema.

É a autodisciplina que me permite ficar calmo, centrado e satisfeito dia após dia, não importa o que esteja acontecendo. Meu humor e meus estados emocionais são constantes e estáveis.

É a autodisciplina que me permite dizer não aos vícios do entretenimento, da informação e de outras formas de gratificação instantânea. Na verdade, não tenho aplicativos de redes sociais em meu telefone. Checo meus e-mails duas vezes por dia. As notificações ficam, em sua maioria, todas desligadas. Assisto a menos de três horas de tevê por *semana* e não perco tempo navegando à toa na internet.

E eu amo minha vida. Vivo com a satisfação de saber que cada momento é dedicado a um dos três pilares principais da minha vida:

- Crescimento pessoal (meditação e espiritualidade).
- Família (minha esposa e minha filha).
- Legado (meu trabalho).

No entanto, este livro é sobre você — e seus pilares podem ser completamente diferentes. A maneira como quer viver sua vida pode ser completamente diferente, mas a necessidade de autodisciplina é a mesma. É universal.

Sua necessidade de autodisciplina pode ser muito menor do que a minha, mas é útil saber o que é possível uma vez que siga este sistema. O nível de disciplina que é possível para mim é definitivamente possível para você — se estiver disposto a aprender e se esforçar um pouco. A autodisciplina não é algo que ou se tem ou não se tem. É uma habilidade que pode ser aprendida, uma qualidade que pode ser desenvolvida.

Este livro é a resposta a perguntas que me foram feitas inúmeras vezes: "Como você consegue ser tão disciplinado? Como faz isso?". É o meu esforço de reunir todos os conceitos de autodesenvolvimento que estudei, pratiquei e ensinei pelos últimos vinte anos. Algumas pessoas se concentraram em acumular riqueza, construir negócios, aperfeiçoar seu ofício ou ganhar medalhas de ouro. Para mim, o que importava era acumular sabedoria e autodomínio; é isso, portanto, que tenho para compartilhar.

Para mim, tudo se resume a autodisciplina. E, neste livro, compartilho as pérolas que colecionei ao longo do caminho e a forma única como as entrelacei.

O QUE ESPERAR DESTE LIVRO

Este livro não é uma compilação de estudos científicos nem um projeto de pesquisa acadêmica. Sim, eu os consultei, mas não estou escrevendo uma tese. Aqui eu me concentro no "como" fazer isso, em vez de no "por que está provado que funciona". (Se quiser saber mais sobre esses estudos e as discussões acadêmicas a respeito deles, por favor, consulte as notas e referências no final do livro.)

Este livro não ensina uma fórmula mágica, e eu também não finjo ter descoberto algo novo. Essa habilidade é incrivelmente antiga. Foi executada e elogiada pelos melhores artistas e sábios de todas as culturas e épocas. E é *por isso* que vale a pena prestar atenção. Ela tem resistido ao teste do tempo. Não é uma moda.

Este livro não é como muitos outros do gênero de desenvolvimento pessoal, com poucos conceitos e repletos de histórias e exemplos. Não. Tenho muito a dizer, e não tenho muito espaço para isso. Cada frase deste livro foi concebida para proporcionar poder e inspiração, sem medir palavras. Ele foi projetado para ser seu *guia de autotransformação*, não uma leitura leve e divertida para uma tarde de domingo.

A premissa deste livro é muito simples: se quiser alcançar qualquer tipo de objetivo ou mudar algo em si mesmo ou em sua vida, precisará *fazer* alguma coisa. Nesse processo, encontrará obstáculos — tanto internos quanto externos — e muitas vezes será seu pior inimigo. A autodisciplina é a forma de navegar por essa confusão, de ir de onde está agora para onde quer estar.

Este livro provavelmente fará com que você se sinta desconfortável às vezes. Se isso acontecer, fique feliz — a mensagem está sendo absorvida, e a mudança positiva está à frente.

Este livro vai acabar com as suas desculpas. Para cada desafio na realização de seu sonho, eu lhe darei uma estratégia acionável (ou mais). Você não será mais capaz de se esconder.

Ele fará com que a autossabotagem se torne extremamente dolorosa — e é assim de propósito, para que você possa superá-la por completo. Esta abordagem funciona e pode ser exatamente do que você precisa, mas talvez não seja o que estava procurando.

Entendo que ser tão direto talvez não me garanta lugar em uma cobiçada lista de best-sellers... mas é a melhor forma de estar a serviço dos leitores. Este livro substituirá o conforto das desculpas pela satisfação de possuir o poder de viver a vida que você quer viver.

Se você não tem objetivos de vida, este livro é inútil. Devolva-o e peça reembolso, se puder.

Mas, se tiver objetivos de vida, acho que vai adorá-lo — então, bem-vindo à tribo!

Vamos começar agora.

OS FUNDAMENTOS

CAPÍTULO 1

O QUE É AUTODISCIPLINA?

Todos devem escolher uma das duas dores: a dor da disciplina ou a dor do arrependimento.
JIM ROHN

A habilidade de subordinar um impulso a um valor é a essência de alguém proativo.
STEPHEN COVEY

Uma mente disciplinada leva à felicidade. Uma mente indisciplinada leva ao sofrimento.
DALAI LAMA

COMEÇAMOS NOSSA JORNADA ESCLARECENDO O QUE é e o que não é autodisciplina. Esta primeira parte do livro, então, é sobre o "o quê". O restante do livro é sobre o "como".

A autodisciplina é tão antiga quanto a humanidade. Os estoicos defendiam muito a ideia de não se deixar levar pelos pensamentos e sentimentos, e muitas vezes chamavam isso de "disciplina do assentimento". Os monges budistas a tratavam como o Santo Graal. A Bíblia nos diz que toda a queda da humanidade se deve a uma falha no autocontrole: alguém trocou a eternidade no Jardim do Éden por uma maçã... Isso que é gratificação instantânea!

Vejamos agora o que é essa coisa e por que pode nos salvar de fracassar em relação a nossos ideais.

UMA PALAVRA, MUITAS VIRTUDES

Em poucas palavras, eis como defino essa habilidade essencial: "a autodisciplina é a arte de viver em harmonia com seus objetivos e valores".

E aqui está a definição mais longa: "a autodisciplina é a capacidade de viver de acordo com seus objetivos e valores mais elevados, a cada momento. É o poder de superar obstáculos internos e externos, comprometer-se com o que é importante para você e deixar que isso oriente a maneira como pensa, as escolhas que faz e as atitudes que toma — até concretizar seu objetivo".

A definição acima pode parecer simples, mas contém muitas coisas. Vamos agora verificar suas muitas camadas.

"Viver de acordo" significa a sua capacidade de escolher o que mais lhe serve. É escolher seu eu superior e respeitar essa escolha. É agir em harmonia com seus objetivos, não com seus humores; com suas decisões, não suas emoções; com suas aspirações, não seus desejos. É ter a coragem de sacrificar uma alegria menor por uma alegria maior.

Objetivos e valores são as coisas que você quer alcançar. Exemplos: viver de modo mais saudável, escrever um livro, parar de beber, meditar todas as manhãs, tornar-se um grande violonista, ser a melhor mãe possível, constituir riqueza, melhorar suas habilidades etc. É fazer o jogo do longo prazo, deixando de lado a ilusão de ganhos rápidos e do sucesso da noite para o dia.

Obstáculos internos são coisas como procrastinação, desculpas, falta de motivação, crenças limitantes, falta de confiança, preguiça, hábitos ruins etc. **Obstáculos externos** são coisas como distrações, pressão social, ambientes desmotivadores, fracassos e desafios no seu caminho.

"Deixar que isso oriente" significa que a autodisciplina traz clareza à sua vida. Ela funciona como uma bússola para cada decisão — uma bússola com o norte de sua escolha.

"Até concretizar seu objetivo", e não "pelo tempo que lhe apetecer". A autodisciplina não pergunta como você está se sentindo hoje. Ela pergunta: "Como você vai viver suas aspirações hoje?" e "Que escolha está de acordo com quem você quer se tornar?".

A habilidade da autodisciplina tem muitos aspectos. À primeira vista, eles podem parecer virtudes isoladas, mas estão todos conectados. Se olharmos a autodisciplina sob a ótica do que ela faz, podemos ver que ela permite que você:

- Concentre-se no que é mais importante, apesar das distrações e dos objetos atraentes. Gaste seu tempo e sua energia com as coisas que realmente agregam valor à sua vida. (**Foco**)
- Faça o que você precisa fazer, independentemente de como se sinta no momento e dos obstáculos pelo caminho. (**Força de vontade**)
- Não se permita fazer o que sabe que não é bom para você e se motive a fazer o que *é* bom para você. (**Autocontrole**)
- Desvie de desculpas, procrastinação, medos e dúvidas. Mantenha-se alinhado a seus objetivos e sonhos, mesmo quando não há motivação. (**Determinação**)
- Mantenha suas promessas individuais (resoluções) e para os outros (compromissos). (**Integridade, Confiabilidade**)
- Viva de acordo com seus próprios valores, padrões e regras. Faça seus pensamentos, ações e comportamentos corresponderem à pessoa que aspira a ser. (**Autenticidade**)
- Dê seu melhor em sua vida, relacionamentos e trabalho. (**Generosidade**)
- Faça o que sabe que precisa fazer para obter os resultados desejados em diferentes áreas da vida. Concentre-se no que pode controlar e aceite o que não pode. (**Responsabilidade, Senso de propriedade**)
- Viva de forma mais intencional e menos impulsiva, considerando as consequências a longo prazo de cada escolha que fizer. Diga não às tentações de gratificação instantânea quando elas não estiverem em harmonia com seus objetivos de longo prazo. (**Visão**)
- Volte a se levantar cada vez que cair, sabendo que está fazendo o jogo do longo prazo e que uma hora conseguirá o que quer. (**Perseverança, Resiliência**)

- Siga seu plano, mesmo quando as coisas não parecem estar dando certo, e termine o que começou. (**Garra**)
- Organize sua vida — seus pensamentos, emoções, ações e hábitos — na busca por objetivos significativos. Isso o torna unificado e íntegro. Quando isso acontece, todas as forças em sua personalidade voltam-se para a mesma direção e há menos contradições internas. (**Integração, Integralidade**)
- *Aprenda* de verdade. A palavra "disciplina" e a palavra "discípulo" têm a mesma raiz. (**Crescimento**)
- Não se deixe controlar por emoções e impulsos momentâneos. (**Equilíbrio**)
- Leve suas habilidades e conhecimentos a outro patamar e cresça como indivíduo. (**Excelência**)
- Tome decisões pelas quais seu eu futuro lhe agradecerá. (**Amor-próprio**)
- Tome atitudes de acordo com quem você aspira a ser (futuro), não com a pessoa que você foi condicionado a ser (passado). (**Alinhamento**)

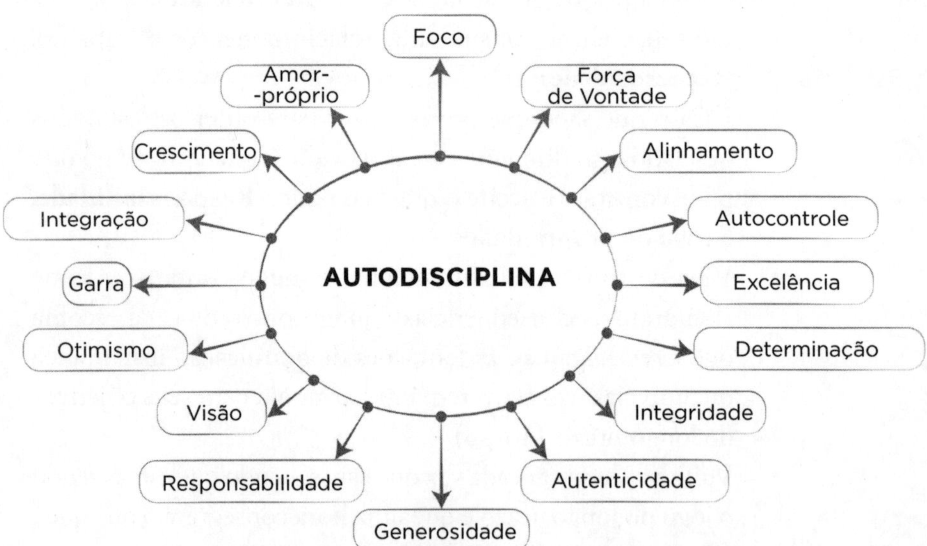

Como talvez já esteja claro, a autodisciplina tem um aspecto externo e um aspecto interno. O externo é a sua capacidade de formar e manter bons hábitos, abandonar maus hábitos e agir de acordo com seus objetivos.

O interno é o domínio de si. É isso que torna o aspecto externo possível. É a nossa capacidade de harmonizar e coordenar os diferentes elementos de nosso mundo interior — nossos pensamentos, emoções, impulsos e objetivos. Significa que você tem o poder de escolher qual das vozes conflitantes dentro de si consegue dirigir o espetáculo em determinado momento. Sem isso, não temos controle de nós mesmos e, portanto, de nossa vida.

AUTODISCIPLINA COMO PODER PESSOAL

David Eagleman, autor de *Incógnito: as vidas secretas do cérebro*, argumenta que nosso comportamento é simplesmente o resultado das muitas batalhas entre os desejos de curto e longo prazo em nosso cérebro. Se é assim, então a autodisciplina é a capacidade de escolher a sua parte que deve vencer as batalhas que importam.

A palavra grega para disciplina, *enkrateia*, vem da raiz *krat*, que denota controle, ou poder. A autodisciplina é o seu poder pessoal central. É o domínio de si. É a fonte de todos os outros poderes.

Toda vez que você exerce esse poder, você o fortalece. E tem a satisfação de saber que está fazendo o seu melhor. Faça isso todos os dias, expressando o que há de melhor em você, e será capaz de viver com a paz de espírito de não ter arrependimentos — sem questionamentos como "e se" ou "eu deveria ter" circulando pela mente.

Por outro lado, toda vez que você diz *não* a seus objetivos, parte de seu poder *se esvai*. Isso acontece sempre que perde de vista o que é importante para você e se deixa levar pelas distrações e tentações de gratificação instantânea.

Acontece sempre que você diz "Não estou a fim", ou "Vou começar na semana que vem", ou "Vou abrir uma exceção só desta vez", ou "Hoje não conta".

Você está se enganando. E, quando faz isso, está abandonando parte de sua alma e se tornando impotente. Logo chegará o dia em que começará a sentir que suas decisões e palavras não importam mais — já que elas não são respeitadas nem mesmo por você. Isso pode facilmente ocasionar sentimentos de vitimização, depressão e arrependimento.

Em vez disso, honre seu poder pessoal. Cultive-o. Exercite-o sabiamente.

A autodisciplina é uma forma de autorregulação, autocontrole ou autodomínio — é o exercício benevolente do poder dentro de si mesmo. Como um bom rei ou rainha conduzindo um país a um desejado futuro de mais felicidade.

Esse exercício de poder pessoal (autodisciplina) faz bem. Ele leva à felicidade, não à repressão. Pesquisas mostram, inclusive, que pessoas com autocontrole mais desenvolvido comem de maneira mais saudável, fazem mais atividades físicas, dormem melhor, consomem menos bebidas alcoólicas, fumam menos, obtêm notas mais altas na universidade, têm relacionamentos mais estáveis, têm mais estabilidade financeira e desfrutam de mais saúde física e psicológica. Elas têm maior autoestima, melhores habilidades interpessoais e respostas emocionais mais otimizadas.

Honrar e cultivar seu poder pessoal também resulta em ficar mais satisfeito consigo mesmo, mais confiante em suas capacidades e mais socialmente influente. Uma pessoa com a autodisciplina bem estabelecida exala um senso natural de autoridade, respeito e confiança.

Se não tivermos isso, não conseguiremos nos destacar; vamos ter que apenas nos encaixar. Ou, nas palavras do pensador que é conhecido por *filosofar a golpes de martelo*: "Aquele que não pode comandar a si mesmo deve obedecer" (Friedrich Nietzsche).

Considere os diferentes aspectos de sua personalidade como cidadãos que vivem em seu reino, cada um com desejos, medos e intenções diferentes. Há interesses conflitantes, com certeza. Então, pergunte-se: como é o meu reino? A maioria dos cidadãos está trabalhando harmoniosamente para um objetivo compartilhado ou lutando sozinha? Sentado no trono, há um governante sábio e benevolente ou um bufão sem-noção?

AUTODISCIPLINA COMO HARMONIA PESSOAL

Uma maneira mais gentil de ver a autodisciplina é como uma forma de encontrar harmonia e criar um ritmo positivo em sua vida. O ritmo é uma forma de disciplina e ordem: são coisas que acontecem de modo confiável.

O ritmo está ao nosso redor.

Nosso corpo tem os próprios ritmos, como o ritmo circadiano. Podemos pensar nele como a rotina do corpo, sua autodisciplina natural. Quando os ritmos do corpo são respeitados e mantidos — com refeições saudáveis, horários regulares de sono etc. —, experimentamos saúde física, vitalidade e bem-estar. Ao romper com eles, começamos a enfrentar todo tipo de problemas.

A música é ritmo. Cada nota, cada pausa precisa estar exatamente no lugar correto — nem um segundo antes, nem um segundo depois. Caso contrário, não há harmonia. É uma disciplina muito rigorosa. Siga-a, e haverá música; rompa-a, e tudo o que haverá é ruído.

A beleza também é ritmo — uma forma de disciplina visual que valoriza a harmonia, a simetria e o movimento equilibrado. Há disciplina e forma até ao se moldar o fluxo criativo de ideias em uma história; sem essa disciplina, a expressividade e o poder da história são esmaecidos.

A disciplina é a base para o ritmo, para o equilíbrio e, portanto, para a harmonia. A ausência de disciplina leva à desarmonia, ao desperdício de energia e ao caos.

Como pode ver, a disciplina já existe em muitas coisas ao nosso redor. Na condução de veículos, ela garante a segurança. Na medicina, garante a saúde e salva vidas. Em linguagens de programação, garante um aplicativo ou um site que funciona e não o faz arrancar os cabelos ao navegar por ele.

Considere por um momento os diferentes aspectos de sua personalidade — com seus diferentes desejos, medos e intenções — como instrumentos de uma orquestra. Em seguida, pergunte-se: como soa a minha música? Todos os instrumentos estão harmoniosamente coordenados, criando uma obra-prima, ou minha vida está desafinada?

A autodisciplina é o maestro. Certifique-se de que é ela quem conduz o espetáculo.

AUTODISCIPLINA NO CÉREBRO

(Nota: pule esta parte se não quiser saber como essas coisas funcionam.)

Um modelo útil para entender como funcionamos no mundo é o *modelo de cérebro trino*, desenvolvido pelo neurocientista Paul D. MacLean. Ele propõe a existência de três camadas em nosso cérebro.

A parte mais antiga do cérebro é o *sistema reptiliano*, também conhecido como *cérebro basal*, ou *cérebro reptiliano*. Ela se preocupa principalmente com ameaças e a sobrevivência, e reage ao ambiente com base no medo e na agressividade. Na maioria das vezes, em nossa vida moderna, quando reagimos impulsivamente e, mais tarde, nos arrependemos das consequências, estamos funcionando sob a influência desse cérebro basal.

Quando alguém entra em pânico ao precisar falar em público, ou quando fica irritado com um comentário grosseiro de um familiar e fica fora de si, é o cérebro primitivo que está comandando o show. A não ser que você realmente precise entrar nesse modo para garantir sua sobrevivência física, viver de acordo com a consciência reptiliana costuma levar ao arrependimento.

A segunda camada é o *sistema límbico*, também conhecido como *cérebro de mamífero*, ou *cérebro emocional*. Esse sistema é responsável por nossas emoções, coordenação de movimentos, gostos e aversões, prazer e dor. Quando nos esquecemos de nossas resoluções e, em vez disso, buscamos a gratificação instantânea de comer aquele biscoito, essa é a parte do cérebro que está falando mais alto.

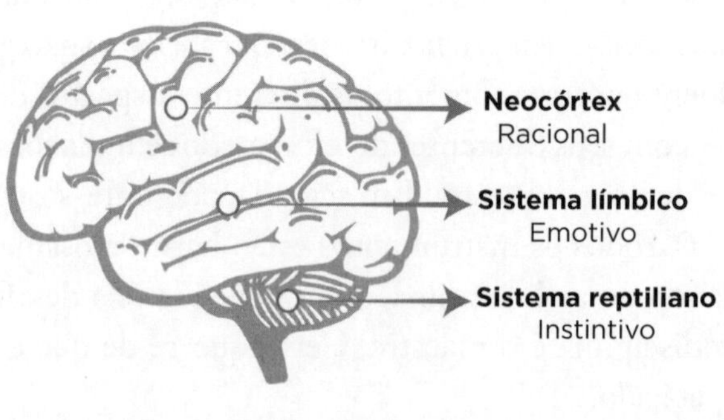

Quando achamos difícil *recusar* um refrigerante ou não conseguimos parar de navegar ao léu na internet ou nas redes sociais, é essa camada do cérebro que está comandando o show. O mesmo é verdade se quiser começar a correr ao ar livre três vezes por semana, mas for impedido pela vergonha, porque pensa que as pessoas o julgarão negativamente por estar um pouco acima do peso.

A terceira camada é o *neocórtex*, ou *cérebro racional*. Ele é responsável pela linguagem, planejamento, autorregulação, consciência, raciocínio e tomada de decisões, entre outras coisas. Essa é a parte mais nova e mais evoluída do cérebro — muitas vezes, é o que consideramos nossa parte mais nobre.

Autodisciplina, força de vontade e autoconsciência são todas funções do cérebro racional, o *córtex pré-frontal* (que faz parte do neocórtex). É essa porção do seu cérebro que pode distinguir pensamentos conflitantes, diferenciar o bem do mal, considerar as consequências futuras de decisões atuais, trabalhar em prol de um objetivo e controlar suas emoções e impulsos. Em nossa metáfora da orquestra, pode-se dizer que o córtex pré-frontal é o maestro.

A prática da autodisciplina, portanto, é um exercício de evolução humana. É o desenvolvimento consciente de nosso cérebro racional, para que ele não seja mais dominado pelo cérebro reptiliano ou pelo cérebro emocional. Trata-se realmente de superar nosso "réptil interior", nossa natureza animal, e funcionar mais como um ser humano plenamente maduro. Ou, pelo menos, de ter a opção de ser assim com as coisas que são mais importantes para nós.

Todas as práticas recomendadas neste livro, em especial a meditação, ajudam a fortalecer o córtex pré-frontal e a mantê-lo *ligado* com mais frequência. Não se trata de matar o réptil ou o mamífero interiores; eles são partes valiosas de nós. Trata-se apenas de domar a natureza selvagem deles, certificando-se de que conhecem seus limites e estão seguindo o maestro.

PONTOS-CHAVE

- A autodisciplina é a capacidade de viver de acordo com seus objetivos e valores mais elevados a cada momento, superando obstáculos internos e externos. É o poder de se comprometer com o que é importante para você e deixar que isso oriente a maneira como pensa, as escolhas que faz e as atitudes que toma — até concretizar seu objetivo.
- A autodisciplina contém, por si só, muitas virtudes — como concentração, força de vontade, determinação, integridade, visão, resiliência, alinhamento, otimismo e excelência.
- Ela tem um aspecto externo (hábitos e rotinas) e um aspecto interno (domínio de si).
- Pode ser vista como o seu principal *poder pessoal* (o rei/a rainha), que precisa ser cultivado(a) e exercitado(a). E, também, pode ser vista como *harmonia pessoal* (o maestro), a arte de coordenar todos os elementos de sua vida para criar uma obra-prima.
- A autodisciplina é uma função da parte mais evoluída de nosso cérebro, o *córtex pré-frontal*. A prática dessa habilidade, portanto, é um exercício para superar as camadas mais impulsivas de nossa natureza, de modo que tenhamos verdadeira liberdade e capacidade de ação em nossa vida.

As recompensas da autodisciplina são infinitas. E ela é algo que você pode **desenvolver** — você não precisa nascer sabendo. Uma vez que comece, é tudo uma questão de exercitá-la sabiamente.

Sabiamente porque, como qualquer forma de poder, a autodisciplina tem neutralidade em termos de valores. Ela pode ser usada para o bem ou para o mal. Assim como a linguagem pode ser usada para expressar ideias profundas, fazer declarações de amor ou iniciar uma guerra, a autodisciplina é simplesmente o poder de fazer as coisas acontecerem. Escolher os objetivos certos a serem perseguidos não está no domínio da disciplina, mas no da sabedoria (um assunto para outro livro).

CAPÍTULO 2

OS BENEFÍCIOS DA AUTODISCIPLINA

A única qualidade que distingue um homem do outro — a chave que eleva um a todas as aspirações, enquanto os outros ficam presos em meio à mediocridade — não é o talento, a educação formal ou o brilhantismo intelectual: é a autodisciplina.
THEODORE ROOSEVELT

Não há fluxo ou gás que mova qualquer coisa sem ser confinado. Não há Niágara que se transforme em luz e energia sem ser canalizada. Não há vida que se torne excelente sem ser concentrada, dedicada, autodisciplinada.
HARRY EMERSON FOSDICK

Para cada esforço disciplinado há múltiplos retornos.
JIM ROHN

TORNAR-SE UMA PESSOA DISCIPLINADA PODE SER UMA das coisas mais difíceis de se fazer, mas também se tornará uma das mais gratificantes. Afinal, é a base para o desenvolvimento, o bem-estar e a realização em todas as áreas da vida.

Eis aqui alguns exemplos do que essa virtude lhe permite fazer:

- Manter-se concentrado em seus objetivos e sonhos, dia após dia.
- Realizar coisas e terminar o que começar.
- Empregar melhor o seu tempo.
- Resistir a tentações e evitar agir por impulso.
- Cumprir as promessas que faz para si mesmo e para os outros.
- Superar a preguiça e a procrastinação.
- Continuar trabalhando em um projeto, mesmo depois que a motivação desapareceu.
- Exercitar-se todos os dias, mesmo que sua mente lhe diga para, em vez disso, assistir à tevê.
- Continuar seguindo sua dieta e se *recusar* a comer alimentos não saudáveis.
- Acordar cedo todos os dias.
- Superar maus hábitos.
- Ler livros do começo ao fim.
- Meditar regularmente.
- Evitar perder tempo com atividades não essenciais.

Quanto mais profundamente você compreender os benefícios da autodisciplina, mais fácil será praticá-la de fato. Este é o objetivo deste capítulo: que você tenha o combustível necessário para a viagem.

Vamos agora nos debruçar sobre alguns dos principais benefícios desta prática.

TORNA VOCÊ UMA PESSOA CONFIANTE E MOTIVADA

Quando você culpa os outros e se vê como vítima, abre mão de sua responsabilidade pessoal — e, portanto, de seu poder pessoal. Você se sente destituído de poder, controlado por forças externas. Acredita que seus pensamentos e escolhas não importam.

Ter autodisciplina é ser autossuficiente, o oposto de se sentir uma vítima. A autodisciplina é para aqueles que estão dispostos a assumir total responsabilidade por sua vida. É afirmar que sua vontade deve moldar seu futuro (veja mais sobre isso no Capítulo 12).

Digamos que seus objetivos sejam tornar-se mais saudável e crescer na carreira. Você pode escolher começar o seu dia uma hora mais cedo. Com essa hora extra, pode então dedicar trinta minutos para trabalhar em suas habilidades profissionais e, nos outros trinta minutos, pode sair para correr. Essa nova rotina o faz se sentir mais no controle de sua vida e mais confiante de que pode realizar coisas como emagrecer e conseguir a promoção desejada. Assim, a cada dia você cresce nas coisas que lhe são importantes. Você se sente mais no comando de seu destino.

A autodisciplina é fortalecedora porque leva ao autodomínio. E, nas palavras de Platão: "A primeira e melhor vitória é conquistar a si mesmo".

Praticar a Autodisciplina Consciente vai colocá-lo em contato com uma força interior, um poder interior que você nem sonhava ter. Ela lhe permitirá sair da sala de espera de sua vida; parar de aguardar pelo momento perfeito, quando todas as estrelas se alinham. Você poderá, então, começar a dar passos em direção à sua vida dos sonhos *agora mesmo*.

Toda vez que você sente vontade de "só dar uma olhadinha no YouTube", jogar seu jogo favorito por "apenas dez minutos" ou "pesquisar coisas interessantes no Google", lá no fundo, sabe que está perdendo tempo e não está saindo do lugar. Ao praticar a autodisciplina, você ganha a capacidade de dizer *não*. E, toda vez que faz isso, sua autoestima cresce. Você se sente mais no controle.

Qual é o resultado de não ter autodisciplina? O resultado visível é não atingir seus objetivos; o resultado mais profundo é uma sensação de pouco amor-próprio, baixa autoconfiança e baixa autoestima. Você pode mudar isso começando a assumir o controle de como gasta seu tempo e sua energia.

Com a melhora da autoestima, também ocorre uma melhora na autoconfiança. Seu relacionamento consigo mesmo muda, e surgem novas possibilidades. Você começa a fazer coisas que, antes, sentia que não podia fazer. As pessoas ao seu redor perceberão, e isso o motivará ainda mais. É um ciclo que reforça a si mesmo.

Empregando a autodisciplina, você não se afasta de seus objetivos. Mantém sua concentração e começa a obter resultados mais cedo na vida. Você se sente no comando de seu destino. Sente-se como se estivesse no lugar do condutor de sua vida, e não apenas sendo uma vítima das circunstâncias. Seu senso de poder pessoal aumenta e, com isso, a crença de que pode conquistar qualquer objetivo a que se dedicar.

PERMITE QUE VOCÊ CONQUISTE SEUS OBJETIVOS

Não importa se busca sucesso nos negócios, nos esportes, nas artes ou na vida em geral: a ponte entre desejar e conquistar é a disciplina.
Harvey Mackay

A autodisciplina é o ingrediente mais essencial para conquistar qualquer objetivo a longo prazo. É o que faz com que as pessoas deem continuidade a dietas, exercitem-se regularmente, meditem todos os dias, melhorem de comportamento nas relações, desenvolvam habilidades profissionais, economizem dinheiro, expandam seus negócios e levem uma vida alinhada com o seu propósito.

Uma vida disciplinada é uma vida organizada — uma vida calma, centrada e com objetivo. É como um barco que avança destemido em direção ao seu destino, em vez de um barco à mercê do vento. A pergunta não é: "Como está o tempo hoje?", mas: "Estou no rumo certo?".

Se você perguntasse aos detentores dos melhores desempenhos em um campo quais os traços mais importantes que os levaram a essa posição, eu apostaria que a autodisciplina entraria na lista. Seja como "disciplina" pura e simples ou disfarçada como uma de suas variantes: determinação, perseverança, consistência, "nunca desistir", resiliência, garra, dedicação, compromisso, força de vontade.

A principal razão pela qual a maioria das pessoas quer desenvolver a autodisciplina é para atingir um objetivo particular. Isso faz muito sentido, porque, na maioria dos casos, o que separa alguém de seus objetivos não é a falta de conhecimento, mas a falta de compromisso e ação. Muitas vezes, sabemos o que fazer, mas não conseguimos fazê-lo.

Você quer economizar mais, investir melhor e prosperar? Quer desenvolver seus conhecimentos e suas habilidades para chegar ao seu auge no trabalho? E quanto ao crescimento de seus negócios?

Para esses e muitos outros objetivos, o fator-chave é a disciplina, não a motivação. Se esperar até ter vontade de fazer as coisas (motivação), não vai persistir muito tempo nelas. Os sentimentos são fugazes, a motivação é apenas temporária — apenas a autodisciplina é confiável.

A autodisciplina é ainda mais importante do que a inteligência. Um estudo norte-americano, realizado por Angela Duckworth e Martin Seligman, descobriu que a autodisciplina de uma criança na escola é um indício melhor de seu futuro sucesso acadêmico do que o Q.I., levando os pesquisadores a concluir que a autodisciplina pode ser o "caminho real" para a realização acadêmica.

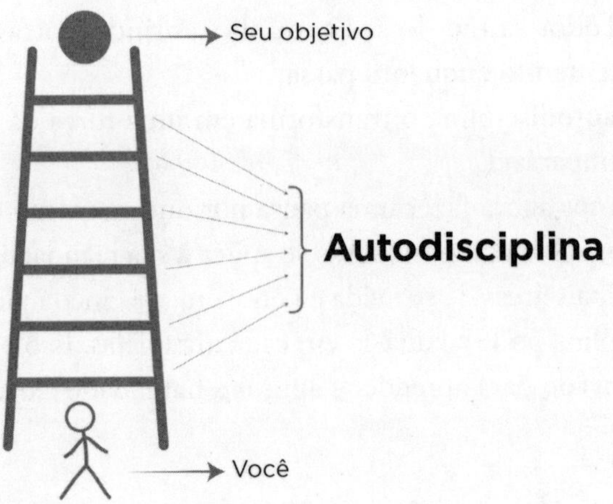

O processo para conquistar qualquer objetivo envolve sempre um tipo de transformação, ou jornada. Você está indo do ponto A (onde está agora) ao ponto B (onde quer estar). E a transformação requer ações consistentes ao longo do tempo, o que só é possível com autodisciplina. Quando falamos assim, tudo isso pode parecer senso comum — mas está longe de ser uma prática comum.

É por isso que, sem autodisciplina, até o objetivo mais sublime é apenas uma ilusão. Com autodisciplina, mesmo um objetivo medíocre o levará a algum lugar.

A disciplina permite que você se concentre apenas em seus principais objetivos, elimine distrações e se mantenha no caminho escolhido, apesar dos obstáculos e contratempos. É uma virtude muito valorizada por atletas de alto nível, empresários, artistas, mestres de meditação e militares. (Sim, essa talvez seja uma das únicas coisas que todas essas pessoas têm em comum.)

Uma pessoa disciplinada se move em direção ao seu objetivo como uma flecha em direção ao alvo, perfurando quaisquer obstáculos que surjam em seu caminho e sem parar até que o objetivo seja alcançado. Quer experimentar um pouco disso?

Basta direcionar sua autodisciplina a um único propósito, como a luz do sol focalizada através de uma lupa em um único objeto, e pronto! Todos sairão do seu caminho, abrindo portas para você e o cumprimentando enquanto passa.

A autodisciplina o transforma em uma força da natureza. Você se torna imparável.

Vamos agora fazer uma pausa por um momento e ser realmente específicos sobre como tudo isso se aplica à sua realidade. Faça uma lista das principais áreas de sua vida e pense em até cinco maneiras em que a autodisciplina pode auxiliá-lo em cada uma delas. Isso o ajudará a estar mais motivado para aprender e aplicar a habilidade da autodisciplina.

DÁ A VOCÊ UMA VANTAGEM DESLEAL

Vivemos em um mundo de distrações. Elas estão ao seu redor, e você sempre as carrega no bolso. As oportunidades de gratificação instantânea existem em abundância, e há sempre um novo objeto atraente que desperta o nosso desejo. Por que, então, você se daria ao trabalho de ir atrás de objetivos desafiadores?

A internet está cheia de buracos negros sugando a sua atenção, e muitas empresas investem milhões para tornar seus produtos mais viciantes. Todos estão dando duro para distraí-lo: eles querem a sua atenção, mesmo que por apenas alguns segundos. Não se engane: há um interesse econômico inegável nisso. Essas pessoas são motivadas, brilhantes e extremamente bem financiadas.

E quer saber? Isso só vai piorar com o passar de anos e décadas. E isso significa que todos estarão mais distraídos, com a capacidade de atenção reduzida e com menos resiliência para focar em objetivos de longo prazo.

No século XXI, a sobrevivência do mais apto é a sobrevivência do concentrado.

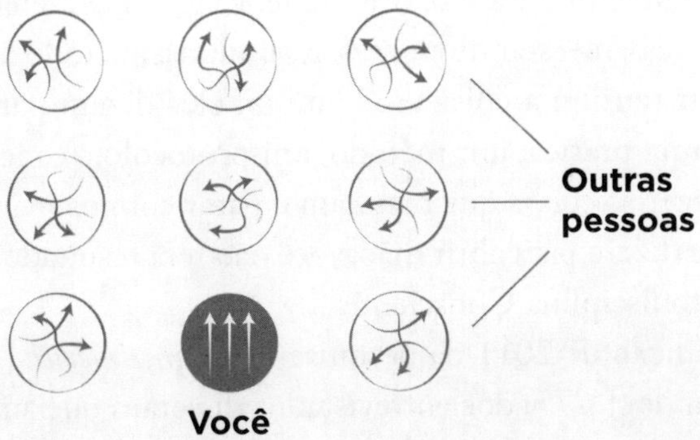

A autodisciplina será cada vez mais difícil e rara. Desenvolvê-la pelo menos um pouco lhe dará uma grande vantagem e o levará mais longe. Você não precisa ser mais talentoso que os seus concorrentes, só precisa ser mais focado.

Não temos de ser mais espertos que o restante.
Temos de ser mais disciplinados que o restante.
WARREN BUFFETT

É por isso que digo que os disciplinados herdarão a Terra.

MANTÉM SEU CORPO E MENTE SAUDÁVEIS

Você consegue se esquivar de seus alimentos insalubres favoritos e manter suas resoluções? Consegue se comprometer a fazer exercícios diariamente, mesmo quando está se sentindo cansado e desmotivado? Pratica a higiene do sono? Consegue se controlar e parar de alimentar pensamentos negativos, tomando atitudes positivas, mesmo quando se sente cabisbaixo?

Essas são algumas das maneiras pelas quais a autodisciplina o ajuda a permanecer física e mentalmente saudável. Há muitos sistemas e fórmulas por aí que prometem ajudá-lo a perder peso, ganhar músculo, comer melhor e melhorar a saúde. Existem centenas de dietas e programas de bem-estar diferentes. E, ainda assim, todo *coach* de saúde e bem-estar tem uma coisa em comum: eles dizem para *fazer* algo. Ensinam uma prática, um método, um protocolo. A menos que seja capaz de fazer as coisas que mandam e parar com os maus hábitos de que eles lhe dizem para abrir mão, você não terá resultados. É aqui que entra a Autodisciplina Consciente.

Na edição de 2011 da pesquisa *Stress in America* [Estresse nos Estados Unidos], 27% dos entrevistados disseram que a falta de força de vontade era a maior barreira para adotar um estilo de vida saudável. É provável que esse número seja, na verdade, bem maior, e as pessoas apenas não estejam cientes da causa de sua recaída.

Com o poder da Autodisciplina Consciente, é possível se ater a cardápios de refeições, programas de exercícios e rotinas saudáveis. Sem ele, o sistema mais maravilhoso do mundo pode fazer pouco por você.

O mesmo se aplica à saúde mental. Há estudos que mostram que ter uma rotina saudável e melhorar o autocontrole são elementos essenciais para aliviar a ansiedade e ter um humor mais estável. Bons hábitos e uma rotina diária também o deixam mais resiliente em relação aos altos e baixos da vida. Isso é algo do qual a maioria das pessoas pode se beneficiar muito.

Não importa se estamos vivendo momentos de abundância (que trazem consigo os próprios desafios) ou passando por uma pandemia, a autodisciplina o mantém concentrado na única coisa que você pode controlar: você mesmo. Isso lhe dá estabilidade para navegar pela vida, não importa o clima.

MELHORA SUAS RELAÇÕES

Você consegue permanecer calmo e centrado em meio a uma briga? Consegue respirar fundo antes de reagir, percebendo que está com raiva? É capaz de manter seus compromissos com seu parceiro ou parceira? Para você, é fácil se lembrar de praticar gratidão, valorização e empatia em seus relacionamentos?

Bem-vindo ao clube. É por isso que precisamos cultivar a autoconsciência e a autodisciplina.

Muitos dos desafios que enfrentamos nas relações com nossa família e com nossos entes amados estão relacionados à nossa impulsividade e reatividade. Em outras palavras, às vezes perdemos o controle e nos deixamos levar por emoções momentâneas. Sentimentos como raiva, atitude defensiva, medo e ciúme.

O resultado é que dizemos e fazemos coisas de que mais tarde nos arrependemos. A autodisciplina — aliada à meditação e às práticas de consciência que a acompanham — nos permite parar e esfriar a cabeça no calor do momento, e resistir à tentação de falar algo que sabemos que não devemos dizer.

Meu mestre de kung fu me disse uma vez que pronunciar uma palavra é como atirar uma flecha: uma vez que ela é lançada, não há como voltar atrás. Às vezes as palavras podem ferir mais do que uma flecha, e também demorar mais tempo para sarar. Portanto, qualquer coisa que ajude a ~~manter sua boca fechada~~ escolher suas palavras com mais cuidado beneficiará seus relacionamentos. (Viu só o que eu fiz?)

Quando você é capaz de manter a calma e a compostura em meio a um tsunami de emoções, já provou sua grandeza. As pessoas respeitam e admiram essa habilidade, e sentem que você é mais confiável. Elas se sentem mais seguras quando estão perto de você e, portanto, podem confiar mais em você.

Outra forma de a autodisciplina melhorar as relações, em especial com um parceiro ou parceira, é facilitando a mudança comportamental. Qualquer relacionamento de longo prazo exige que façamos mudanças e concessões, o que frequentemente contraria antigos hábitos e desafia nosso modo de ser. E, claro, será necessário autodisciplina para fazer essas mudanças, já que elas não vão acontecer da noite para o dia.

Muitos benefícios vêm com essa virtude.

CONFERE A VOCÊ PROPÓSITO, PODER, PAZ

A vida com autodisciplina é uma vida de propósito, poder e paz. *Propósito* em suas ações e nos valores que escolher adotar. *Poder* de alinhar sua vida a seus objetivos, e levá-los até o fim. *Paz* de viver sem arrependimentos, dominando a si mesmo e purificando sua mente de ruídos inúteis.

Uma vida disciplinada é uma vida sem arrependimentos. É uma vida em que é possível olhar para trás e dizer: "Sim, eu cometi erros, tive muitos fracassos e sacrifiquei muitas coisas. Mas a vivi do meu modo e consegui muitas das coisas que realmente queria. Fui fiel a mim mesmo".

Uma vida sem disciplina é o oposto. Em vez de propósito, há *caos*: você é um fantoche das forças mais fortes atuantes no momento. Em vez de poder, há *frustração*, pois você não consegue fazer as coisas acontecerem e os objetivos que lhe são importantes não são cumpridos. Em vez de paz, há *perturbação*, pois pensamentos prejudiciais, crenças limitantes e emoções negativas o dominam.

Uma vida sem disciplina pode ainda ser cheia de prazer — mas não *prazerosa*. O tempo é preenchido por muitas atividades que trazem gratificação instantânea, mas são desprovidas de significado e não levam a lugar algum. Você pode estar ocupado, bem alimentado e confortável — mas não realizado. Você está vivendo de modo superficial, movido pela inércia, e ainda nem tocou no seu verdadeiro potencial.

Algo no fundo de sua alma sabe disso. Ignore essa voz por sua própria conta e risco.

CAPÍTULO 3

CONCEPÇÕES EQUIVOCADAS SOBRE A AUTODISCIPLINA

Disciplina sem liberdade é tirania.
Liberdade sem disciplina é caos.
CULLEN HIGHTOWER

Disciplina é a habilidade de controlar nossa conduta por princípios, não por pressão social.
GLENN C. STEWART

Autodisciplina é uma forma de liberdade. Liberdade da preguiça e da letargia, liberdade das expectativas e demandas alheias, liberdade da fraqueza e do medo — e da dúvida. A autodisciplina permite que alguém experimente sua individualidade, sua força interior, seu talento. É o mestre, não um escravo, de seus pensamentos e emoções.
HARVEY DORMAN

APESAR DE SER UMA HABILIDADE ESSENCIAL, A autodisciplina não é um assunto lá muito popular. Muita gente tem concepções erradas sobre ela e resiste à ideia. Parte do meu trabalho como *coach* de autodisciplina é ajudar meus clientes a superarem crenças limitantes e diálogos internos negativos; neste capítulo, vamos fazer isso com o próprio conceito de autodisciplina.

O QUE A AUTODISCIPLINA CONSCIENTE NÃO É

Autodisciplina consciente é CONCENTRAÇÃO, não restrição

A primeira crença negativa é que ser disciplinado é viver um estilo de vida **restritivo**, cheio de regras rígidas, uma lista do que fazer e do que não fazer, como um robô. As pessoas imaginam que não terão liberdade, não haverá espaço para a espontaneidade e que toda a diversão da vida desaparecerá.

Não é verdade. A autodisciplina não o obriga a fazer nada que não queira fazer. Na verdade, ela apenas pede que você faça coisas que **quer** fazer. Ela permite que você se concentre no que é mais importante. E, sim, isso exige entender que, na vida, cada escolha é uma renúncia — quando se diz *sim* a uma coisa, diz-se *não* a mil outras. Não dá para ser diferente.

A autodisciplina existe para ajudá-lo a se concentrar em seus objetivos; para possibilitar o surgimento da sua melhor versão e a materialização da melhor versão da sua vida. Ela é algo que *você mesmo* faz por *si mesmo*. É escolher seus valores, escolher a si mesmo e ter maturidade para aceitar que há um preço a pagar por essa escolha, na forma de desconforto físico ou emocional temporário.

A autodisciplina é muitas vezes vista como limitadora, mas, ao praticá-la, rapidamente se percebe como é limitador *não* ter disciplina. Isso limita o que se pode alcançar na vida. Limita sua capacidade de realização pessoal, de tornar seus sonhos realidade. Coloca um teto baixo sobre sua cabeça.

Sem disciplina, você leva uma vida reativa. Vive como foi condicionado a viver. Seus hábitos negativos e vícios reinam livremente, e não é possível dizer *não* a eles. Sua energia se dispersa e seu futuro é uma repetição de seu passado.

Com disciplina, você leva uma vida criativa. Leva a vida que *projeta*. Suas aspirações e seus valores comandam o espetáculo. Sua energia é concentrada, e seu futuro é moldado por seus objetivos.

Autodisciplina Consciente

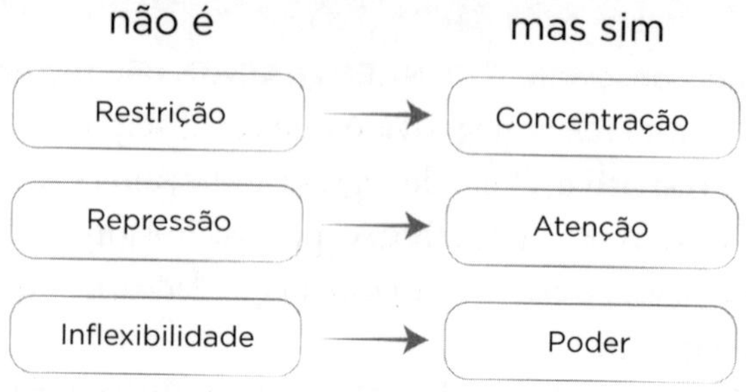

Isso é comprovado por estudos que mostram que níveis mais altos de autocontrole estão relacionados a níveis mais altos de satisfação com a vida. Quando você pratica a autodisciplina, sente-se mais confiante em relação a quem você é e consegue fazer mais o que *realmente* quer. Por isso, a autodisciplina não mata a alegria na sua vida — ela lhe dá uma alegria mais intencional, e de forma mais confiável.

Autodisciplina Consciente é ATENÇÃO, não repressão

Outro equívoco é pensar que a autodisciplina envolve se repreender, suprimir seus desejos e se envergonhar sempre que você cede. Ou achar que é forçar-se a fazer coisas que não quer usando o chicote da força de vontade.

Talvez a autodisciplina tenha um pouco disso para algumas pessoas — mas não o tipo de autodisciplina de que estamos falando neste livro. A Autodisciplina Consciente não é um ato de violência. Não se trata de autocastração, opressão ou punição. Trata-se de amor-próprio e de escolher a si mesmo. Trata-se de deixar de lado um prazer menor momentâneo para um ganho maior posterior.

Não se trata de suprimir o desejo de comer rosquinhas; mas de *lembrar* quem você é, quem você quer ser e o que está realmente em jogo quando aceita esse prazer de curta duração. Quando isso fica muito claro, nenhum tipo de força é necessário. A atratividade da tentação diminui sozinha.

Você também cultiva a autoaceitação, sabendo que, às vezes, vai escolher as rosquinhas, apesar de saber que isso não é o melhor para você. Quando acontecer, você apenas nota e gentilmente volta ao seu objetivo — sem vergonha ou culpa. Na verdade, essas emoções negativas só prejudicam sua autodisciplina. (Veja sobre isso no Capítulo 16.)

Autodisciplina é basicamente a arte de contornar conflitos de autocontrole (usando as ferramentas que discutiremos mais adiante neste livro); e, quando isso não for possível, resolvendo-os em favor de seus objetivos e valores mais elevados.

A Autodisciplina Consciente *não* se baseia em vergonha, abnegação e moralidade; e não é sufocante. Pelo contrário, baseia-se em metas saudáveis e em viver de acordo com os próprios valores. Ela existe para servir às suas reais necessidades.

Na verdade, todos nós já aplicamos certa dose de autodisciplina na vida. Escovamos os dentes após as refeições, estando a fim ou não; a maioria de nós também trabalha todos os dias da semana, estando a fim ou não; uma boa mãe alimenta seu bebê várias vezes ao dia, mesmo quando está sobrecarregada e sem dormir. Podemos tomar essas coisas como garantidas, mas elas são essenciais — se não as fizéssemos, acabaríamos desdentados, sem trabalho e sem filhos.

O objetivo deste livro não é impor padrões impossíveis de serem cumpridos ou tornar você um super-homem infalível, mas expandir sua autoconsciência e autodisciplina para que possa viver uma vida mais alinhada com seus objetivos e valores. Na jornada para esse ideal, você vai falhar muitas vezes. Isso não só não é um problema como também é *esperado*. Quando acontecer, você usará as habilidades aprendidas com este livro para se recuperar, sem nunca recorrer à vergonha ou à culpa.

Autodisciplina Consciente é PODER, não inflexibilidade

Não se trata de ser escravizado por si mesmo, pelo tempo, pelas regras. Muito pelo contrário — trata-se de liberdade e poder. Escravidão é não poder fazer o que se quer; disciplina é precisamente o oposto. Ela permite que você faça o que *de fato* quer.

Autodisciplina é a liberdade do domínio de suas tentações, do cérebro reptiliano, do seu eu inferior. É o poder de ser conduzido por seus objetivos e ideais mais elevados. É ser o chefe de si mesmo, o **autor da própria narrativa**. É você quem decide o que vai e o que não vai fazer.

Quando você aciona o botão de ligar do controle remoto, a tevê liga. É sempre assim. É *inflexivelmente* assim. E, se não fosse, consideraríamos que o controle remoto está com defeito ou precisa de pilhas novas. Ligar ou não a tevê é uma escolha sua; mas, se pressionar esse botão, ela deverá ser ligada.

Da mesma forma, quando você faz uma resolução pessoal, a autodisciplina permite que você a obedeça *sempre*. Não faz sentido dizer que isso é inflexível, porque é você quem está no controle nesta situação. Ser capaz de fazer o que se quer fazer não é inflexibilidade; é poder.

Ao projetar sua rotina ideal, você pode escolher cada elemento dela — e é sábio manter um equilíbrio entre esforço e relaxamento, trabalho e diversão, ir atrás de objetivos e cultivar relacionamentos. Se decidir que quer meditar todo dia às sete da manhã por vinte minutos, é porque você *quer*, porque *escolhe* fazer isso. Você faz isso porque é uma parte importante de quem aspira a ser. A autodisciplina lhe dá o poder de manter esse compromisso consigo mesmo.

COMO EQUILIBRAR A AUTODISCIPLINA

A autodisciplina é uma virtude, e toda virtude tem seu lado ruim — a não ser que seja equilibrada por suas virtudes opostas. Talvez você queira ler esta frase de novo, pois é uma visão rara. Levei anos para perceber a extensão dessa verdade e, infelizmente, não vejo muitas pessoas falando sobre ela.

Humildade demais faz com que você se autodeprecie. Vitalidade demais o torna hiperativo. Bondade demais faz de você um capacho. Paciência demais o torna indulgente. Perseverança demais o deixa obsessivo. Concentração demais estreita sua perspectiva.

Suas maiores forças podem ser a fonte de suas maiores fraquezas. A maneira de evitar isso não é amenizar suas forças, mas desenvolver sabedoria sobre como usá-las, assim como equilibrá-las com forças opostas.

No caso da autodisciplina, alguns dos pontos fortes opostos são a flexibilidade e a jovialidade. Sem elas, você pode chegar ao extremo de ser rígido, teimoso e obsessivo.

Cultive a disciplina pelas razões certas

A primeira coisa a ser observada é se está praticando essa virtude pelas razões certas. O ideal é que ela seja baseada em um sonho, uma visão ou uma meta que você tem para si — e não na sensação de que tem que fazer mais para ser "bom o suficiente". Em outras palavras, a Autodisciplina Consciente baseia-se no amor-próprio, não na vergonha; no respeito a si mesmo, não na autopunição.

Equilibre sua autodisciplina

A chama que arde
com o dobro do brilho
arde pela metade do tempo.
LAO TZU

Se, para você, ser disciplinado significa virar a noite trabalhando durante semanas ou meses a fio, indo obsessivamente atrás de uma meta ou atividade à custa de todas as outras coisas — como seus relacionamentos ou seu bem-estar físico —, então está em apuros. Isso não é sustentável. Leva à fadiga da força de vontade e, por fim, ao burnout, ou esgotamento.

Ter força de vontade e autodisciplina muito fortes é definitivamente uma coisa boa. Se, além disso, for possível incorporar algumas indulgências saudáveis em sua vida sem sentir culpa, você não corre riscos. Mas, se acabar levando uma vida de apenas trabalho sem prazer, isso é o que a medicina chamaria de "hipermetropia". Chamo de hipermetropia nesse caso a condição de, devido a uma inclinação excessiva a ser produtivo ou a uma excessiva "culpa de sentir prazer", sempre evitá-lo, sentindo que é imoral ou vergonhoso divertir-se. Não é disso que se trata a Autodisciplina Consciente.

Equilibrar a autodisciplina é especialmente importante para as pessoas que, por natureza, são superdisciplinadas e controladoras. Estudos mostram que, com o passar do tempo, as pessoas com essa hipermetropia sentem-se cada vez mais arrependidas por serem muito inflexíveis e não aproveitarem a vida. Isso, por sua vez, pode levar a um excesso de puritanismo e julgamento das escolhas de outras pessoas.

Para a maioria de nós, o objetivo não é se tornar um asceta nem viver uma vida unilateral. Portanto, parte de sua autodisciplina deve incluir cuidar de si mesmo.

Isso envolve:

- Dormir o suficiente e fazer refeições adequadas.
- Programar pausas, folgas e atividades divertidas.
- Ter dias para não fazer nada.
- Manter algumas áreas de sua vida indisciplinadas e espontâneas.
- Buscar equilíbrio entre trabalho, relacionamentos e saúde.
- Desfrutar, com moderação, de seus "prazeres culposos" favoritos (sem a culpa).

Criar espaços para o fracasso não é apenas saudável, mas também pode ajudá-lo a manter a autodisciplina a longo prazo. Caso contrário, se for rígido demais consigo mesmo, fica muito fácil falhar, sentir-se desapontado e, aí, desistir. Seus padrões são muito altos e suas expectativas, irracionais.

Se você tem uma tendência à hipermetropia, então também precisa ser disciplinado em relação a prazeres e recompensas. Planeje-os. Coloque-os em sua agenda. Certifique-se de que esse tipo de atividade aconteça — e, no momento, desfrute-os sem inibição. Lembre-se de que, se não o fizer, pode se arrepender. E, por favor, celebre suas pequenas vitórias ao longo do caminho!

Fogo e água

Para levar esse conceito de equilíbrio um passo além, terei que usar uma linguagem um pouco metafórica e filosófica. Peço um minuto de paciência comigo, se essa não for a sua praia.

Podemos dizer que há duas forças em nossa personalidade.

Uma delas é como o fogo. É a energia dinâmica do desejo, da ambição, do foco e da produtividade. Ela o deixa insatisfeito com o agora e lhe dá o combustível para seguir em frente, fazer uma mudança e conquistar as coisas. Quanto mais insatisfeito você estiver — em outras palavras, quanto maior a distância entre o estado atual e o estado desejado —, mais forte será seu impulso.

A outra força é como a água. É a energia de resfriamento da satisfação, do relaxamento, da gratidão e da conexão. Ela o deixa feliz no agora. Aceita as coisas como são e o aceita como você é, não tendo vontade de ir a lugar algum. Quanto mais forte essa energia for em você, mais se sentirá em paz e satisfeito com o aqui e agora; e, inversamente, mais fraca será sua energia para a mudança.

Para aumentar o aspecto da água, cultive a sensação de que sua realidade excede suas expectativas, em vez de expectativas que excedem sua realidade. Para aumentar o aspecto do fogo, concentre-se na lacuna entre as expectativas e a realidade; quando ela acabar sendo preenchida, crie expectativas novas e maiores.

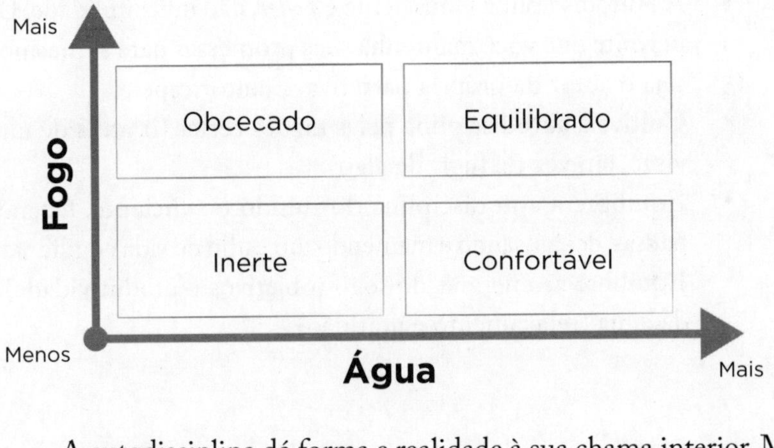

A autodisciplina dá forma e realidade à sua chama interior. Mas não se esqueça de usá-la também para proteger suas águas interiores.

Levar uma vida saudável, feliz e gratificante envolve conquistar o equilíbrio certo entre o fogo e a água que existem em você. Como fazer isso de fato? Bem, essa é uma das questões com as quais eu mesmo lido.

Não creio que haja uma única resposta certa para isso. Significa coisas diferentes para pessoas diferentes. Talvez, em uma área de sua vida, você queira ser predominantemente como o fogo, enquanto, em outra, prefira ser como a água. Ou talvez esses dois elementos precisem estar presentes em cada aspecto de sua vida, mas em proporções diferentes.

Vamos deixar as coisas por aqui. Talvez, como eu, você só precise viver com esse questionamento — e fazer ajustes à medida que for avançando. Só não se esqueça de que o equilíbrio é fundamental.

PONTOS-CHAVE

- A Autodisciplina Consciente é *concentração*, não restrição. É algo que você mesmo faz por si mesmo. Ela permite que você se torne quem deseja ser.
- A Autodisciplina Consciente é *atenção*, não repressão. Não se trata de se punir, mas de estabelecer metas saudáveis e de buscar autoaceitação.
- A Autodisciplina Consciente é *poder*, não inflexibilidade. Ela permite que você mantenha suas promessas para si mesmo e seja o autor da própria narrativa. É autorrespeito.
- Cultive a autodisciplina pelas razões certas (ir atrás de uma visão, em vez de fugir de algo).
- Equilibre a autodisciplina dormindo o suficiente, fazendo pausas, descansando e mantendo um estilo de vida equilibrado.
- Equilibre as energias do fogo (objetivos e produtividade) e da água (relaxamento e gratidão).

CAPÍTULO 4

FORÇA DE VONTADE, HÁBITOS E AMBIENTE

A força de vontade é a chave para o sucesso. Pessoas bem--sucedidas se esforçam independentemente do que sentem, aplicando sua força de vontade para superar a apatia, as dúvidas ou o medo.
DAN MILLMAN

Não há atalhos para nenhum lugar ao qual valha a pena ir.
BEVERLY SILLS

Penso na autodisciplina como um músculo. Quanto mais você a exercita, mais forte fica.
DANIEL GOLDSTEIN

QUAL É A DIFERENÇA ENTRE AUTODISCIPLINA, autocontrole, força de vontade e hábitos? Ainda precisamos de autodisciplina se formos capazes de formar hábitos com menos esforço, "*hackeando*" nosso ambiente? Alguns autores dizem que a autodisciplina e a força de vontade não são confiáveis, porque são recursos finitos — isso é verdade?

O objetivo deste capítulo é esclarecer esses pontos.

DEFINIÇÕES-CHAVE

Vamos jogar uma luz ao labirinto conceitual da autodisciplina.

Autorregulação é um termo amplo que abrange muitas habilidades internas, entre elas, força de vontade, autodisciplina, autoconsciência e motivação. É a regulação consciente e eficaz de si mesmo, por si mesmo.

Força de vontade é a capacidade de controlar sua atenção, emoções e ações, apesar da presença de estímulos concorrentes, e de resolver conflitos entre seus desejos de curto prazo e seus objetivos de longo prazo. Ela inclui a capacidade de retardar a gratificação, anular pensamentos e sentimentos indesejados e alterar seu estado interno. Por exemplo: manter-se concentrado na tarefa apesar das distrações ou não tomar refrigerante apesar da tentação que pode estar bem na sua frente.

Autocontrole é frequentemente usado como sinônimo de força de vontade. Os autores que diferenciam os dois argumentam que o autocontrole limita-se mais ao controle dos impulsos, sendo o poder de se impedir de fazer coisas (o poder do "não farei"), enquanto a força de vontade inclui também sua capacidade de fazer coisas (o poder do "farei").

Autodisciplina é a aplicação contínua da autoconsciência e da força de vontade ao longo do tempo, com o propósito de viver de acordo com seus valores mais elevados e escolher comportamentos que estejam em harmonia com seus objetivos de longo prazo.

Hábito é o exercício da autodisciplina que se cristalizou com o tempo e, agora, tornou-se praticamente automatizado, parando de exigir esforço. Mas hábitos também podem ser formados de modo inconsciente.

Motivação é o estado emocional de sentir-se energizado para fazer algo. É o desejo de engajar-se em determinada atividade.

Um breve exemplo ajudará a ilustrar as diferenças.

Sarah vai tomar um café com uma velha amiga que não vê desde a faculdade. Quando elas se encontram, Sarah fica impressionada ao ver como sua amiga está em perfeita forma física e radiante. A amiga então fala sobre sua alimentação saudável e sua rotina de exercícios, o que desperta a ***motivação*** *de Sarah para levar a dieta saudável e o exercício físico mais a sério. Ela toma a decisão de parar de tomar sorvete (uma das porcarias de que mais gosta) e de começar a correr todos os dias depois do trabalho.*

*Chega a segunda-feira, a jornada de trabalho termina e Sarah não sente muita vontade de correr. Ela está cansada, no fim de um dia particularmente estressante. Só quer se deitar no sofá e relaxar. Não tem motivação nenhuma para correr. Aí ela se lembra de seu compromisso de correr todas as segundas-feiras (****autoconsciência****) e se força a fazê-lo (****força de vontade****).*

*Após a corrida, ela abre o congelador e vê um pote de seu sorvete favorito — aquele que ela e seu parceiro sempre comem juntos enquanto assistem à tevê à noite. Sente um forte impulso de pegá-lo, mas, em vez disso, decide fechar os olhos, fechar a porta do congelador e pegar uma maçã para fazer um lanche saudável (****autocontrole****). Após algum tempo, o impulso passa, e ela se sente muito feliz consigo mesma.*

Esse processo se repete, de uma forma ou de outra, toda semana. Cada vez que ela pratica as habilidades da força de vontade e do autocontrole para manter seu compromisso, seguindo o caminho para a realização de seus objetivos, ela está praticando a ***autodisciplina****.*

Depois de alguns meses, tudo isso se torna automático. Correr todos os dias após o trabalho é um fato para ela. Não há mais *dúvidas a respeito, nenhum conflito interno a ser combatido — ela apenas o faz, independentemente de como se sente. O pote de sorvete parece menos tentador porque ela sabe que não vai pegá-lo. A esta altura, Sarah formou um **hábito**.*

A força de vontade é basicamente o poder de suas decisões — é quanto importa aquilo que você diz a si mesmo. Cada vez que um obstáculo ou uma tentação surge e você é capaz de dizer NÃO a ele e reafirmar sua decisão inicial, está fortalecendo sua força de vontade. Assim, de certa forma, a força de vontade se sobrepõe à determinação, à resiliência e à firmeza mental. Muito do que é dito neste livro sobre autodisciplina também se aplica à força de vontade, e vice-versa.

Se vemos força de vontade/autocontrole como o fio condutor, então a autodisciplina é o processo de tecer uma peça de roupa. A motivação é o que fez com que você começasse a tricotar.

É importante notar que a criação de hábitos é uma das principais funções da autodisciplina, mas não a única. A autodisciplina é a força orientadora que lhe permite agir de acordo com seus objetivos; algumas ações motivadas por ela podem ser transformadas em hábitos, mas não todas.

Por exemplo, digamos que um de seus objetivos seja melhorar seu relacionamento conturbado com seu filho. Para fazer isso, você precisará se comportar de certa forma com ele, de modo a construir uma relação e estabelecer uma conexão. Não se trata de formar o *hábito* de fazer algo — como escrever em um diário todas as noites —, mas de reagir às necessidades do momento de modo a tornar seu objetivo realidade. A natureza dinâmica e imprevisível das relações humanas significa que construir hábitos não pode ser a (única) solução; a autodisciplina é necessária para agir de acordo com certos princípios.

A autodisciplina inclui a criação de hábitos, mas é mais do que isso. Estabelecer gatilhos e modificar seu ambiente são bons truques para formar hábitos (veja o Capítulo 26); já para outras manifestações de autodisciplina, não há atalhos. É necessário estar consciente e exercitar sua força de vontade conforme as necessidades do momento. O restante deste capítulo é voltado para a força de vontade, que é um dos pilares de construção da autodisciplina. (O outro, como veremos, é a consciência.)

A FORÇA DE VONTADE É UM RECURSO LIMITADO?

A autodisciplina/força de vontade é um recurso finito? Um recurso do qual temos apenas uma quantidade limitada e que devemos evitar usar em excesso, para que tenhamos o suficiente no tanque nos momentos em que precisarmos dele?

Olhando as pesquisas de relance, parece que a força de vontade é um recurso limitado — ou seja, que devemos economizá-la. Isso é conhecido como o modelo de depleção do ego, que compara a força de vontade a uma bateria que se esgota com o tempo ou a um músculo que se cansa com o uso excessivo. Uma vez que nos aprofundamos, no entanto, vemos que, embora essa teoria ajude a esclarecer o tema, é apenas metade da história. A outra metade é o aspecto psicológico da força de vontade: crenças e mentalidade.

Antes de mergulharmos na teoria, vamos dar uma olhada em um fenômeno chamado *fadiga de decisão*, que é bem conhecido.

A fadiga de decisão é real

Embora possamos discutir se a força de vontade é finita ou não, há uma coisa que não podemos negar: que a fadiga de decisão é real.

Mas o que é isso? Toda decisão que tomamos requer esforço e é, portanto, uma forma de estresse. Tomar decisões exige certa energia mental, e está provado que, após um longo período de tomada de decisões, a qualidade das escolhas se deteriora. Esgotamo-nos de pensar bem, de exercer o autocontrole e de ser minuciosos em nosso raciocínio. Isso leva as pessoas a:

- Tomar decisões impulsivas.
- Confiar demais em vieses cognitivos, suposições e outras associações mentais.
- Ter menos energia para exercitar autocontrole.

Um famoso estudo concluiu que as decisões tomadas pelos juízes são fortemente influenciadas pelo tempo decorrido desde sua última pausa. A taxa de decisões favoráveis caiu gradualmente de cerca de 65% para quase zero quanto maior o intervalo de tempo desde o último descanso, e voltou abruptamente a 65% após uma pausa.

Sobre o conceito de fadiga de decisão, Barack Obama disse uma vez em uma entrevista: "Você verá que eu uso somente ternos cinza ou azuis. Estou tentando diminuir a quantidade de decisões. Não quero decidir o que vou comer ou vestir. Porque tenho muitas outras decisões a tomar".

O autocontrole é um grande consumidor de energia cerebral, e isso é um problema porque o objetivo primário do cérebro é a sobrevivência (*não* a autorrealização). Para a sobrevivência, economizar energia é importante. Isso significa que o cérebro tem uma resistência natural ao exercício do autocontrole e da força de vontade; ele prefere tomar o caminho mais fácil (muitas vezes o da gratificação instantânea) e economizar energia.

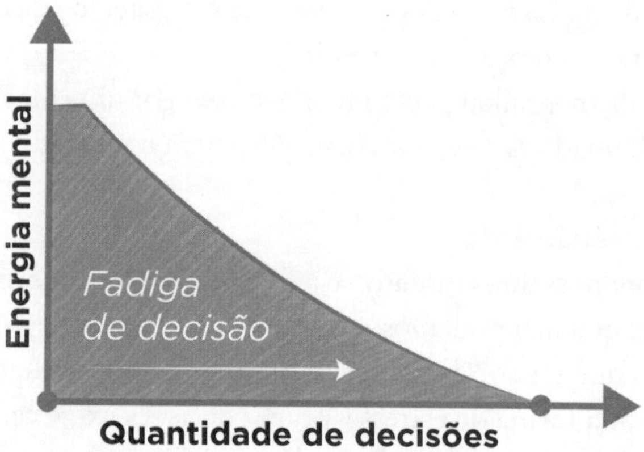

O entendimento do fenômeno da fadiga de decisão nos ensina uma lição essencial: o valor da simplicidade e da gestão da energia. Quer sentir menos fadiga de decisão? Reduza o número de decisões triviais em seu dia a dia. Eis aqui algumas ideias:

- Tenha uma rotina que lhe permita dormir, acordar e comer no mesmo horário todos os dias.

- Determine de antemão as roupas que vai usar. Doe metade das peças em seu armário para ter menos opções.
- Não gaste tempo com escolhas que não importam muito — como "devo comer no restaurante mexicano ou no restaurante tailandês hoje?". Escolha ao acaso, se necessário, ou jogue uma moeda no ar, ou escolha de uma vez e depois não pense mais nisso.
- Pratique a simplicidade e o minimalismo em diferentes áreas de sua vida. Vá a menos eventos sociais, cultive menos amizades (mas mais significativas), processe menos informações, assine menos newsletters, consuma menos notícias etc.
- Se possível, deixe decisões importantes e desafios de autocontrole para depois de uma atividade energizante, como meditar, tirar uma soneca ou ouvir música. Ou concentre-os no início da manhã, depois de uma noite inteira de sono.
- Quanto mais puder administrar o estresse, mais força de vontade terá à sua disposição. Essa é uma das razões pelas quais a meditação, como um poderoso exercício de liberação de estresse, é importante para a Autodisciplina Consciente.

A fadiga de decisão é real e nos ensina lições importantes para administrar melhor nossa energia. Mas será que isso prova que a força de vontade é limitada?

O fisiologista ganhador do Prêmio Nobel, Archibald Hill, argumenta que a fadiga do exercício pode não ser causada por uma falha muscular, mas por um mecanismo de superproteção do cérebro que quer evitar a exaustão. Ele concluiu que a fadiga não deve mais ser considerada um evento físico, mas sim uma sensação, ou emoção. Se é assim, então o que você pensa sobre sua capacidade e sua força de vontade é tão importante quanto o número de decisões que tomou hoje. No mínimo, isso significa que nossa força de vontade não é tão limitada quanto acreditamos.

O verdadeiro limite de sua força de vontade está muito além dos primeiros sinais de hipoglicemia que seu cérebro envia. Os oficiais da Marinha dos Estados Unidos seguem a chamada "regra dos 40%", que afirma que, ao primeiro sinal de cansaço ou fadiga, uma pessoa só usou 40% de sua capacidade real. Isso se aplica tanto em relação ao cansaço mental e à força de vontade como em relação ao cansaço físico e à força muscular.

Voltaremos a esse assunto em breve. Mas, antes disso, vamos falar sobre a teoria que, ao explicar o mecanismo da fadiga de decisão, conclui que a força de vontade é limitada. Muitos autores têm usado essa teoria para argumentar que não se deve confiar na força de vontade nem tentar treiná-la.

O modelo de depleção do ego

A glicose, o combustível do cérebro, é utilizada em todas as operações mentais, entre elas, o exercício da força de vontade. Portanto, é possível (embora não seja comprovado) que a razão de as pessoas não conseguirem exercer a força de vontade em certas situações desafiadoras se deva à falta de açúcar no sangue. Essa ideia pode explicar o fenômeno da fadiga de decisão. Na verdade, durante muitos anos, as discussões acadêmicas sobre autocontrole e força de vontade foram dominadas pelo modelo de depleção do ego, proposto por Roy Baumeister, que se baseia nessa observação.

O modelo de depleção do ego propõe que a força de vontade é como uma bateria, com capacidade limitada: quanto mais você faz uso dela, mais a consome, até chegar ao ponto em que não pode mais usá-la sem recarregá-la. A bateria da força de vontade é recarregada por atividades de descanso, como sono adequado, meditação, pausas — e repor o açúcar no sangue por meio de refeições saudáveis.

Essa teoria foi contestada por novos estudos que demonstram que a quantidade de força de vontade de um indivíduo é afetada pela quantidade de força de vontade que ele *acredita* ter.

Sim, você leu certo. Suas crenças sobre a capacidade de sua força de vontade influenciam quanto dela está à sua disposição. Pessoas que acreditam nas limitações da força de vontade experimentam mais situações de falhas no autocontrole do que aquelas que não acreditam que sua força de vontade é limitada. Outros aspectos que influenciam a força de vontade são o nível de motivação, como você encara o desafio de autocontrole com o qual se depara e como acredita que a força de vontade funcione. Portanto, o modelo de depleção do ego não explica completamente esse acontecimento. E também tem sido vítima da "crise de replicação" em psicologia.

Você não pode apenas acreditar que seu celular está completamente carregado e, com isso, fazer com que a bateria dele dure para sempre. Seus pensamentos sobre a carga da bateria não a influenciam; mas seus pensamentos sobre sua força de vontade, sim. Portanto, a força de vontade não é como uma bateria esgotada. O gargalo para sua força de vontade — e, portanto, sua autodisciplina — provavelmente está em sua mente, não na sua glicemia.

Uma crença mais precisa sobre força de vontade é a de que ela funciona como um músculo. Isso quer dizer que:

- Pode ser fortalecida com exercícios; torna-se mais fraca ao não ser empregada.
- Ela se torna temporariamente mais fraca logo após um período de exercício intenso.
- Depois da recuperação, sua capacidade aumenta (isso é conhecido como *supercompensação*).

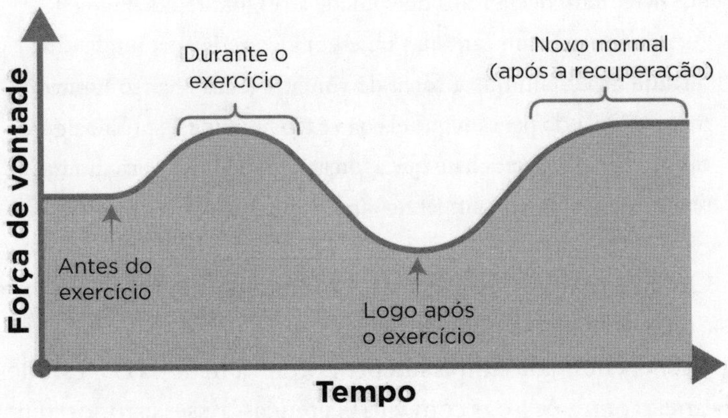

Portanto, a força de vontade não é como uma bateria que se esgota, sem mais nada a fazer. A força de vontade é um músculo que precisa ser exercitado — e, quanto mais você fizer isso, mais forte ela se torna. Embora seja possível haver correlação entre a força de vontade e os níveis de glicose em seu corpo, ainda há muitas coisas que você pode fazer para aumentar sua força de vontade ou, ao menos, conseguir acessar suas reservas mais profundas.

O QUE VOCÊ PENSA SE TORNA REAL

É importante contextualizar os resultados dos estudos do modelo de depleção do ego, observando que muitas dessas pesquisas testam o indivíduo *médio*, não o indivíduo *autodisciplinado*. É como querer entender a natureza e os limites de um músculo fazendo pesquisas com pessoas que não praticam musculação. O que se obtém de tal pesquisa é apenas a metade do panorama.

Essa distinção é bem explicada por Carol Dweck, professora de psicologia da Universidade de Stanford, autora do best-seller *Mindset: a nova psicologia do sucesso*. Dweck observa que:

> Embora a fadiga de decisão ocorra, ela afeta principalmente aqueles que acreditam que a força de vontade se esgota rapidamente. [...] As pessoas só ficam cansadas ou esgotadas após uma tarefa difícil quando acreditam que a força de vontade é um recurso limitado, mas não quando pensam que ela não é tão limitada. [...] Em alguns casos, as pessoas que acham que a força de vontade não é tão limitada realmente têm um desempenho *melhor* após uma tarefa desafiadora.

Como a maioria das pessoas acredita que sua força de vontade é escassa, o fenômeno da fadiga de decisão *parece* ser uma verdade universal da experiência humana simplesmente porque a maioria dos estudos não faz distinção entre pessoas com várias crenças. Esses estudos, tentando tirar conclusões sobre a natureza humana, ignoram os pontos fora da curva e se concentram na média. Mas a média demonstra apenas o *status quo*; revela o que é comum. Os pontos fora da curva revelam o que é *possível*.

Certo, mas e quanto à quantidade real de glicose no sangue? Com certeza isso funciona como um limite geral da quantidade de força de vontade que podemos exercer, não é mesmo? As ideias de Dweck novamente diferem das conclusões de estudos anteriores e reiteram a experiência daqueles que treinaram sistematicamente sua força de vontade:

> Descobrimos que o açúcar melhora o autocontrole *apenas* em pessoas que acreditam em uma força de vontade limitada. [...] Achamos que as pessoas que acreditam que a força de vontade é limitada estão sempre verificando quanto estão fatigadas. Se elas se sentem cansadas, mostram um déficit. Se receberem açúcar e obtiverem uma onda de energia, não mostram esse déficit.

Se a força de vontade é como um músculo que pode ser treinado, uma ideia que Roy Baumeister acabou propondo, então isso significa que a glicose não é o único elemento. Enfrentar regularmente atividades que fortalecem sua força de vontade — como banhos frios, jejum, meditação, mudança de comportamento e formação de hábitos — *não* aumenta a glicemia, é claro, mas de fato aumenta a força de vontade. Baumeister me disse, em uma entrevista, que ele foi capaz de replicar essas descobertas em seu laboratório e as explicou dizendo que o que acontece, na verdade, é que estamos nos treinando a buscar reservas mais profundas de glicose. Mas é inteiramente possível que algo mais ocorra, porque, como Dweck propôs, nossa mentalidade e crenças estão relacionadas a isso.

Parece, então, que tanto a teoria da depleção do ego quanto a teoria da mentalidade estão certas; cada uma delas conta parte da história. Ou seja, a força de vontade é uma *força psicológica* com uma base biológica (glicemia). Você pode melhorá-la aumentando o nível de glicose em sua corrente sanguínea ou desenvolvendo crenças mais positivas sobre sua capacidade. Portanto, é inteligente observar esses dois fatos. Em termos práticos, isso significa que é necessário **administrar** suas reservas de força de vontade *e* **fortalecer** sua força de vontade, exercendo-a diariamente e cultivando uma mentalidade enriquecedora.

Tendo dito tudo isso, se realmente quiser *cultivar* sua força de vontade, recomendo que enfatize o aspecto da mentalidade. Por quê? Porque, caso contrário, tenderá a se concentrar em suas limitações. As crenças sobre sua capacidade tornam-se uma profecia que se realiza por si só. Acreditar que você tem uma força de vontade limitada reduz a quantidade de força de vontade que consegue explorar. Isso bloqueia seu acesso a reservas mais profundas de força de vontade, fazendo-o aceitar a derrota muito cedo sob o pretexto: "Desculpe, estou sem glicose". Como escreveu certa vez o autor Richard Bach: "Argumente a favor de suas limitações, e com certeza você as terá".

Portanto, podemos dizer que existem dois tipos de pessoas.

O primeiro tipo se concentra na ideia de que a força de vontade é limitada, que vai se esgotando irremediavelmente ao longo do dia como uma bateria que vai acabando. Essas pessoas, portanto, dependem apenas dos hábitos e do ambiente para garantir que estejam na melhor forma possível para tomar boas decisões — e, se não estiverem, têm uma grande desculpa biológica para justificar suas limitações. Elas enfatizam os limites biológicos do autocontrole, sem tentar exercer sua força de vontade, e acreditam que depender dela não funciona.

O segundo tipo acredita que a força de vontade é, em grande parte, limitada pela mente. Essas pessoas a veem como um músculo a ser fortalecido. Buscam ambientes propícios e criam hábitos para economizar tempo e evitar a fadiga de decisão, mas não se esquivam de exercer essa habilidade essencial sempre que podem. Sentem-se cansadas após exercitar o autocontrole várias vezes (assim como os que acreditam na "teoria do limite"), mas não tomam esses sentimentos como um sinal de que esgotaram um recurso limitado e que não podem continuar. Elas se nutrem de desafios, comem estresse no café da manhã e se sentem energizadas quando encontram resistência. Assumem total responsabilidade por suas decisões e acreditam na grandeza de seu potencial.

Quem você escolherá ser?

Sim, é uma escolha. Você pode escolher se concentrar nos limites biológicos da força de vontade — ou escolher se concentrar em sua plasticidade psicológica. Isso tem profundas implicações em como se sente sobre sua força de vontade. Qual pessoa é mais forte: aquela que evita ao máximo usar seus músculos porque acredita estar condenada a falhar ou aquela que *acredita ser forte* e exercita sistematicamente os músculos?

Portanto, é mais sábio acreditar que você pode treinar seu autocontrole, explorar reservas mais profundas de força de vontade dentro de si e, assim, sentir mais energia e força de vontade em sua vida diária. Isso não significa que você terá instantaneamente uma quantidade ilimitada de força de vontade apenas por acreditar que tem. Mas terá muito mais do que o seu vizinho que acredita que a força de vontade dele é escassa e que não há nada que possa fazer a respeito disso.

Conclusões práticas

Você quer ter mais autodisciplina em sua vida? Então acredite que pode exercê-la e treine para explorar uma fonte infinita de força de vontade dentro de você. E, é claro, seja pragmático e faça as mudanças necessárias para ajudar nesse processo em sua vida.

Antes de mais nada, **exercite sua vontade** (assim como faz com seus músculos). Leve isso a sério. Confie nela como se fosse um caso de vida ou morte — porque, em alguns aspectos, é mesmo. Acredite no seu poder. Exercite-o diariamente. Cultive-o diariamente.

Em segundo lugar, **administre sua energia**. Faz sentido estar consciente da fadiga de decisão e organizar sua rotina com isso em mente. Isso significa, entre outras coisas: começar o dia com as tarefas que mais consomem sua força de vontade; diminuir a quantidade de decisões triviais que precisa tomar diariamente; e aprender a administrar o estresse.

Em terceiro lugar, **otimize seu estilo de vida**. Assim como os músculos físicos, o músculo da força de vontade pode ficar sobrecarregado se não fizer pausas e ganhar força aos poucos. Comprometa-se a exercitá-lo regularmente, sim, mas também desenvolva um estilo de vida favorável, que inclua bom combustível e bom descanso. Coisas como comer de modo saudável, fazer exercícios físicos com regularidade, dormir o suficiente e meditar todos os dias o levarão longe.

Finalmente, **cultive a paciência e a perseverança**. Os músculos não passam de flácidos a tonificados da noite para o dia. Você tem que fazer um esforço considerável antes que isso aconteça e, se esperar resultados cedo demais, ficará decepcionado e desistirá. O mesmo acontece com o músculo da força de vontade. Se acha que pode se obrigar a ter uma força de vontade sobre-humana quando terminar este capítulo... vai ficar decepcionado.

Portanto, acredite em sua capacidade, mas seja paciente com o processo de adquiri-la. Tenha como objetivo ter pequenos ganhos de força de vontade de forma consistente, a cada dia. Isso o ajudará a acreditar mais em si mesmo e, assim, expandir sua capacidade. (Vou abordar esse conceito em detalhes nos capítulos 21, 28 e 31.)

Em resumo, aqui estão os quatro aspectos do cultivo da força de vontade:

HÁBITOS SÃO ESSENCIAIS, MAS NÃO SUFICIENTES

Hoje em dia, está na moda escrever artigos intitulados "A força de vontade está morta", ou "O mito da autodisciplina". Vemos muitos blogueiros adotando essa tendência. Tais ideias, embora bem-intencionadas, são enganosas e podem ser prejudiciais.

Sim, é verdade que a força de vontade exige esforço e que a autodisciplina é um trabalho árduo. E é verdade que os hábitos, uma vez estabelecidos, são automáticos e quase não exigem esforço. Mas isso não significa que possa substituir a necessidade de força de vontade em todas as áreas da vida pela formação de hábitos.

Primeiro, porque desenvolver bons hábitos requer certa força de vontade no início. O exemplo de Sarah, que quer começar a correr e parar de tomar sorvete, ilustrou esse argumento.

Ao tentar consolidar hábitos positivos, você pode, e deve, ajustar o ambiente e usar lembretes para facilitar o processo. Essas coisas são dicas boas e úteis, e abordo o assunto no Capítulo 26. No entanto, elas são as rodinhas da força de vontade; se só conseguir andar com elas, estará limitando sua capacidade.

O hábito o levará para a academia; a força de vontade puxará os pesos e o fará ir para outra série, mesmo quando estiver cansado. O hábito o manterá em um relacionamento; a força de vontade lhe permitirá alterar padrões profundos em si mesmo, para que possa *prosperar* nesse relacionamento. O hábito o impede de comprar um bolo de chocolate quando vai ao supermercado; a força de vontade lhe permite recusar uma deliciosa sobremesa que está bem debaixo do seu nariz. O hábito me leva ao meu banho gelado todas as manhãs; a força de vontade abre o registro.

A segunda razão pela qual os hábitos não substituem totalmente a força de vontade e a autodisciplina é que a vida é dinâmica e imprevisível. Não é possível ter certeza de que você sempre agirá em harmonia com seus valores e objetivos, tentando fazer de tudo um hábito. A vida lançará bolas de efeito para você. Ela o pegará despreparado. Exigirá que controle seus impulsos e tome decisões difíceis quando menos esperar.

Quando você precisa ir ao trabalho, mas está sem vontade; quando deseja responder com agressividade, mas não deve; quando precisa desesperadamente dormir, mas seu bebê não para de chorar — é a força de vontade que vem em socorro, não o hábito.

Todos nós temos momentos assim. Às vezes, diariamente. Nessas situações desafiadoras, a autodisciplina — que é a capacidade de agir de acordo com seus objetivos e valores mais elevados — salva. Se a desenvolveu, ela estará lá com você. Se não a desenvolveu, então será levado pelo impulso momentâneo mais forte.

Os hábitos são essenciais, mas não suficientes. Eles são o resultado da prática da autodisciplina e da força de vontade, não substitutos dela. A Autodisciplina Consciente tem a ver tanto com a criação de hábitos quanto com o aumento da força de vontade.

Se tudo o que precisa fazer é mover uma caixa pesada de A para B, use rodas, não seus músculos. Mas se seu propósito é ganhar força, livre-se das rodas e empurre essa caixa — ou vá para a academia e puxe pesos pesados com esse objetivo. O mesmo acontece com sua força de vontade: se quiser fortalecê-la, precisará fazer uso dela. Como com qualquer outro músculo, a única maneira de desenvolver a força de vontade é através de atrito e resistência.

Se está com dificuldade de mudar sua dieta, ou de trabalhar em uma fonte de renda extra, ou de ir dormir cedo, provavelmente apenas estabelecer o hábito, a qualquer custo, é a prioridade. Mas, em algum momento, precisará fazer coisas para fortalecer sua força de vontade. Você precisará dela na vida — em especial se estiver indo atrás de objetivos difíceis. Para esse tipo de coisa não há atalhos.

Quer ir além de seus limites atuais em sua carreira e vida pessoal? Então precisará de força de vontade a cada dia. Apenas ter hábitos não será suficiente. Os hábitos garantem a sua presença; a força de vontade faz você se sobressair.

Em poucas palavras: por favor, faça uso dos princípios de formação de hábitos deste livro para criá-los da maneira mais fácil possível, mas não se afaste do exercício de sua força de vontade. Pesquisas mostram que a força de vontade é o maior fator diferencial para obter sucesso na vida. Você sempre vai precisar dela.

O AMBIENTE É ESSENCIAL, MAS NÃO SUFICIENTE

Os que acreditam que "força de vontade não funciona" argumentam que ela acabará sempre falhando, e o ambiente acabará sempre ganhando. Propõem, então, que devemos adequar nosso ambiente em vez de treinar nossa força de vontade.

Essa ideia tenta nos reduzir ao mínimo denominador humano — e isso é incrivelmente limitante e pouco inspirador. Além disso, nem sempre se pode evitar exercer a força de vontade em sua vida procurando estar em ambientes de apoio perfeitos o tempo todo. Às vezes isso não é possível ou desejável. E se você quiser parar de tomar sorvete todos os dias, mas retirá-lo de seu congelador não for uma opção porque seu parceiro ama sorvete?

Esses autores falam do ponto de vista do que "geralmente acontece" — do seu condicionamento. Eu estou falando do ponto de vista do "que é possível" — do seu potencial. A Autodisciplina Consciente não tem a ver com quem somos condicionados a ser. Trata-se de quem podemos nos tornar. Trata-se do seu *potencial*, não de suas limitações atuais.

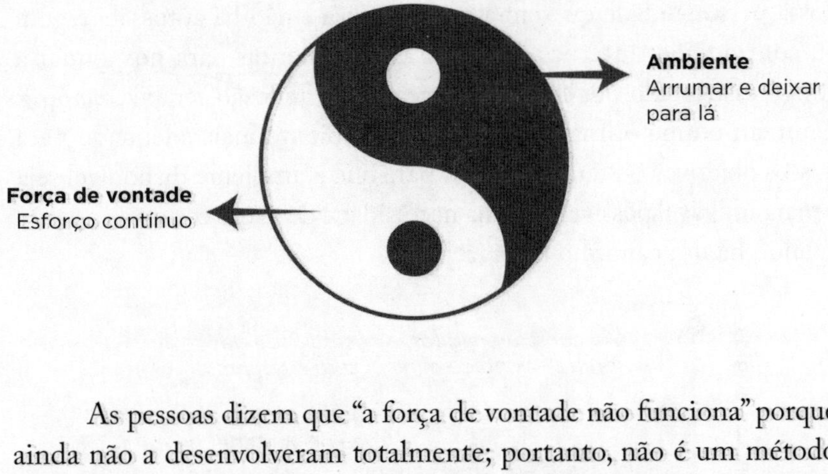

As pessoas dizem que "a força de vontade não funciona" porque ainda não a desenvolveram totalmente; portanto, não é um método confiável *para elas*. Nessa mesma toada, do jeito como as distrações digitais estão cada vez mais frequentes em nossa vida moderna, em breve as próximas gerações dirão que "a concentração não funciona", porque ninguém consegue mais se concentrar!

Se você nunca confiar em sua força de vontade, nunca *poderá* confiar em sua força de vontade. Não é uma boa situação para se estar, porque a força de vontade é essencial tanto para o sucesso quanto para a felicidade. O ambiente é importante, mas é apenas parte da história — e muitas vezes a parte sobre a qual temos menos controle.

Você sempre vai precisar de força de vontade

A menos que sejamos pessoas perfeitas (sem conflitos internos) vivendo em um ambiente perfeito (com tudo ao redor apoiando plenamente nossos objetivos), *sempre* encontraremos alguma forma de resistência ou obstáculo. Acontece em especial se estivermos tentando nos desenvolver, ultrapassar nossos limites atuais ou realizar algo difícil.

Não há como fugir desse fato. E, quando nos depararmos com obstáculos, precisaremos de força de vontade para superá-los. Precisaremos ter disciplina para fazer escolhas difíceis, escolhas que contrariam o que o ambiente externo está nos estimulando a fazer ou o que nosso ambiente interno (impulsos) está nos incentivando a fazer.

É uma ótima ideia focar também na resolução de conflitos internos, é claro. É muito mais fácil avançar quando todos os aspectos de nossa personalidade querem a mesma coisa e não há autossabotagem ou contradições internas. Há muitas ferramentas para nos ajudar a atingir esse estado, tais como meditação, autorreflexão, terapia, *coaching*. Também é uma ótima ideia buscar o ambiente mais adequado para nossos objetivos ou tentar intervir para que o ambiente disponível seja o mais amigável possível. Não há necessidade de nadar contra a corrente quando há um caminho mais fácil.

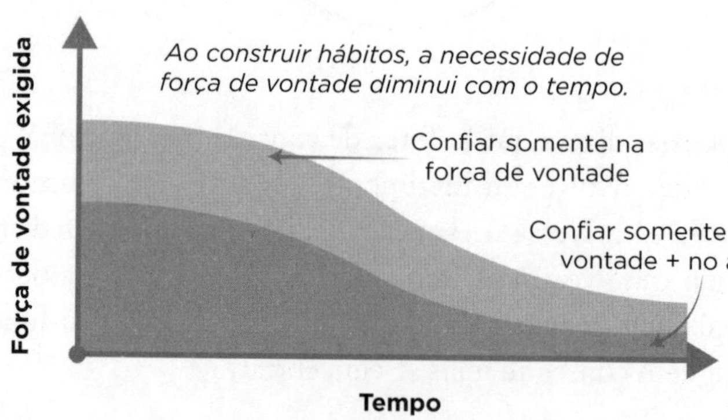

Ainda assim, *sempre* encontraremos resistência no caminho até nossos objetivos. Quando isso acontecer, precisaremos de força de vontade. É inútil tentar criar uma vida em que não precisamos dela só para evitar a dor de exercitá-la. Essa vida seria inerte — não haveria crescimento.

Exercite sua força de vontade para fortalecê-la. Faça bom uso de seu ambiente, se possível, para tornar as coisas mais fáceis; mas não dependa dele.

A força de vontade pode falhar. E daí?

Enfatizar que a força de vontade é um recurso finito e dizer que, no fim, o ambiente sempre vence é como dizer que nossos músculos são um recurso finito e que, no fim, a gravidade (os pesos) sempre vence. Mesmo que isso seja verdade, não significa que o exercício seja fútil. O objetivo é que nos transformemos no processo.

Talvez seja verdade que, na mente humana, a tendência natural da força de vontade é, por fim, exaurir-se. E daí?

A tendência natural do corpo é se sujar e adoecer. Isso significa que não devemos limpá-lo e tentar mantê-lo saudável? Significa que cuidar da saúde não funciona?

A tendência natural do amor é desaparecer após anos de casamento — isso significa que não devemos tentar mantê-lo vivo? Significa que o amor não funciona?

A tendência natural de nossa mente é se distrair — isso significa que não devemos exercer nosso poder de concentração? Significa que a concentração não funciona?

Muitas das coisas mais valiosas na vida exigem esforço para serem alcançadas e depois mantidas; e esse esforço pode nem sempre ser bem-sucedido. Mas vale a pena. O preço de desistir de exercer a força de vontade, o autocuidado, o amor e a concentração é muito, muito mais alto.

Confiar em si mesmo é uma evolução

É um sinal de evolução poder escolher seu ambiente ou melhorá-lo. Mas é também um sinal de evolução poder *prosperar* apesar de seu ambiente — porque sempre encontraremos ambientes desfavoráveis.

Vejamos a natureza e a evolução das espécies. Quanto menos evoluído for o animal, mais sua vida é impactada pelo ambiente. Os seres humanos são os animais com a maior habilidade de sobreviver em um ambiente adverso, porque somos engenhosos. Podemos criar ferramentas e métodos para dominar o meio, e nos recusamos a ser controlados por ele.

Ser capaz de prosperar apesar do ambiente é uma grande força — e muito necessária. Ela nos convida a nos concentrar no que podemos *controlar* (nossas escolhas), e não no que podemos, no máximo, *influenciar* (o ambiente). O exercício da autodisciplina nos permite dominar continuamente nosso ambiente *interno*; agir de acordo com nossos objetivos e aspirações, apesar dos estímulos ambientais; e ter sucesso mesmo quando o cenário não é tão bom.

O famoso experimento de Stanford com marshmallows exemplifica com perfeição esse ponto. Nesse estudo, publicado em 1972, uma criança era deixada sozinha em uma sala com um marshmallow e tinha duas opções: comer aquele delicioso doce imediatamente ou esperar até que o pesquisador voltasse e ganhar outro marshmallow. A escolha era entre uma recompensa imediata ou uma recompensa maior para aqueles que tinham usado a força de vontade para retardar a gratificação.

Em estudos de seguimento, os pesquisadores descobriram que as crianças que conseguiram retardar a gratificação acabaram tendo melhores resultados na vida. Obtiveram melhores notas no vestibular, tinham melhores habilidades sociais, ganhavam mais dinheiro, envolveram-se menos com abuso de substâncias, tinham menos chance de desenvolver obesidade, conseguiam lidar melhor com o estresse e tinham, em geral, uma saúde física e mental melhor.

Hoje, a força de vontade e a autodisciplina são essenciais para que você sobreviva e seja feliz. Vivemos em tempos em que a sobrevivência do mais apto significa a sobrevivência do *focado*.

Use seu ambiente, mas não seja dependente dele

Usar o ambiente a seu favor — por exemplo, remover a tentação ou se cercar de lembretes — é um grande truque para construir hábitos. Isso é algo que exploraremos mais à frente (veja o Capítulo 26).

É um atalho, e nós adoramos isso. Vivemos em uma sociedade obcecada por atalhos.

O problema é que, quando usamos o atalho em excesso, nos tornamos dependentes dele. Atingimos um ponto em que não podemos mais fazer o trabalho sem ele. Ou podemos tentar os atalhos disponíveis para atingir nosso novo objetivo e desistir quando eles falharem — porque perdemos a capacidade de confiar em nós mesmos e de exercer nossa força de vontade.

Se você se concentrar nos gatilhos ambientais, será capaz de formar alguns bons hábitos. Mas, se se concentrar em seu ambiente *e* em sua força de vontade, terá tanto bons hábitos como uma grande força de vontade. É curioso como isso funciona!

É por isso que, ao contrário de alguns gurus de autoajuda por aí, eu não enfatizo muito o ambiente. É bom usá-lo como apoio, e é um atalho útil. Mas, ao mesmo tempo, é necessário estar preparado para a *vida*, e na vida muitas vezes não temos controle sobre nosso ambiente. Portanto, precisamos ser capazes de manter nossos objetivos e valores independentemente dele. Isso só se desenvolve exercendo nossa força de vontade em condições adversas.

Sim, faço uso do ambiente para atingir minhas metas, mas também exerço minha força de vontade diariamente. É o ambiente que faz meu despertador sempre tocar às 2h30 da manhã. É a força de vontade que me faz levantar. É o hábito que me leva ao banho frio todos os dias; é a força de vontade que abre o registro.

A força de vontade não funciona se você não a tiver treinado. E funciona se tiver.

Como o amor, o foco e uma boa saúde, a força de vontade exige esforço constante.

Mesmo que você pudesse planejar sua vida de modo que todos os ambientes apoiassem perfeitamente seus objetivos, por favor, não faça isso. É como planejar uma vida em que nunca vai precisar levantar nada mais pesado do que cinco quilos — é confortável, mas não o tornará forte. E, mais cedo ou mais tarde, você vai precisar desses músculos!

Conclusão: faça uso de seu ambiente para ajudar na manutenção de bons hábitos, mas não dependa totalmente dele. Procure sempre ir além, encontrar resistência e exercitar sua força de vontade. É assim que nascem a verdadeira grandeza e força interior.

EXERCÍCIO: FORTALEÇA SUA FORÇA DE VONTADE

Para tonificar um músculo, você deve aplicar resistência a ele, abraçar a dor e superá-la para continuar. Da mesma forma, a força de vontade e a autodisciplina crescem por meio do atrito. Abrace essa dor e não fuja dela!

Lembra a conversa sobre fogo e água, no Capítulo 3? Bem, exercitar sua força de vontade rumo aos seus objetivos aumentará seu fogo interior, porque o atrito cria calor. Ao exercitar seus músculos, é o calor físico. Ao exercitar a força de vontade, é o calor psicológico. Nas tradições espirituais indianas, esse calor psicológico é chamado de *tapas* (não confundir com os petiscos espanhóis nem com os golpes de mão). *Tapas* é considerado o principal elemento de autotransformação. Coisas inimagináveis são possíveis através da força de vontade e do *tapas*.

Só é possível moldar um pedaço de ferro na forma desejada se o golpe for dado enquanto o ferro está quente. Da mesma forma, o exercício diário de sua força de vontade gera o calor interno necessário para moldar sua vida e a si mesmo — do jeito que quiser.

Não fuja desse calor interno. Convide-o. Regozije-se nele. Procure exercitar sua força de vontade, de uma forma ou de outra, todos os dias de sua vida.

Como se faz isso? Praticar a autodisciplina com seus objetivos e aspirações é uma forma natural de exercitar sua força de vontade. É disso que trata o restante deste livro.

Outra maneira é concentrar-se em exercitar o músculo da força de vontade por si só, escolhendo fazer algo difícil todos os dias, de propósito. Não importa quão pequeno seja. Se gera calor psicológico, se o faz ir além, é uma forma de *tapas*. A ideia é se comprometer com algo pequeno todas as manhãs — algo que seja significativo e desafiador para você — e mantê-lo durante todo o dia, *não importa o que aconteça*. Eis aqui alguns exemplos de compromissos diários desafiadores:

Hoje eu vou	Hoje eu não vou
Tomar um banho frio por cinco minutos	Reclamar de nada
Praticar jejum intermitente por dezoito horas	Falar palavrões
Sentir gratidão sempre que disser "obrigado"	Ser preguiçoso
Cultivar a satisfação e o otimismo	Beber café
Não ficar quieto quando vir uma injustiça	Consumir açúcar
Respirar fundo antes de checar meu telefone	Discutir sem motivo
Estar na cama às dez em ponto	Usar qualquer site ou aplicativo de redes sociais
Ter uma conversa difícil	Interromper alguém que esteja falando
Fazer algo que estou adiando	Ver tevê ou jogar videogames
Exercitar-me por meia hora a mais que o habitual	Apertar o botão de soneca do alarme
Olhar nos olhos das pessoas	Comer *fast-food*
Dizer "não" quando precisar dizer "não"	Roer as unhas/morder os lábios ou as bochechas
Ser amigável com todos que encontrar	Checar meu e-mail fora do horário de trabalho
Pensar antes de falar	Checar ou mandar mensagens de texto
Fazer algo que estava evitando	Fofocar
Ser pontual	Mergulhar em sentimentos negativos
Falar sempre com gentileza e verdade	Dizer palavras duras

Estas são apenas algumas ideias iniciais. Algumas podem não ser um problema para você, portanto, não são boas candidatas para o exercício. Escolha o que for desafiador e, ainda assim, importante. Concentre-se em um desafio diferente da lista (ou invente um) todos os dias, durante vinte e um dias. Essa prática simples exercita não apenas sua força de vontade, mas também sua autoconsciência.

Ao realizar esse exercício, você pode notar uma tendência a querer evitar a tentação particular à qual decidiu não ceder, para que seja mais fácil completar seu compromisso diário. Isso é trapacear, e vai contra o propósito do exercício. Em vez disso, viva sua vida normalmente e enfrente os desafios à medida que surgirem. Ou, se estiver sentindo-se ambicioso, dobre a aposta expondo-se propositalmente a mais tentações.

O que acontece ao final de vinte e um dias? Sua força de vontade estará mais confiável. Você pode então usá-la para mudar qualquer comportamento específico ou pode restringir-se a cinco desafios principais da lista e dessa vez ficar vinte e um dias em cada um deles.

Por fim, não se preocupe se os desafios parecerem inatingíveis neste momento. O objetivo não é a perfeição, apenas fazer com que exercite o músculo da força de vontade e mostrar-lhe o que é possível. O restante deste livro lhe ensinará muitas ferramentas práticas para tornar o processo mais fácil.

PONTOS-CHAVE

Definições

- A força de vontade é a capacidade de controlar sua atenção, emoções e ações, apesar da presença de estímulos adversos, e resolver conflitos entre seus desejos de curto prazo e seus objetivos de longo prazo. Ela inclui sua capacidade de retardar a gratificação, anular pensamentos e sentimentos indesejados e mudar seu estado interior. O autocontrole é usado com frequência como sinônimo de força de vontade.
- A autodisciplina é a aplicação contínua da autoconsciência e da força de vontade ao longo do tempo. Muito do que é dito neste livro sobre a autodisciplina também é verdade sobre a força de vontade, e vice-versa.
- A construção de hábito é uma das principais funções da autodisciplina, mas não o único fator. Nem todas as suas ações voltadas para atingir metas podem ser transformadas em hábitos.

A natureza da força de vontade

- Sabendo que a fadiga de decisão é real, simplifique sua vida diária: tome menos decisões, administre o estresse e siga uma rotina regular.

- As pessoas que se concentram nas teorias do autocontrole limitado experimentam mais falhas de autocontrole do que aquelas que não acreditam que sua força de vontade é limitada. Suas crenças sobre sua capacidade se tornam uma profecia. Acreditar que você tem uma força de vontade limitada limita a quantidade de força de vontade disponível.
- A força de vontade funciona como um músculo. Isso significa que você a fortalece exercitando-a e a enfraquece quando não o faz (use-a ou perca-a). Assim como um músculo, ela ficará temporariamente mais fraca logo após um intenso exercício, mas, depois da recuperação, estará mais forte do que era antes (*supercompensação*).
- A força de vontade é uma *força psicológica* com uma base biológica (glicemia). Você pode melhorá-la aumentando o nível de glicose em sua corrente sanguínea ou desenvolvendo crenças mais positivas sobre sua capacidade.
- Para aumentar sua força de vontade, exercite-a regularmente (como qualquer outro músculo), com paciência e perseverança (os músculos não aparecem da noite para o dia). Além disso, cultive altos níveis de energia, alimentando-se bem, fazendo exercícios físicos e dormindo bem.
- Acredite em seu poder. Exercite-o diariamente. Cultive-o diariamente.

Os hábitos são essenciais, mas não suficientes

- Não se pode substituir a necessidade de força de vontade em todas as áreas da vida apenas com hábitos. Nem tudo o que requer disciplina pode ser transformado em um hábito. Além disso, a criação de hábitos ainda requer certa força de vontade no início, mesmo que você modifique seu ambiente.
- Os hábitos garantem sua presença; a força de vontade faz você se sobressair.

O ambiente é essencial, mas não suficiente

- Você nem sempre pode evitar ter que exercer a força de vontade em sua vida procurando construir os ambientes de apoio perfeitos. O ambiente é importante, mas é apenas parte da história — e muitas vezes a parte sobre a qual temos pouco controle.
- Sempre precisaremos ter disciplina para fazer escolhas difíceis — escolhas que contrariam o que nosso ambiente externo está nos estimulando a fazer ou o que nosso ambiente interno (impulsos) está nos incentivando a fazer.
- A força de vontade não funciona se não a tiver treinado. Mas funciona se a tiver treinado.
- Use seu ambiente para ajudá-lo a manter bons hábitos, mas não dependa totalmente dele. Procure ir além, encontrando resistência e exercendo sua força de vontade. É assim que nascem a verdadeira grandeza e a força interior.

Exercício: fortaleça sua força de vontade

- Para tonificar um músculo, você deve aplicar resistência a ele, abraçar a dor e superá-la. Isso também vale para a força de vontade — ela cresce através do atrito.
- Esse atrito gera um calor interior conhecido como *tapas*, que permite moldar sua vida e a si mesmo de acordo com o que deseja.
- Procure exercitar sua força de vontade, de uma forma ou de outra, todos os dias de sua vida. Faça isso desenvolvendo autodisciplina em relação a seus objetivos e escolhendo fazer algo difícil todos os dias, de propósito. (Veja as ideias propostas para um desafio de força de vontade de vinte e um dias.)

CAPÍTULO 5

OS TRÊS PILARES DA AUTODISCIPLINA CONSCIENTE

OS TRÊS PILARES SÃO O CERNE DA AUTODISCIPLINA Consciente. Eles contêm tudo que você precisa saber e fazer para se tornar disciplinado em todas as áreas da vida. São eles: Aspiração, Consciência e Ação.

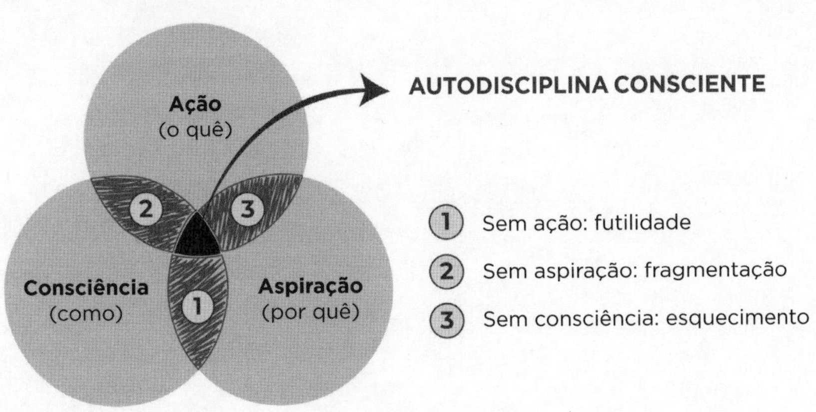

Os três pilares são necessários. Se mesmo só um deles estiver faltando, sua autodisciplina não será confiável. Recomendo que aprenda sobre esses pilares em ordem, mas concentre-se primeiro naqueles em que tem mais dificuldade.

O oposto dos três pilares da *autodisciplina* são os três pilares do *caos*: Fragmentação, Esquecimento, Futilidade.

A autodisciplina é uma habilidade que se aprende. Na primeira vez que passar por todo esse processo para desenvolver um hábito, ele pode parecer incômodo, rígido, artificial. Mas, depois, torna-se mais fácil a cada hábito adicionado. Por fim, vira intuitivo.

Os próximos vários capítulos tratam de cada um dos três pilares em profundidade. Você aprenderá todos os conceitos fundamentais e uma variedade de exercícios. Por favor, não se sinta sobrecarregado. Não precisa entender tudo ou pôr tudo em prática. Explore o pilar ou pilares mais difíceis para você e comece com um ou dois exercícios que lhe pareçam os mais promissores.

PILAR 1

ASPIRAÇÃO

CAPÍTULO 6

O QUE E O PORQUÊ

A inspiração vem depois da aspiração.
RABINDRANATH TAGORE

Para a maioria de nós, o maior perigo está não em ter uma meta grande demais e ficar aquém; mas em ter uma meta pequena demais e atingi-la.
MICHELANGELO BUONARROTI

Uma pessoa sem propósito é como um navio sem leme.
THOMAS CARLYLE

SUA ASPIRAÇÃO É SEU PROPÓSITO, SEU SONHO, SEU *porquê*. É o objetivo, o desejo ou a ambição que o faz agir. É o que você quer alcançar, experimentar ou se tornar. (De modo geral, no restante deste capítulo, os termos aspiração e propósito são usados de forma intercambiável.)

O desejo motiva a ação. O desejo cria um vazio em você ao conceber uma recompensa que o preencherá perfeitamente. Quanto maior o vazio — em outras palavras, a aspiração —, maior o combustível disponível.

Esse combustível é essencial para que consiga superar os desafios que eventualmente aparecerão. Desafios como coisas que não saem como o esperado, falta de autoconfiança, procrastinação, confusão, crítica e rejeição. Como disse o filósofo Friedrich Nietzsche: "Aquele que tem um *porquê* pode suportar quase qualquer como".

COMECE PELO PROPÓSITO

Sua aspiração é a razão pela qual você está embarcando nessa viagem, para começo de conversa. Sem ela, a autodisciplina se torna difícil, no melhor dos casos — se não totalmente inútil. É pouco provável que encare dor, desconforto e sacrifício sem um bom motivo. Sua aspiração é esse bom motivo.

Deixe-me dar-lhe um exemplo simples da minha vida pessoal. Minha esposa ~~insiste~~ me encoraja a usar um creme facial todas as noites antes de ir para a cama, para prevenir rugas. Ela me lembra de que vivo aparecendo em vídeos, encontrando clientes e dando entrevistas, e argumenta que a aparência é muito importante. Ela aponta que outros homens da minha família começaram cedo a ter rugas, portanto pode haver uma predisposição genética. Além disso, "leva apenas dois minutos", diz ela.

No entanto, nada disso parece causar nenhuma impressão em minha mente. Parece que eu não me importo muito. Em decorrência, acabo nunca usando o creme por mais de alguns dias seguidos, mesmo quando o ambiente é propício (ou seja, o pote está claramente visível na minha mesa de cabeceira). Porque não está ligado a nenhuma das minhas aspirações mais profundas.

Se o hábito que você está tentando desenvolver ou a mudança que está tentando implementar não estiverem ligados a um porquê mais profundo, a autodisciplina parecerá forçada — uma tarefa. Mas, se estiverem conectados a um propósito que vem do coração, então a autodisciplina pode parecer excitante, significativa e promissora.

Digamos que queremos encorajar Mark, um executivo de nossa empresa, a meditar. Se Mark for simplesmente aconselhado a "sentar-se com calma todos os dias durante dez minutos e observar sua respiração" porque isso "faz bem", é pouco provável que ele siga o conselho. Ou, mesmo que o faça, sua prática meditativa carecerá de profundidade e vitalidade — não será transformadora.

Compare isso com a ideia de Mark ter clareza de que sua prioridade é dominar sua mente para poder viver sem ansiedade, dormir sem remédios e começar a explorar seu potencial mais profundo como líder e ser humano. Então, faça-o ampliar esse sentimento evocando a compreensão de que ele nunca poderá ser um verdadeiro líder em sua empresa se não for um líder de si mesmo, e que um legado e influência duradouros só poderão ser conquistados se ele estiver mais *calmo, centrado e focado* em sua vida diária. Mostre-lhe a diferença entre viver e liderar com a mente de macaco em comparação à mente de monge. Explique que a meditação é uma ferramenta poderosa que apoia esta transformação — e *aí* encoraje-o a meditar.

Percebe a diferença?

Toda atividade que conseguir conectar a um propósito mais profundo será energizada com significado e vitalidade. Isso muda tudo.

Estudos mostram, inclusive, que as pessoas com um senso de propósito mais aguçado:

- vivem mais;
- são menos propensas à depressão;
- têm um sistema imunológico melhor;
- são mais engajadas no trabalho;
- têm menos propensão a desenvolver doenças cardiovasculares e Alzheimer;
- sentem mais amor e conexão nas relações íntimas;
- vivenciam maior sensação de abundância na vida.

Todos precisamos aspirar a algo e sentir que estamos indo a algum lugar. Do contrário, existe a sensação de tédio na vida. Nossa rotina diária parece estagnada e nada estimulante. Como resultado, buscamos alívio em hábitos negativos e no estímulo proveniente de entretenimento banal, notícias, redes sociais, jogos etc.

Quando você tem um propósito, não fica esperando que as coisas aconteçam — você faz com que elas aconteçam. Você não fica esperando *ter vontade* de arregaçar as mangas; você o faz independentemente de como se sinta. Porque é fundamental para quem você é.

Sua aspiração é a fonte de sua motivação e seu compromisso. É a centelha, o combustível para a viagem. Se não tiver nenhuma, será fácil se distrair, ceder à tentação, esquecer o que é importante e correr atrás da próxima ilusão.

Apesar de ser extremamente importante para viver e prosperar, a maioria das pessoas não tem uma aspiração profunda. O clima atual de falta de tempo, materialismo e cinismo também não ajuda. Como sociedade, estamos vivendo uma *crise de significado*. O dr. Viktor Frankl a chama de "vazio existencial", que ele considera responsável pelos três maiores males da sociedade: agressão, vício e depressão. Seu livro *Em busca de sentido* é uma obra-prima sobre o tema do propósito.

> *A massa humana vive uma vida de desespero silencioso e vai para o túmulo ainda com a música dentro de si.*
>
> HENRY DAVID THOREAU

Não ter nenhum senso de propósito nos mata por dentro, pouco a pouco, sem que percebamos. Se sentirmos que não somos necessários, que não podemos contribuir e fazer a diferença, que não temos uma missão... então nossa vida parecerá vazia. Podemos tentar preenchê-la com prazer, dinheiro e diversão, mas nunca seremos *realizados*. Não até que toquemos essa dor mais profunda ou esse desejo mais profundo que existe em nós.

Passos do pilar Aspiração

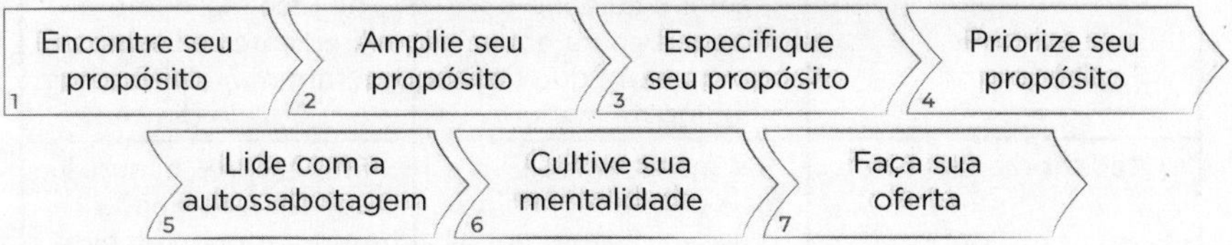

Você precisa de uma aspiração nobre. Algo que o force, que o mantenha engajado e que tenha um significado profundo para você. E melhor ainda se conseguir conectar essa aspiração a um ideal que vá além de si mesmo. Com isso, você também terá acesso a uma força que vai além de si.

A esta altura, você pode estar pensando: "Giovanni, comprei este livro só porque preciso começar a me exercitar, juntar algum dinheiro e parar de comer rosquinhas. Eu não curto todo esse papo de autoconhecimento". Se for seu caso, talvez seja melhor pular os Passos 1 e 2 deste pilar por ora e começar a partir do Passo 3 (veja o Capítulo 9).

OBJETIVOS E ASPIRAÇÕES

Vamos reservar um momento para esclarecer as diferenças entre um objetivo e uma aspiração. Na tabela abaixo, começamos com o objetivo, que é mais específico, porque geralmente as pessoas estão cientes dele. Depois, mostramos um exemplo de aspiração que poderia motivar esse objetivo e algumas das estratégias (táticas) que podem ser usadas para alcançá-lo.

Objetivo	Aspiração	Possível estratégia
Perder dezoito quilos	Sentir-me jovem, saudável, cheio de vida; ter energia de sobra para as atividades de que gosto	Fazer esteira todo dia por meia hora e jejum intermitente com uma dieta com baixo teor de carboidratos
Dobrar o meu lucro	Sentir que sou um empreendedor de sucesso e vivenciar abundância financeira	Contratar um consultor de marketing, melhorar os sistemas e lançar um novo produto
Aprender a cozinhar	Expressar melhor meu amor e cuidado por aqueles para quem cozinho, para que sintam como me importo	Encontrar um bom livro de receitas, comprar ingredientes e utensílios, testar uma receita nova todo dia
Meditar diariamente	Ser menos impulsivo e mais centrado; explorar o aspecto espiritual da vida; dominar minha mente	Praticar três minutos por dia e aumentar o tempo gradativamente; participar de um bom programa ou encontrar uma comunidade
Ser mais produtivo	Sentir que estou usando bem minhas habilidades; continuar me desafiando e dar o meu melhor	Usar ferramentas melhores; implementar o sistema GTD; agendar um período para trabalhar sem distrações

O objetivo é o veículo para a aspiração; a estratégia é o veículo para o objetivo. Duas pessoas com o mesmo objetivo podem ter aspirações completamente diferentes, ou podem ter o mesmo objetivo e aspiração, mas estratégias completamente diferentes para alcançá-lo.

A aspiração é *o porquê mais profundo por trás do seu porquê*. Descobri-la desencadeará uma tremenda energia para sua jornada e o levará a maior realização. É um passo importante, mas que costuma não aparecer em muitos outros livros deste gênero, que se concentram mais nos aspectos técnicos.

Se pensar em sua vida como uma viagem de barco, sua estratégia é o mapa, o destino é o seu objetivo e sua aspiração é a razão pela qual quer chegar até lá. Se o destino não estiver claro, você será continuamente tentado a escolher outro no meio da viagem, quando a viagem se tornar difícil, e se contentar com as distrações pelo caminho (ilhas).

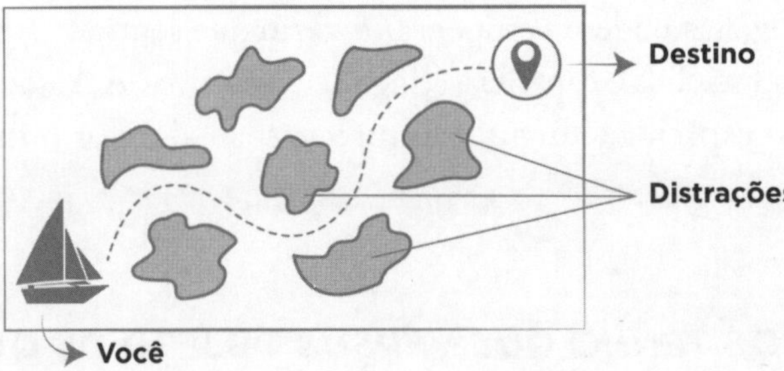

De fato, neste livro, eu poderia simplesmente ter lhe dado uma estrutura comprovada de autodisciplina — com todas as ferramentas, dicas e exercícios — para que possa alcançar qualquer objetivo que queira. Mas isso não seria necessariamente bom, porque seu objetivo é apenas parte da história. Você precisa entrar em contato com a *aspiração* que está por trás dele.

Seu objetivo precisa ser um *veículo* adequado para sua aspiração. No entanto, para a maioria das pessoas, há uma desconexão entre os dois. Isso pode ocorrer porque:

- Seu objetivo foi emprestado de outra pessoa. Talvez lhe tenham dito que você *tinha que* ir atrás dele. Ou talvez esse objetivo personifique os valores silenciosamente impostos por seus pais, pela sociedade ou pela mídia.

- Você não está ciente de sua aspiração e, portanto, não pode escolher uma meta que esteja bem alinhada com ela. Isso, mais uma vez, o fará gravitar em direção aos objetivos e perspectivas de outras pessoas.
- Você está ciente de sua aspiração, mas lhe falta a coragem ou o apoio para *abraçá-la* plenamente. Talvez você acredite que não é correto ir atrás dela, que "não é prático" ou que você não é bom o bastante para ela.

Qualquer que seja a causa, quando seus objetivos não correspondem à sua aspiração mais profunda, a realização de seus objetivos o deixará insatisfeito. Você terá galgado com sucesso até o topo de uma escada que na verdade não precisava ter escalado. Nenhum dinheiro, elogios ou regalias podem compensar o vazio que sentirá.

A autodisciplina o capacita a atingir seus objetivos. A Autodisciplina Consciente o capacita a atingir suas *aspirações* ao alcançar o tipo certo de metas.

OBJETIVOS *TENHO QUE VERSUS* OBJETIVOS *QUERO*

Seu objetivo é um objetivo *tenho que* ou um objetivo *quero*?

Você quer aquela BMW nova porque todos os seus amigos têm uma e você acredita que está ficando para trás? Ou a quer porque desde criança via seu pai curtindo a dele e sonhava com a sensação de liberdade e independência que acredita que vai experimentar quando dirigir a sua?

O primeiro caso é um objetivo *tenho que*; só faz sentido se você puder exibi-la e perde o significado se ninguém souber que você tem uma. No segundo caso, o impulso é um pouco mais intrínseco e, independentemente de as pessoas saberem ou não, você vai gostar de ter o carro; é um objetivo *quero*.

Você toma banho todos os dias porque *tem que* ou porque gosta de se sentir limpo? Quer fazer um doutorado por causa do título ou porque quer desenvolver mais suas habilidades de pesquisa e carreira? Quer comer de modo saudável porque não tem outra opção ou porque sabe e *sente* que é bom para você?

Os estudos sobre autocontrole mostram que os estudantes com motivações *tenho que* dizem enfrentar mais obstáculos e tentações do que aqueles com motivações *quero*. Por isso, tiveram que fazer mais esforço e esgotaram sua força de vontade mais facilmente. (Para ler mais detalhes sobre este e todos os outros estudos mencionados, consulte a seção de referências no fim do livro.)

Um objetivo, hábito ou atividade que funciona como veículo para sua verdadeira aspiração parecerá algo que você *quer* fazer, não algo que *tem que* fazer. A necessidade virá de dentro de você, não será uma demanda de outras pessoas ou da sociedade. Ela se ajustará ao que você no fundo deseja para si, e não será uma obrigação que deve cumprir, porque as pessoas esperam isso de você ou por causa de benefícios que o status lhe trará.

Tudo bem, mas o que fazer se o seu objetivo atual parecer um objetivo *tenho que*? Há três opções:

1. Mudar sua atitude em relação a esse objetivo, para que você possa desejá-lo pensando no seu próprio bem.
2. Pensar em uma estratégia diferente para alcançar o mesmo objetivo, para que possa desfrutar do processo.
3. Escolher uma nova meta.

A primeira opção é contar a si mesmo uma história diferente sobre seu objetivo. Por exemplo, se você precisa começar a comer mais saladas e odeia isso, tente condicionar sua mente a gostar. Ou diga a si mesmo que comer saladas não se trata apenas de desfrutar de alimentos saborosos, mas de obter a saúde e a energia que deseja. (Vamos explorar essas duas estratégias no Capítulo 19.)

Às vezes, reescrever a narrativa de "eu tenho que" para "eu posso" dá certo. "Eu posso passar tempo com meus filhos todas as noites" parece muito diferente de "Eu tenho que passar tempo com meus filhos todas as noites", não é?

A segunda opção consiste em encontrar uma maneira diferente de alcançar o mesmo objetivo. Por exemplo, se você precisa se exercitar, mas odeia ir à academia ou correr, experimente praticar tênis ou outro esporte de que talvez goste mais. Se quiser expandir seu negócio, mas odeia redes sociais, experimente anúncios ou parcerias. Quando a atividade realizada para promover suas metas é agradável, é mais fácil querer fazê-la pensando no seu próprio bem.

Se a primeira e a segunda opções não funcionarem, você precisará recorrer à terceira e mudar seu objetivo. Caso contrário, a autodisciplina parecerá uma batalha, exigirá muito esforço e envolverá lutas constantes consigo mesmo. E, no fim, atingir seu objetivo seria menos gratificante do que você imagina.

PONTOS-CHAVE

- A aspiração é o combustível para sua autodisciplina, a fonte de sua motivação e seu compromisso. Quanto mais forte for seu propósito, mais fácil será ser disciplinado. Portanto, reserve um tempo para definir melhor e ampliar seu propósito.
- Objetivos e aspirações são coisas diferentes. Sua aspiração é o porquê mais profundo por trás de seu porquê. Seu objetivo é um veículo para sua aspiração e, portanto, precisa estar em sincronia com ela. Quando seus objetivos não correspondem a suas aspirações mais profundas, alcançá-los provavelmente não o deixará realizado.
- Certifique-se de que seus objetivos sejam objetivos *quero* e não *tenho que*. Se não for o caso, você terá que mudar sua atitude em relação ao objetivo, encontrar uma estratégia diferente para alcançá-lo ou escolher um novo objetivo.

CAPÍTULO 7

ASPIRAÇÃO – PASSO 1: ENCONTRE SEU PROPÓSITO

Passos do pilar Aspiração

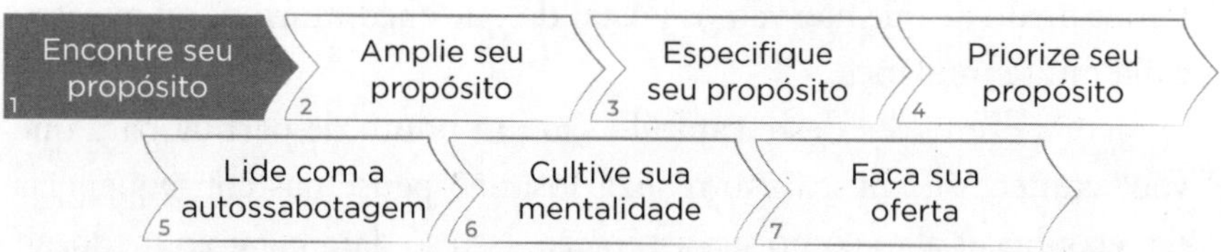

TALVEZ VOCÊ TENHA UMA BOA IDEIA DO QUE DESEJA alcançar. Pode ser perder dezoito quilos, fazer seu negócio crescer, romper com um mau hábito, meditar diariamente, controlar sua raiva, reinventar-se, escrever um livro, melhorar seu relacionamento amoroso ou dominar uma nova habilidade. No entanto, essas coisas são na verdade os objetivos, não a *aspiração*.

Todos nós temos uma aspiração profunda dentro de nós, esperando para ser descoberta, reconhecida e realizada.

É doloroso não viver nossa vida de acordo com esse propósito maior — mas a maioria de nós não está em contato com ele. Somos distraídos dessa dor (e, portanto, desse combustível) pelo ritmo agitado de nossa vida diária e pela gratificação instantânea oferecida por coisas como comida, internet, videogames, sexo, dinheiro e outras. Como resultado, estamos transitando na superfície da vida.

Essa aspiração mais existencial é geralmente:

- relacionada a alguma dor mais profunda que carregamos (muitas vezes de experiências do início da vida);
- uma expressão de nossos valores fundamentais e impulsos;
- o resultado de anos de experiências de vida acumuladas e revelações;
- inspirada por alguém que admiramos ou um ideal que nos move.

Algumas pessoas dizem que é difícil descobrir qual é essa aspiração mais profunda. Mas, do alto dos meus anos de autodesenvolvimento e *coaching*, posso lhes dizer o seguinte: muitas vezes já sabemos qual é ela. Talvez não estejamos prestando atenção ou evitando procurar porque temos medo de que não vamos gostar do que encontrarmos ou que isso exija muita mudança.

Os exercícios deste capítulo são um ponto de partida para que você comece sua busca. Ao realizá-los, não pense nas consequências de reconhecer algo como sua aspiração. Isso só dará lugar ao medo, ao apego e às amarras de sua identidade social — tudo isso interferirá em seu processo. Apenas comprometa-se a olhar para dentro de si mesmo, seja honesto consigo e veja o que você encontra. Não edite suas descobertas; apenas deixe-as vir à tona.

Às vezes, aceitar a sua aspiração pode parecer arriscado. Algo dentro de você sabe que, uma vez que você a vir, não poderá voltar atrás. Você talvez sinta que é melhor levar uma "vida normal" e ir atrás dos objetivos aprovados pela sociedade — as coisas que todos acham que deveriam estar fazendo, porque é o que todos acham que deveriam estar fazendo, sabe?

Eu chamo isso de *vida morna*. É segura, talvez até agradável — mas não excitante, não tem profundidade, não é intencional. Como disse certa vez um sábio: "Assim, porque és morno, e não és frio nem quente, vomitar-te-ei da minha boca" (Apocalipse 3, 16).

É muito melhor estar consciente do que o move profundamente do que fingir que não sabe e viver na superfície da vida. Não dá para encontrar realização assim — apenas água morna.

Vamos agora ver os quatro exercícios de *brainstorming* para esclarecer suas aspirações. Cada um deles pode levar de trinta minutos a duas horas para ser concluído, portanto, se estiver com pouco tempo, talvez queira apenas ler sobre eles por ora e analisá-los cuidadosamente em um momento posterior.

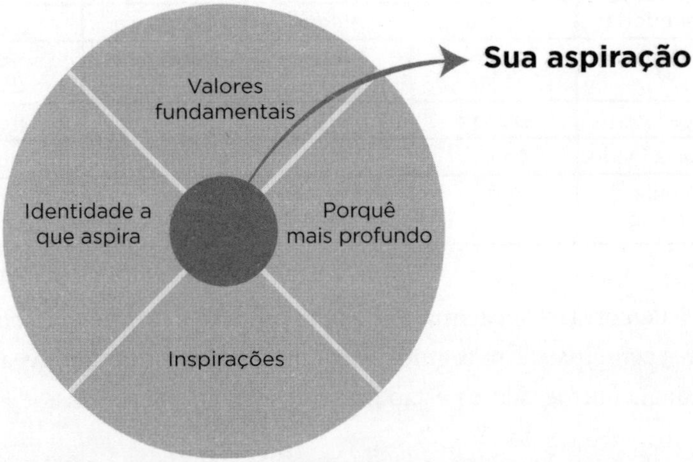

EXERCÍCIO NÚMERO 1: ENCONTRE SEUS VALORES FUNDAMENTAIS

Mark Twain disse uma vez: "Os dois dias mais importantes de sua vida são o dia do seu nascimento e o dia em que você descobre o porquê". Descobrir seus valores fundamentais é um bom ponto de partida para descobrir seu *porquê*.

Seus valores fundamentais são os sentimentos, experiências e atividades que mais lhe interessam na vida. Eles são o que você quer experimentar mais, e desenvolver. São o material que constitui a sua aspiração. Eis aqui alguns exemplos de valores (a lista é interminável):

Ambição	Assertividade	Beleza	Desfrute	Exploração
Família	Fidelidade	Liberdade	Amizade	Produtividade
Prosperidade	Propósito	Respeito	Segurança	Diversão
Comunicação	Compaixão	Confiança	Consciência	Controle
Criatividade	Curiosidade	Evolução	Felicidade	Saúde
Força	Honra	Senso de humor	Individualidade	Inovação
Sabedoria	Intuição	Alegria	Liderança	Lógica
Amor	Mestria	Serviço	Habilidade	Espiritualidade
Força interna	Energia	Excelência	Significado	Ordem
Originalidade	Paixão	Paz	Ludicidade	Verdade
Reconhecimento	Arte	Conhecimento	Lar	Legado

Percorra a lista acima — ou uma própria — e destaque seus cinco valores principais. Em seguida, leia estas perguntas poderosas abaixo e veja quais outros valores estão presentes em suas respostas.

1. Como você passa a maior parte de seu **tempo** (além do trabalho)?
2. Onde você gasta a maior parte de seu **dinheiro** (além do essencial para viver)?
3. Em que área de sua vida você é naturalmente mais **focado,** confiável ou disciplinado?
4. Sobre o que você mais **pensa**? O que mais deseja e sonha?
5. O que você gosta de **aprender**, ler e explorar?
6. O que mais o **inspira**?
7. Que tipos de **injustiças** realmente o aborrecem?
8. Qual(is) **virtude(s)** você mais admira?
9. O que as pessoas que o conhecem bem dizem que você **nasceu** para fazer?
10. Avance rapidamente dez anos e olhe para trás. Você está **orgulhoso** de ter conseguido uma coisa em sua vida. O que é?

11. Pense em três **experiências incríveis** que considera o auge de sua vida. O que estava acontecendo no momento? Que valores estava vivendo?
12. Que **relacionamentos** ou pessoas influenciaram mais seu senso de propósito? Como o inspiraram?
13. Se você tivesse **recursos** ilimitados (tempo e dinheiro), o que faria?
14. Se seus esforços **não tivessem chance de fracassar**, o que você escolheria fazer, ser, ter ou alcançar?
15. Se você tivesse apenas mais dois anos de vida, quais seriam as coisas **mais importantes** que faria nesse tempo?
16. Suponha que cada experiência de sua vida, incluindo todos os seus fracassos e sucessos, tivessem o objetivo de treiná-lo para o seu **destino**. O que sua vida inteira o preparou para fazer?

Quando terminar de responder às perguntas, procure padrões em suas respostas. Quais são os poucos valores para os quais todas elas apontam? Agrupe valores semelhantes em temas e ordene seus temas do mais importante para o menos importante.

Este exercício requer certo tempo e atenção. Se planeja terminá-lo em dez minutos, o valor que obterá dele será limitado. Dê a si mesmo tempo e espaço para explorar essas questões. Se estiver com dificuldade, peça a ajuda de alguém que o conheça realmente bem, ou de um *coach*.

Com este exercício você entenderá as coisas com as quais realmente se importa. Coletivamente, elas são a sua estrela-guia. Suas aspirações de vida serão sempre uma expressão de um ou mais desses valores.

Esclarecer seus valores fundamentais, formular aspirações e depois objetivos com base neles é uma abordagem de cima para baixo. Vamos agora explorar uma abordagem de baixo para cima: começando com seus objetivos atuais e encontrando o *porquê* por trás deles.

EXERCÍCIO NÚMERO 2: O PORQUÊ MAIS PROFUNDO

Se você quer desenvolver a autodisciplina, provavelmente já sabe o comportamento que deseja adotar, a tarefa/habilidade que deseja dominar ou a pessoa que deseja se tornar. Mas por que você quer isso?

Às vezes é difícil ter clareza de seus valores e aspirações, mas, se tem clareza sobre seus objetivos, pode tentar encontrar o valor ou aspiração subjacente a uma de suas metas atuais. Para fazer isso, pergunte-se por que esse objetivo é importante para você e então questione a resposta com o número de perguntas começando com "por que" que for necessário. Este exercício foi inspirado pela atividade "Por que se exercitar, em cinco partes", de Josh Kaufman.

Por exemplo, se seu objetivo é "perder dez quilos", o questionamento íntimo pode se desdobrar desta maneira:

1. *Por que quero perder dez quilos?* Porque quero estar em forma.
2. *Por que quero estar em forma?* Para me sentir bem com meu corpo.
3. *Por que quero me sentir bem com meu corpo?* Para me sentir mais confiante.
4. *Por que quero me sentir mais confiante?* Porque quero me sentir mais confiante.

Neste caso, sentir-se confiante e capaz é o valor central, ou a aspiração, por trás do objetivo de emagrecer. Saber disso é útil porque torna o objetivo mais significativo. E, também, nos faz pensar em outras formas de atender a essa necessidade, ou desejo central.

Pense no hábito que quer que a autodisciplina o ajude a criar ou o objetivo que quer alcançar. Continue se perguntando "por quê?" até chegar ao cerne da questão; talvez seja necessário indagar-se várias vezes. Mas, uma vez que chega a um ponto em que é impossível avançar, chegou a um valor intrínseco. É disso que se trata verdadeiramente a aspiração por trás de seu objetivo.

O processo de descobrir *o porquê mais profundo* é especialmente importante se seus objetivos atuais se concentram naquilo que, na psicologia positiva, é chamado de *valores extrínsecos*. Os valores extrínsecos são coisas como dinheiro, fama, beleza e poder. Esse processo permite que você veja os *valores intrínsecos* que podem estar por trás dessas metas superficiais.

Sua estratégia é o *porquê* de suas ações. Seu objetivo é o *porquê* de suas estratégias. E sua aspiração é o *porquê* de seus objetivos. Então, perguntar "*por quê?*" é uma maneira poderosa de encontrar o que está motivando suas escolhas e seus desejos.

EXERCÍCIO NÚMERO 3: SUAS INSPIRAÇÕES

Incendeie sua vida. Procure por aqueles
que fazem arder suas chamas.
RUMI

Você gostaria de ter energia, de colocar a energia do fogo em seus objetivos? Então passe um tempo ao lado de pessoas com essa habilidade até encontrar algo que ressoe em você. *Inspiração* gera *aspiração.*

Procure modelos em quem se inspirar na área em que está tentando evoluir. Escute-os. Leia sobre a vida de cada um. Aprenda sobre a luta diária deles. Entenda o que *os* incendiou e veja se isso também o move. Se não, aprenda mais sobre outra pessoa. Este é um exercício muito simples, e Rumi o resume lindamente.

Ao procurar modelos para seguir, sonhe alto. Não compare os resultados deles (onde estão agora) com o seu processo (onde *você* está agora), pensando que nunca conseguirá fazer o mesmo. O objetivo não é se tornar como eles, mas se inspirar. Você pode acabar fazendo algo muito diferente e ainda assim ser inspirado pelo mesmo impulso. Saber qual é esse impulso o ajuda a descobrir suas aspirações.

Saber quem são seus modelos, em áreas diferentes da vida, também será importante para alguns exercícios de outros capítulos deste livro, então é uma boa ideia reservar alguns minutos para pensar mais sobre isso agora.

EXERCÍCIO NÚMERO 4: CRIE A IDENTIDADE À QUAL ASPIRA

Toda aspiração é, no fim das contas, um processo de autotransformação: tornar-se uma nova pessoa e viver uma nova vida. Precisamos de autodisciplina porque queremos atingir um objetivo, chegar a algum lugar, eliminar um hábito ruim, transformar-nos, viver melhor. Em outras palavras, queremos uma nova identidade; queremos ser uma versão melhor de nós mesmos.

Podemos chamar isso de "sua melhor versão", "seu eu ideal" ou "a identidade à qual aspira". É a pessoa que você quer se tornar; o *porquê* por trás de seus objetivos. É aonde chegará uma vez que satisfaça suas aspirações de certa maneira — sua vida projetada. De certa forma, então, a identidade a que aspira é tanto o resultado de suas aspirações como também a força motriz delas.

O conceito de identidade à qual aspira é a chave para uma autodisciplina consciente. Neste capítulo, nós o usaremos para ajudá-lo a esclarecer quem você quer ser e, depois, encontrar as verdadeiras aspirações que são a expressão natural desse estado final. A ideia é simples: você **decide** quem quer ser e em seguida avalia as **lacunas** que precisam ser preenchidas para chegar lá. A motivação para preencher essas lacunas é representada por sua(s) aspiração(ções).

1. Revise as percepções obtidas com os três exercícios anteriores deste capítulo.
2. Veja quais padrões aparecem. Pergunte-se: "Do que se trata realmente tudo isso? Se eu colocar esses valores em prática, cumprir o porquê mais profundo por trás de meus objetivos e chegar perto do que me inspira, quem me tornarei?".
3. Descreva a identidade a que aspira para si:
   a. Como se sente?
   b. Como é um dia comum em sua vida?
   c. O que as pessoas admirarão em você e pelo que o reconhecerão?
4. Agora pense em sua identidade atual. Identifique três áreas nas quais existe uma grande lacuna entre quem é agora e

quem quer se tornar. Por exemplo: "A identidade a que aspiro domina o canto, sou conhecido pelo meu trabalho e ganho a vida com ele".

5. Em cada uma dessas brechas, está uma verdadeira aspiração. Neste caso, "dominar o canto" é a principal aspiração.

EXERCÍCIO NÚMERO 5: MEDITAÇÃO DO DESEJO PROFUNDO (BÔNUS)

Os quatro exercícios propostos até o momento são muito analíticos e o ajudarão a obter clareza sobre suas aspirações usando a razão e a autorreflexão.

Mas há também outra maneira de reconhecer suas aspirações: pela intuição. Algo em você já sabe exatamente quem você é e quem quer se tornar. Sabe o que é importante e o que é um desperdício de energia. Não é preciso passar por B e C para chegar a D. É um conhecimento imediato.

Análise: A → B → C → D
Intuição: A → D

A razão pela qual não conseguimos nos sintonizar com frequência nesse modo de saber é que raramente o ouvimos. Nossa mente está ocupada demais em processar pensamentos e ideias. Confiamos demais no pensamento analítico, por isso nos desligamos de nossa intuição e de nosso sentimento instintivo.

Você também pode usar a meditação para ajudá-lo a desligar a mente analítica temporariamente e depois usar sua intuição para explorar esta questão: "Quais são minhas verdadeiras aspirações?". Isso se realiza ao fazer essa pergunta para si mesmo, rejeitando cada resposta de sua mente analítica e permanecendo quieto e receptivo.

NÃO FIQUE PRESO

Se você completou os exercícios anteriores, mas sente que ainda não consegue encontrar um *porquê* poderoso, por favor, não entre em pânico. Este é um processo que pode levar algum tempo.

O entendimento do que é realmente importante para nós evolui com o tempo. A autorreflexão é muito importante e um bom começo, mas às vezes a clareza só aparecerá agindo, experimentando as coisas e vendo como nos sentimos. Não há necessidade, portanto, de ficar obcecado com o objetivo perfeito ou com "uma verdadeira aspiração" antes de seguir adiante. É melhor ter um objetivo mais simples para começar e a capacidade perfeita de executá-lo (autodisciplina) do que um objetivo final sublime, mas não ter a capacidade de progredir nele.

Se suas aspirações existenciais mais profundas ainda não estão claras, comece de onde está. Identifique uma ou mais áreas-chave de sua vida em que deseja se tornar mais autodisciplinado. Pense por que elas realmente são importantes para você, e o que será possível fazer quando atingir essas metas. Use seu senso de propósito para percorrer as outras etapas discutidas nos capítulos seguintes.

Não importa quão pequeno seja o primeiro passo. Qualquer objetivo é um treinamento para a autodisciplina. À medida que fortalece suas consciência e força de vontade, e à medida que começa a alcançar alguns de seus objetivos existentes, suas aspirações mais profundas começarão a surgir.

Conclusão: por favor, complete esses exercícios com sinceridade. Faça-os com calma e pensando bem. Se precisar, peça a ajuda de um *coach*. Mas não fique preso somente à análise. Comece a desenvolver a autodisciplina para cumprir qualquer objetivo que pareça relevante em sua vida agora mesmo; isso lhe dará impulso e, com o tempo, suas aspirações mais profundas se tornarão mais evidentes.

PONTOS-CHAVE

- Você aprendeu os seguintes exercícios:
  - ◈ Seus valores fundamentais
  - ◈ O porquê mais profundo
  - ◈ Suas inspirações
  - ◈ Criação da identidade à qual aspira
  - ◈ Meditação sobre seus desejos profundos
- Você não precisa fazer todos. Os exercícios 1 e 4 são os mais importantes — os outros são opcionais.
- Não fique preso somente à análise. Não fique obcecado com o objetivo perfeito ou com "uma verdadeira aspiração". Se suas aspirações mais existenciais ainda não estão claras, comece de onde está. Identifique uma ou mais áreas-chave de sua vida em que deseja se tornar mais autodisciplinado e use-as como seu propósito.

CAPÍTULO 8

ASPIRAÇÃO – PASSO 2: AMPLIE SEU PROPÓSITO

Passos do pilar Aspiração

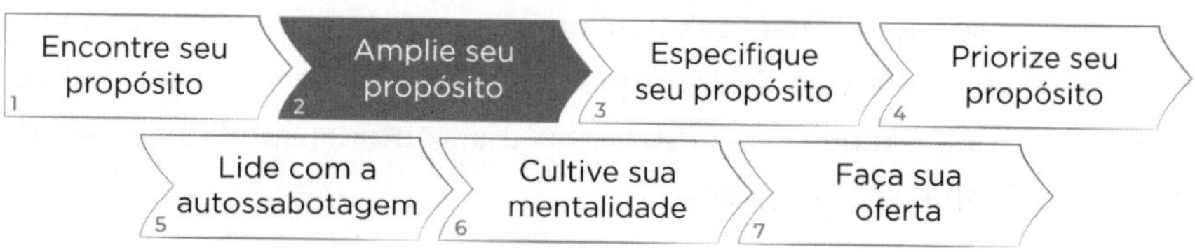

AGORA QUE VOCÊ CONHECE SUA ASPIRAÇÃO, O PRÓXIMO passo é ampliá-la. Porque um *grande propósito* equivale a uma *grande motivação*.

Como você amplia seu propósito? Tornando-se mais consciente da **dor** de não realizar sua aspiração e das **recompensas** de realizá-la, em todas as diferentes áreas de sua vida. Quanto mais benefícios puder associar à realização de suas aspirações, melhor. Da mesma forma, quanto mais fontes de dor puder identificar por não as realizar, mais motivado você ficará.

Lá no fundo, nossos principais impulsos são todos relacionados a evitar dor e buscar o prazer. Quando você expande sua percepção da dor e do prazer associado a uma aspiração, ela cria raízes mais profundas em você.

Agora vamos ao exercício prático. Tomemos como exemplo a aspiração de estar sempre calmo e centrado, e o objetivo de *praticar meditação*. É assim que você poderá fortalecer seu propósito e, portanto, gerar mais motivação e energia para ele, ligando-o à dor e ao prazer nas oito diferentes áreas de sua vida.

"Estar sempre no controle de minhas emoções, calmo e centrado" (meditação)	**Impacto de realizar minha aspiração (*prazer*)**	**Impacto de negligenciar minha aspiração (*dor*)**
Saúde	Obtenho um sistema imunológico mais forte, mais saúde mental e mais longevidade	Ter hormônios prejudiciais do estresse em meu corpo; uma saúde pior
Trabalho	Sou visto como um líder natural, mais confiável e profissional	Tomar decisões de que depois me arrependo devido a meus impulsos
Finanças	Consigo economizar mais	Gastos motivados pela emoção
Vida amorosa	Meu parceiro ou parceira se sente mais seguro comigo	Falta de confiança e conexão
Diversão	—	—
Família e amigos	Crio mais experiências positivas para quem eu amo	Reagir por medo e raiva, e, portanto, criar negatividade
Contribuição social	Tenho espaço e energia mental para ofertar o melhor que posso	Trabalhar em minha missão me exaure e parece uma obrigação
Evolução e espiritualidade	Consigo me desenvolver espiritualmente, ficar em paz e realmente aplicar o que aprendo	Continuo cometendo os mesmos erros; parece que não estou praticando aquilo em que acredito

Agora é hora de fazer um exercício semelhante:

1. Desenhe uma tabela com três colunas e nove linhas em um pedaço de papel ou usando sua ferramenta digital favorita.
2. Escreva sua aspiração no primeiro espaço. (Repita este exercício para cada aspiração.)
3. Escreva as oito áreas da vida continuando na primeira coluna. Se desejar, pode atribuir-lhes um fator, de um a cinco, para representar quanto cada área é importante para você.

4. Para preencher a segunda coluna, pergunte-se como a realização de suas aspirações pode ajudá-lo a cumprir suas obrigações ou desfrutar melhor dessa área da vida. Pense no que você ganhará ao atingir seu objetivo. Sinta a alegria, a excitação e a satisfação — torne-a real.
5. Para preencher a terceira coluna, pense em como, ao não realizar essa aspiração, seus objetivos nessa área da vida ficarão mais difíceis de serem alcançados. Pense nos arrependimentos, nas oportunidades desperdiçadas e nos desafios que podem surgir. Sinta a dor.
6. Liste o máximo de itens que puder nos passos quatro e cinco, visando pelo menos de três a cinco.
7. Para obter mais resultados com este exercício, você pode adicionar uma imagem que representa sua versão atual (sua vida condicionada) à esquerda e uma imagem para a identidade a que aspira (vida projetada) à direita.
8. Uma vez que tiver terminado, reserve um momento para analisá-lo com distanciamento e apreciar a importância pessoal de sua aspiração. Se o exercício for bem-feito, o resultado é se sentir mais motivado a trabalhar em prol de sua aspiração.

Agora que tem uma clara aspiração por trás de seus objetivos e a ampliou ao ganhar consciência das consequências de realizá-la ou não, você já está bem melhor do que estava no início deste livro.

Em algum momento, começará a experimentar o *efeito de atração*: algo em você será fortemente atraído a ir atrás dessa aspiração. Isso naturalmente o tornará mais disciplinado em relação a ela. Tudo será mais intuitivo, o que tornará mais fácil, em sua vida diária, tomar decisões que o ajudarão a se aproximar cada vez mais de sua aspiração em vez de se afastar dela. Sua aspiração lhe dá algo pelo qual vale a pena lutar — algo que o anima e o motiva.

Assim, a autodisciplina se torna mais fácil, o comprometimento vem naturalmente, e manter o foco é algo que "simplesmente acontece". Este método pode até mesmo transformar objetivos *tenho que* em objetivos *quero*.

Internalize profundamente suas aspirações

Há um método especial de meditação, da tradição de sabedoria da ioga, que é útil para imprimir uma aspiração nas profundezas do subconsciente, na forma de uma resolução (*sankalpa*). Isso dará poder ao seu propósito e lhe dará a confiança de que você *vai* realizá-lo.

Essa técnica é chamada *yoga nidra*, e tem muitas variações — algumas se concentram mais no relaxamento e no sono, enquanto outras se concentram na autorrealização. Procure uma meditação guiada de *yoga nidra* que enfatize o aspecto de *resolução* da prática, e depois a pratique todos os dias por algumas semanas até que sua intenção seja totalmente internalizada.

PONTOS-CHAVE

- Torne-se mais consciente da dor de não realizar sua aspiração e das recompensas de realizá-la, em todas as diferentes áreas de sua vida.
- Considere a prática da meditação *yoga nidra* para transformar sua aspiração em uma resolução, fortalecer seu propósito e imprimi-lo em seu subconsciente.

CAPÍTULO 9

ASPIRAÇÃO - PASSO 3: ESPECIFIQUE SEU PROPÓSITO

Passos do pilar Aspiração

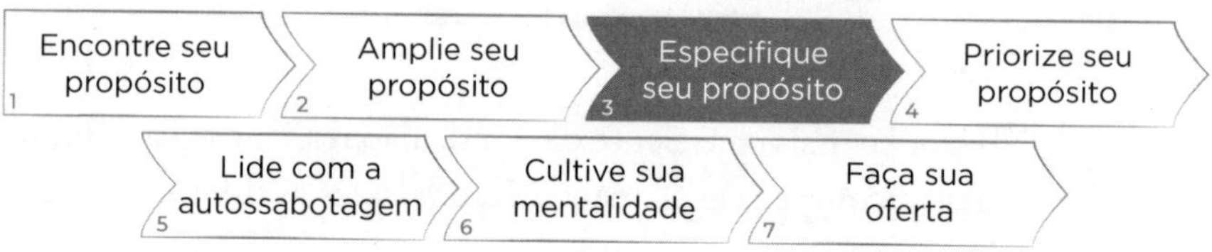

NESTE PONTO DA JORNADA, VOCÊ JÁ CONHECE SUAS aspirações e as ampliou. Sente que vale a pena lutar por elas. O próximo passo é estabelecer metas efetivas com base nelas. Uma das melhores ferramentas para isso são os objetivos SMART [objetivos sábios, em inglês].

Um objetivo SMART é um objetivo que é específico [*specific*], mensurável [*measurable*], alcançável [*acchievable*], relevante [*relevant*] e limitado no tempo [*time-bound*].

Específico significa que o objetivo é concreto e tem detalhes suficientes para que identifique seu sucesso. “Eu quero ser saudável e cheio de energia” é uma aspiração, e não é específica — não dá para saber quando você a alcançou ou quais são os próximos passos que fazem sentido. Traduzir isso em um objetivo específico pode originar algo como: “Perder quinze quilos e dormir de sete a oito horas todas as noites”. (Este objetivo será posteriormente traduzido em hábitos, como veremos no Capítulo 25.)

Mensurável significa que o sucesso do objetivo é quantificável, para que você seja capaz de acompanhar seu progresso e permanecer concentrado no objetivo. Pergunte a si mesmo: "Como posso saber que estou me aproximando do meu objetivo?". É possível medir uma única variável (por exemplo, quantia economizada, quilos perdidos, horas de prática, pessoas contatadas) ou, para objetivos mais complexos, dividi-la em marcos.

Alcançável significa que sua aspiração precisa ser expressa como um objetivo realista e que você consiga alcançar. Você precisa sentir que consegue realizá-lo. Caso contrário, logo perderá a motivação. Pergunte a si mesmo: "Que medidas posso tomar para alcançar esse objetivo?". Pense nas atitudes, habilidades e recursos necessários para torná-lo realidade. Se o objetivo não for alcançável, obtenha os recursos necessários para torná-lo exequível ou estabeleça outro objetivo.

Relevante, no contexto da Autodisciplina Consciente, indica se o objetivo está ou não alinhado com seus valores e aspirações. Os objetivos são relevantes se o movem na direção de suas aspirações e irrelevantes se não o fazem. O objetivo também precisa ser um pouco desafiador e motivá-lo. Caso contrário, parecerá muito fácil e, portanto, perderá a importância.

Limitado no tempo é um objetivo que vem com um prazo (realista). Se não houver um prazo, você pode acabar só procrastinando para sempre.

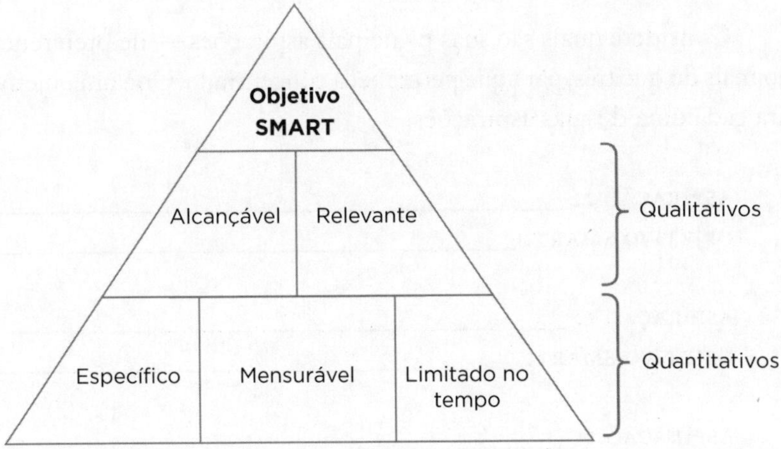

Os objetivos SMART são claros — e com a clareza vêm a força, a convicção e a motivação para ser disciplinado em relação à jornada escolhida. Se seus objetivos não forem assim, é menos provável que você os atinja.

Pode ser mais difícil de traduzir aspirações relativas a crescimento pessoal, relacionamentos e espiritualidade em objetivos SMART. Não deixe que isso o impeça de tentar. Também é possível criar objetivos específicos e mensuráveis ligados a essas aspirações mais intangíveis — e isso é igualmente necessário e benéfico. Por exemplo, se, trabalhando em sua evolução pessoal, você tem o objetivo de ser mais positivo e otimista, poderia registrar quantas vezes por dia reclama ou se preocupa à toa; seu objetivo, então, seria diminuir a frequência disso para um número específico.

É fácil nos escondermos atrás de uma aspiração elevada — e quanto maior for a aspiração, mais fácil isso será. Essa é uma forma de autossabotagem da qual poucas pessoas estão cientes. Para evitá-la, traduza essa sublime aspiração em alguns objetivos SMART pelos quais pode assumir a responsabilidade, para que não consiga mais se esconder. E então você saberá exatamente o que deve fazer e se está ou não no caminho certo.

ESCREVA SEUS OBJETIVOS SMART

Considere quais são suas principais aspirações — de preferência não mais do que três, para que permaneça concentrado. Crie um objetivo para cada uma de suas aspirações.

ASPIRAÇÃO 1: ______________________________

OBJETIVO SMART: ______________________________

ASPIRAÇÃO 2: ______________________________

OBJETIVO SMART: ______________________________

ASPIRAÇÃO 3: ______________________________

OBJETIVO SMART: ______________________________

Por favor, não pense apenas neles e siga em frente. É muito importante **escrever** de fato seus objetivos. Isso os torna mais "oficiais", mais reais para seu cérebro.

A dra. Gail Matthews, professora de Psicologia na Universidade Dominicana da Califórnia, realizou um estudo sobre o estabelecimento de objetivos e descobriu que as pessoas que escrevem seus objetivos têm 42% mais chances de atingi-los. Os objetivos tornam-se mais intuitivos, reais e motivadores.

Se quer tirar o máximo proveito deste princípio, não use um pedaço de papel qualquer. Torne os objetivos visíveis. Coloque o papel em um lugar onde o verá com frequência. Deixe-o na parede do seu quarto, se necessário, ou torne-o seu fundo de tela.

Você também pode ter um símbolo, objeto ou imagem que o ajude a manter o objetivo sempre em mente.

Conclusões:

- Uma aspiração sem um objetivo é apenas um desejo.
- Um objetivo que não é SMART não é um objetivo.
- Um objetivo que não está anotado não é um objetivo.

ORIENTE-SE PELO OBJETIVO *E* PELO PROCESSO

O que deve fazer: concentrar-se no que quer alcançar (o objetivo final) ou no processo para chegar lá? É necessário um equilíbrio saudável de ambos.

Como vimos, estar concentrado no objetivo final é importante. No entanto, se isso for feito de forma muito restrita e você ficar se certificando de seu progresso a cada passo que dá, pode acabar impaciente e desanimado.

Essa atitude ansiosa de monitorar constantemente o processo pode exauri-lo com facilidade ou fazê-lo duvidar de si mesmo ou do caminho que escolheu — o que pode fazê-lo querer desistir. É como tirar uma planta do solo todos os dias para verificar se ela está criando raízes ou não. Ou abrir o forno a cada minuto para ver se está quente o suficiente — a cada vez que você faz isso, parte do calor se dissipa.

No oposto da escala, temos o foco no processo, não no objetivo final. O foco no processo é especialmente importante quando seu objetivo é rebuscado. Nesse caso, é melhor fazer com que a meta seja a rotina em si. Assim, "escrever um livro" torna-se "escrever quinhentas palavras todas as manhãs" e "perder vinte e dois quilos" torna-se "seguir a dieta seis dias por semana e fazer vinte minutos de exercício todos os dias". Você ainda tem um objetivo, mas não está constantemente obcecado por ele; não está preocupado com a distância que ainda precisa percorrer e com o tempo que levará. Apenas dá um passo na direção certa todos os dias. Isso o ajuda a permanecer no rumo e a não desistir.

Assim como um foco estreito voltado apenas para o objetivo final não é saudável, um foco estreito voltado apenas para o processo também não é saudável. Se estiver concentrado demais no processo, pode chegar a um estado em que está apenas seguindo o fluxo, sem ânimo. Sem parar para analisar o que está funcionando ou não. Formou o hábito, mas talvez tenha perdido a conexão emocional com sua aspiração; a partir disso, pode se sentir desmotivado e sem energia para seguir com seus esforços.

A metáfora de um barco viajando até um destino esclarece este ponto.

O objetivo final é o destino; o processo é o trabalho que você faz para chegar lá. Sem verificar regularmente se seu barco está indo na direção certa (objetivo), você pode acabar não chegando aonde queria ir. Por outro lado, se estiver ocupado demais verificando a direção o tempo todo e ficar apenas olhando o mapa, em vez de conduzir de fato seu barco, também não chegará ao seu destino.

Você precisa de uma mistura saudável de ambos os comportamentos. Precisa prestar atenção ao objetivo final e concentrar-se no processo.

PONTOS-CHAVE

- Traduza sua aspiração em objetivos SMART: *específicos, mensuráveis, alcançáveis, relevantes* e *limitados no tempo.*
- Se seus objetivos não forem SMART, terá menos chance de conquistá-los. É fácil esconder-se atrás de objetivos que não são específicos, mensuráveis e limitados no tempo.
- Escreva seus objetivos. Coloque-os em um lugar que veja com frequência. Mantenha-os sempre em mente.
- Busque o equilíbrio entre ser orientado pelo objetivo e ser orientado pelo processo. Concentre-se no processo e o aproveite, mas continue conectado ao objetivo final.

CAPÍTULO 10

ASPIRAÇÃO - PASSO 4: PRIORIZE SEU PROPÓSITO

Passos do pilar Aspiração

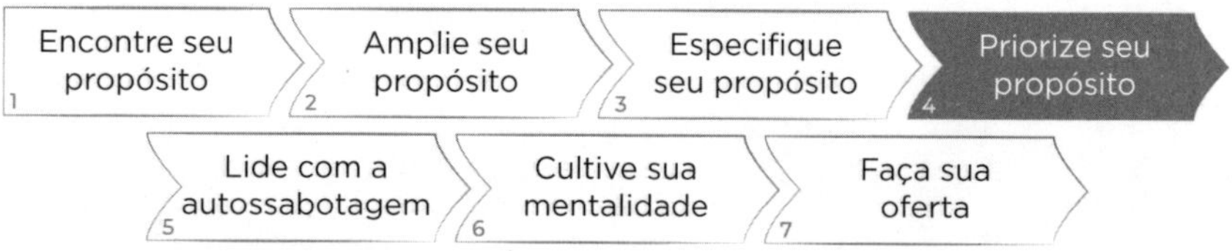

AGORA QUE VOCÊ TEM UM CLARO OBJETIVO SMART PARA expressar sua aspiração, é hora de priorizar seu tempo, energia e recursos para atingi-la.

Você precisa criar espaço em sua vida — e em sua agenda — para sua aspiração. É assim que se testa a força de suas aspirações: **você está disposto a se *comprometer* ou está meramente "interessado"?**

Apenas estar interessado não é suficiente. Isso não é capaz de atingir os recursos profundos que você tem dentro de si mesmo. Ninguém jamais conseguiu realizar nada de grandioso apenas por estar interessado.

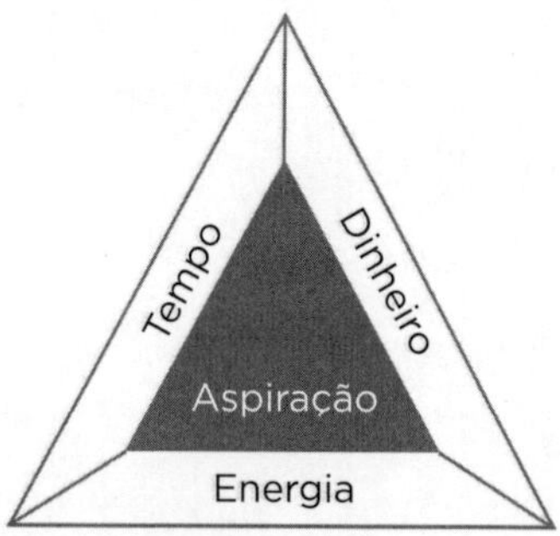

Se você não está gastando seu tempo, dinheiro e energia nisso, não é real. Mostra que isso não é realmente importante para você.

Então, como tornar suas aspirações reais?

Priorize-as com seu **tempo** tornando as atividades relacionadas às metas parte de sua rotina diária. Isso significa adicioná-las à sua agenda, para que nada mais entre em seu lugar. Ou pode significar programar um alarme de seu telefone para lembrá-lo de fazer essa atividade. Pelo menos em algum aspecto do seu dia, manter seu objetivo deve ser sua prioridade número um, e você deve proteger esse intervalo de tempo com todas as suas forças.

Priorize-as com seu **dinheiro** investindo em quaisquer ferramentas, aulas e mentores de que precise para ajudá-lo a se manter concentrado nelas. Com as ferramentas e orientações certas, você pode crescer mais rapidamente e evitar muita frustração. Há jeito melhor de usar seus recursos do que para dar vida a seus sonhos?

Priorize-as com sua **energia** dando-lhes *atenção*. Isso significa ser algo sobre o qual você pensa, que planeja e de que se lembra com frequência. Significa também criar um ambiente sem distrações, onde pode realmente se concentrar nesse objetivo. Por exemplo, se compartilhar sua sabedoria de vida escrevendo um livro for um aspecto de sua aspiração, isso pode significar deixar seu telefone no modo avião por duas horas por dia enquanto se concentra apenas na escrita.

Agora, vamos ser pragmáticos. Hoje em dia, a maioria de nós leva uma vida complexa, com outras obrigações e objetivos competindo por esses três escassos recursos. Não há, portanto, a necessidade de exagerar, pelo menos não no início. Basta ter certeza de que está dedicando parte de seu tempo, dinheiro e energia para sua aspiração — de acordo com sua capacidade em determinada fase da vida. A quantidade de recursos que investe depende do tipo de aspiração e do lugar que ela ocupa em sua vida.

Se não estiver disposto a investir nenhum desses três recursos, mesmo com moderação, então é hora de se perguntar: "Será que eu realmente quero isso? Esta aspiração é importante para mim?".

O COMPROMISSO TRIPLO

1. *Como você vai gastar seu tempo com seus objetivos?* Decida agora mesmo e crie um evento recorrente em sua agenda ou um alarme em seu telefone. Não adie este passo simples.
2. *Como você vai gastar seu dinheiro com seus objetivos?* Considere se existem produtos, cursos, mentores ou serviços que possam acelerar seu progresso.
3. *Como você vai gastar sua energia com seus objetivos?* Crie um ambiente livre de distrações para esta atividade, assim como algum tipo de lembrete para ajudá-lo a manter sua aspiração em mente.

Há muitas maneiras de estabelecer o lembrete mencionado no último item acima. Algumas pessoas têm uma imagem significativa que as lembra de seu objetivo final, colocam uma citação relevante como plano de fundo de sua área de trabalho ou sempre carregam consigo um objeto específico. Escolha o que funcionar para você e associe isso mentalmente com sua aspiração.

PONTOS-CHAVE

- Apenas estar "interessado" não é suficiente. Você precisa se comprometer.
- Priorize sua(s) aspiração(ções) dedicando seu tempo (adicione-a(s) à sua agenda), seu dinheiro (pague pelas ferramentas e mentores necessários) e sua energia (crie um ambiente livre de distrações para se concentrar).

CAPÍTULO 11

ASPIRAÇÃO – PASSO 5: LIDE COM A AUTOSSABOTAGEM

Passos do pilar Aspiração

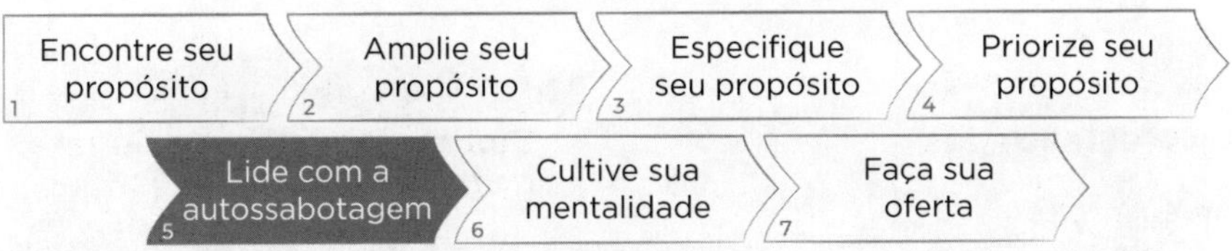

A ESTA ALTURA DO PILAR ASPIRAÇÃO, SE VOCÊ SEGUIU os exercícios até aqui, já identificou e ampliou uma ou mais aspirações, traduziu-as em objetivos SMART e as tornou prioridade, alocando recursos para fazer com que aconteçam. Agora é hora de enfrentar o único grande obstáculo que pode impedi-lo de avançar; o único grande desafio que é tão poderoso que pode tornar inúteis todos os seus esforços.

Você mesmo.

Temos diferentes partes, ou "vozes", internas. Na verdade, podemos chamá-las de diferentes aspectos de nossa personalidade. Esta é uma noção brilhante desenvolvida por Richard Schwartz, criador da expressão Sistemas Familiares Internos, e também pelos dr. Hal Stone e dr. Sidra Stone, criadores da Terapia de Diálogo de Vozes.

Cada parte de nós tem sua própria função e intenção, e essas partes variam de pessoa para pessoa. Há o eu ressentido, o "sabichão", o sonhador, a criança ferida, o controlador, o carente, o otimista, o protetor, o ansioso, o conquistador, o trabalhador, o que está sempre brigando com você etc.

Eis o desafio que você pode enfrentar: parte de você realmente quer atingir seu objetivo e realizar sua aspiração, e parte de você, não. Pode haver aspectos de si mesmo que não querem o que você diz querer. Isso é conhecido como autossabotagem, ou conflito interno. Seu coração está dividido; sua mente hesita; sua energia não está concentrada.

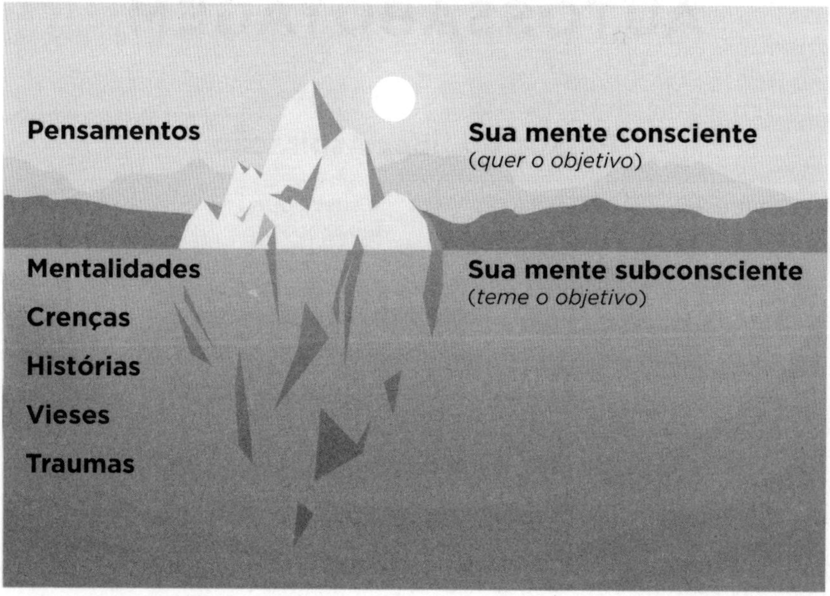

- Você diz que quer procrastinar menos e trabalhar neste sonho, mas parte de você adora se esconder atrás da procrastinação para evitar a decepção ou o fracasso.
- Você diz que quer ficar em forma, mas parte de você tem medo do que vai acontecer se ficar mais atraente ou não está disposta a fazer o esforço necessário.
- Você diz que quer expandir seus negócios, mas parte de você tem medo de que o sucesso lhe traga vergonha, faça-o perder amizades, torne-o ganancioso ou desvirtue o seu caminho.

- Você diz que quer se expressar mais, mas parte de você tem medo de ser ouvido e julgado.
- Você diz que quer parar de usar as redes sociais, mas parte de você tem medo de perder conexões, de ser visto como o "estranho" e de acabar solitário.
- Você diz que quer ser mais gentil e controlar sua raiva em seus relacionamentos, mas parte de você sente que isso o tornaria fraco e manipulável.

Em *coaching*, chamamos essas coisas de "ganhos secundários". É quando há um benefício em não mudar de comportamento e não alcançar o seu objetivo. Os exemplos são infinitos, e a maioria das pessoas se autossabota em pelo menos uma área da vida.

Você está autossabotando sua aspiração? Se fosse pago para se impedir de evoluir, seria rico ou pobre?

O TESTE DA PÍLULA VERMELHA

Há um teste simples que utilizo com clientes nas sessões de *coaching* para descobrir se realizam ou não autossabotagem consigo. Eu o chamo de teste da pílula vermelha. Por exemplo, se estou trabalhando com alguém que quer superar a ansiedade, pergunto: *Suponha que eu tenha uma pílula vermelha em minha mão. Uma vez que a engula, você nunca mais sentirá ansiedade novamente. Você a engoliria?*

Alguns clientes dizem: "SIM, me dá agora essa #@&*% de pílula!". Sua resposta é sincera, genuína e imediata. Mas outros clientes hesitam. Ou dizem "sim" com a boca, enquanto o resto de seu corpo conta uma história diferente. Algo neles não quer superar a ansiedade, e geralmente é porque acreditam que a ansiedade de alguma forma os protege ou os empurra para a frente na vida.

Reserve um momento agora para se perguntar: "Se existisse uma pílula vermelha que me daria o que eu quero no mesmo instante, eu a tomaria?". Esteja muito atento ao que acontece a seguir.

- A resposta é imediata ou há hesitação?
- É um "Claro que sim!" ou um "Acho que sim"?
- Alguma parte de seu corpo se contrai ou se afasta ligeiramente?
- Você está presente e se sente energizado ao responder à pergunta?

Se há alguma parte sua que não quer a transformação que procura, então você precisa abordar o problema. Caso contrário, não será capaz de avançar verdadeiramente, e seu caminho será mais longo e mais difícil do que o necessário.

Se dois aspectos de seu ser estão em conflito e querem coisas diferentes, podemos dizer que há autossabotagem interna. Neste caso, você precisa fazer duas coisas.

Em primeiro lugar, tomar *consciência* disso. Reserve um momento para olhar bem para a parte que resiste ao seu objetivo. Passe algum tempo esclarecendo qual é o seu ganho secundário. Em outras palavras: Quais são os benefícios de permanecer como está e não viver a transformação que diz querer? O que pode acontecer de ruim se realmente atingir seu objetivo? O que essa outra parte de você quer? Por que tem medo?

A conscientização é a chave para a Autodisciplina Consciente, e aqui também desempenha um papel importante. Você pode desenvolver essa consciência com a prática diária de meditação, a escrita de um diário, ou a ajuda de um *coach* ou de um terapeuta de confiança nas modalidades acima mencionadas. Talvez precise de uma combinação desses métodos.

Em segundo lugar, *resolver* o conflito interno. Isso nem sempre é simples, e é um tópico amplo, além do escopo deste livro. O caminho para essa resolução do conflito interior será único para cada um, dependendo de sua personalidade e história de vida. Muitas vezes será necessário algum apoio externo, pois todos nós temos pontos cegos. Na verdade, esta é uma das principais razões pelas quais as pessoas me procuram em busca de autodisciplina — para integrar todos os aspectos de seu ser, para que possam avançar de corpo e alma.

Ainda assim, não quero deixá-los sem resposta, então deixe-me pelo menos mencionar que existem dois métodos principais para trabalhar a resistência interior, ou autossabotagem. Com muita autorreflexão, conscientização e trabalho em si mesmo, há duas opções: (a) chegar a um ponto em que não precise mais desse ganho secundário; ou (b) obter o ganho secundário de uma forma não conflitante com sua aspiração.

Tomar consciência dos diferentes aspectos de si mesmo é autoconhecimento. Fundir esses diferentes aspectos, para se tornar mais unificado e inteiro, é autocontrole. É o trabalho de uma vida.

Uma observação: pode ser que você ame mais a viagem do que o destino em si, e é por isso que não consegue passar no teste da pílula vermelha. Neste caso, eu não consideraria isso um indício de autossabotagem, desde que esteja realmente caminhando em direção à sua aspiração e não esteja procrastinando. Isso significa apenas que não está com pressa; você está seguindo no seu ritmo e aproveitando a paisagem.

PONTOS-CHAVE

- Há diferentes vozes dentro de nós; diferentes "versões de nós mesmos", cada uma com sua intenção.
- Se uma de suas vozes ou versões não quiser o que você quer, há autossabotagem. Seu coração está dividido; sua mente hesita; sua energia não está concentrada.
- Um "ganho secundário" é o benefício oculto que obtém por não atingir seu objetivo. É o incentivo inconsciente para permanecer como está e não mudar.
- O teste da pílula vermelha indicará se há autossabotagem em você. Se for o caso, você precisa se tornar bem consciente disso e achar uma forma de resolver esse conflito interno.

CAPÍTULO 12

ASPIRAÇÃO - PASSO 6: CULTIVE SUA MENTALIDADE

Passos do pilar Aspiração

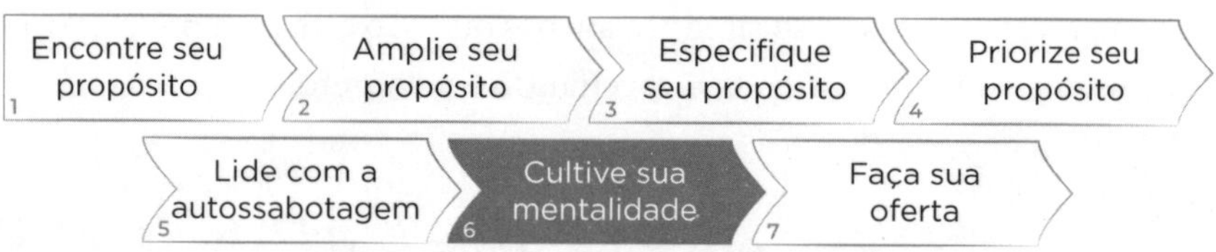

NESTE PONTO, SE VOCÊ JÁ REALIZOU OS EXERCÍCIOS das etapas anteriores, suas aspirações agora são claras, fortes, específicas e priorizadas. Você também está ciente das tendências de autossabotagem que podem haver dentro de você e o que fazer a respeito delas.

Agora precisamos falar sobre três virtudes/mentalidades fundamentais necessárias para que você leve uma vida orientada por propósitos. São elas: senso de propriedade, autoconfiança e sacrifício. Se você tem uma aspiração, mas não acredita que é responsável por sua vida (senso de propriedade), se não acredita que é capaz de cumprir essa aspiração (autoconfiança) ou se não está pronto para arcar com ela (sacrifício) — então você não tem uma aspiração, apenas um desejo.

Portanto, vejamos o que significam essas mentalidades fortalecedoras. O Passo 6 aborda as duas primeiras mentalidades; o Passo 7, a terceira.

A VIRTUDE DO SENSO DE PROPRIEDADE

Sentir-se completamente dono de seus resultados, responsabilizando apenas você mesmo por eles, é a coisa mais poderosa que pode fazer para conduzir seu sucesso.

Gary W. Keller

Ter senso de propriedade é ter a atitude de que "Sou responsável por minha vida, meu bem-estar e meus objetivos". Senso de propriedade é poder, porque nunca se pode mudar nada pelo qual não se assume a responsabilidade.

O oposto disso é a vitimização. Sentir-se vítima o mantém estagnado, porque uma vítima não pode fazer nada para mudar as coisas. Você então sente que não tem controle, não tem poder. Só pode se culpar, continuar infeliz e brincar de "pobre de mim" para que outros o ajudem.

Ter senso de propriedade não é "culpar a vítima". O que as outras pessoas tenham feito de errado é responsabilidade delas, e elas precisam pagar por isso. No entanto, seu bem-estar é, em última instância, sua própria responsabilidade. Desse ponto de vista, ter senso de propriedade é assumir a responsabilidade por *sua* vida, suas emoções e seu processo de cura. Isso significa não precisar esperar por um pedido de desculpas antes de conseguir seguir em frente. Você não precisa esperar nada que venha de fora — assume o comando e avança por si mesmo.

A autodisciplina começa com a responsabilidade por sua própria vida, e isso não é possível em um estado de vitimização. Os frutos da autodisciplina são a realização, o bem-estar e a felicidade. Os frutos da vitimização são autocomiseração, ressentimento e uma vida com restrições.

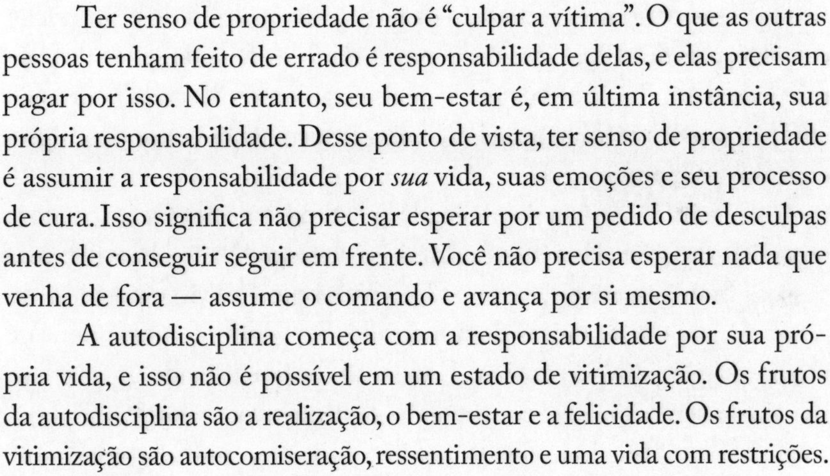

Se você estivesse totalmente preso a uma mentalidade de vítima, nunca teria pegado este livro para ler. A palavra "autodisciplina" o teria repelido. No entanto, ainda pode haver alguns traços dessa mentalidade em algum lugar de sua vida. Eis aqui algumas perguntas para ajudá-lo a se aprofundar:

- Que desculpas dou pelo meu pouco progresso ou pela falta de mudança?
- Em que sentido a situação em que me encontro "não é minha culpa"?
- Quem eu culpo pelas coisas ruins que aconteceram em minha vida?
- Em uma escala de um a dez, quanto sou reclamão?
- Costumo me apegar a pensamentos sobre ter sofrido injustiça?

Essas perguntas indicarão os potenciais padrões de vitimização em você, e as desculpas que você tem se dado. A falta de senso de propriedade é um dos motivos pelos quais arranjamos desculpas para não cumprir nossas resoluções. (Para mais informações sobre desculpas, consulte o Capítulo 25.)

É fácil adotar uma mentalidade de vítima, especialmente se você já vivenciou experiências de trauma, traição ou manipulação. Para algumas pessoas mais suscetíveis, é um padrão para buscar alívio emocional ou justificar por que as coisas deram errado. Seja como for, este nunca é um bom lugar para permanecer. Enquanto continuar sendo uma vítima, sua vida e seu bem-estar continuarão a entrar em um vórtice.

Há muitas coisas na vida que não podemos controlar — os pensamentos e as reações dos outros, o clima, a política, os eventos externos etc. Essas coisas estão apenas acontecendo; não estão acontecendo *com você*. É melhor simplesmente reconhecê-las e, então, concentrar-se nas coisas que pode controlar: as histórias que conta a si mesmo, as decisões que toma, as ações que realiza. Este é o seu único trabalho.

Você não precisa se culpar ou ter vergonha para começar a assumir a responsabilidade. Não é disso que se trata. Para ter senso de propriedade, basta que perceba como contribuiu para o estado atual das coisas e como é capaz de mudá-lo. E daí tome as medidas, realize a ação autodisciplinada, para isso.

Seja dono de sua vida assumindo total responsabilidade por suas decisões e atitudes. Concentre-se no que pode controlar e aceite o resto. Só não se deixe envolver em reclamações, sentimentos de culpa e uma mentalidade de vítima. Não cause sofrimento desnecessário a si mesmo.

Sem senso de propriedade, sua aspiração é apenas um desejo, sua consciência é parcial, e suas ações não têm convicção.

A VIRTUDE DA AUTOCONFIANÇA

O maior dos pecados é se achar fraco.
SWAMI VIVEKANANDA

Como vimos no Capítulo 4, a quantidade de força de vontade à sua disposição depende de suas crenças. Suas crenças sobre si mesmo são os limites de sua força de vontade e a capacidade de suas realizações. A autoconfiança pode não garantir o sucesso, mas duvidar de si mesmo, muitas vezes, garante o fracasso.

A autoconfiança é um dos maiores dons que você pode desenvolver. Com ela, a autodisciplina torna-se possível; sem ela, torna-se impossível, pois você sabotará a si mesmo.

Autoconfiança *vs.* autoquestionamento

O oposto de autoconfiança é o autoquestionamento. É acreditar que não se pode fazer algo, que não se é suficientemente bom, que algo "nunca vai acontecer". O autoquestionamento impede que você se jogue de coração, dizendo que não tem as habilidades, a inteligência, o tempo, os recursos ou a experiência necessários. A derrota é sentida antes mesmo de se tentar.

Quando você acredita em si mesmo, ganha mais motivação, mais recursos, mais energia para superar os obstáculos pelo caminho. Quando você não acredita em si mesmo, cada revés com que se depara é interpretado como uma confirmação de suas suspeitas — "eu não vou conseguir", "isso não vai dar certo".

Autoconfiança não significa acreditar que está perfeitamente preparado para cada desafio ou que já tem tudo de que precisa para ter sucesso. Pelo contrário, significa ter total confiança em sua capacidade de aprender e evoluir. É saber que você pode desenvolver o que lhe falta para satisfazer suas aspirações.

A verdadeira autoconfiança não quer dizer arrogância. Uma pessoa autoconfiante ainda reflete sobre seus defeitos e se prepara para o que pode dar errado, mas confia em seus pontos fortes. A autorreflexão é uma virtude; o autoquestionamento é um veneno. A sabedoria sabe a diferença.

Mentalidade de crescimento *vs.* mentalidade fixa

Suas crenças a seu respeito não são verdades, mas opiniões. Sim, você pode sempre olhar para o passado e encontrar muitas razões para reforçar essas crenças; mas provavelmente, se cavasse fundo demais, poderia fazer o mesmo em relação a uma crença oposta. Suas crenças são simplesmente um modelo que lhe permite navegar pelo mundo.

E se é assim, então por que você deveria, nas palavras de Vivekananda, "se achar fraco"? Em vez disso, pense em si mesmo como forte. Comece a dizer a si mesmo que sua força de vontade é ilimitada e que a está destravando gradualmente. Diga a si mesmo, com frequência, que **consegue realizar qualquer coisa que se proponha a fazer, e que qualquer coisa que seja difícil hoje será mais fácil amanhã**.

Esse é um aspecto do que a psicóloga Carol Dweck chamou de *mentalidade de crescimento*. É o oposto da *mentalidade fixa*. Em suas próprias palavras (Dweck, 2015):

> Em uma mentalidade fixa, as pessoas acreditam que suas qualidades básicas, como inteligência ou talento, são simplesmente traços fixos. Elas passam o tempo documentando sua inteligência ou talento em vez de desenvolvê-los. Também acreditam que só o talento cria o sucesso — sem esforço.
>
> Em uma mentalidade de crescimento, as pessoas acreditam que suas habilidades mais básicas podem ser desenvolvidas com dedicação e

> trabalho árduo — capacidade cerebral e talentos são apenas o ponto de partida. Essa visão cria um amor pelo aprendizado e a resiliência, que é essencial para as grandes realizações.

Quando, em seu caminho, você se depara com um obstáculo que não sabe como superar, uma de duas coisas pode acontecer. Se tiver uma mentalidade fixa, você o considerará uma evidência de que não vai conseguir (viés de confirmação). Se tiver uma mentalidade de crescimento, você o verá simplesmente como um sinal de que precisa desenvolver certas habilidades para poder avançar. Poderá então fazer uso da autodisciplina para ultrapassar esse obstáculo.

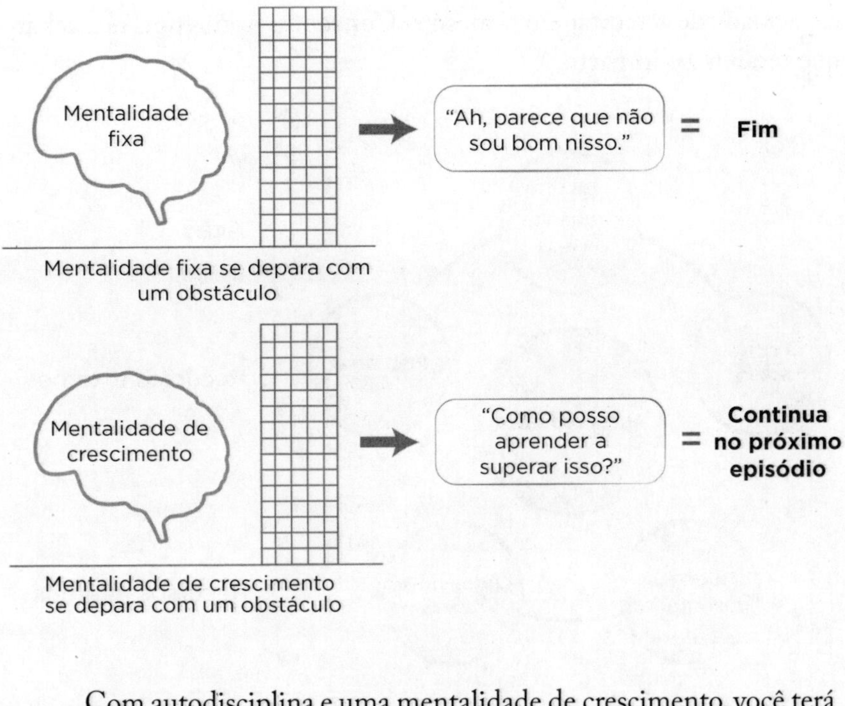

Com autodisciplina e uma mentalidade de crescimento, você terá mais energia, esperança e otimismo em sua vida. Ganhará confiança em sua capacidade de aprender e evoluir. Cada obstáculo será uma vírgula, não um ponto-final.

Atingir seus objetivos ou transformar-se requer um esforço consistente ao longo de um período. Mas você não fará esse esforço se acreditar que não pode mudar (mentalidade fixa). E, se continuar duvidando de si mesmo, seu esforço será baixo e inconsistente. Assim, o desenvolvimento da autoconfiança é um ingrediente importante da autodisciplina.

Pense na aspiração que está perseguindo ou nos objetivos específicos que quer alcançar. Em uma escala de um a dez, que nota daria para sua autoconfiança nessa área? Quanto mais desafiador for seu objetivo, mais alta precisa ser sua nota para ser bem-sucedido.

COMO DESENVOLVER A AUTOCONFIANÇA

Abordaremos cinco métodos para desenvolver a autoconfiança e capacidade de acreditar em si mesmo. Concentre-se nos dois que achar que terão mais impacto.

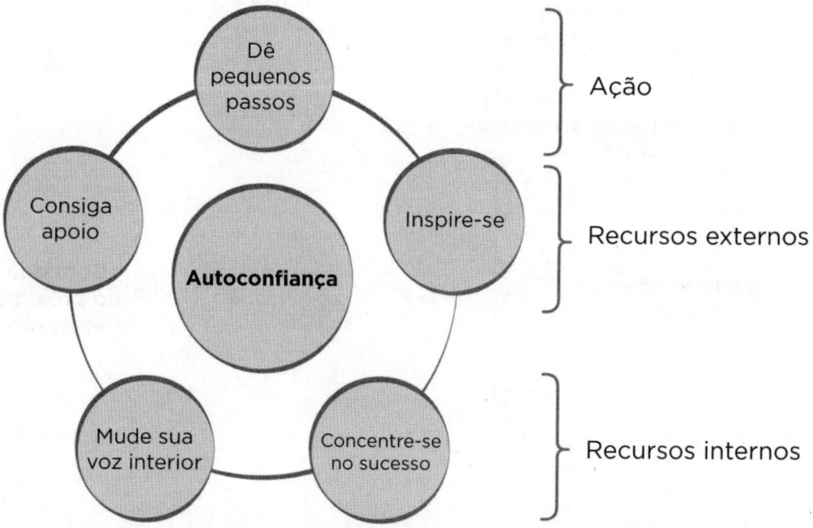

Concentre-se no sucesso

O primeiro método é ensinar sua capacidade ao seu cérebro, destacando sucessos anteriores. Isso significa olhar para o seu passado e pensar em todas as vezes que realizou algo difícil. Talvez você se lembre dos momentos em que enfrentou grandes obstáculos, desafios imprevistos ou uma perda inesperada — e, mesmo assim, perseverou, sobreviveu e encontrou recursos para seguir em frente.

Passe algum tempo recordando esses momentos e reforçando o sentimento de "sou capaz de fazer isso" e "uma hora vou encontrar uma solução" que vem da reflexão sobre essas experiências. Não importa em que área da vida suas vitórias difíceis aconteceram, nem se foram grandes ou pequenas. Qualquer coisa que possa utilizar como prova de que "sou capaz" é suficientemente boa.

Embora você possa fazer este exercício mentalmente em dois minutos, seus ganhos serão maiores se o fizer por escrito. Você pode manter um diário ou um arquivo de suas realizações, para revisitá-las sempre que sua autoconfiança estiver baixa.

O autoquestionamento olha para seus erros do passado e os projeta no futuro, pensando: "Provavelmente eu também falharei da próxima vez". A autoconfiança olha para seus sucessos anteriores e pensa: "Eu realizei coisas difíceis no passado, aprendi novas habilidades e ultrapassei meus limites ao enfrentar grandes desafios — por isso, não há razão para acreditar que não serei capaz de fazer isso novamente".

E se, depois de refletir sobre isso, você ainda sentir que não conquistou nada difícil na vida? Bem, então comece agora! Escolha algo que o deixe desconfortável e vá fazer isso. Pode ser começar a aprender uma nova língua, habilidade ou modalidade esportiva; concentre-se nas pequenas vitórias que experimentar no processo (elas existem desde o início, se souber onde procurar). Arrume sua casa. Faça aquele telefonema difícil. Vá além do que costuma ir de alguma forma.

Sempre que você supera as dificuldades, naturalmente adquire um pouco de autoconfiança e passa a acreditar em si mesmo. Com pequenas experiências, prove a si mesmo que pode ir muito além dos limites que pensava ter e lembre-se de todas as vezes que já superou desafios no passado.

Dê pequenos passos

Uma maneira simples de criar autoconfiança é dividir uma tarefa grande em tarefas menores, também conhecidas como Pequenos Passos. Se sua ação/projeto parecer difícil, assustador ou confuso demais, é possível que você duvide de sua capacidade de seguir em frente. Mas, depois que dividir essa ação em passos menores, será capaz de avançar. Os Pequenos Passos lhe dão um gostinho do sucesso mais cedo e com frequência — e isso gera confiança em suas habilidades. Com mais confiança, você obterá mais sucesso.

Falaremos mais detalhadamente sobre o método Pequenos Passos ao discutir como usá-lo para superar a procrastinação (veja o Capítulo 28).

Mude sua voz interior

Sua voz interior é a maneira como fala consigo mesmo e pensa em si mesmo. Esses pensamentos a respeito de si — inclusive a falta de crença em si mesmo — são apenas hábitos, não verdades. Na realidade, muitos deles são *mentiras repetidas mil vezes*, e, por isso, parecem verdades.

Uma das principais percepções obtidas por meio da meditação é a de que você não *se resume aos seus pensamentos*. Quanto mais avançar na prática, mais evidente isso se torna. O que é realmente uma ótima notícia, porque significa, portanto, que você tem o poder de mudar sua maneira de pensar. Você pode escolher no que quer acreditar — e, com isso, moldar seu caráter e seu destino.

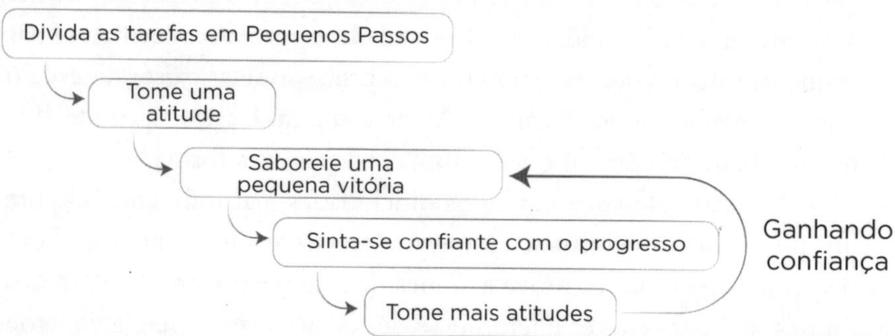

Mudar sua maneira de pensar às vezes significa corrigir o que chamamos de distorção cognitiva, ou “erro de raciocínio”, na terapia cognitivo-comportamental. Em outras ocasiões, significa contar a si mesmo uma ~~mentira~~ história melhor. O autoquestionamento lhe diz que suas vitórias anteriores não passaram de sorte, ou que não foram tão difíceis assim, e que acreditar que você "pode conseguir qualquer coisa" é uma mentira. Bem, essa história em si é uma mentira, e uma história que diminui o seu poder! Por que não a mudar?

Argumente a favor de suas limitações,
e com certeza elas serão suas.
RICHARD BACH

Essencialmente, isso é tão simples quanto: **você pode acreditar em seus pensamentos limitantes ou pode acreditar em seu potencial ilimitado. A escolha é sua.**

O autoquestionamento é uma voz interior. A autoconfiança também. Você não é nenhuma dessas vozes, mas pode escolher qual delas fica com o microfone. Aqui reside o seu poder.

Uma vez que tenha tomado sua decisão sobre qual versão de si mesmo quer nutrir, é só uma questão de afirmá-la repetidamente através de sua voz interior, afirmações e visualizações.

Suponha que você esteja prestes a correr sua primeira maratona. Naturalmente, terá certo nível de dúvida sobre suas capacidades. Você não sabe se será capaz de ir até o fim do percurso. Tem medo de fracassar ou de ter complicações de saúde durante a corrida. Fica pensando: *Quem sou eu para achar que posso fazer algo assim...? Eu não sou atleta. Nem tenho certeza se serei capaz de ir até o fim, e isso será humilhante. Há seis meses eu não conseguia correr nem um quilômetro, e agora estou tentando correr quarenta e dois! Eu não estou pronto... O que estou pensando?! No passado já falhei tantas vezes em tarefas muito mais fáceis do que esta... Talvez eu deva desistir dessa e me preparar mais para o ano que vem.*

Mais uma vez, esse diálogo interno não representa a realidade. É apenas a forma habitual de falar consigo. Eis como você pode usar as diferentes ferramentas de crescimento pessoal para superar essa voz limitadora:

- **Visualização.** Durante os três meses que antecedem a maratona, visualize-se correndo, sentindo-se cansado às vezes, mas perseverante e sendo bem-sucedido no final. Faça isso por cinco minutos todas as manhãs e logo antes da maratona.

- **Afirmação.** Crie uma frase curta que resuma seu compromisso com esse objetivo e sua crença sobre essa sua capacidade. Pode ser: "Eu consigo — vou terminar a corrida, não importa o que aconteça!". Repita-a para si mesmo dez vezes todas as manhãs e noites.
- **Reflexão.** Questione as suposições por trás de sua voz interior. Aponte brechas em suas crenças limitantes — busque razões para duvidar do ceticismo e razões para acreditar em sua capacidade.
- **Mudança.** Sempre que a dúvida aparecer, substitua a narrativa negativa por uma positiva. Use as habilidades que desenvolveu com a meditação para redirecionar sua atenção para longe da velha narrativa, para deixar os pensamentos negativos passarem e se concentrar no momento presente.

Mudando sua voz interior

- Visualização
- Afirmação
- Reflexão
- Mudança

Uma vez que você tenha mudado sua mentalidade usando qualquer um dos métodos acima, tome atitudes. Aja como se sua nova narrativa, suas crenças mais fortalecedoras, já fossem uma realidade. A ação é a confirmação definitiva da crença. Ela consolida todo o processo.

Aja como quem você quer ser, não como foi condicionado a ser. Aja como alguém autoconfiante e você se sentirá autoconfiante.

Inspire-se

No Capítulo 7, você fez o exercício de escolher as pessoas que o inspiram. São algumas pessoas que alcançaram um pouco do que você deseja alcançar na vida. Elas representam as suas possibilidades; elas o inspiram a agir.

Agora você pode usar suas inspirações como um meio de desenvolver a autoconfiança. Há duas maneiras de fazer isso: *aprender com a experiência delas* e *absorver as virtudes delas*.

Para aprender com a experiência delas, conheça o máximo que puder sobre a vida dessas pessoas. Leia biografias, assista a entrevistas e converse com elas (se possível). Conheça os momentos em que também vivenciaram dúvidas, medo e fracassos; aprenda como superaram esses momentos difíceis. O que as fez seguir em frente? O que sua voz interior dizia? Quais foram suas decisões e seu comprometimento? Veja como pode explorar recursos semelhantes na própria vida.

Absorver as virtudes delas é um tipo especial de meditação que lhe permite absorver as qualidades das pessoas que o inspiram em sua própria personalidade. Como essa meditação pode ser usada para desenvolver qualquer qualidade ou habilidade, e não apenas autoconfiança, será abordado no fim do livro (veja o Capítulo 38).

Consiga apoio

O último método para superar as narrativas limitantes e desenvolver a autoconfiança é obter o apoio de um mentor qualificado, de um *coach* ou de um terapeuta. Alguém que tenha tempo para você, para ajudá-lo a enxergar seus preconceitos e questionar suas suposições. Às vezes, um parceiro sábio e paciente também é capaz de fazer isso!

Muitas vezes é um desafio reconhecer como estamos sabotando a nós mesmos. É como se algo dentro de nós quisesse se esconder. Essa parte tentará sabotar *até mesmo esse processo* de descoberta. Ela se torna um ponto cego; e, sempre que há um ponto cego, precisamos de outra coisa ou outra pessoa para nos ajudar a ver de fora. Precisamos de um espelho.

PONTOS-CHAVE

Senso de propriedade

- Senso de propriedade é assumir total responsabilidade por sua vida. Não se pode mudar aquilo pelo qual não se assume responsabilidade, portanto senso de propriedade é poder.
- O oposto de ter senso de propriedade é se culpar, vitimizar--se e arranjar desculpas. Essas coisas o mantêm estagnado e infeliz. Não é possível praticar autodisciplina dessa posição.
- Você não precisa se culpar ou sentir vergonha para assumir responsabilidades. Basta que perceba como contribuiu para a situação atual e como é capaz de mudá-la.

Autoconfiança

- Autoconfiança é ter total confiança em sua capacidade de aprender, evoluir e superar desafios ao longo do caminho. O oposto é pensar que não conseguirá, que não é suficientemente bom, que algo "nunca vai acontecer".
- A autoconfiança pode não garantir o sucesso, mas o autoquestionamento, muitas vezes, garante o fracasso.
- Desenvolva uma mentalidade de crescimento, não uma mentalidade fixa.
- Você pode desenvolver autoconfiança ao revisitar seus sucessos do passado, dando Pequenos Passos, mudando sua voz interior, inspirando-se ou conseguindo apoio.

CAPÍTULO 13

ASPIRAÇÃO – PASSO 7: FAÇA SUA OFERTA

Quando abro mão de quem eu sou, torno-me o que posso ser.
LAO TZU

A decisão mais importante em relação a seus objetivos não diz respeito ao que você está disposto a fazer para conquistá-los, mas do que está disposto a abrir mão.
DAVE RAMSEY

Nada é impossível para um coração disposto.
JOHN HEYWOOD

Passos do pilar Aspiração

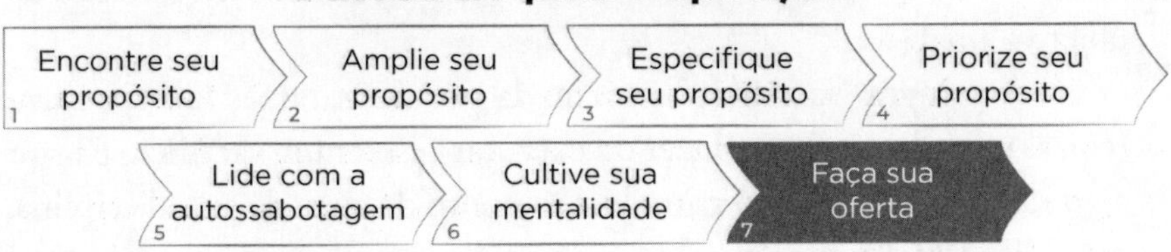

PARA ABRIR ESPAÇO PARA O NOVO, É PRECISO ABRIR mão do velho; para se transformar, é preciso se sacrificar. Isso é feito abandonando tudo o que não está alinhado com seus objetivos e valores, criando, assim, espaço em sua vida para o que mais importa.

A autodisciplina pode ser difícil porque requer sacrifício. O sacrifício de, às vezes, não fazer o que seria mais agradável no momento ou o sacrifício de fazer algo que parece desagradável. Isso não é muito atrativo para nosso cérebro reptiliano, porque ele só se preocupa com o prazer ou a dor imediatos.

A Autodisciplina Consciente tem a ver com superar essa visão primitiva do mundo. Envolve nossa capacidade de fazer sacrifícios, nossa disposição de abrir mão de um pequeno ganho a curto prazo (gratificação instantânea) em troca de um ganho mais significativo a longo prazo (gratificação adiada). Trata-se de trocar um pequeno valor (conforto) por um valor maior (satisfação). É, sim, seguir sua felicidade — a *maior* felicidade.

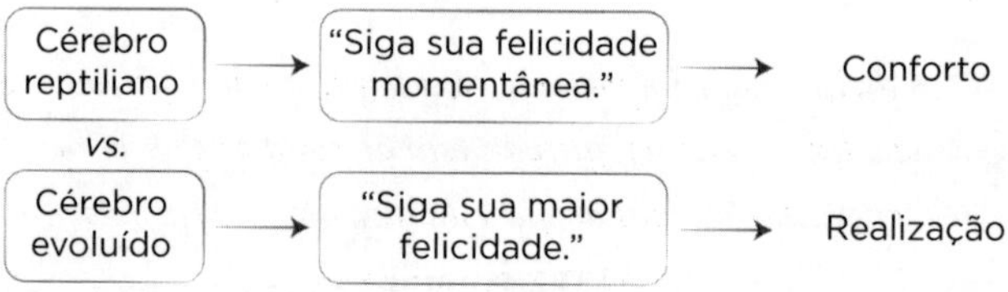

O conceito de sacrifício é tão antigo quanto a humanidade e se encontra em todas as antigas tradições filosóficas e espirituais. Abrimos mão de algo de valor antes para obtermos algo de maior valor mais tarde. Isso requer fé, porque não há garantias. A única garantia que temos é a de que, se não fizermos um sacrifício, nunca chegaremos ao objetivo final.

A palavra "sacrifício" é formada por duas raízes latinas: *sacra* (coisas sagradas) e *facere* (fazer ou executar). Fazer um sacrifício é fazer algo sacro — e criar algo sagrado. Do ponto de vista da autodisciplina, estar disposto a fazer um sacrifício significa estar se sintonizando com o que há de mais sagrado dentro de você — seus valores e aspirações mais elevados.

É quase como se a vida quisesse que você provasse quanto quer algo. E, assim, se você provar a si mesmo, conseguirá o que quiser.

FAÇA SUA OFERTA

Para atingir seus objetivos e satisfazer suas aspirações, é necessário fazer uma oferta. Sua oferta é o preço que está disposto a pagar pelo que deseja — é seu compromisso, é o risco que corre. Quanto maior for a sua oferta, maior a recompensa que pode colher. Quanto mais estiver disposto a dar, mais estará pronto para receber.

Muitas vezes, o que precisamos sacrificar são os conhecidos de sempre: parte do nosso tempo, dinheiro e energia. Mas outras coisas também podem ser sacrificadas: relacionamentos que já não lhe servem mais, hábitos que o prendem no lugar ou muitas oportunidades de gratificação instantânea (quando elas o distraem de seus objetivos).

Às vezes, a única coisa que precisamos sacrificar é uma versão antiga de nós. É deixar de lado nossas crenças limitantes, desculpas e as velhas narrativas que temos contado a nós mesmos por anos. Em outros momentos, precisamos sacrificar manter dois desejos opostos ao mesmo tempo — como o desejo de apertar o botão soneca do alarme e o desejo de ter uma manhã produtiva, ou o desejo de comer chocolate todos os dias e o desejo de entrar em forma e se tornar mais saudável.

Quanto tempo, dinheiro, energia e prazer você está disposto a oferecer em troca do sucesso de seu objetivo? Quanto de *si mesmo*

está disposto a oferecer? Quanto mais estiver disposto a oferecer, mais energia gera para a sua aspiração.

Quanto mais você dá, mais você recebe. Entregue-se totalmente, e não há nada que não possa obter.

Não há como enganar esse sistema. As pessoas ficam tentando evitar pagar o preço usando truques, pílulas mágicas e promessas falsas de sucesso da noite para o dia dos anunciantes gananciosos da internet. Raramente funciona — e, se funcionar, não é um método sustentável nem gratificante.

Se você não conseguir o que quer, é um sinal de que ou não o queria a sério ou tentou negociar o preço.
RUDYARD KIPLING

Buda disse que a vida é sofrimento — e é, a menos que você se torne um Buda! Quer acredite ou não em Buda, é axiomático que não exista uma vida sem nenhuma dor ou desconforto. Não é possível escolher nunca experimentar a dor. Mas você pode escolher sua dor. Pode escolher a dor da autodisciplina ou a dor do arrependimento e do potencial desperdiçado.

A má notícia, então, é que o sacrifício é inevitável. Ao fazer qualquer escolha na vida, estamos sacrificando algo — estamos dizendo *sim* a uma coisa e *não* a mil outras. A questão não é *se* você vai se sacrificar, mas *o que já está sacrificando*.

A boa notícia é a seguinte: você pode escolher seu sacrifício — e, com isso, seu futuro.

Você pode escolher a vida que deseja viver e a pessoa que deseja se tornar — mas isso não virá de graça. Você pode escolher seus objetivos e aspirações, mas não seu preço.

- O que está disposto a deixar para trás na busca por suas aspirações?
- Qual é a sua oferta? O que vai sacrificar?

Reserve alguns minutos para refletir sobre essas questões. Será um tempo bem gasto.

Você não fará um sacrifício se não tiver fé em si mesmo. Se tiver dúvidas sobre a importância do objetivo ou sobre sua capacidade de alcançá-lo, sacrificar seu conforto não fará muito sentido. Se tiver uma aspiração sólida e autoconfiança, estará disposto a se comprometer com seu objetivo.

Assuma a responsabilidade por suas aspirações. Tenha fé em sua capacidade de realizá-las. E então dê um passo adiante todos os dias, aceitando o desconforto e o tédio como uma pequena taxa a pagar pela transformação que deseja. Você não vai se arrepender.

RESSIGNIFICANDO O SACRIFÍCIO

Não considere doloroso o que lhe faz bem.
EURÍPEDES

O fato de que você precisa fazer uma oferta não significa que precise sofrer. Na verdade, você pode tornar o sacrifício mais fácil mudando sua percepção dele. Ele não precisa parecer resignação passiva ou autocastração.

Quando você vê as coisas sob a ótica certa, a dor potencial da autodisciplina não é realmente um sacrifício, mas um investimento. E, como em qualquer outro investimento, há o potencial de uma grande recompensa no fim — mas também o risco de não haver recompensa alguma. O sacrifício simplesmente aumenta a probabilidade de que tenha um futuro melhor, criando um estado psicológico em que a mudança e o progresso podem acontecer de modo mais fácil.

Aqueles que fazem a oferta podem acabar ou não com a recompensa — mas aqueles que não a fazem definitivamente não a receberão. Então, como você pode fazer com que essa oferta pareça menos com um sacrifício? Mudando a maneira como a enxerga. Há algumas maneiras de fazer isso.

Primeiro, você pode pensar no sacrifício como algo que está fazendo *por* si mesmo, não contra si mesmo. Sua oferta é dizer *sim* a si mesmo, à sua aspiração. É a sua decisão de viver uma vida em harmonia com seu eu superior. É o seu investimento no autodomínio e no crescimento pessoal — e há um sentimento de satisfação que naturalmente o acompanha.

Uma vida disciplinada é uma boa vida. De certa forma, a autodisciplina é sua própria recompensa — porque ela traz força interior, equanimidade, bem-estar e várias outras virtudes. E se, ao fim de sua árdua jornada, também conseguir alcançar seu objetivo é um belo bônus. A cereja do bolo.

Pode levar algum tempo para adotar essa nova maneira de pensar. Dê esse tempo a si mesmo, porque vale a pena. Uma vez que o faça, seu caminho será mais fluido. A autodisciplina se torna uma autodisciplina *consciente*.

Se enxergar a oferta como uma taxa a pagar, então é provável que queira escapar dela. Mas, se a enxergar como uma expressão de seus objetivos e valores mais profundos, vai aceitá-la de bom grado.

Fazer uma oferta torna as coisas reais. Mostra que sua aspiração é verdadeira. É a prova final de que encontrou algo pelo qual vale a pena viver — um verdadeiro senso de propósito e significado. E isso traz mais felicidade do que os pequenos prazeres dos quais abriu mão pelo caminho.

Trabalhar duro rumo ao seu objetivo também é um investimento em sua felicidade futura — isso garante que você ficará mais satisfeito com o resultado obtido. Não valorizamos as coisas que chegam até nós sem esforço; valorizamos as coisas que conseguimos pagando um grande preço, seja na forma de esforço, dinheiro, tempo ou sacrifício. Fazer uma oferta, portanto, também significa que poderá desfrutar mais da recompensa final. Isso gera contentamento.

Por fim, fazer uma oferta, mesmo que você não tenha 100% de confiança em si mesmo, cria um investimento. Isso força seu cérebro a estimular essa autoconfiança, porque você não quer perder em ambas as frentes. Caso não estivesse comprometido, o investimento o obriga a se comprometer.

UMA OFERTA EQUILIBRADA

Se estiver realmente disposto a fazer *o que for preciso*, alcançará seu objetivo. Sobre isso não há dúvidas. É apenas questão de tempo.

Mas isso nem sempre é muito prático. É possível ter essa determinação a respeito de sua mais profunda aspiração. Mas esse sentimento provavelmente não estará presente em relação a seus objetivos menores (com os quais você também quer ser mais disciplinado). E não faz mal.

Não se trata de dar tudo o que tem em cada um de seus objetivos. Isso pode ser um preço muito alto a pagar, dependendo do objetivo. Poderia exigir que você sacrificasse sua saúde, sua evolução na carreira, as economias de uma vida ou relacionamentos importantes para você. Para a maioria das metas e aspirações, *não* é uma boa ideia fazer esses sacrifícios. Isso o levaria a ter uma vida de puro fogo, sem água, perdendo, assim, o equilíbrio (veja o Capítulo 3). Não é disso que se trata a Autodisciplina Consciente.

Se você é maior de idade, não tem dependentes, não tem muitas responsabilidades e nada a perder, pode fazer o que quiser e arriscar tudo a cada vez. Quanto ao resto de nós, vivemos uma vida complexa e queremos crescer em mais de uma área. Precisamos, portanto, olhar para nossa vida de forma holística e ir atrás de nossos objetivos com responsabilidade, de acordo com a fase da vida em que nos encontramos.

Mas isso não muda o fato de que todo objetivo tem um preço. Você precisa estar plenamente consciente disso, ser totalmente honesto consigo mesmo e, então, escolher metas e estratégias que sejam realistas, tendo em vista seus outros papéis na vida.

EXERCÍCIO: PRATIQUE ESCOLHER O DESCONFORTO

Autodisciplina Consciente é fazer o que é bom para você. O desafio é que o que é bom nem sempre *parece* bom; e o que *parece* bom nem sempre é bom. Portanto, tome decisões baseadas em como as coisas são, independentemente de como elas parecem ser. Para isso, é necessário separar a busca pelo que é bom da busca pelo que é confortável.

Um tema recorrente da autodisciplina é a disposição de enfrentar o desconforto — seja ele físico, mental ou emocional. É a capacidade de experimentar emoções desconfortáveis sem que isso o impeça de fazer o que precisa ser feito. Isso é fundamental. Nas palavras de um amigo e convidado do meu *podcast*, dr. Rick Hanson, "os limites de nossa vida são as emoções que não estamos dispostos a sentir".

Se você está disposto a sentir tudo, sem resistência e sem tentar fugir, a autodisciplina se torna fácil, porque você tem então o poder de "agir independentemente". Pode escolher agir independentemente do medo, do tédio, da preguiça, do cansaço, da dúvida etc. Você simplesmente segue adiante, não importa o que aconteça.

Você pode se treinar para ser assim. Uma das maneiras de fazer isso é praticar o que o filósofo estoico Epiteto chama de *desconforto voluntário*. Trata-se de nos colocarmos deliberadamente em situações desconfortáveis, para que o desconforto não nos detenha mais. Basicamente, agendamos uma forma de sacrifício em nossa rotina diária, até que ela deixe de parecer um sacrifício. Isso cria uma grande força de vontade e resiliência emocional. Outro filósofo estoico, Marco Aurélio, chamou esse conceito de *dificuldade voluntária*.

Se o adágio fitness de que *a dor é a fraqueza deixando seu corpo* for verdade, então também podemos dizer que *o desconforto é a fraqueza deixando sua mente*. Busque uma dor significativa, não fuja dela. Isso o tornará mais forte.

(Nota: não exagere e não faça nenhuma bobagem. Trata-se de desenvolver a força de vontade e não de se tornar um masoquista ou de se machucar. Preste atenção nisso.)

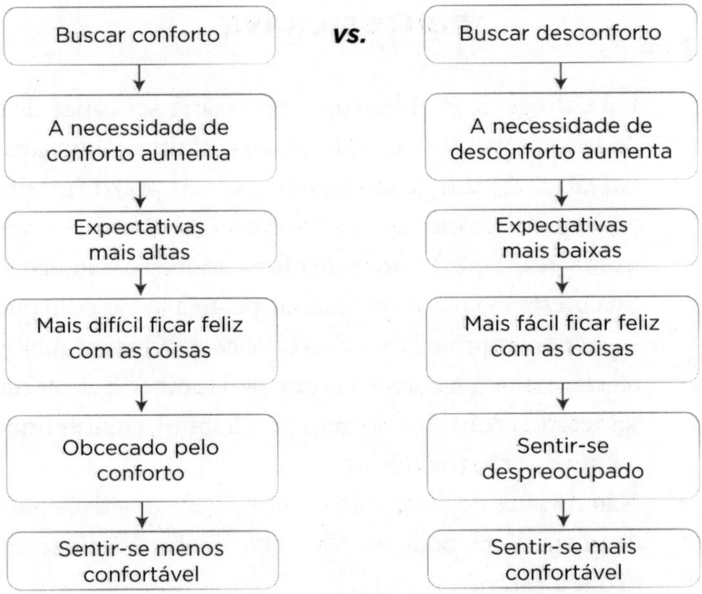

Escolha uma coisa difícil de fazer todos os dias. Uma vez que ela se torne fácil, escolha outra. Sempre exercite sua força de vontade e nunca caia na inércia. Use os exemplos do final do Capítulo 4 para ideias de como colocar isso em prática, mas lembre-se sempre de manter um equilíbrio para não se exaurir (veja o Capítulo 3).

Uma vez superado o apego ao conforto, sua vida se torna muito mais fácil. Já não importa mais tanto assim se você se sente desconfortável ou não. Assim, precisa de menos coisas. Reclama menos. Tem menos medo. Está mais satisfeito de modo geral. E, naturalmente, torna-se mais disciplinado.

Paradoxalmente, **escolher o desconforto torna sua vida *mais* confortável**. Você se torna menos preocupado e o seu limite de desconforto se torna muito mais alto. O que costumava ser desconfortável antes, agora não é nada.

Muitas pessoas procuram se tornar *financeiramente independentes* — e isso é ótimo. Melhor ainda, porém, é se tornar *independente do conforto*. Pois a verdadeira riqueza não é uma conta-corrente sem limites, mas um contentamento sem limites em seu coração.

PONTOS-CHAVE

- Para atingir seus objetivos, é necessário ser capaz de deixar de lado os ganhos de curto prazo (gratificação instantânea) em troca de um ganho maior a longo prazo (gratificação postergada); trocar um valor pequeno (conforto) por um valor maior (realização). Isso requer forte aspiração e autoconfiança.
- Sua oferta é o preço que está disposto a pagar pelo que quer — é seu compromisso, o risco que corre. Quanto maior a sua oferta, maior a recompensa que pode colher. Sua oferta pode ser tempo, dinheiro, energia, maus hábitos, crenças limitantes ou desejos contraditórios.
- Não dá para enganar esse sistema. Seus objetivos não virão de graça. Você pode escolher suas metas e aspirações, mas não seu preço.
- O sacrifício é inevitável. É impossível viver uma vida sem dor, mas você pode ao menos escolher a sua dor.
- Torne o sacrifício mais fácil, ressignificando-o como algo positivo. Sacrificar-se é fazer um investimento em seu futuro e dizer sim a si mesmo. É investir no domínio de si e no crescimento pessoal — e isso traz um sentimento de satisfação. Uma vida disciplinada é uma boa vida; a disciplina é a sua própria recompensa.
- Sua oferta precisa ser equilibrada, para não prejudicar outras áreas de sua vida que também são prioritárias para você. Precisamos, portanto, olhar para a vida de forma holística e ir atrás dos objetivos com responsabilidade.
- O que é bom para você nem sempre parece bom; e o que parece bom nem sempre é bom. Por isso, tome decisões baseadas em como as coisas são, independentemente de como elas parecem ser.
- Para tornar isso possível, separe a busca pelo que é bom da busca pelo que é confortável; praticando o desconforto voluntário.

- Escolher o desconforto na verdade torna sua vida *mais* confortável. Você se torna mais despreocupado, e seu limiar de desconforto se torna bem maior. Ficar obcecado por conforto o deixa menos confortável.

CAPÍTULO 14

SEJA VERDADEIRO COM QUEM VOCÊ É

EM SEU EXCELENTE LIVRO *AS ARMAS DA PERSUASÃO*, O dr. Robert Cialdini fala do princípio da consistência. De acordo com esse princípio psicológico, os seres humanos são movidos a realizar coisas que os fazem sentir coerentes com suas escolhas, desejos e identidade anteriores — mesmo que causem dor.

Ter uma aspiração clara — e comprometer-se com ela, criando objetivos específicos e escrevendo-os (Passo 3) — faz parte do impulso psicológico da consistência. Quando, então, priorizamos essas metas, dedicando nosso tempo, energia e recursos a elas (Passo 4), tornamos esse impulso ainda mais forte. Toda vez que você se lembra de sua Aspiração (Pilar 2) e, em seguida, age pensando nela (Pilar 3), está reforçando a necessidade de viver em coerência com ela.

A autodisciplina é a arte de viver em harmonia com seus maiores objetivos e valores. Em outras palavras, é a arte da integridade, ou da consistência — é ser fiel a quem você é. Ela usa essa programação natural do cérebro a seu favor.

Ser claro em relação a suas metas (por exemplo, ser um escritor de sucesso) ou valores (por exemplo, cuidar da sua saúde) torna doloroso agir de maneiras que não estejam em harmonia com quem você é. Você escreve todas as manhãs porque é um escritor, e é isso que os escritores fazem. Você não bebe refrigerante porque está consciente de sua saúde; simplesmente não é algo que você faça. Quebrar essas regras contradiria sua autoimagem, e isso seria doloroso.

De certa forma, portanto,todo o processo de autodisciplina consciente pode ser resumido assim: saiba quem você quer ser (aspiração) e viva de acordo com isso (consciência e ação). Afirme sua aspiração e deixe que o viés de consistência faça sua parte. Acredite já ser o seu "eu ideal" e prove isso para si mesmo por meio de suas ações. Traga seu futuro para o presente; deixe que sua identidade ideal se torne sua identidade atual — e a transformação ocorrerá naturalmente.

Se você quer ser saudável e cheio de energia (seu eu ideal), afirme ser assim agora e aja de acordo. Faça escolhas que uma pessoa saudável e cheia de energia faria. Não importa que, por um tempo, você ainda *não se sinta* saudável e cheio de energia. Afirme repetidamente sua aspiração, e a realidade se seguirá muito em breve. Concentre-se no que você está criando ("Eu sou saudável") e não no feedback do momento atual ("Eu ainda não me sinto saudável"). **Deixe sua aspiração transformar a realidade.**

Se você quer ser rico, pense como uma pessoa rica. Se quer ser confiante, aja com confiança. Se quer ser um escritor, escreva. Se quer fazer a diferença no mundo, faça a diferença no mundo. Se quer correr uma maratona, faça o que os maratonistas fazem (corra todos os dias). E, nas palavras de Jocko Willink: "Se você quer ser mais durão, *seja* mais durão".

Você se tornará quem acredita ser — porque é assim que vai agir. É isso que vai escolher. Essa será a lente pela qual verá o mundo — e pela qual o mundo o verá. Alterar suas crenças sobre si mesmo, afirmando sua Aspiração, é, portanto, um dos métodos mais poderosos da Autodisciplina Consciente.

Decida quem você quer ser. Afirme quem você quer ser. Esteja preparado para isso. Este é o pilar Aspiração.

Então, seja fiel a quem você é. Lembre-se disso. Aja de acordo com isso. Este é o propósito dos pilares da Consciência e da Ação.

CAPÍTULO 15

VISÃO GERAL DA ASPIRAÇÃO

Frequentemente se diz que a motivação não dura.
Bom, o banho também não — é por isso
que recomendamos tomá-lo diariamente.
ZIG ZIGLAR

SUA ASPIRAÇÃO É A FONTE DE TODA SUA MOTIVAÇÃO E energia. É o que o leva a iniciar a jornada de autodisciplina e dá sentido a ela. Esses sete passos do pilar Aspiração lhe darão uma aspiração *clara* (Passo 1), *forte* (Passos 2, 3 e 4) e *verdadeira* (Passos 5, 6 e 7).

Agora você tem uma aspiração clara, ampliada e traduzida em objetivos SMART. Você a tornou prioridade, dedicando-lhe parte de seu tempo, dinheiro e energia. Tomou consciência de quaisquer tendências à autossabotagem com as quais vai precisar lidar ao longo do caminho. Desenvolveu as mentalidades de senso de propriedade, autoconfiança e sacrifício necessárias para realizar suas aspirações.

A estrutura para a autodisciplina ensinada neste livro funciona para qualquer aspiração ou meta que tenha — desde a mais trivial até a mais existencial. Dito isso, os objetivos mais profundos, naturalmente, trarão consigo mais motivação. Quando suas aspirações forem profundas, você vai se sentir poderosamente motivado. Vai se tornar uma força da natureza, e nada será capaz de detê-lo.

Assim que suas metas estiverem claras, o próximo passo é encontrar uma boa estratégia para fazê-las progredir e depois se manter nos trilhos, independentemente dos obstáculos. A estratégia é específica — por exemplo, o programa de exercícios correto ou o plano de negócios adequado —, mas *manter-se nos trilhos* é apenas uma questão de autodisciplina. E a autodisciplina é a melhor amiga da aspiração.

Os próximos dois pilares vão lhe ensinar como se manter nos trilhos, no caminho certo, e como levar uma vida fiel a suas aspirações.

O pilar Aspiração

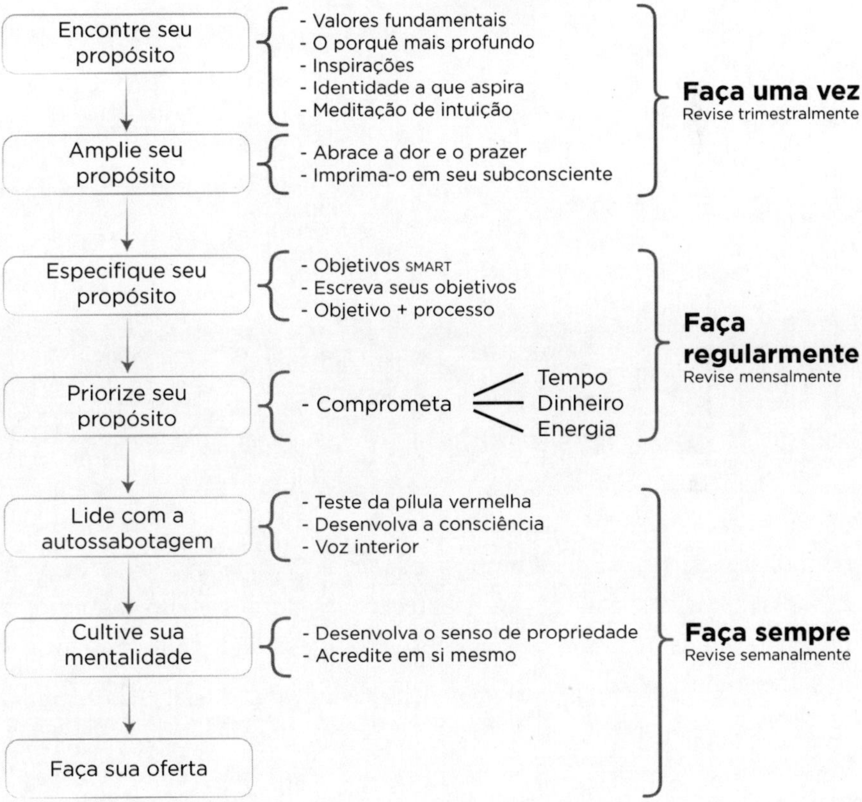

PILAR 2

CONSCIÊNCIA

CAPÍTULO 16

O PORQUÊ E O COMO DA CONSCIÊNCIA

A consciência é como a luz do sol: quando brilha sobre as coisas, elas se transformam.
THICH NHAT HANH

O necessário para mudar uma pessoa é mudar a consciência de si mesma.
ABRAHAM MASLOW

CONSCIÊNCIA, CONSCIÊNCIA, CONSCIÊNCIA — É DISSO que se trata a Autodisciplina Consciente. Se a autodisciplina é o pai de todas as virtudes, a autoconsciência é a mãe.

Por *consciência*, entendemos a habilidade de perceber o que está se passando dentro de você. É a capacidade de voltar-se para si mesmo, refletir e contemplar. É ver as coisas como elas são, com presença de espírito e uma honestidade radical. Em outras palavras: atenção plena. Estar desperto para seu mundo interior.

A autodisciplina é uma combinação de duas coisas: **lembrança** e **ação**, ou atenção e intenção. Para praticar a autodisciplina, é necessário se lembrar, a cada dia, de sua aspiração (atenção) e então decidir fazer algo a respeito (intenção).

O PODER DA AUTOCONSCIÊNCIA

O autoconhecimento traz consigo muitos benefícios para sua vida interior e exterior.

Em primeiro lugar, a autoconsciência é a base para uma vida consciente. Se você não está consciente de si mesmo, está vivendo à revelia, não segundo seu desígnio; está sendo reativo, não criativo. Em outras palavras, sem autoconsciência, você está apenas fazendo aquilo a que foi condicionado. Seu futuro se torna uma repetição de seu passado — tristemente previsível.

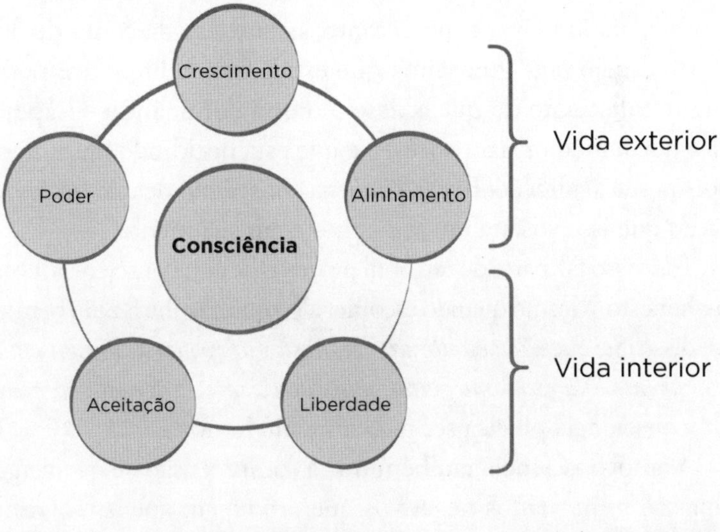

Quando se está consciente de si mesmo, você tem uma escolha. Há uma pausa — um lacuna entre as contribuições de seu ambiente e a forma como você escolhe reagir. Quanto maior a lacuna, mais liberdade você tem. Seu futuro se torna o resultado de suas escolhas no momento presente.

Você não consegue escolher os pensamentos, as emoções e os impulsos que surgem espontaneamente. Mas pode estar ciente deles, e isso lhe dá margem para escolher sua reação, em vez de apenas ser levado pela voz que falar mais alto dentro de você.

Mais consciência traz mais **liberdade**.

Seus pensamentos, emoções e ações esculpem seu caráter e a realidade que você experimenta. Eles determinam a vida que você vive. É essencial, portanto, que preste atenção a eles. Sem esse tipo de consciência, você simplesmente não está no controle de sua vida. A autodisciplina é a arte de se transformar. Mas você não pode mudar aquilo de que não está consciente.

Mais consciência traz mais **poder**.

A Autodisciplina Consciente diz respeito a ter consciência, e não a sentir culpa. Com a autoconsciência vem a autocompaixão: você vê seus defeitos e limitações sem nenhum sentimento de vergonha ou repugnância, porque compreende sua natureza humana e seus condicionamentos antigos. Você não se prende a expectativas irrealistas.

Isso significa que você pode ter um objetivo claro sobre comer de modo mais saudável e, no entanto, às vezes se dá conta de que há um forte desejo pela guloseima que está à sua frente. Você pode até se tornar consciente de que o desejo o está dominando — apesar de saber o que é melhor para você — e que está decidindo fazer algo que vai contra sua aspiração. Então se torna consciente de que fez isso, e da sensação que isso suscita em seu corpo e em sua mente.

Tudo isso faz parte de um bom processo de autoconsciência, porque é claro e honesto. Mesmo quando escolher algo que não lhe faz tão bem, esteja ciente disso. *Sei que estou escolhendo me afastar um pouco de minha aspiração neste momento. Não sei como evitar, mas estou ciente do que está acontecendo.* A autoconsciência precisa ser radicalmente honesta.

A autoconsciência também traz a compreensão de que vergonha e culpa são sentimentos negativos que produzem apenas sofrimento, e não evolução; ao compreender isso, você se torna capaz de abrir mão dessas emoções e substituí-las por compaixão e compreensão. A autotransformação é um processo que precisa ser cultivado, não um resultado ao qual precisa chegar se punindo.

Mais consciência traz mais **autoaceitação**.

É a consciência que lhe permite manter seu objetivo em mente, acompanhar seu progresso e continuar voltando aos hábitos que está tentando criar. A conscientização o lembra da nova identidade que está cultivando. Também o torna mais consciente do que o atrapalha; sabendo disso, você pode então escolher ambientes mais adequados e se preparar para exercer sua força de vontade quando a situação assim o exigir.

Quanto maior a consciência que tiver de si, mais fácil se torna exercitar a força de vontade e o autocontrole. Primeiro, porque você se lembra de colocá-los em ação antes que seja tarde demais! E, segundo, praticar a consciência ocasiona uma pausa natural em suas reações automáticas, oferece opções e permite que sua aspiração ganhe vida novamente.

Mais conscientização traz mais **alinhamento**.

Se tomar consciência do que está acontecendo em seu corpo e mente no momento em que você bebe uma latinha de refrigerante, fuma um cigarro ou passa cinco minutos distraindo-se nas redes sociais, você, naturalmente, desenvolverá um desgosto por essas atividades. Não será de uma vez, mas, sempre que você *meditar sobre suas tentações*, ficará mais perto de vê-las como são.

Como pode ver, a autoconsciência tem o potencial de ajudá-lo a superar seus vícios. E o faz de forma *orgânica*, sem que precise se forçar a nada. Assim como nós organicamente superamos nosso fascínio por brinquedos infantis ao tomarmos consciência de coisas maiores na vida.

A autoconsciência é, portanto, o catalisador do **crescimento**.

Todos os métodos deste capítulo servem para ajudá-lo a cultivar sua consciência, lembrar-se de sua aspiração e traduzi-la em ações. A consciência é a ponte que une quem você quer ser (Aspiração) a como deseja se comportar (Ação). Ela o capacita a levar uma vida mais autêntica.

AS QUALIDADES DA AUTOCONSCIÊNCIA

Há muitas maneiras de definir o que é consciência. A maneira como um neurocientista a definiria é diferente da maneira como um filósofo ou um guia espiritual o faria. Para os fins desta obra, a consciência tem três qualidades principais: clareza, neutralidade e aceitação.

Clareza significa ver as coisas pelo que elas são, sem se enganar. Eu gosto de chamar isso de *honestidade radical consigo mesmo*. Não se evita ou tenta enfeitar a verdade, por mais dolorosa que ela seja. Mesmo quando está quebrando suas próprias regras e gostaria de "fazer vista grossa", você vê a situação com clareza e articula o que está acontecendo para si mesmo.

> *Sei que me comprometi a não comer nenhum doce durante um mês — porque isso é uma expressão de minhas aspirações. E vejo que estou contando para mim mesmo uma narrativa de que hoje não conseguirei, porque é aniversário de meu irmão e a esposa dele trouxe meu sorvete favorito para a festa. Vejo que estou tentando racionalizar o porquê de hoje ser uma exceção. Sinto a vontade de comer o sorvete e o impulso de ceder.*

Isso é honestidade radical consigo mesmo. Fará com que diga *não* à desculpa e, assim, mantenha-se nos trilhos. Mas, mesmo que não resista e desobedeça a sua regra, pelo menos não está mentindo para si mesmo. Você não se deixa enganar pela racionalização — sabe e reconhece o que está acontecendo.

A honestidade radical consigo mesmo significa se pegar procrastinando, arranjando desculpas, autossabotando-se ou desistindo de seus objetivos. Significa perceber que parte de si não quer cumprir seu objetivo, pelo menos momentaneamente. Por mais dolorosa que seja essa percepção, a consciência não desvia dela. Ela a vê, aceita-a e continua a partir daí.

> **Exercício rápido:** reserve um momento agora mesmo para pensar em três ocasiões nesta semana ou mês em que você se enganou por meio de seu diálogo interno, racionalizando algo que, no fundo, sabia que não era certo. Assuma o compromisso de estar ciente disso da próxima vez.

Neutralidade é o segundo elemento da consciência. Significa observar a experiência com um senso de curiosidade, sem se apegar nem desenvolver aversão a ela. O apego e a aversão o tornam parcial, atrapalhando sua percepção. A conscientização é neutra, porque é a única maneira de ver verdadeiramente.

Em termos muito práticos, para os fins deste livro, uma consciência neutra significa perceber o que está acontecendo sem acrescentar elementos de vergonha, culpa ou autocrítica. Todas essas formas de autodisciplina depreciativa só dificultam a realização de seu objetivo. Elas criam estresse emocional — que é uma forma de dor —, e aí o cérebro reptiliano entra em cena com o desejo de uma injeção de dopamina para aliviar a dor por meio da gratificação instantânea. Os pesquisadores Polivy e Herman apropriadamente chamaram este ciclo vicioso de "efeito *que se dane*".

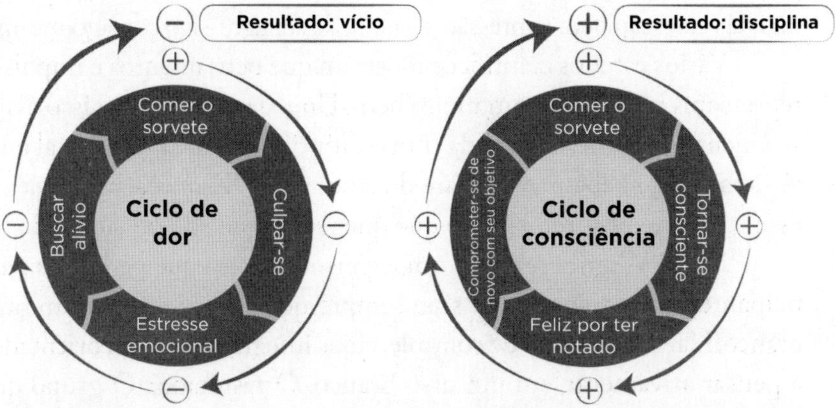

Em vez de se culpar, basta praticar a consciência neutra: observe o que aconteceu e depois se sinta feliz por ter notado isso! Esse momento de conscientização é um grande passo. E então perceba que agora você tem que fazer outra escolha: quer desistir de seu objetivo, pensando que não é suficientemente bom para conseguir, ou quer reafirmá-lo?

Muitas pessoas resistem a essa ideia. Têm medo de que, se deixarem de se autocriticar, vão se tornar indulgentes, preguiçosas e não se esforçarão o bastante. Mas isso não vai acontecer. Se sua aspiração for forte e clara, você terá o combustível necessário para se esforçar ao máximo. Não precisará acrescentar vergonha e culpa à mistura para se manter motivado. Vergonha, raiva e outras emoções negativas também podem funcionar como combustíveis poderosos, mas não são usadas na autodisciplina *consciente*, pois causam sofrimento. Em vez disso, usamos nossos valores e aspirações.

A consciência tem um elemento de autocompaixão, de *permitir* que as coisas sejam como elas são, sem resistência. Não se trata nem mesmo de perdoar a si mesmo, mas de algo ainda mais fundamental. Você só precisa perdoar a si mesmo se tiver se culpado primeiro. Neutralidade é não adicionar esse fator negativo, para começo de conversa. Então não há necessidade nem mesmo de falar sobre se perdoar.

Tudo isso leva ao terceiro elemento da consciência: a **aceitação**.

A autodisciplina consciente tem a ver com autoconsciência, não com autopunição. Sejam quais forem as emoções negativas ou os impulsos prejudiciais que tenha, você os vê e os aceita como são. Isso significa que não há repressão nem supressão — nada de ser agressivo consigo mesmo.

Vários estudos científicos mostram que pensamentos e impulsos repressores não funcionam muito bem. Uma das razões para isso é que sua mente se mantém ocupada com o próprio pensamento do qual quer se livrar. "Não beba mais", "Pare de fazer isso", "Esqueça sua raiva" — esses pensamentos reforçam o que quer ser esquecido ou superado.

D. M. Wegner realizou um experimento em que pedia aos participantes que tocassem um sino sempre que pensassem em um urso branco. Havia um grupo de controle, cujos integrantes foram orientados a pensar ativamente em um urso branco. O resultado? O grupo que recebeu a instrução de *não* pensar no urso branco acabou tocando o sino com mais frequência do que aqueles que foram realmente encorajados a isso. Isso acontece porque nos mandar suprimir um pensamento estabelece um processo mental que constantemente compara cada pensamento ao pensamento indesejado; e, quando paramos de fazer isso, o raciocínio suprimido retorna com força renovada. Suprimir um pensamento à força é como pressionar uma mola: no momento em que você relaxa, ele volta ainda mais forte.

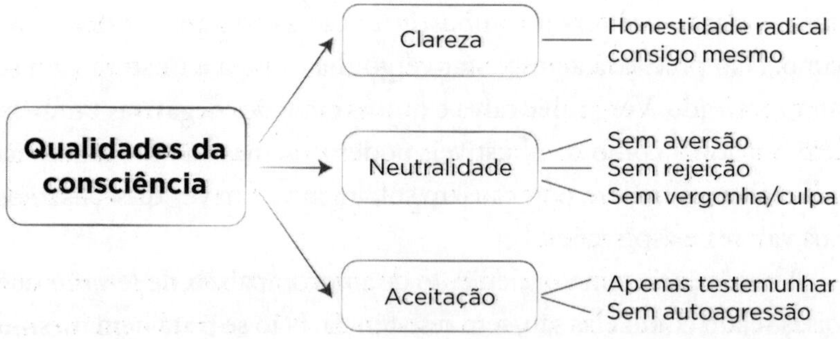

Outro estudo mostrou que fumantes que foram aconselhados a suprimir todos os pensamentos sobre o cigarro acabaram fumando mais, a longo prazo, do que o outro grupo que foi encorajado a pensar o máximo possível sobre ele.

A mensagem é clara: **aquilo a que você resiste persiste**. Suprimir pensamentos e emoções dessa maneira não funciona. Eles permanecerão em algum lugar em você, influenciando silenciosamente sua vida sem que você perceba.

A alternativa à supressão é a **consciência** — que é neutra e compreensiva. Testemunhe seus pensamentos, emoções e impulsos sem reprimi-los.

"Está bem, Giovanni, eu entendi! A autoconsciência é uma das sete maravilhas do mundo — mas como a coloco em ação?" Há três práticas centrais de consciência: meditação, reflexão e integração. Se você as realiza diariamente, está praticando o pilar Consciência em sua vida diária.

PRÁTICA NÚMERO 1: MEDITAÇÃO

A *meditação* lhe confere espaço e clareza.

A meditação é o primeiro dos treinamentos centrais da conscientização. Ela fortalece o córtex pré-frontal — que é a parte de seu cérebro onde residem a autoconsciência e a força de vontade —, reduz o estresse, melhora o humor e lhe dá a capacidade de parar antes de agir impulsivamente. Todos esses são elementos essenciais para a autodisciplina.

Com a meditação, você desenvolve o poder de pausar, diminuir o ritmo e se distanciar. Ela o desvencilha dos pensamentos e impulsos do momento e, ao fazer isso, permite-lhe ver com clareza o que realmente está acontecendo e o que precisa ser feito.

A meditação é algo que se faz no início do dia (de preferência), para aguçar sua consciência. Você pode começar com cinco minutos por dia e depois ir aumentando pelo menos um minuto por semana até chegar ao mínimo de dez minutos. O ideal é aumentar sua prática para vinte minutos por sessão, mas dez minutos já trazem alguns benefícios.

Como veremos no Capítulo 37, há muitos estilos de meditação. Eis aqui um método simples para você começar:

1. Sente-se com as costas eretas, sem apoio. Você pode se sentar na beira da cama, ou em uma cadeira, ou de pernas cruzadas em uma almofada no chão. A posição de suas mãos e pernas é irrelevante.
2. Feche os olhos. Inspire profundamente pelo nariz e expire pela boca, aliviando toda a tensão.
3. Feche a boca e respire normalmente pelo nariz. Permita-se estar totalmente no momento presente. Sinta-se grato por ter reservado o tempo necessário para cultivar a consciência e centrar-se.
4. Volte toda a sua atenção para a respiração. Observe se é superficial ou profunda. Repare se é rápida ou lenta. Repare se é irregular ou fluida. Se o ritmo da sua respiração muda ao tomar consciência dela, tudo bem. Simplesmente permita que ela fique como está.
5. Comece uma contagem regressiva de respirações, do dez ao um, tanto ao inspirar como ao expirar. Inspire, "dez"; expire, "dez". Inspire, "nove"; expire, "nove". Até chegar ao "um".
6. Quando chegar ao um, comece a contar novamente a partir do dez. Se perder a conta e se esquecer do que estava fazendo, tome consciência desse fato. Isso é autoconsciência. Então retorne sua atenção à respiração e recomece a partir do dez, com a determinação de permanecer atento à respiração a todo momento. Isso é força de vontade.
7. Como objetivo inicial, veja se consegue fazer a contagem regressiva três vezes seguidas sem se distrair.

Se você já gosta de uma técnica de meditação específica, pode fazê-la no lugar dessa.

Logo após meditar, quando sua mente estiver clara e focada, **repasse** sua aspiração e **volte a se comprometer** com seus objetivos. Depois tome a **resolução** de vivenciar suas aspirações durante o dia.

Afirme a intenção de estar ciente disso e então permita que ela seja a força motriz implícita em suas decisões do dia.

Etapa de ação: inicie a prática diária de meditação. Se você já medita todos os dias e sabe qual é o melhor estilo de meditação para você, veja como pode continuar evoluindo, integrando-a melhor em sua vida diária.

Meditação	Integração	Reflexão
Início do dia *(10 a 20 minutos)*	Contínua	Fim do dia *(5 a 10 minutos)*

PRÁTICA NÚMERO 2: REFLEXÃO

A *reflexão* desenvolve perspectiva e responsabilidade. É como estudar a si mesmo. É aprender profundamente suas motivações, estímulos emocionais negativos, padrões de pensamento e vieses.

Há três maneiras principais de fazer isso:

- Escrita em diário
- Rastreamento
- Conversas profundas

Uma das melhores maneiras de praticar a reflexão é escrever **em um diário** no fim de seu dia. Existem vários métodos para fazer isso, mas todos eles têm essencialmente o mesmo efeito: levam-no a refletir sobre seu dia, seus comportamentos e suas escolhas, tornando-o, assim, mais consciente e capaz de se responsabilizar. Isso ensina seu cérebro a permanecer mais consciente durante o dia, já que ele terá que responder às suas reflexões todas as noites.

Para fins do tema desta obra, sua prática de manter um diário trata-se simplesmente de separar alguns minutos todas as noites para responder a estas três perguntas:

1. Como eu dei um passo em direção à minha aspiração hoje? (Gratidão)
2. Como me afastei de minhas aspirações hoje? (Consciência)
3. O que posso fazer melhor amanhã? (Intenção)

O segundo método para a reflexão é o **rastreamento**. Ele envolve registrar regularmente seus hábitos, rotinas e atividades voltadas a metas, usando um rastreador de hábitos, calendário de parede, planilha ou diário de hábitos. Também pode envolver atribuir-lhe uma nota de um a dez em qualidades ou comportamentos específicos que está tentando desenvolver. Por exemplo, se quiser aumentar sua confiança, você poderia, todos os dias, classificar de um a dez quanto praticou ser confiante naquele dia. Por fim, inclui a prática de atribuir ou retirar um ponto de acordo com as suas decisões durante o dia — um conceito que exploraremos no próximo capítulo.

Independentemente de como utilize o rastreamento, esse método deixará tudo preto no branco, elucidando seus padrões e fortalecendo seu compromisso e autoconsciência. Considere-o uma peça essencial da Autodisciplina Consciente.

O terceiro método é o mais difícil de implementar, porque, ao contrário dos dois primeiros, não depende apenas de você. Ele envolve ter **conversas profundas** com um amigo sábio, um *coach* ou um terapeuta. Alguém que saiba escutar sem julgar, fazer as perguntas certas e funcionar como um espelho para você. Isso muitas vezes leva a lugares muito mais profundos do que manter o diário e realizar o rastreamento, porque é muito mais difícil, se não impossível, identificar todos os nossos vieses sozinhos. Muitas vezes precisamos de algum tipo de apoio.

Etapa de ação: comece um diário para a autorreflexão, assim como alguma forma de rastreamento de seus hábitos e dos passos que está dando em direção a seus objetivos. Se puder, busque uma maneira de ter também conversas psicologicamente profundas com alguém que possa ajudá-lo a tomar consciência de seus vieses e, assim, ganhar perspectiva.

PRÁTICA NÚMERO 3: INTEGRAÇÃO (MÉTODO PAV)

Integração é aplicar a consciência em sua vida diária. Enquanto a meditação e a reflexão são práticas a serem realizadas por um tempo e em lugar específicos, a integração é algo que você faz o tempo todo, ao longo de seu dia. Trata-se de estar conscientemente presente consigo mesmo no desenrolar da sua vida, a todo momento, ao vivo. De certa forma, é levar a meditação para além da almofada.

O elemento-chave da integração é **observar a si mesmo**. Significa observar constantemente o que se passa em sua mente e em seu corpo. É estar atento ao seu "clima interior", inclusive:

- os pensamentos e sentimentos que está tendo;
- as respostas emocionais negativas que foram disparadas;
- os impulsos que o estão motivando;
- o efeito do ambiente sobre si;
- as flutuações de humor que está experimentando;
- os desejos, medos e preconceitos que estão matizando sua percepção.

Por exemplo, se está no meio de uma conversa difícil ou experimentando um momento de tentação, e está ciente de seu clima interior, então está *integrando* a consciência em sua vida diária. Se não conseguir fazer isso, a prática da consciência ainda está limitada a certos momentos de seu dia (meditação matinal, escrita do diário à noite). Sem estar constantemente consciente de seu clima interior, é muito difícil navegar pela vida de forma eficaz ou ser disciplinado em relação às suas aspirações.

Esta prática será explorada com mais profundidade no próximo capítulo.

> **Etapa de ação:** tome a decisão de observar-se constantemente durante todo o dia. Prepare lembretes para isso (talvez *post-its* ou notificações em seu telefone/computador) e verifique como está se sentindo várias vezes ao dia.

PONTOS-CHAVE

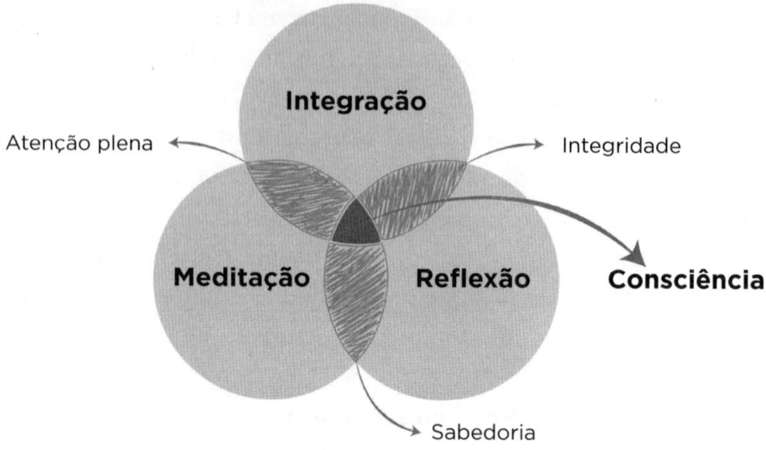

- A autodisciplina é uma combinação de duas coisas: atenção e intenção. Para praticar a autodisciplina, você precisa se lembrar todo dia de sua aspiração (atenção) e depois decidir fazer algo a respeito disso (intenção).
- A consciência o faz aceitar quem você é, confere liberdade aos seus pensamentos e impulsos, poder para escolher suas ações, alinhamento com seus valores superiores e evolução orgânica.
- A autoconsciência se desenvolve por três práticas fundamentais: meditação (de manhã), integração (durante o dia) e reflexão (à noite).
- A reflexão acontece com a manutenção de um diário, o rastreamento e, opcionalmente, a realização de conversas profundas.
- A conscientização, para os fins da autodisciplina, tem três qualidades essenciais:
  - ◈ Clareza: ver o que está acontecendo com honestidade radical consigo mesmo.
  - ◈ Neutralidade: observar sua experiência sem acrescentar sentimentos de vergonha ou culpa.
  - ◈ Aceitação: receber o que acontece sem repressão ou supressão.

CAPÍTULO 17

O MÉTODO PAV

A AUTODISCIPLINA CONSCIENTE É A ARTE DE VIVER EM harmonia com seus objetivos e valores. Para que isso aconteça, é necessário aplicar sua força de vontade para mudar seus estados mental e emocional, de modo que possa tomar decisões que o ajudem a se aproximar de sua aspiração, em vez de se afastar dela. Mas não é possível usar sua força de vontade a menos que primeiro esteja consciente, e não é possível estar consciente se estiver vivendo no piloto automático.

Assim, você precisa pausar, depois estar consciente, e depois aplicar sua força de vontade. Essa é a ordem natural das coisas, e é disto que se trata o Método PAV, que significa pausa, (auto)consciência e (força de) vontade. É a prática de *integração* da consciência, e o fio condutor de todos os exercícios do pilar Consciência. Se você se lembrar de apenas uma coisa deste pilar, que seja isto.

Você notará que, embora estejamos falando do pilar Consciência, a *consciência* é o segundo passo do método. É assim por algumas razões. Primeiro, porque você só pode praticar a consciência plena se primeiro for capaz de *pausar*; e praticar a consciência muitas vezes revela a necessidade de mudar seu estado de espírito usando sua *força de vontade* — de modo que tudo isso é parte de um único processo. Segundo, tanto a pausa quanto os elementos de vontade são, em si mesmos, práticas de conscientização.

As práticas de meditação e reflexão o treinam a praticar o Método PAV de forma mais eficaz; sem elas, a prática torna-se mais difícil.

PASSO 1 DO PAV: PAUSA

A capacidade de pausar é um dos principais poderes da prática meditativa; ela lhe dá espaço, clareza e presença. Quando você pausa, experimenta mais paz de espírito, equilíbrio e bem-estar. Consegue abrandar as coisas para dar mais sentido ao caos da vida diária. Você se sente mais no controle.

Por outro lado, se não houver pausas suficientes em sua vida diária, você não conseguirá praticar a consciência. Quando tudo acontece de maneira rápida demais e sem pausas, você provavelmente nem nota os conflitos de autocontrole que estão bem na sua frente! Não perceberá que esqueceu sua aspiração e está se afastando dela. Sua mente está ocupada demais fazendo malabarismos com dez coisas diferentes — não há espaço na sua memória de trabalho para lidar com uma tentação.

Não é possível exercer sua força de vontade em um estado como esse. Você está vivendo no piloto automático — reagindo à vida em vez de responder a ela. E também a está desfrutando menos. Como não está presente, até mesmo seus prazeres parecem menos satisfatórios.

As pesquisas mostram que, quando se está comendo ou fumando em um estado de distração, há uma tendência a comer mais porcaria e a fumar mais cigarros. Os participantes de um estudo chegaram a comer uma quantidade 20% maior quando distraídos, e também se sentiram menos satisfeitos. Por conta disso, acabaram comendo mais logo depois, uma vez que não estavam satisfeitos.

Pausar e estar mais conscientemente presente em sua vida diária significa estar menos distraído, mais consciente de seus objetivos e, portanto, mais propenso a segui-los. Como pode ver, a pausa é tanto um pré-requisito para a consciência quanto uma prática de consciência em si mesma.

Praticando a pausa

Como se tornar bom em pausar e desacelerar?

Através da meditação e da atenção plena. Adotar a pausa em sua rotina é um efeito natural de manter uma prática diária de meditação. De certa forma, é uma habilidade que se adquire sem esforço ao longo do tempo. Entretanto, é possível acelerar esse processo e melhorá-lo praticando uma pausa deliberada durante o seu dia.

A maneira mais simples de fazer mais pausas em sua vida diária é pela respiração consciente. Quando se respira de forma consciente, profunda e lenta, seu sistema nervoso se acalma, seus impulsos são regulados e a parte mais evoluída de seu cérebro (o córtex pré-frontal) desperta. Suas emoções ficam, então, mais manejáveis, e de repente você se sente mais consciente e em controle.

O cientista por trás do estudo do marshmallow de Stanford (discutido no Capítulo 4), Walter Mischel, atribuiu o sucesso ou o fracasso da força de vontade dos participantes ao sistema "quente e frio" do cérebro. Ele explicou que o sistema frio do cérebro é a nossa porção cognitiva (é o sistema de pensamento, com nossas decisões racionais). O sistema quente reage imediatamente com base em emoções e impulsos. Essa distinção é útil para a prática da autodisciplina, pois ilustra a mudança que precisamos fazer para nos manter no rumo de nossos objetivos a longo prazo: do sistema quente para o sistema frio, do impulsivo para o racional, do cérebro reptiliano para o cérebro evoluído, do inconsciente para o consciente.

A pausa ajuda a fazer essa mudança, e ela o faz através da respiração.

Existem múltiplas técnicas de respiração que foram desenvolvidas pelos mestres de meditação ao longo dos séculos; algumas delas são bastante complexas e intensas. Mas, com o propósito de começar com o Método PAV, a maneira mais fácil é fazer simplesmente três respirações abdominais profundas. Eu chamo isso de Regra das Três Respirações:

- Coloque as mãos na barriga.
- Imagine que sua barriga é um balão.
- Enquanto inspira, expanda a barriga.
- Enquanto expira, relaxe a barriga.
- Deixe que suas respirações sejam *lentas*, *profundas* e *uniformes*.
- Faça três ciclos de respirações assim.

Respirar *lentamente* é não ter pressa, tomar ar de pouco a pouco, em uma longa respiração. Respirar *profundamente* é inspirar bastante ar, usando toda a sua capacidade pulmonar. Respirar de maneira *uniforme* é manter um ritmo constante, sem picos ou sacudidelas. Estes três princípios se aplicam igualmente à inspiração e à exalação.

Na meditação, inspiramos e exalamos pelo nariz. No entanto, se estiver muito tenso, nesta prática específica de respiração pode optar por inspirar pelo nariz e expirar pela boca três vezes, soltando um longo suspiro a cada vez. Depois disso, passe a inspirar e a expirar somente pelo nariz.

Quando você respira lenta, profunda e uniformemente três vezes, traz momentos de calma para o seu dia. É como fazer uma pequena pausa do fluxo interminável de pensamentos e emoções. Essa pausa é essencial para a consciência — **não há consciência sem pausa**.

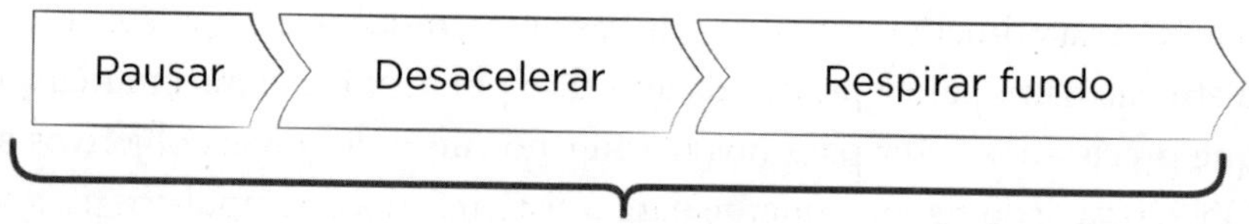

Passo 1 do PAV

Um método mais elaborado de respiração que também pode ser praticado a qualquer momento é o da Respiração Quadrada. Nessa técnica, você define um ritmo particular para sua respiração: inspirar por quatro segundos, segurar a respiração por quatro segundos, expirar por quatro segundos e manter os pulmões vazios por quatro segundos. Se esse intervalo for difícil, pode tentar fazer com três segundos; se for fácil, pode fazer com cinco ou seis. Nesse exercício aplicam-se as mesmas diretrizes: respire pelo abdome e mantenha um ritmo lento, profundo e uniforme.

Micromeditações

Se não conseguir pausar, não terá escolha. Não há espaço entre você e seus impulsos.

Quando você faz uma pausa e respira conscientemente, muda seu estado de espírito. Você altera o estado de seu sistema nervoso. Nesse novo estado, é então capaz de enxergar seus padrões habituais de comportamento — pegar seu telefone sem nem perceber, irritar-se por nada, beber uma lata a mais de refrigerante sem pensar — e de mudá-los.

A parte mais complicada de praticar o Método PAV é lembrar-se de fazer uma pausa. Em nossa vida acelerada, isso pode ser um desafio; estamos sempre ocupados e, por isso, esquecemos. O primeiro passo, então, é adquirir o hábito de fazer uma pausa. Para isso, recomendo que crie três breves momentos em seu dia para cultivar as pausas. Eu as chamo de "micromeditações".

Uma micromeditação é uma meditação informal de um minuto que você pode praticar em qualquer lugar, a qualquer hora. Pode ser enquanto se desloca de um lugar a outro, come, caminha, espera por algo ou se prepara para uma conversa difícil. Você pode até fazê-la de olhos abertos — ninguém precisa saber o que está fazendo.

Para as micromeditações, mantenha seu corpo imóvel (se possível) e pratique seu estilo favorito de meditação por um minuto ou dois. Pode ser apenas respirar profundamente e de modo consciente, repetir um mantra em sua mente, fazer uma rápida varredura corporal ou qualquer outra técnica calmante. A parte mais desafiadora não é a micromeditação em si, mas lembrar-se de fazê-la. Para isso, você pode usar alarmes em seu telefone.

Esfriando

A pausa é importante para a autodisciplina, independentemente de seus objetivos. Dito isso, se seu objetivo for superar certos impulsos ou abandonar hábitos ruins, a pausa torna-se ainda mais importante. Ela permite que o sistema quente do cérebro se esfrie.

Se seus impulsos forem muito fortes, pode ser que precise fugir da tentação até que se acalmem. Nesse caso, poderia ser útil fazer uma pausa de seus impulsos, ocupando-se com outra coisa, ou encontrar uma maneira de afastar-se da tentação. Você pode sair da loja, interromper a chamada, fazer uma pausa, fechar os olhos, contar de cinquenta até um, desligar o computador. Faça o que for preciso para se afastar da tentação até que as coisas esfriem.

Resumo: Sempre que se encontrar em um conflito de força de vontade — entre desejos de curto prazo e objetivos de longo prazo —, faça uma pausa e respire profundamente três vezes. Para ajudá-lo a se lembrar disso, crie o hábito de pausar várias vezes ao dia com o auxílio das micromeditações. Por fim, se estiver enfrentando um impulso avassalador e não puder só fazer uma pausa e observá-lo, então ocupe-se com uma atividade positiva.

PASSO 2 DO PAV: CONSCIÊNCIA

Uma vez que fez uma pausa e desacelerou, agora você está em condições de praticar a autoconsciência e ver as coisas mais claramente. Para os fins do Método PAV, isso significa ter consciência de suas opções e de seus impulsos.

Consciência de suas opções

Todas as decisões que tomamos são importantes. Cada decisão é ou um passo em direção aos nossos objetivos ou um passo atrás, para longe deles. O problema é que geralmente não estamos cientes disso. Sem essa consciência, não é possível exercer a autodisciplina.

A maneira mais simples de aumentar essa consciência é criar o hábito de, a cada opção que você tem, atribuir +1 ponto (se ela o aproximar de seu objetivo) ou -1 ponto (se o afastar dele). É possível fazer isso de cabeça, mas, no início, recomendo vigorosamente que de fato mantenha o registro por escrito. Você pode usar um pequeno caderno que carregue sempre consigo, uma planilha, um aplicativo de anotações — aquilo com que estiver confortável.

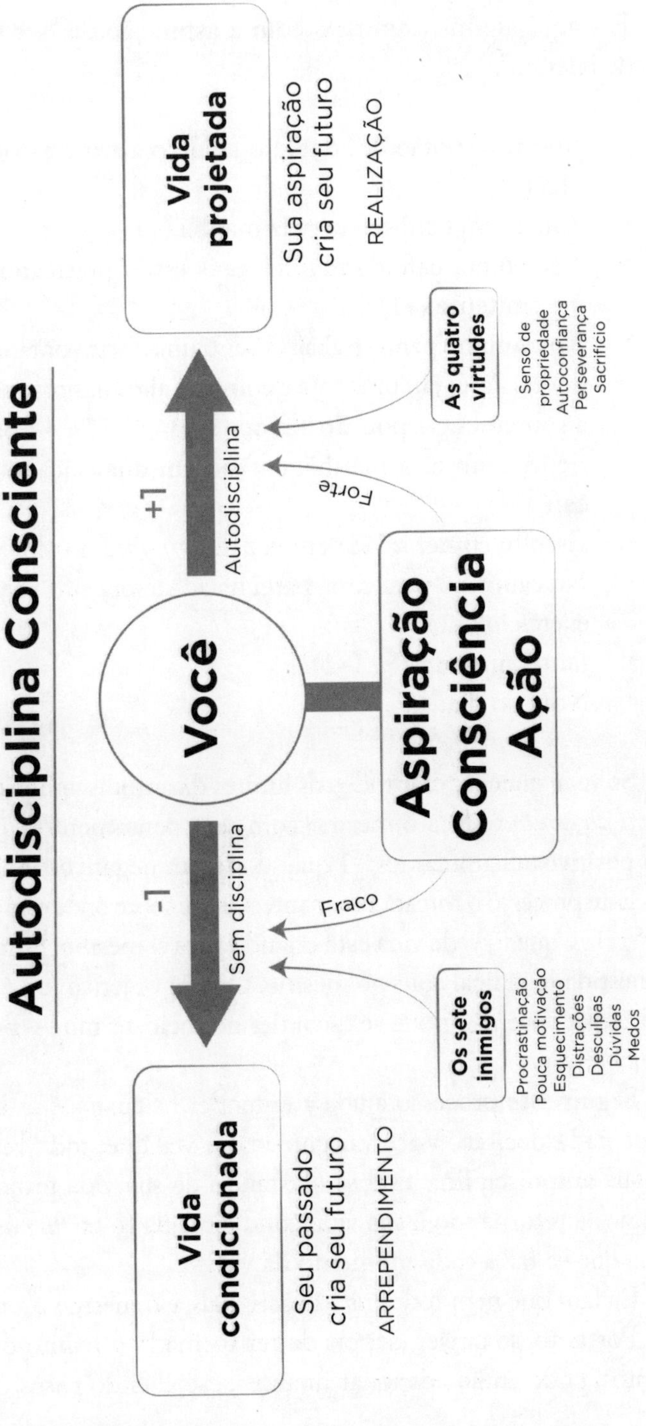
Autodisciplina Consciente
Vida projetada
Sua aspiração cria seu futuro
REALIZAÇÃO
+1
Autodisciplina
Forte
As quatro virtudes
Senso de propriedade
Autoconfiança
Perseverança
Sacrifício
Você
Aspiração
Consciência
Ação
-1
Sem disciplina
Fraco
Os sete inimigos
Procrastinação
Pouca motivação
Esquecimento
Distrações
Desculpas
Dúvidas
Medos
Vida condicionada
Seu passado cria seu futuro
ARREPENDIMENTO

Eis aqui alguns exemplos com a aspiração de "ser saudável e cheio de energia":

- Apertei o botão de soneca quando o alarme tocou esta manhã (-1)
- Tomei um banho frio pela manhã (+1)
- Não tomei café da manhã, pois estou praticando o jejum intermitente (+1)
- No caminho para o trabalho, senti uma forte vontade de comer doces. Parei em uma loja e comprei algumas rosquinhas para a sobremesa depois do almoço (-1)
- Senti sono esta manhã, então bebi duas xícaras extras de café (-1)
- Escolhi comer salada em vez de *fast-food* no almoço (+1)
- No caminho para casa, parei na academia e fiz meia hora de exercício (+1)
- Jantei um *smoothie* (+1)
- Nota do dia: +2

Se você quer superar todos os limites da autodisciplina e se tornar um *Jedi da vontade*, faça o mesmo com seus pensamentos: +1 quando forem positivos/estimulantes, -1 quando forem negativos/limitantes.

Este processo o forçará a se manter ciente sobre onde está colocando sua energia e que tipo de vida está criando para si mesmo. É uma prática de honestidade radical consigo mesmo. O fator objetivo (ou é +1 ou -1) significa que você não pode se esconder no meio-termo — porque não há meio-termo.

Seguir esse processo ajuda a entender os custos e os benefícios reais de cada decisão. Você vai começar a ver que, toda vez que diz *não* à sua autodisciplina, está se afastando de sua vida projetada (sua aspiração) e retornando à sua vida condicionada (o *status quo*). É uma escolha que se faz a cada momento da vida.

É claro que nem todos os +1 são iguais, e o mesmo acontece com os -1. Portanto, se quiser, depois de ter formado o hábito de atribuir os pontos, pode então adicionar nuances, escolhendo pesos diferentes, dependendo do impacto positivo ou negativo do comportamento. Isso não é realmente necessário e pode acrescentar complexidade ao sistema, retardando o processo — mas algumas pessoas preferem essa abordagem mais matizada.

O caminho da Autodisciplina Consciente é simples: certifique-se de que seu balanço seja sempre positivo no fim do dia. Quando isso acontece, você vai dormir satisfeito com seu dia e se sente orgulhoso de si mesmo. Quando não acontece, você procura a lição (sem vergonha nem culpa) e se compromete a fazer melhor no dia seguinte. Só isso. Com o tempo, o efeito cumulativo desta pequena prática será enorme.

Não é realista esperar que você seja capaz de seguir este processo a cada decisão. Tomamos milhares delas todos os dias, e não há tempo suficiente para fazer uma pausa para cada uma. Você só precisa seguir este processo com relação a cerca de uma dúzia de suas decisões-chave todos os dias. Quanto mais praticar o P de PAV (*pausa*), mais será capaz de aplicar esta técnica ao longo de seus dias e acumular os pontos necessários para impulsioná-lo em direção ao seu objetivo.

No fim do dia, some seus pontos e revise-os. Veja o que você pode aprender. Essa revisão noturna é parte da terceira prática de conscientização, a *reflexão* (veja o Capítulo 16). Ela fará com que você tome consciência de cada vez que der um passo em direção ao seu objetivo e cada vez que estiver dando um passo para trás. Não conheço meios melhores para conquistar a autoconsciência.

Consciência de seus impulsos

O conhecimento de suas opções ajuda a identificar a melhor decisão possível. No entanto, saber qual é a melhor escolha é muito diferente de realmente *fazer* a melhor escolha — daí a necessidade de autodisciplina. Uma vez que esteja ciente de suas opções, é hora de olhar para dentro de si e examinar as forças psicológicas envolvidas.

Para ser capaz de tomar a melhor decisão, você precisa desenvolver a consciência do que está acontecendo dentro de você no momento. Precisa estar ciente dos momentos em que está se sentindo desmotivado, ou de quando tem vontade de desistir, ou de quando começa a racionalizar e a dar desculpas. Isso é feito honrando as três qualidades da consciência: com honestidade radical consigo mesmo (clareza), sem ter vergonha (neutralidade) e sem repressão (aceitação).

Eis aqui as quatro questões centrais que o ajudam a desenvolver a consciência do que está acontecendo com você:

1. Que *histórias* estou contando a mim mesmo?
2. Que *emoções* estão presentes?
3. Que *impulsos* estou sentindo?
4. Quais são os meus *ganhos secundários* com isso? (Veja o Capítulo 11.)

Qual é o próximo passo?

Às vezes, o simples ato de pausar e tomar consciência de seus impulsos é suficiente para regulá-los. Isso funciona porque cria uma sensação de distanciamento entre você e suas emoções, e o ajuda a se afastar do sistema quente (cérebro reptiliano) e se aproximar do sistema frio (córtex pré-frontal). Tomar uma decisão que promova sua aspiração se torna muito mais fácil.

Muitas vezes, porém, praticar a pausa e a consciência não é suficiente. Isso acontece quando você percebe que a situação de seu estado interno o impulsionará a se afastar de seu objetivo. A fim de evitar que isso aconteça, você precisa alterar seu estado interno — e isso inevitavelmente envolve o exercício de sua intenção, de sua força de vontade. É disso que se trata o terceiro passo do Método PAV.

PASSO 3 DO PAV: (FORÇA DE) VONTADE

Você fez uma pausa. Viu claramente o que está acontecendo com você — suas opções e seus impulsos. E agora talvez precise fazer algo a respeito. Talvez precise usar a vontade para mudar seu estado emocional. No Capítulo 4, definimos a força de vontade como "a capacidade de controlar sua atenção, emoções e ações, apesar da presença de estímulos concorrentes" e "a capacidade de retardar a gratificação, anular pensamentos e sentimentos indesejados e alterar seu estado interno".

Consciência é ver. Força de vontade é fazer

Se compararmos o Método PAV com a travessia de um cruzamento movimentado, então:

- A *pausa* é parar seu carro no cruzamento.
- A *consciência* é olhar ao redor e ver se é seguro prosseguir.
- A *força de vontade* é decidir o que fazer a seguir, e fazê-lo.

O último passo do PAV é mudar seu estado de espírito usando uma das três técnicas explicadas nos capítulos seguintes. É bom aprender todas elas, mas você não precisa necessariamente praticar todas. Pode descobrir que uma delas funciona melhor para você, ou que talvez precise usar diferentes técnicas para diferentes desafios de autodisciplina.

Nos próximos capítulos deste livro, você aprenderá variações do Método PAV especificamente voltadas para superar desculpas, distrações, procrastinações e dúvidas. A abordagem é sempre a mesma: começamos com a *pausa* e a *consciência*. É apenas o terceiro passo, a *força de vontade*, que varia de acordo com os desafios enfrentados. O Método PAV é uma técnica extremamente versátil, e qualquer abordagem que utilize para mudar seu estado de espírito permanece fiel ao passo da força de vontade.

PONTOS-CHAVE

- O Método PAV é o fio condutor de todos os exercícios do pilar Consciência. É como vai integrar a consciência em sua vida diária, trabalhar seu autocontrole e sua força de vontade, e permanecer fiel à sua aspiração. Ele está no cerne da Autodisciplina Consciente.
- **Pausa** é desacelerar para poder fazer escolhas melhores e viver mais atento; pratique a Regra das Três Respirações e as micromeditações.
- **Consciência** é se tornar consciente de que toda decisão é importante, significando mais um ponto ou menos um ponto em relação a seus objetivos. Tome consciência de seus impulsos

— as histórias, as emoções e as vontades que se manifestam no momento presente — usando as perguntas deste capítulo.

- **Vontade** é mudar intencionalmente seu estado de espírito para que possa escolher o que está mais de acordo com suas aspirações. Nos próximos capítulos, vamos discutir três técnicas para empregar sua força de vontade.

CAPÍTULO 18

TÉCNICA 1: MUDE SEU FOCO

IMAGINE QUE ESTÁ NA HORA DE IR CORRER E, EM VEZ DISSO, você sente uma forte vontade de ficar em casa, pegar um pote de sorvete e assistir à sua série favorita. Então parte de você se lembra: "Não! Eu deveria usar o Método PAV para isso...". Eis como poderia ser:

- **P**: Você faz uma pausa e respira fundo. A vontade de Netflix e sorvete diminui um pouco, mas ainda está lá.
- **A**: Você se torna consciente de suas opções: sorvete e Netflix são claramente -1, enquanto sair para correr é claramente +1. Então você se torna consciente das histórias, emoções e impulsos que estão se desenrolando no momento. Você vê exatamente qual é o problema, mas a tentação continua.
- **V**: Agora você precisa mudar seu estado de espírito a fim de tomar a decisão correta e permanecer no rumo de sua aspiração. Você faz isso "tomando distância" e se centrando outra vez em sua aspiração e em seu eu futuro. Dessa forma, afasta-se de seus anseios imediatos e enxerga o panorama geral.

Quanto mais você desenvolver a perspectiva correta do que realmente está acontecendo, menos forçosa será sua abordagem para se colocar de novo nos trilhos. Ao se centrar em seus valores e objetivos de longo prazo, o exercício da força de vontade para vencer o conflito de autocontrole enfrentado se torna mais fácil. A tentação diminui e suas aspirações podem então impulsionar sua decisão. É disso que se trata esta primeira técnica de força de vontade.

Mudar seu foco envolve três passos fundamentais: *distanciar-se* para obter uma nova perspectiva, *lembrar-se de sua aspiração* para se realinhar com seus valores e *ser gentil com seu eu futuro* para que os benefícios de permanecer no caminho de seus objetivos se tornem mais reais para você. Vamos nos aprofundar em cada um deles agora, começando com o primeiro.

PASSO 1: DISTANCIAR-SE

Deixar de correr e escolher o combo Netflix/sorvete pode parecer muito tentador porque você não está vendo as consequências a longo prazo dessa decisão. Está considerando-a isoladamente: o esforço de correr em comparação ao prazer de comer sorvete e assistir à tevê. Para mudar isso, lembre-se da pontuação da decisão que você se sente tentado a tomar (+1 ou -1) e pergunte-se: *quais são os custos de fazer desta decisão um hábito?*

Saiba que, a cada vez que escolhe procrastinar, está treinando seu cérebro para ser um bom procrastinador. Cada vez que escolhe abrir uma exceção à sua regra, está tornando mais fácil para você abrir essa exceção novamente. Toda vez que diz *sim* a uma tentação, está tornando-a mais viciante. Ao não cumprir seus objetivos hoje, está se treinando a não os cumprir amanhã.

Na contramão disso, a cada vez que diz *sim* à sua aspiração, está fortalecendo-a. Cada vez que vai correr, está tornando mais fácil correr novamente. Cada vez que escolhe manter seus compromissos, está diminuindo a chance de não os cumprir no futuro. Cada vez que dá um passo adiante, você aumenta seu impulso; cada vez que se detém, você o retarda. Pequenas decisões se acumulam com o tempo e o impulsionarão para frente (+1) ou o deixarão para trás (-1).

O problema é que muitas vezes não vemos isso com clareza durante o momento. Vivemos com a impressão de que nossas pequenas escolhas diárias não têm consequências a longo prazo, porque as vemos isoladamente. Claro, comer sorvete e não ir correr *um dia* tem basicamente zero impacto na saúde a longo prazo — mas *não* é isso que acontece. O que realmente está em jogo é: você está se treinando para se manter no caminho certo ou está se treinando para abrir exceções e se desviar de seu objetivo? Que hábito você está reforçando neste momento?

Esta técnica de tomar distância e, assim, deslocar sua perspectiva é uma expressão do que os estudiosos chamam de *agrupamento amplo*. Tomar decisões pensando em uma escolha isoladamente e considerando apenas suas próprias consequências é conhecido como *agrupamento estreito*. Se, em vez disso, tomarmos distância, virmos essa decisão como uma instância de muitas decisões idênticas ao longo do tempo e considerarmos os custos e os benefícios dessa série de decisões como um todo, estamos realizando um *agrupamento amplo*. Se você se preocupa com o seu futuro, a inclusão de um agrupamento amplo é uma estratégia sábia.

Você tem que lembrar: não se trata do sorvete. Não se trata de não ir correr "só hoje".

Trata-se de escolher em qual versão de seu futuro está apostando. É uma decisão sobre sua vida, suas aspirações, a pessoa que quer ser. Vai sacrificar esses ideais por um prazer efêmero?

A maneira correta de ver essa decisão não é: "Prefiro a dor de correr ou o prazer de ver televisão?". É: "Prefiro a dor da saúde precária e carregar todo esse peso extra ou o prazer de me sentir em forma, saudável e com altos níveis de energia? Vale a pena sacrificar isso por alguns minutos de entretenimento sem sentido?".

Enquanto a decisão ruim não dá frutos, o tolo acha que ela é como mel; mas, quando ela amadurece, o tolo sofre.
BUDA (DARMAPADA, V. 89)

O que lhe faz bem no início e mal no fim faz mal. O que lhe faz mal no início e bem no fim faz bem. Lembre-se disso e terá orgulho de suas decisões, em vez de se arrepender delas.

Quando não estamos conscientes do que realmente está acontecendo — dos valores que estão em jogo em cada decisão —, muitas vezes nem percebemos que estamos diante de um conflito de autocontrole. Dessa forma, apenas nos entregamos desapercebidamente. Para evitar esse problema, precisamos nos distanciar e ganhar outra perspectiva. Precisamos ver os efeitos a longo prazo da decisão que estamos prestes a fazer e perguntar a nós mesmos: "Estou feliz em fazer disso um hábito?".

Quando for difícil pensar assim, você também pode imaginar que está observando uma amiga passando por essa situação de conflito de autocontrole. Você consegue descrever o que ela está fazendo, os desafios que está enfrentando e os verdadeiros valores em questão? Consegue ajudá-la a tomar uma decisão da qual não se arrependerá? Isso o ajuda a suspender temporariamente o próprio ponto de vista e a pensar de uma nova maneira. Então pode aplicar o mesmo pensamento a si próprio de forma mais imparcial.

Resumindo: distancie-se das tentações momentâneas, para que possa pensar a longo prazo. Será, então, muito mais fácil usar sua força de vontade para dar um passo na direção certa.

PASSO 2: LEMBRAR-SE DE SUA ASPIRAÇÃO

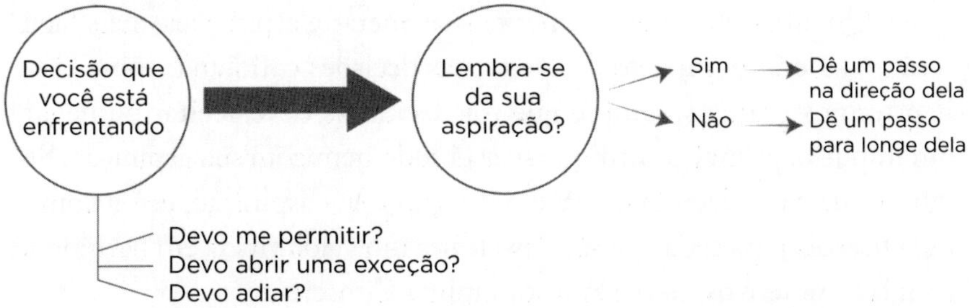

O primeiro passo da técnica Mude seu Foco, *distanciar-se*, torna-o mais consciente dos valores envolvidos. O segundo passo é destacar os valores que você quer que ganhem o conflito de autocontrole. Isso se faz reconectando-se emocionalmente com sua aspiração e fortalecendo-a.

Pense em seus objetivos e aspirações, depois pergunte a si mesmo:

- *Por que minhas metas são importantes para mim?* Reveja o exercício do Capítulo 8.
- *Como me sentirei quando realizar minha aspiração?* Reserve um minuto para se conectar emocionalmente com os benefícios de alcançar suas metas; entusiasme-se mais uma vez com sua visão.
- *Como me sentirei se eu adiar minha meta — ou talvez até mesmo desistir dela — por causa do prazer temporário diante de mim?* Sinta a dor que isso causaria e como você prefere não senti-la.

Você pode até mesmo exagerar sua percepção da dor e dos benefícios, se necessário, de modo que a decisão se torne muito óbvia. Isso o ajudará a sentir-se mais confiante em relação aos valores em conflito. Por exemplo, se o que quer fazer é ganhar tempo para trabalhar em um projeto paralelo, você pode dizer a si mesmo que, se não o fizer, acabará se arrependendo no futuro e se sentindo infeliz; e que, se o fizer, será a pessoa mais feliz do mundo, sentindo-se orgulhoso e realizado. Ao fazer qualquer escolha, quanto mais clara a distinção estiver em sua mente, menos força de vontade e autocontrole você precisará exercer. Estar ciente de seus valores e das renúncias de cada escolha facilita a opção por suas aspirações em vez de pela gratificação instantânea.

Quanto mais tiver em mente suas metas e aspirações, mais fácil será considerar o impacto das pequenas decisões cotidianas sobre elas. Em termos práticos, sempre que for decidir se deve aceitar ou negar um impulso, primeiro verifique se está tudo bem com sua aspiração. Se quiser que cada decisão o leve em direção a sua aspiração, use-a como uma bússola para cada decisão. Isso leva a uma vida vivida em harmonia com seus objetivos. Isso é Autodisciplina Consciente.

Mas só funciona, é claro, se você realmente se lembrar de sua aspiração nos momentos de "tentação". Daí a importância da pausa e da conscientização — os dois primeiros elementos do Método PAV. Se você tem objetivos fortes e claros e está treinando sua consciência regularmente, então será capaz de manter sua aspiração em mente e usá-la como uma bússola para cada decisão.

Ter objetivos claros
\+
Pausar e se distanciar
\+
Lembrar-se de sua aspiração

Usar sua aspiração como uma bússola para decisões diárias

Sua vida será vivida em harmonia com seus objetivos

Ao final desta segunda etapa, talvez já tenha resolvido o conflito de autocontrole enfrentado em favor de seus objetivos mais elevados. Se não, é provável que seja porque não se importa o suficiente com as consequências de longo prazo de suas ações — há uma sensação de apatia ou indiferença em relação ao seu eu futuro. Se for esse o caso, prossiga para o Passo 3 desta técnica.

PASSO 3: SER GENTIL COM O SEU EU FUTURO

Pergunte-se: "O que esta decisão fará com o meu eu futuro? Quem me tornarei se eu disser sim a esta tentação?".

O principal desafio da técnica Mude seu Foco é que o nosso eu presente parece muito mais real do que o nosso eu futuro. Imagens feitas do cérebro mostram que, para a maioria das pessoas, pensar em sua "versão futura" é quase como pensar em outra pessoa. Não se parece "consigo". Quando imaginamos uma experiência futura, as áreas do cérebro associadas ao pensamento sobre o "eu" não são ativadas.

Há vários estudos que indicam os efeitos dessa curiosa dissociação e a tendência que temos de sobrecarregar o eu do futuro.

- Pesquisadores de Yale demonstraram que, quando as pessoas tinham a escolha entre um alimento saudável e um grande *cookie*, 57% escolheram o *cookie*; quando lhes foi dito que teriam as mesmas opções na semana seguinte, esse número passou para 83% — a maioria racionalizou que escolheria a opção mais saudável "da próxima vez".
- Pesquisadores da Universidade de Wisconsin e da Universidade Duke notaram, em um estudo sobre aparelhos de exercício, que as pessoas tendem a superestimar a quantidade de exercício que fariam em um mês. Quando pediram especificamente que os participantes fizessem estimativas "realistas", as previsões foram ainda mais superestimadas.
- Em outro estudo, perguntaram aos participantes por quanto tempo eles gostariam de se voluntariar para uma determinada boa causa. Em média, os estudantes estavam dispostos a doarem 85 minutos de seu eu futuro, mas apenas 27 minutos de seu eu presente.

Se o seu eu futuro lhe parecer um estranho, é claro que você optará pela procrastinação e pela gratificação instantânea — não vai nem registrar que há um conflito de autocontrole acontecendo. Por que abriria mão do conforto agora mesmo e empreenderia uma longa e árdua jornada para beneficiar um estranho em um futuro incerto?

Você não faria isso. Pelo contrário, decidirá com base no que é confortável agora, mesmo que isso possa prejudicá-lo no futuro. Isso se chama *taxa de desconto pessoal*, quanto está disposto a trocar seu bem-estar futuro por seu bem-estar atual — quanto mais alta for essa taxa, mais inclinado está à gratificação instantânea.

Com uma alta taxa de desconto pessoal, você se engana com frequência, e toma decisões sem foco. Esta é uma das principais razões pelas quais a autodisciplina pode parecer tão difícil; e o arrependimento, tão banal.

- Você cede a uma tentação hoje porque acredita que amanhã se controlará.
- Você gasta demais hoje porque acredita que, no futuro, vai economizar mais e gastar menos.
- Você se distrai hoje pensando que, no futuro, as distrações serão menores.
- Você adia um trabalho importante hoje porque acredita que seu eu futuro estará mais preparado para fazê-lo e terá mais força de vontade para seguir adiante.
- Você não age sobre sua aspiração hoje porque pensa que, no futuro, terá mais tempo, mais dinheiro, mais determinação e mais foco para seguir em frente.
- Você pensa que o amanhã será diferente e acredita que, de alguma forma, você vai se transformar e começar a tomar decisões melhores.

A cada decisão dessa, você sobrecarrega o seu eu futuro. Torna a vida mais difícil para si mesmo, e o efeito dessas pequenas decisões se acumula ao longo do tempo. Chamo isso de *dívida de autodisciplina*. Ou você paga essa dívida com juros (a mudança será mais difícil no futuro), ou vai à falência (viver com arrependimento e sem se sentir realizado).

Se continuar tomando decisões que trarão problemas a seu eu futuro, o que acha que ele sentirá a seu respeito? Decepção. Vergonha. Ressentimento. Aversão.

A maneira de reverter isso e prevenir futuras dívidas de autodisciplina é criar uma forte conexão com seu eu futuro, para que ele se pareça "consigo". Há algumas maneiras diferentes de realizar essa mudança.

Abstrato

Exercícios do eu futuro

- Autorreflexão
- Cartas para si
- Visualização
- Softwares de envelhecimento

Concreto

Autorreflexão: A primeira maneira é refletir repetidamente sobre o fato de que seu eu futuro é *você mesmo*, e que hoje você é o eu futuro do dia anterior. Pense que sua identidade central, suas preferências e seus gostos provavelmente permanecerão os mesmos. Veja que as alegrias e tristezas de amanhã serão tão reais como as que você experimenta hoje. Reflita sobre o fato de que tomar uma decisão que lhe traz conforto agora, mas desafios depois, é como cuspir contra o vento — você acabará sofrendo as consequências.

Cartas para si: É outra maneira de se comunicar com seu eu futuro. A dra. Kelly McGonigal, autora de *Os desafios à força de vontade*, sugere que você escreva um e-mail para seu eu futuro, contando-lhe o que está fazendo hoje para atingir seus objetivos de longo prazo.

Visualização: Você também pode visualizar sua experiência futura em grandes detalhes. Entre em um estado meditativo, relaxado e calmo, depois imagine duas versões de sua vida futura: ter alcançado seu objetivo (vida projetada) e não o ter alcançado (vida condicionada). Experimente cada uma dessas versões de maneira detalhada, e em primeira pessoa. Sinta as dores da vida condicionada e as alegrias da vida projetada; veja como sua vida é e como você se sente com isso. Torne-a o mais real possível.

Softwares de envelhecimento: Por fim, você pode olhar para uma provável versão de seu eu futuro. Pesquisadores provaram que o uso de softwares de envelhecimento também podem ajudar na visualização do eu futuro e criar um senso de continuidade mais forte. Assim, você pode usar certos aplicativos para visualizar o seu "eu" envelhecido. Depois, olhe para o seu eu futuro e se pergunte: "Qual decisão fará minha versão mais velha mais feliz? Que conselho ela me daria neste momento?".

Se você ainda tem dificuldade de se conectar com seu eu futuro, pode ensinar a seu cérebro os benefícios da ação que quer tomar, atribuindo uma recompensa externa ao comportamento desejado. (Isso é abordado com mais detalhes no Capítulo 27.)

Como você viveria se soubesse que todas as suas ações estão sendo constantemente observadas por seu "eu" futuro? Convém passar algum tempo respondendo a essa pergunta — porque cada "eu" futuro o observa.

Não há como se esconder de sua consciência. Ela vai assombrá-lo.

Nem no céu, nem no meio do oceano, nem nas profundezas das montanhas — neste momento, em nenhum lugar do mundo, há um lugar onde se possa escapar dos resultados das más decisões.

Buda (*Darmapada*, v. 127)

Se seu eu futuro não lhe parecer real, será quase impossível fazer com que a técnica Mude seu Foco funcione. Se este for o seu caso, você precisará estabelecer uma conexão mais forte com seu "eu" futuro, usando o que achar mais adequado dos quatro métodos mencionados nesta seção.

Se tiver dificuldades para se conectar com seu eu futuro, seria uma ótima ideia fazer estes exercícios diariamente por algum tempo — talvez logo após a meditação matinal ou depois de escrever no diário à noite. Assim, quando houver um conflito de autocontrole em sua vida, você será capaz de pensar *primeiro* no seu eu futuro e priorizar sua felicidade em vez da tentação diante de você.

Viva com a consciência de que cada decisão importa; de que cada decisão está formando seu eu futuro e sua vida futura. Conecte seu presente ao seu futuro e terá um presente do qual poderá se orgulhar e um futuro do qual poderá realmente desfrutar.

O RESULTADO: CHEGA DE CONFLITOS

A técnica Mude seu Foco fornece três maneiras diferentes de mudar sua percepção sobre os valores em jogo. Como vimos, o verdadeiro conflito de valores em nosso exemplo é não correr *versus* ver tevê. É sobre "ser saudável e ter energia, ficar em boa forma, alcançar meus objetivos e me tornar a pessoa que quero ser" *versus* "adiar todas essas coisas boas em troca de um prazer fugaz que logo será esquecido e não contribui realmente para nada".

Percebe a diferença?

No primeiro caso, há um conflito interno, e é preciso tomar uma decisão difícil: correr *versus* ver tevê. No segundo, os valores estão tão distantes um do outro que a decisão se torna natural. Simplesmente não há comparação, por isso é uma decisão óbvia: você escolherá a opção que beneficia seu objetivo.

A cada passo desta técnica, sua aspiração se fortalece, e suas tentações enfraquecem. Seu foco muda do curto prazo para o longo prazo.

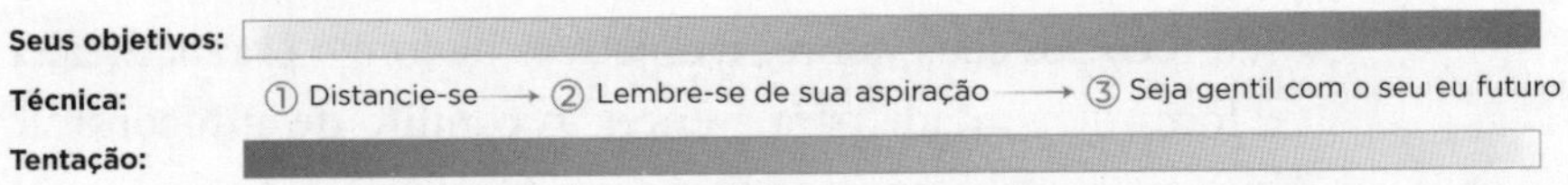

O resultado de seguir essa técnica é aumentar a distância entre os dois valores e ultrapassar o conflito de autocontrole. Nesse novo estado, é muito mais fácil aplicar sua força de vontade para fazer o que precisa ser feito — agora você não está mais preso em uma batalha difícil. É por isso que é essencial ter valores e aspirações claros, passando pelos exercícios do pilar Aspiração.

> **Exercício:** pense nas últimas três ocasiões em que não cumpriu uma de suas resoluções ou hábitos positivos para cada um dos objetivos com os quais quer se tornar mais disciplinado. Como você poderia ter *mudado seu foco* naquele momento? Escreva como se convenceria mentalmente a fazer essa mudança. Comprometa-se a tentar isso na próxima vez.

A Autodisciplina Consciente não tem a ver com se punir quando você sair dos trilhos e se recompensar quando permanecer neles. Trata-se de *ganhar consciência* das consequências naturais de sair dos trilhos e dos benefícios de permanecer neles. Quanto mais estiver ciente disso, menos contundente vai precisar ser consigo mesmo.

Cada decisão é muito mais importante do que parece no momento. Torne-se consciente dos custos e dos benefícios reais delas, tomando distância, lembrando-se de suas aspirações e conectando-se com o seu eu futuro. Depois de estabelecer esse hábito, cada dia de sua vida será um passo em direção a seus objetivos; sem ele, cada dia pode ser um passo rumo ao arrependimento.

PONTOS-CHAVE

- Quanto mais você desenvolver a perspectiva certa sobre o conflito de valores reais em questão, menos vigorosa sua abordagem precisa ser para voltar ao trilhos. Ao direcionar seu foco aos seus valores e objetivos de longo prazo, exercer a força de vontade para "vencer" o conflito de autocontrole que está enfrentando se torna mais fácil.
- **Passo 1:** Distancie-se ao ver as consequências de fazer de sua decisão um hábito.
- **Passo 2:** Lembre-se de sua aspiração e conecte-se de novo emocionalmente a ela, para fortalecer sua relevância na tomada de decisão.
- **Passo 3:** Conecte-se a seu eu futuro para se preocupar mais com seus objetivos de longo prazo, utilizando técnicas como visualização, cartas para si mesmo, autorreflexão ou softwares de envelhecimento.

CAPÍTULO 19

TÉCNICA 2: MUDE SUA PERCEPÇÃO

A autodisciplina começa com o domínio do pensamento. Se não controlar seus pensamentos, não conseguirá controlar suas necessidades. A autodisciplina exige um equilíbrio das emoções de seu coração com a faculdade de raciocínio de sua mente.
NAPOLEON HILL

Autocontrole é força.
Pensamento correto é domínio.
Calma é poder.
JAMES ALLEN

SE A TÉCNICA 1 TEM A VER COM MUDAR O FOCO SOBRE como você pensa na tentação, a técnica 2 diz respeito a mudar o que você sente em relação a ela. Essa técnica faz uso de um princípio empregado por estoicos e monges há séculos, conhecido como *reavaliação cognitiva* pela psicologia moderna. A reavaliação cognitiva é usada com mais frequência para reduzir o estresse e a ansiedade, mas também pode ser utilizada para ajudá-lo a ser mais disciplinado com seus objetivos. Em termos simples, é a sua capacidade de mudar seus sentimentos em relação a determinada coisa ou atividade, escolhendo deliberadamente vê-la de outra forma e atribuindo-lhe um novo significado.

O raciocínio por trás dessa técnica é muito simples: quando consideramos algo atraente, nós o desejamos; quando consideramos algo repulsivo, não queremos ter nada a ver com ele. O que torna as coisas atraentes ou repulsivas é um fator subjetivo — depende de como olhamos para elas, a que prestamos atenção e das histórias que contamos a nós mesmos.

Com a meditação, aprendemos que nossos pensamentos não são uma realidade, mas que eles criam a nossa realidade — ou, no mínimo, *lhe conferem cor*. Isso significa que temos a capacidade de mudar a maneira como nos sentimos em relação às coisas mudando a maneira como as percebemos. Podemos transformar prazer em dor ou dor em prazer, escolhendo para onde vai nossa atenção.

A direção de seus pensamentos e sua atenção vai determinar como se sente em relação a determinada tentação, experiência ou tarefa. As técnicas de reavaliação cognitiva são tão eficazes quanto sua capacidade de visualização e de transformar pensamentos em realidade concentrando-se neles. Com a prática diária da meditação, essas faculdades mentais são intensificadas, e a aplicação destes métodos se torna mais fácil.

REAVALIAÇÃO NEGATIVA

Suponha que tenha decidido parar de beber refrigerante. Você foi bem por uma semana, mas saiu com amigos e agora todos estão tomando um. Os impulsos voltam de repente, e você começa a pensar: "Certamente, beber só uma vez não fará mal nenhum". A memória das sensações agradáveis de beber refrigerante é reavivada em seu cérebro, sua boca começa a salivar, e você sente que, desta vez, abrirá uma exceção para poder se sentir "mais conectado com o grupo".

Está na hora de aplicar o Método PAV!

Você faz uma pausa e respira fundo algumas vezes. Percebe os impulsos, histórias e sentimentos relacionados a tomar refrigerante e se torna consciente de que ceder significa subtrair um ponto em relação a seus objetivos. Então, decide mudar seu estado de espírito mudando o que sente em relação à tentação, e para isso utiliza a reavaliação cognitiva.

(Atenção: pule o próximo parágrafo se estiver fazendo uma refeição neste exato momento.)

Para fazer isso, você começa a desenvolver um sentimento de repugnância em relação ao refrigerante. Pensa em como faz mal ao seu corpo. Você se lembra da sensação de seu estômago inchado pelo gás. Associa aquele líquido preto a água suja ou esgoto. Imagina que ele terá um sabor extremamente amargo e lhe dará vontade de vomitar. Você diz a si mesmo que bebê-lo é como consumir veneno.

Agora, está prestes a pegar uma lata? Não é mais tão atraente, não é?

Quanto maior for sua imaginação, mais eficaz este método será. Você está contando a si mesmo uma narrativa diferente sobre o objeto tentador e continua acreditando nela até o ponto em que pareça real. Isso reverte o impulso: agora você vai querer se afastar desse objeto em vez de se aproximar dele. (Apenas certifique-se de manter todo este processo para si. Deixe outras pessoas curtirem o refrigerante delas, se quiserem!)

Você pode aumentar a percepção das consequências negativas associadas ao refrigerante relacionando-o à sua aspiração e à sua vida ideal. Por exemplo, pode se perguntar: "Quero ser o tipo de pessoa que não prioriza a saúde e não consegue dizer *não* a um *fast-food*?". Reestruturar o conflito de autocontrole dessa maneira pode ajudá-lo a transformar a mensagem "Eu não posso beber refrigerante" em "Eu não bebo refrigerante" — simplesmente não é mais quem você é. O primeiro ("não posso") parece uma restrição; uma regra que você gostaria de quebrar. O segundo ("não bebo") é uma escolha consciente, baseada em seu eu ideal e em suas aspirações; você está sendo autêntico e fiel a quem você é (veja o Capítulo 14).

Assim, contemplar os defeitos do objeto desejado e concentrar-se nas consequências negativas de entregar-se a ele são duas formas poderosas de praticar a reavaliação negativa.

Uma **terceira forma** de praticar a reavaliação negativa é levar sua mente ao estado de saturação desse prazer. Quando estamos saturados de determinado prazer — seja ele comida, sexo, programas de tevê ou qualquer outra coisa —, perdemos a vontade. Nesse momento, essa atividade não tem mais poder atrativo sobre nós, e não a percebemos como desejável. O feitiço foi quebrado.

O desejo faz um átomo parecer tão grande como uma
montanha antes de ser satisfeito,
e uma montanha parecer tão pequena como um átomo
depois de ser satisfeito.
RAMANA MAHARSHI

Portanto, da próxima vez que sentir um forte impulso, tente isto: imagine que esse impulso já tenha sido saciado. Leve sua mente ao estado que experimenta uma vez que tenha realizado essa atividade ou já esteja saturado dela. Tente recriar em seu corpo as sensações associadas a estar saturado daquela atividade.

Se isso for difícil, permita-se experimentar este prazer estando o mais presente possível, prestando atenção às sensações que ele provoca em seu corpo e sua mente. Em seguida, tire uma "fotografia mental" dessa experiência pós-prazerosa, para que possa lembrar-se dela da próxima vez que sentir o impulso, e use-a para recriar o estado de saturação.

Finalmente, o **quarto método** de reavaliação negativa é associar sensações fisicamente dolorosas à vontade. Algumas pessoas usam um elástico no pulso e o puxam sempre que estão prestes a ter o comportamento indesejável; outras usam dispositivos como a pulseira de Pavlok com a mesma finalidade. Isso é conhecido como terapia de aversão, e funciona; mas este livro é sobre autodisciplina *consciente*, por isso não enfatizaremos este método.

A "reavaliação negativa" pode ser usada para romper hábitos e impedir que você aja de acordo com seus impulsos. Em algumas tradições de conhecimento — como budismo e ioga —, isso é descrito como "contemplar os defeitos dos objetos dos sentidos". Ela é conhecida como uma das formas mais eficazes de superar desejos intensos.

E a ciência a apoia. Estudos mostram uma redução pela metade em anseios por alimentos insalubres após a reavaliação negativa. Outra pesquisa mostrou uma diminuição de 37% na vontade de fumar quando os participantes faziam um exercício de conscientização enquanto fumavam — neste caso, parece que o simples fato de prestar atenção aos "defeitos" naturais da experiência de inalar a fumaça foi suficiente.

Tenha em mente que este método pode ser usado com qualquer coisa (não apenas comida). Nada, nenhuma pessoa ou acontecimento, pode nos afastar de nosso objetivo escolhido a menos que permitamos que isso aconteça. Nada tem o poder de abalar nossas resoluções a menos que permitamos que isso aconteça. Como disse Epiteto: "Os homens não são perturbados pelas coisas, mas pela visão que têm delas".

Reavaliação negativa

- Contemplar os defeitos
- Pensar nas consequências negativas
- Criar um estado de saturação
- Associar sensações dolorosas

REAVALIAÇÃO POSITIVA

A reavaliação negativa é usada para nos impedir de ter um comportamento que não queremos. A reavaliação positiva é usada para nos encorajar a ter um comportamento que queremos ter, mas que não estamos motivados a realizar. Alguns exemplos são:

- comer algo saudável de que não gostamos;
- fazer exercícios físicos cansativos;
- ter uma conversa difícil com nosso parceiro;
- fazer um trabalho chato que temos procrastinado;
- acordar cedo quando temos vontade de continuar dormindo;
- beber água em vez de bebidas açucaradas.

Este método está perfeitamente resumido na citação de Eurípedes, um filósofo estoico: *Não considere doloroso aquilo que lhe faz bem.* E funciona. Estudos mostram que indivíduos que receberam instruções de se concentrarem nas vitaminas e minerais de alimentos saudáveis, e em como esses elementos os tornariam fortes, acabaram comendo mais alimentos saudáveis e menos alimentos insalubres.

Então, como programamos nossa mente a achar determinado esforço ou experiência atraente e deliciosa? É muito simples: realizando o oposto dos métodos de reavaliação negativa. Em outras palavras, podemos:

Reavaliação positiva

- Contemplar as qualidades
- Pensar nas consequências positivas
- Criar um estado de desejo
- Associar sensações agradáveis

Está com muita preguiça de ir correr? Pense em como se sentirá energizado, mais leve e vivo em sua pele depois de alguns minutos de corrida; e como se sentirá bem ao longo de todo o dia como resultado disso. (Método A)

Está procrastinando fazer algumas tarefas chatas no trabalho? Concentre-se nas consequências positivas de realizá-lo; sinta a sensação de realização e alívio de ticar essas tarefas; pense em como isso aumentará a probabilidade de ser promovido. (Método B)

Você se vê resistindo a beber água porque ela não tem sabor e, em vez disso, sempre pega um refrigerante? Imagine que está com muita sede e que somente a água pode matá-la. Pense na sensação de frescor e limpeza de um copo d'água e imagine uma experiência refrescante. (Método C)

Acha difícil acordar e levantar na hora certa? Associe o despertar na hora certa com uma xícara de café reconfortante. Crie uma regra pessoal de que só pode tomar café se acordar na hora certa, com o alarme, sem apertar o botão de soneca. (Método D)

Nos casos em que pode usar tanto a reavaliação negativa quanto a positiva, qual deve escolher? Embora haja pesquisas indicando que a reavaliação positiva pode ser mais eficaz, no fim das contas, você tem que usar o que funciona no seu caso. É você quem decide.

REDUZINDO O ATRITO

Ao longo do caminho para cumprir seus objetivos, você provavelmente terá que fazer muitas coisas de que não gosta naturalmente. Você pode desejar estar em forma ou publicar um livro brilhante, mas não gostar da experiência de se exercitar todos os dias ou da dor de escrever.

Claro, você pode usar a força de vontade para *continuar mesmo assim*. Pode impulsionar tanto o pilar Aspiração até que ele acabe retalhando seu desgosto em pedaços ou implementar o pilar Ação tão bem que você faz o que precisa fazer independentemente de como se sinta. Pode compartilhar o que quer com outras pessoas, associar consequências negativas externas à não manutenção de seus hábitos positivos e recompensas à sua manutenção. Torna-se, então, realmente bom em fazer algo que odeia.

Tudo isso funciona, mas, se o processo não for conduzido pela consciência, ainda assim haverá muito atrito — é como se você se tornasse tão forte que conseguisse correr arrastando uma bola de ferro. Esse não é o caminho da Autodisciplina Consciente. Livre-se primeiro da bola de ferro, remova o atrito, e terá os mesmos resultados consumindo menos força de vontade. Como fazer isso? Usando as ferramentas do pilar Consciência.

A consciência reduz o atrito ajudando-o a transformar aquilo que você odeia (mas tem que fazer) em algo que, no mínimo, consegue aceitar. Faz isso tornando a atividade a que resiste mais desejável, alinhando-a com seus valores mais elevados (Mude seu Foco) ou permitindo que você mude o que sente sobre ela (Mude sua Percepção). A consciência também lhe ensina como superar a aversão e a resistência a certas atividades, para que sofra menos com isso — um conceito que exploraremos no próximo capítulo.

Ao ir atrás de seus objetivos, é muito provável que o caminho seja longo e os resultados, efêmeros. Os resultados são apenas as cenouras que o atraem para ir em frente na vida — o verdadeiro objetivo é o próprio caminho. O verdadeiro objetivo é o crescimento acarretado pela jornada: você se torna alguém mais virtuoso, consciente e capaz. E, se é assim, por que não aprender a aproveitar o trajeto em si? Se conseguir fazer isso, manter sua disciplina dependerá menos de força do que de domínio mental. Essa é uma das maneiras pelas quais a Autodisciplina Consciente se diferencia de outras abordagens.

Desfrutar do caminho ocorre naturalmente se você usar a reavaliação positiva (Mude sua Percepção) e, também, caso se mantenha sempre alinhado com seus valores e aspirações (Mude seu Foco). Esse é o caminho ideal a seguir. É a maneira de conseguir que a sua força de vontade tenha o máximo de impacto.

Quando isso não é possível, fazer a escolha certa pode parecer um sacrifício. Para suportar essa experiência, você precisará aprender a abraçar a dor. Esse é o assunto do próximo capítulo.

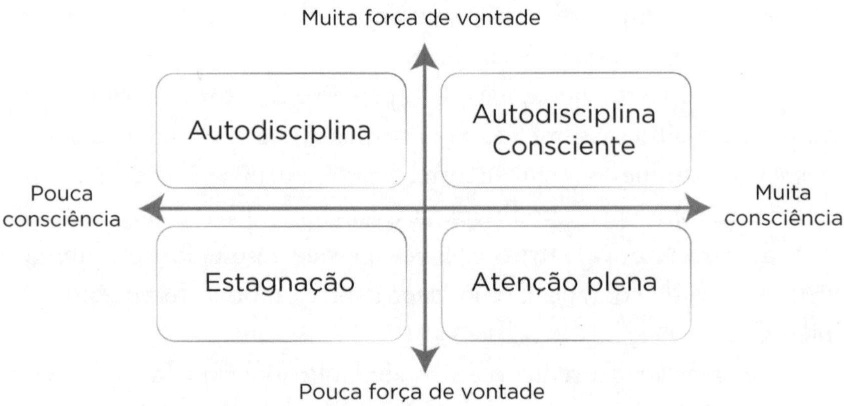

Atenção plena	Observação pura, sem julgamentos. Ver claramente. Deixar as coisas irem e virem.
Autodisciplina	Obrigar-se a fazer o que tem que ser feito. Sofrer noventa e nove dias; aproveitar o resultado no centésimo.
Autodisciplina Consciente	Aspiração. Consciência. Ação. Aprender a aproveitar os noventa e nove dias de esforço; o resultado é só um bônus.

PONTOS-CHAVE

- Mude a maneira como se sente em relação às coisas através das narrativas internas e da direção da sua atenção. Essa é uma técnica usada por monges e estoicos, chamada pela psicologia de *reavaliação cognitiva*.
- Reavaliação negativa: desenvolva sentimentos de repugnância em relação ao objeto que causa a tentação, contemplando seus defeitos, concentrando-se nas consequências negativas de se render ao prazer, criando um estado de saturação ou associando sensações físicas dolorosas a ele.
- Reavaliação positiva: crie sentimentos de atração em relação ao que você precisa fazer, contemplando suas qualidades, concentrando-se nas consequências positivas da atitude, criando um estado de desejo ou associando-lhe sensações físicas agradáveis.
- Quanto melhor sua capacidade de visualizar, imaginar e acreditar em seus pensamentos, mais eficaz será esta técnica. Essas habilidades podem ser desenvolvidas com a meditação.
- Aprenda a desfrutar do caminho e dos esforços necessários para alcançar seus objetivos, para que possa avançar com menos atrito. Essa é a abordagem da Autodisciplina Consciente.

CAPÍTULO 20

TÉCNICA 3: ABRACE SUA DOR

ÀS VEZES, A AUTODISCIPLINA PODE PARECER UM TRAbalho emocional árduo. Um requisito do caminho para um ideal superior é abandonar certas coisas de que gosta e aceitar algum tipo de desconforto físico ou emocional. Esteja preparado para isso. Sempre será necessário fazer algum sacrifício e, como vimos no Capítulo 13, paradoxalmente, isso leva a uma vida *mais* confortável.

O problema é que temos um profundo desejo de conforto. Gostamos de evitar o desconforto sempre que possível, porque o desconforto é uma forma de dor — e nosso cérebro reptiliano é programado para evitar a dor a todo custo. Ao fazer isso, porém, nos protegemos não apenas da dor, mas também da vida. Paramos de crescer. **Não há crescimento sem desconforto.**

- Se você odeia o desconforto, você odeia o crescimento. Seu potencial permanecerá inexplorado.
- Se você quer crescer, suspenda o desejo de conforto (ou, pelo menos, limite-o).

Os músculos se desenvolvem apenas com esforço, suor e dor. Você só vai escrever um grande livro espremendo sua mente e deixando sua alma em cada frase. Você só vai desenvolver força interior ao passar pelo sofrimento de bom grado.

Charles Duhigg, autor do clássico *O poder do hábito*, explica como os comportamentos habituais não estão ligados à parte da tomada de decisões conscientes do cérebro, mas a outras áreas. Isso significa que, quando algo se torna um hábito, você não está mais tomando decisões conscientes sobre ele; ele se torna natural, uma parte de quem você é. Assim, é de esperar que mudar de hábitos pareça difícil — talvez até mesmo errado. Vai parecer que você está indo contra sua natureza. Seu cérebro quer economizar energia, e faz isso confiando nos padrões de comportamento existentes. Mudar de comportamento, por outro lado, exige esforço, e pode parecer que você está nadando contra a corrente.

Essa é a natureza da mente humana e o desafio da autodisciplina. Então, quais são suas opções? Você pode desistir de tudo e permanecer como está ou pode aceitar o desconforto e mudar. Depois de algum tempo, o novo comportamento se tornará o novo habitual, e a inércia então funcionará a seu favor; até lá, porém, você precisará enfrentar o desconforto. Isso não é opcional.

Conte com o desconforto

Uma vez que tenha se comprometido com seu objetivo, é melhor não pressupor que *terá vontade* de fazer a atividade que o leva a ele. É melhor pressupor que suas atividades de promoção de metas muitas vezes incluirão algum grau de desconforto ou dor. Mesmo que nem sempre seja o caso, isso prepara suas expectativas, de modo que você fica pronto para agir apesar de como se sentir quando o momento chegar.

Deixe-me compartilhar um breve exemplo. Nos primeiros meses de vida de minha filha, o turno das quatro até as sete da manhã era meu. Antes de começar essa rotina, eu sabia que acordar às quatro horas seria difícil.[1] Sabia que enfrentaria uma tentação irresistível de apertar o botão de soneca e de voltar para a cama "só por mais dez minutinhos..." (até parece!). Eu tinha tentado antes e sabia que acordar às quatro horas da manhã envolveria brigar comigo mesmo por três ou quatro minutos só para manter meus olhos abertos e depois me arrastar para o banheiro. Algo doloroso!

---

[1] Posteriormente, o autor passou acordar às 2h30. (N.E.)

O que fiz foi o seguinte. Todas as noites, logo antes de dormir, eu dizia a mim mesmo: "Amanhã, os primeiros dez minutos do meu dia vão parecer um inferno". Por mais errado e exagerado que isso possa parecer, funcionava perfeitamente: me preparava para o desafio e impulsionava minha força de vontade. (Os primeiros dez minutos nunca pareceram realmente um inferno, o que era um alívio.) Ao exagerar a percepção da dor e estar pronto para ela, eu estava alocando mais força de vontade para a tarefa do que ela de fato exigia; como resultado, ela parecia mais fácil do que o esperado.

Portanto, ajuste suas expectativas. Conte com o fato de precisar agir contra a sua vontade. Espere que seja doloroso, e esteja pronto para enfrentar isso sem medo, sem hesitação, sem fugir.

Haverá dias em que você não se sentirá no seu melhor e haverá a tentação de não fazer as coisas que você se comprometeu a fazer. Ainda assim, é melhor ater-se ao seu plano e fazer o melhor possível em vez de não fazer nada. É melhor ter uma sessão de meditação "abaixo da média" do que não meditar; é melhor fazer dez flexões desleixadas do que nenhuma; é melhor escrever trezentas palavras ruins do que nenhuma.

A Autodisciplina Consciente consiste em tomar atitudes consistentes rumo a seus objetivos. A autodisciplina não pergunta: "Como se sente a respeito disso?" Ela pergunta: "O que fará a respeito de seu objetivo?". A ênfase está na ação, não na sensação; no compromisso, não na motivação. Você faz o que precisa fazer para viver em integridade com sua aspiração, com o seu eu ideal.

Seja qual for sua aspiração, provavelmente algum grau de desconforto sempre fará parte de seu caminho. Se conseguir aprender a amá-lo, como aprendemos em Mude sua Percepção, então ótimo. Se não, vamos ver como pode passar por essa experiência, sem fugir. Isso é especialmente útil quando precisar fazer algo que não lhe apetece. O truque é aprender como sentir essa dor sem deixá-la controlar o que você deve ou não fazer. Trata-se de deixar a resistência passar. Fazer isso vai expandir seus limites, aos poucos.

COMO ABRAÇAR O DESCONFORTO

Quando se vir diante de um conflito de autocontrole em que souber que precisa fazer algo, mas parte de você não quer fazê-lo porque vai trazer algum desconforto emocional ou físico, respire fundo e — nas palavras de Mark Twain — "coma um sapo vivo".

O sapo pode ser a experiência do medo. Talvez o medo do fracasso, e a vergonha e a derrota que pensa que vai experimentar. Talvez o medo de ser julgado, de decepcionar os outros e de ser rejeitado. Talvez o medo do desconhecido, ou até mesmo o medo do sucesso.

O sapo pode ser o tédio da tarefa à sua frente, quando comparado a outras formas mais agradáveis de passar o tempo. Ou pode ser sua dúvida e seus sentimentos de inadequação.

O sapo pode ser a experiência de sensações físicas desagradáveis — na forma de esforço físico (exercício), sonolência (acordar cedo), dor (banhos frios) ou impulsos não satisfeitos (tentações).

Qualquer que seja o sapo para você, qualquer que seja o desconforto físico ou emocional que teme, abrace a dor. Aquilo a que você resiste persiste. Não resista — busque. Dê um passo *em direção* ao desconforto com coragem genuína, dizendo *sim* à dor; então, você será livre mesmo em meio a ela.

Aprenda a abraçar o tédio, o desconforto e a dor, e não haverá nada que não possa alcançar. Acostume-se a "comer um sapo" todas as manhãs. Esse é o preço da sua aspiração — e, se ela for verdadeira, valerá a pena. Não haverá sapo difícil demais de engolir.

Há duas formas de comer o sapo.

Uma é forçosa e belicosa — você se força a fazer isso, independentemente de como se sinta. Torne-se tão forte que seja capaz de travar aquela batalha ingrata e, mesmo assim, vencer. Podemos chamá-lo de *método David Goggins*. Goggins é um atleta de ultrarresistência e um ex-oficial da marinha dos Estados Unidos que detesta correr, mas que, mesmo assim, corre várias horas toda semana, porque é comprometido.

A outra forma é a maneira *consciente* — você abre seu coração à experiência do desconforto, pensa nele apenas como sensações corporais desagradáveis e respira.

O MÉTODO ROAR

Todo desconforto, seja ele físico ou emocional, constitui-se apenas de sensações em seu corpo. As emoções que você tem medo de sentir — como ansiedade, vergonha, medo, tristeza — são apenas sensações desagradáveis em seu corpo. Não é necessário fugir delas. Não precisa deixar que elas lhe digam o que você deve ou não fazer. São apenas sinais de alerta.

O mesmo acontece com os desejos que o pressionam a fazer coisas que você não quer. São apenas sensações em seu corpo. Você não precisa ir atrás deles. Não precisa obedecê-los. Pode apenas estar ciente.

A técnica em si é muito simples. Eu a chamo de Método ROAR:

- **R**econheça a emoção ou o impulso presente. Atribua-lhe um rótulo: "a ansiedade está aqui", ou "o tédio está aqui".
- **O**bserve-o em seu corpo como sensações puras. Verifique onde estão e como são. Mantenha a atenção por mais alguns momentos no lugar onde são mais fortes.
- **A**ceite as sensações como elas são, sem rejeitá-las, sem aversão, sem repressão. Apenas fique com elas. Crie espaço para elas. Deixe-as permanecerem, como se isso não fizesse diferença para você.
- **R**espire, liberando as sensações a cada respiração. Imagine que você está inalando e expirando essas sensações de seu corpo, e que elas estão se dissolvendo a cada ciclo.

Faça isso por alguns minutos, e seu estado vai se alterar. Na maioria das vezes, você estará pronto para seguir adiante. É assim que você abraça sua dor *conscientemente*. Esse método é tão importante que recomendo com frequência a meus clientes que deixem a palavra ROAR como papel de parede de seu telefone, como um lembrete constante.

PONTOS-CHAVE

- Temos um profundo desejo de conforto, mas o crescimento requer a aceitação do desconforto físico e/ou emocional. Isso pode ser feito através da força ou de maneira consciente.
- A maneira consciente é abrir seu coração para a experiência do desconforto, usando o Método ROAR. Reconheça o desconforto, observe-o como simples sensações desagradáveis em seu corpo, aceite-o plenamente e respire, liberando-o através da respiração consciente.
- As emoções que você tem medo de sentir — como ansiedade, vergonha, medo e tristeza — são apenas sensações corporais desagradáveis em seu corpo. Se estiver disposto a senti-las sem se esquivar, poderá sentir-se livre.

CAPÍTULO 21

CONSCIÊNCIA TRAZ PERSEVERANÇA

Nunca desista de algo em que não passa um dia sem pensar.
WINSTON CHURCHILL

Somos o que fazemos repetidamente. A excelência, portanto, não é um ato, mas um hábito.
ARISTÓTELES

A PERSEVERANÇA É A CAPACIDADE DE CONTINUAR NA jornada, independentemente dos desafios e obstáculos pelo caminho. É levantar-se cada vez que falhamos, com comprometimento e entusiasmo renovados. É perseguir nossas metas por tempo suficiente para que sejam cumpridas.

A perseverança é uma virtude que agrupa muitas outras — como paciência, determinação, garra, força de vontade, diligência e resiliência. É a base do pilar Aspiração, e um teste da honestidade de seu propósito.

A perseverança é a autodisciplina aplicada ao longo do tempo. Objetivos difíceis exigem tempo. A verdadeira autotransformação leva tempo. O caminho até ela nunca é uma linha reta. São necessários esforço e dedicação por um longo tempo antes de colher os louros.

Por que a virtude da perseverança está sendo mencionada no pilar Consciência? Porque são a consciência e o Método PAV que lhe permitem processar as emoções negativas que de outra forma o levariam a desistir ou a ceder. É a consciência que lhe permite acessar o fracasso sem se envergonhar nem exagerar na reação. Por fim, é a consciência que o ajuda a deixar de lado as crenças limitadoras que tornam mais difícil continuar no rumo certo.

ARMADILHA 1: EMOÇÕES DOLOROSAS

Se conseguir dominar suas emoções, pode perseverar em qualquer coisa, pelo tempo que desejar.

O oposto de perseverança é desistir ou ceder. É quando você não cumpre seu compromisso, abandona o projeto no meio do caminho e esquece sua aspiração. Essa decisão é quase sempre precedida por uma experiência de sofrimento emocional ao enfrentar um obstáculo, ou pelo tédio e apatia, à medida que sua motivação para alcançar seus objetivos diminui. Nos dois casos, há uma experiência emocional desagradável que nos impele a tomar essa decisão.

Como, então, devemos lidar com esses estados emocionais negativos? Como explicamos no capítulo anterior, há a abordagem forçosa e a abordagem consciente. A abordagem forçosa é ignorar a dor e continuar por meio da força de vontade. A abordagem consciente é aceitar a dor e deixar passar toda a resistência. Ambas as maneiras funcionam e ambas contribuem para a construção da resiliência emocional necessária para perseverar.

Para perseverar, às vezes é necessário fechar os olhos e apenas seguir obstinadamente adiante. Assim como a concentração é cega às distrações e a fé é cega às dúvidas, a perseverança é cega às adversidades. Mantenha os olhos em seu objetivo e sua atenção em seus passos, ignorando toda a dor até que as nuvens se dissipem. Essa é a abordagem forçosa.

A abordagem consciente é aprender a conviver com as emoções difíceis, a sentir dor e desconforto. É permitir que essas emoções estejam presentes, mas não tomar nenhuma decisão com base nelas. Consulte o Método ROAR, explicado no capítulo anterior, para obter detalhes sobre como fazer isso.

Nossa maior glória não é nunca fracassar, mas nos levantar a cada vez que caímos.
OLIVER GOLDSMITH

Saber como lidar com as emoções dolorosas é a chave para a perseverança. Ainda assim, sempre é útil aprender como não criar emoções negativas dentro de nós, para começo de conversa. No Capítulo 16, falamos sobre não alimentar a vergonha, a culpa e a supressão emocional. Vamos, agora, abordar outra forma pela qual criamos nossos próprios estados emocionais: expectativas irreais.

ARMADILHA 2: A SÍNDROME DA FALSA ESPERANÇA

Manter expectativas irreais é garantia de resistência emocional e decepção. Essas coisas fazem com que você queira desistir, o que dificulta manter a perseverança.

Um tipo comum de expectativa irreal é a síndrome da falsa esperança. É esperar que o caminho até seu objetivo seja fácil, que sua aspiração seja cumprida rapidamente e que os obstáculos sejam superados sem dor. Ou você está impaciente com o processo, ou está iludido com ele. Nos dois casos, há uma falsa esperança sobre o processo, o que leva à frustração e à perda de motivação.

Nossa sociedade está viciada no mito do sucesso da noite para o dia. A mídia o promove, porque as pessoas adoram o turbilhão de dopamina que recebem quando acreditam que podem realizar seus sonhos rapidamente. Muitas empresas também promovem essa ideia, porque prometer resultados imediatos funciona muito bem como estratégia de marketing. Pense nos muitos programas com a premissa "fique rico rápido" e "emagreça enquanto dorme".

Que tal "enriquecer devagar" ou "emagrecer trabalhando duro"? Isso não é tão comercial, requer perseverança, e a maioria das pessoas não a tem. Em vez de desenvolver essa habilidade essencial, querem gastar dinheiro para compensar a falta. E, com certeza, alguém está disposto a ganhar em cima disso.

Como o Dalai Lama certa vez brincou: "No Ocidente, as pessoas gostariam que a iluminação fosse rápida, fácil e, se possível, barata" (De *Why Meditate* [Por que meditar], de Matthieu Ricard).

A cura para a síndrome da falsa esperança é aceitar que o caminho provavelmente será mais difícil do que você pensa e levará mais tempo do que espera. Portanto, concentre-se no processo, espere que seja longo e desafiador, e mantenha seu compromisso, não importa o que aconteça (veja Nunca Zero, Capítulo 31). Pelo caminho escolhido, você falhará muitas vezes, duvidará de si mesmo e desanimará. Saiba que é assim mesmo e esteja pronto para se levantar pacientemente tantas vezes quanto cair.

Para ajustar suas expectativas à realidade, considere passar por um exercício de "auditoria de desafios", anotando todos os prováveis obstáculos que encontrará no trajeto. Isso vai ajudá-lo a evitar subestimar a jornada à sua frente, a estar pronto para o que a vida traz e a perseverar ao longo dos altos e baixos.

Transformar a si mesmo e a sua vida é muito difícil. Mudar a realidade ao seu redor é ainda mais difícil. Sem perseverança e autodisciplina, fica impossível.

ARMADILHA 3: PERFECCIONISMO

O segundo tipo comum de expectativa irreal é o perfeccionismo. É esperar que você seja perfeito a cada etapa, que tenha um desempenho impecável, que nunca falte ou cometa erros. Se você pensa assim, vai tratar muitos de seus resultados como fracasso, envolver-se com pensamentos que dizem "não é bom o suficiente" e cair no poço da autocrítica e da vergonha.

Ser excessivamente severo consigo mesmo não é propício a uma autodisciplina consciente. E também não é saudável. Como cura, aceite que de vez em quando você fará asneiras. Aceite que a perfeição pode ser um alvo nobre, mas nunca será algo que você realmente conseguirá. Lembre-se: a autodisciplina consciente se constrói sobre a consciência, e a natureza da consciência é ver e aceitar as coisas como elas são.

Se você é o tipo de pessoa que se martiriza sempre que falha, naturalmente vai temer o fracasso — o que leva à procrastinação e ao perfeccionismo. Por outro lado, se você pratica o hábito da autocompaixão, sabe que, se falhar, vai continuar bem; isso leva a dar mais passos na vida. Leva à coragem.

Você sempre pode editar uma página ruim. Mas não pode editar uma página em branco.
JODI PICOULT

Saiba que não está sozinho. Saiba que outras pessoas enfrentaram desafios semelhantes e se sentiram da mesma maneira. Seja gentil consigo mesmo. É um processo, e você nunca será perfeito. Não tem problema.

Perseverança → Lidar com emoções dolorosas (Desafios internos)
- Método ROAR
- Seguir em frente
- Sem perfeccionismo
- Sem falsas esperanças

PONTOS-CHAVE

- Perseverança é nossa capacidade de continuar a jornada, independentemente dos desafios e obstáculos pelo caminho. É levantar-se cada vez que falhamos, com compromisso e entusiasmo renovados.
- Para perseverar, é necessário dominar suas emoções. Você pode fazer isso pela abordagem forçosa (basta fechar os olhos para a adversidade e avançar) ou pela abordagem consciente (aceitar e liberar as emoções negativas com o Método ROAR).
- Apegar-se a expectativas irreais sobre o caminho adiante (síndrome da falsa esperança) ou sobre si mesmo (perfeccionismo) tornará mais difícil perseverar.

- A síndrome da falsa esperança é esperar que o caminho até seu objetivo seja fácil, rápido e indolor. Para superá-la, aceite que o trajeto provavelmente será mais difícil do que você pensa e levará mais tempo do que espera. Concentre-se no processo e comprometa-se a levantar-se quantas vezes cair.
- Perfeccionismo é esperar que você seja perfeito em todas as etapas, que tenha um desempenho impecável, que nunca falte ou cometa erros. Para superá-lo, aceite que você fará besteira de vez em quando e seja gentil consigo mesmo.

CAPÍTULO 22

CONSCIÊNCIA SUPERA DISTRAÇÕES

Quando uma pessoa não consegue encontrar um senso de propósito profundo, ela se distrai com o prazer.
VIKTOR FRANKL

Domine seus hábitos ruins, ou eles o dominarão.
ROB GILBERT

QUANDO VOCÊ HABITUALMENTE SE DISTRAI COM GRAtificações instantâneas e coisas triviais, acaba ficando indiferente a seus objetivos. Está satisfazendo a necessidade humana de realização e propósito por meio de pequenos prazeres que prometem ambos, mas não ofertam nenhum dos dois e ainda o mantêm viciado, atrás de mais.

A Autodisciplina Consciente visa a quebrar esse ciclo vicioso e lhe proporcionar felicidade a seu modo.

Sócrates nos ensinou que, em todas as situações, cada pessoa sempre busca o próprio bem, como percebido no momento. Quando você consome bebidas alcoólicas ou passa horas nas redes sociais, você o faz buscando uma sensação agradável; o mesmo ocorre quando trabalha em um projeto importante, engaja-se em ações altruístas ou escolhe se exercitar todas as manhãs. Quando você grita com seu parceiro, faz isso porque se sente bem. O criminoso que puxa o gatilho também o faz porque se sente bem — ou porque pensa que isso o ajudará a conseguir coisas que o farão se sentir bem.

O conceito de "bem" varia de pessoa para pessoa, mas não o fato básico de que todos nós buscamos o que nos faz *sentir bem*. Saber qual é nosso bem superior, e a maneira correta de obtê-lo é a busca pela sabedoria, filosofia e espiritualidade (veja o Capítulo 39).

Seu cérebro está programado para querer *se sentir bem*. Ele gasta parte de sua energia tentando sobreviver e o restante buscando o que é agradável para o corpo, a mente e as emoções. Uma vez que o cérebro esteja se sentindo bem, por um momento, essa *busca de energia* (motivação) diminui, já que você se sente satisfeito e não vale a pena fazer mais nenhum esforço. Quando a sensação se esvai, o ciclo recomeça.

Não dá para mudar como o cérebro funciona, mas dá para decidir como "procurar energia" — o tipo de *bem* que você busca. Se emprega energia em busca de prazeres rápidos, não restará energia para ir atrás de seu bem maior — a sua aspiração.

Os prazeres são o *fast-food* da felicidade. Você pode obtê-los de forma rápida e barata, mas eles não vão satisfazê-lo. Não têm os nutrientes de que você realmente precisa. A longo prazo, eles só o deixarão doente.

Os prazeres são um ativo que sofre depreciação. Quanto mais prazeres você tem, menos felicidade eles lhe proporcionam. A autodisciplina é um investimento muito melhor.

Há um vazio em sua alma que precisa ser preenchido realizando suas aspirações, vivendo seus valores e alcançando seus objetivos. Esse processo leva tempo e muitas vezes exige bastante esforço. Enquanto isso, você será atormentado pela gratificação instantânea. Cada vez que se envolve com ela, no entanto, está investindo mal sua preciosa energia de motivação.

É bom sentir prazer e conforto também, de uma forma equilibrada. A autodisciplina precisa ser equilibrada, caso contrário você pode se exaurir (veja o Capítulo 3). Mas, se é assim que você sacia a maior parte da sede de felicidade de seu cérebro, então está se conformando com muito pouco. Está transitando na superfície da vida.

O DESAFIO

Entre objetivos de longo prazo (propósito) e prazeres de curto prazo (gratificação instantânea), que opção seu cérebro escolherá com mais frequência? A gratificação instantânea. A menos que tenha desenvolvido uma aspiração profunda e ferramentas eficazes de conscientização (os dois primeiros pilares da Autodisciplina Consciente).

Distrações e tentações o fazem perder o foco e esquecer seu objetivo; dessa forma, você perde parte do estímulo. Seu propósito perde poder. Você se torna um pouco indiferente a ele. Portanto, no caminho da Autodisciplina Consciente, é extremamente importante que aprenda a administrá-las, desenvolvendo mais autoconsciência e autocontrole.

Essas habilidades serão cada vez mais essenciais, pois, em nosso mundo moderno, as distrações e as oportunidades de gratificação instantânea estão se tornando mais abundantes, mais acessíveis, mais envolventes e viciantes. A autodisciplina se tornará mais rara. Isso significa que os disciplinados se destacarão facilmente e colherão frutos melhores. Vão liderar e impulsionar o mundo para a frente. Até mesmo um pouco de autodisciplina já é uma vantagem.

Este é o propósito deste capítulo: aprender a lidar com distrações e tentações, para não ficarmos indiferentes aos nossos objetivos de longo prazo. Comecemos analisando como funciona a dopamina — o neurotransmissor da motivação e do desejo. Se você tem algum vício ou hábito negativo que deseja abandonar (quem não tem?), esta seção será provavelmente uma das mais importantes para você.

A DOPAMINA E O SEU CÉREBRO

Não morda a isca do prazer até ter certeza
de que não há gancho nela.
THOMAS JEFFERSON

Ao contrário da crença popular, a dopamina não é a substância química do "prazer"; é o químico da *excitação*. A dopamina é o composto neuroquímico que seu cérebro libera sempre que reconhece uma oportunidade de recompensa, real ou imaginária. Esse composto químico cria sentimentos de alerta, desejo e excitação. Ficamos motivados a tomar medidas para conseguirmos isso — e, até que o façamos, ficamos em um estado de ansiedade e inquietação. Quando conseguimos a recompensa, a dopamina diminui, e *esse* alívio é percebido como um estado de prazer ou satisfação.

Em seu best-seller, *Os desafios à força de vontade*, a dra. Kelly McGonigal comenta que a dopamina em si não é um sentimento de felicidade ou prazer. Pelo contrário, é um estado de inquietação, estresse e descontentamento — muitas vezes acompanhado de uma sensação incômoda ou sentimento de ameaça de vida ou morte. Mesmo se souber, por experiências anteriores, que a recompensa não corresponde às expectativas, a dopamina ainda fará seu trabalho e o tentará.

Uma vez que o objeto de desejo é alcançado, porém, você terá mais prazer com o fim do estado de espírito inquieto criado pelo desejo do que com o gozo provocado pelo próprio objeto de desejo. De certa forma, está apenas de volta ao estado inicial. McGonigal conclui, na mesma linha que Buda e outros mestres espirituais, dizendo que confundimos desejo com felicidade. Somos todos viciados em dopamina e somos expostos todos os dias a milhares de propagandas habilmente projetadas para explorar essa fraqueza humana.

Ciclo de dopamina

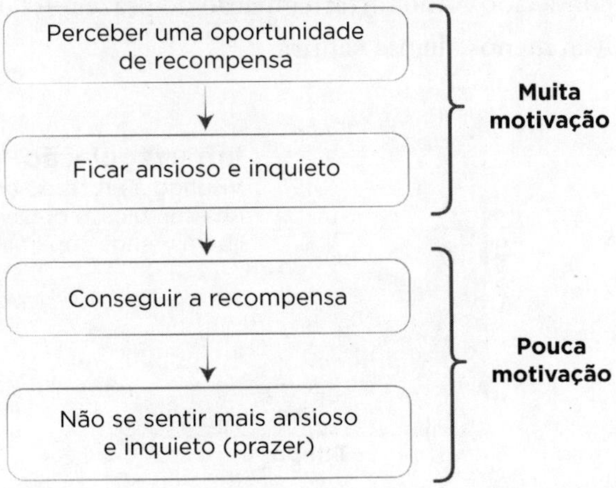

No entanto, a dopamina não é ruim. Não é um defeito do cérebro. Ela tem muitas funções positivas, tais como promover uma motivação saudável, a capacidade de concentração, a capacidade da memória de trabalho e um monte de outras coisas. Com pouca dopamina, experimentaremos pouca vitalidade, pouca concentração, pouco desejo sexual, fadiga, apatia e dificuldade para dormir. Inclusive, desafios de saúde mental, como depressão, Transtorno do Déficit de Atenção e Hiperatividade (TDAH) e dependência são caracterizados pela deficiência de dopamina. Portanto, precisamos de níveis adequados desse composto neuroquímico para sermos seres humanos saudáveis.

A dopamina não é o problema; a maneira como procuramos experimentá-la é que é. Quando você consegue adiar a experiência da recompensa, a dopamina o motiva a permanecer nos trilhos; ela o mantém concentrado e criativo. Entretanto, procurar experimentar repetidamente liberações altas, mas breves, de dopamina (gratificação instantânea) desgasta sua motivação. E pode também levar ao vício.

Logo após experimentar a recompensa que tão ansiosamente buscávamos, os níveis de dopamina muitas vezes caem de modo considerável — e, com eles, nossa capacidade de nos motivarmos e de nos mantermos concentrados em metas de longo prazo. Além disso, a constante exposição excessiva à dopamina diminui a quantidade de receptores de dopamina na membrana, tornando-a menos sensível. Seu corpo faz isso para se proteger do excesso de estímulos. É por isso que a décima colherada de sorvete não é tão prazerosa quanto a primeira. Isso é conhecido como infrarregulação do prazer — quanto mais prazer você tiver, menos alegria sentirá.

Em sua palestra TEDx chamada *The Pleasure Trap* [A Armadilha do Prazer], o psicólogo Douglas Lisle descreve uma curiosa experiência com aves. Quando um pássaro em uma gaiola aprendeu a apertar um botão que inundava seu cérebro de cocaína, ele fazia isso o tempo todo. Deixou de comer e acasalar, e ficou apertando o botão até morrer, catorze dias depois.

O dr. Lisle explica que o cérebro da ave estava agindo de acordo com o instinto primordial de fazer o que é mais agradável e, ao mesmo tempo, economizando energia; no entanto, na verdade, estava levando à sua autodestruição, devido a uma sugestão errada do ambiente. Ele conclui que sempre que você usa um estímulo supernormal, vicia-se e corre o risco de cometer grandes erros e se machucar. (A expressão *estímulo supernormal* foi cunhada pelo biólogo ganhador do Prêmio Nobel, Nikolaas Tinbergen, e se refere a um estímulo que não faz parte de nosso ambiente natural e com o qual, portanto, o cérebro não está preparado para lidar.)

A vida moderna não é tão diferente daquela da ave na gaiola. Embora nós (felizmente) não tenhamos um botão que inunda nossa corrente sanguínea de cocaína, há muitos outros botões que nos dão uma descarga de dopamina imediata. Temos múltiplas fontes de estímulo em excesso, igualmente acessíveis e aparentemente inconsequentes.

Na verdade, tudo ao nosso redor é projetado para nos distrair e nos atrair com o poder da dopamina. Esse estímulo está por todos os lugares, nos centros comerciais, nas redes sociais e em quase todos os aplicativos em nossos telefones. Estamos sendo treinados para sermos viciados em uma oferta fácil de dopamina, porque isso é muito lucrativo para a maioria das empresas. Aliás, as promessas de oferta rápida de dopamina são o motor da publicidade. Esse é um grande problema, porque picos breves e constantes de dopamina diminuem nossos níveis básicos da substância e, assim, reduzem nossa motivação, força de vontade e capacidade de concentração. Níveis mais baixos de dopamina também foram relacionados à depressão e ao suicídio.

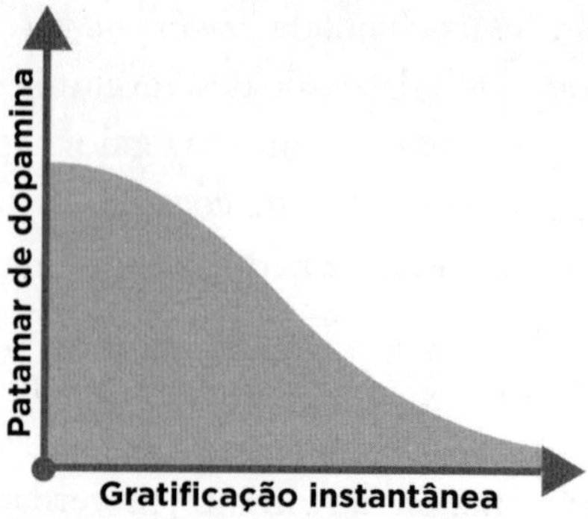

A dopamina gera a energia que nos impulsiona a ir atrás de nossos objetivos. Se você continuar levando essa energia de volta ao zero todos os dias, entregando-se à gratificação instantânea, será mesmo surpreendente que não se sinta tão motivado a conquistar suas metas de longo prazo?

A armadilha da dopamina fácil

Nosso apetite por dopamina fácil é o que torna a autodisciplina difícil. Toda vez que você recebe uma curtida numa foto do Instagram, assiste a outro vídeo engraçado, joga um jogo viciante, excita-se sexualmente, consome álcool ou come aquele bolo de chocolate, seu cérebro produz uma forte dose de dopamina. E nem foi preciso muito esforço!

Ao cair no hábito de buscar dopamina fácil, torna-se cada vez mais difícil se motivar a ir atrás de seus objetivos e valores mais elevados. Sua autodisciplina e força de vontade enfraquecem a cada prazer experimentado, e seus objetivos importantes tornam-se mais distantes. O acesso infinito à dopamina rápida leva a uma vida sem sentido.

A pior parte disso é que, depois de um tempo, esse hábito torna-se completamente automático. Você vai se prejudicando aos poucos, sem nem perceber. Assim como aquele infeliz pássaro.

A maneira de reverter este ciclo vicioso é primeiro desenvolver a capacidade de perceber o que está fazendo (consciência) e depois se abster de atividades que lhe deem uma injeção rápida de dopamina (força de vontade). Em vez de buscar gratificação instantânea, procure atividades que aumentem seu *patamar de dopamina* — exercício físico, estudo, trabalho em metas de longo prazo e meditação, por exemplo. Isso vai torná-lo mais motivado, mais concentrado e menos dependente de estímulos constantes.

Dopamina: expectativa e motivação

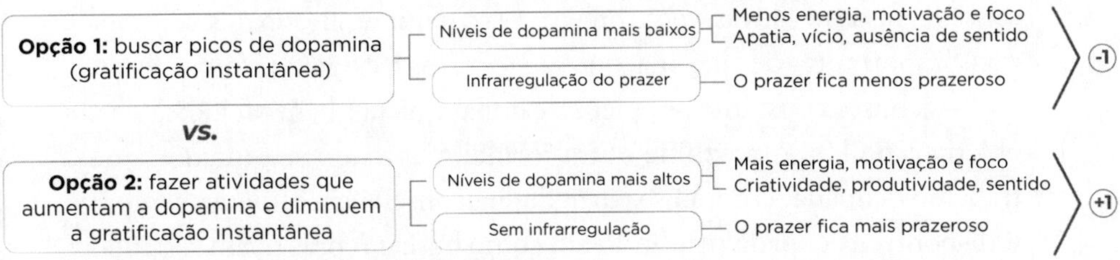

Ao desenvolver a autodisciplina e aprender a administrar a dopamina, você experimenta não apenas mais realização a longo prazo, mas também mais prazer, porque não está mais diminuindo a sua sensibilidade a ela. Este é o paradoxo do prazer: procure-o, e você o perderá; abandone-o, e ele o seguirá como uma sombra.

Voltando ao nosso ponto de partida: seu cérebro está programado para buscar o que o faz sentir-se bem. Ele sempre vai estimulá-lo a escolher o que for percebido como a maior recompensa no momento. O problema é que a maior recompensa não é, muitas vezes, o que é *percebido* como a maior recompensa. A maneira de evitar isso é aumentar a percepção de recompensa em seus objetivos de longo prazo em relação aos prazeres de curto prazo (pilar Aspiração) e manter essa percepção em mente a cada dia, especialmente quando enfrentar desafios de autocontrole (pilar Consciência).

Lembre que a prioridade número um do cérebro é sobreviver e evitar a dor; a segunda é buscar o prazer. Para sobreviver, é importante economizar energia. É por isso que a gratificação instantânea é tão atraente para o cérebro: ela oferece o que ele quer (prazer) com um gasto mínimo de energia. Esse antigo mecanismo cerebral funcionava bem quando o único objetivo era de fato a sobrevivência, mas é autodestrutivo em nossa vida moderna, quando os objetivos são realização pessoal, evolução e satisfação.

Os picos de dopamina o deixam indiferente a suas aspirações e valores elevados porque você satisfaz parte dessa sede de realização e satisfação cem vezes por dia através dos pequenos prazeres que o distraem de seu objetivo e dispersam sua energia. Naturalmente, se é capaz de conseguir isso com tanta facilidade e (aparentemente) sem consequências negativas, você começará a se sentir desligado dos objetivos mais importantes de sua vida, que são incertos e exigem muito esforço.

A busca constante por picos de dopamina também prejudica seus objetivos de longo prazo de outra forma: mantendo sua memória de trabalho ocupada. É como se parte de sua consciência estivesse sempre indisponível, ocupada pensando em como buscar o prazer, em segundo plano. As tentações então penetram com mais facilidade em sua mente e captam sua atenção, porque estão bem ali na sua frente. Parecem mais concretas e tangíveis do que seus objetivos de longo prazo. É por isso que é essencial cultivar a consciência: para que você possa redirecionar sua atenção de volta a seus objetivos; caso contrário, simplesmente se entregará, sem nem sequer notar.

Por fim, o excesso habitual de prazeres de gratificação instantânea pode de fato prejudicar seu cérebro. Isso se vê em estudos que analisam tomografias cerebrais de pessoas com vícios. O córtex pré-frontal — responsável pela consciência, pelo pensamento consciente e pela força de vontade — torna-se mais fraco e menos ativo. Esse é o sacrifício oculto que você está fazendo pelo excesso de prazeres que escolhe buscar.

Não vai ser uma porcaria

A esta altura, você pode ter entendido claramente o preço da dopamina conseguida de maneira negativa e estar racionalmente convencido de seus danos. No entanto, talvez ainda haja resistência. Parte de você pode sentir que renunciar aos prazeres significa renunciar às alegrias da vida. Teme que sua vida se torne monótona, entediante e sem vigor.

Não é o que acontece. Você pode experimentar isso durante alguns dias ou semanas na fase de transição, mas logo fica claro que sua qualidade de vida realmente melhorou. O pesquisador Wilhelm Hofmann e seus colaboradores fizeram alguns estudos sobre o tema, com o objetivo de entender como a prática do autocontrole afeta a satisfação em relação à vida. Descobriram que, mesmo que as pessoas experimentassem o prazer ao ceder a uma tentação, aquele pico de felicidade era de curta duração e logo recebia uma "correção". As pessoas se sentiram menos felizes depois do prazer efêmero.

Há várias razões possíveis para isso. A primeira é que experimentar prazeres, mesmo repetidamente, não aumenta a sua felicidade. Eles podem oferecer alívio temporário de sentimentos como tédio ou angústia, mas não alteram o que se sente no longo prazo.

Em segundo lugar, há também prazer e um sentimento de satisfação na busca de objetivos de longo prazo — você se sente bem consigo mesmo, e essa sensação muitas vezes dura muito mais do que a satisfação obtida com prazeres de curto prazo. Precisamos estar mais conscientes desse fato, lembrando-nos dele com frequência.

Em terceiro lugar, muitas das atividades agradáveis que buscamos causam efeitos colaterais consideráveis em nossa saúde física ou mental. Pense na obesidade, no alcoolismo, no vício em redes sociais e na falta de concentração.

Finalmente, como já falamos, há uma infrarregulação natural do prazer no sistema nervoso; quanto mais prazer temos, menos o valorizamos. Quer viver uma vida com mais sentido e que seja também mais agradável? Sacrifique seus prazeres no altar de suas aspirações!

Ter mais autocontrole não só é bom para seus objetivos e aspirações de longo prazo como, inclusive, faz com que você viva melhor. Pesquisas mostram que pessoas com forte autocontrole se sentem mais felizes consigo mesmas, experimentam menos emoções negativas e, na verdade, apreciam ainda mais o prazer.

Mais autocontrole

- Mais autoestima
- Maior força de vontade
- Maior satisfação com a vida
- Mais vitalidade

Uma vida autodisciplinada é uma boa vida. O sacrifício sábio leva à realização, não à autocastração.

Que sacrifício você está fazendo?

No Capítulo 13, vimos que o sacrifício é inevitável; que sempre que você escolhe algo está renunciando a mil outras coisas. Bem, quando você diz *sim* à gratificação instantânea de forma inconsciente ou desequilibrada, está dizendo *não* a seus objetivos e enfraquecendo sua força de vontade. Está dizendo *não* a suas aspirações. Está atrasando a realização de seus valores mais elevados e prejudicando seu eu futuro.

O sucesso, a evolução e a realização exigem certo sacrifício. Caso contrário, todo mundo seria saudável, rico, sábio, realizado e iluminado. No entanto, olhe ao seu redor.

E quanto a você? Quais são suas fontes rápidas de dopamina? Como está desperdiçando a própria energia de força de vontade, concentração e motivação? Passe algum tempo refletindo sobre isso, para se tornar mais consciente e fazer mudanças.

Já que agora está plenamente consciente do problema, de como ele se desenrola em sua vida e de suas consequências, vamos falar sobre o que você deve buscar no lugar dele.

A MUDANÇA: PRIMEIRO O PROPÓSITO, DEPOIS O PRAZER

O segredo do sucesso é aprender a usar a dor e o prazer, em vez de deixar que a dor e o prazer o usem.

ANTHONY ROBBINS

Uma boa vida tem espaço tanto para suas aspirações quanto para seus prazeres — e é disso que se trata a Autodisciplina Consciente. Ela é equilibrada. (Veja o Capítulo 3.)

Esse equilíbrio é alcançado ao priorizar seus objetivos de longo prazo, mas deixando espaço também para alegrias de curto prazo. Caso contrário, se sua autodisciplina ficar desequilibrada, é mais provável que você vivencie uma exaustão da força de vontade e, com isso, entregar-se a golpes fáceis de dopamina se torna muito mais fácil.

Portanto, não é que deva remover todas as fontes de prazer ou de gratificação instantânea de sua vida. Trata-se, sim, de priorizar as coisas mais importantes e permitir que a busca do prazer seja secundária. **Trata-se de ter ilhas de prazer em um mar de significado, e não ilhas de significado em um mar de prazer.**

O mais importante é manter o mais importante
como o mais importante.
DONALD P. CODUTO

Para a maioria das pessoas, a busca do prazer ocupa muito tempo, atenção e energia. Permitimos que a dopamina obtida de maneira ruim se tornasse onipresente em nossa sociedade e em nossa vida, sem ligar para as consequências. Estamos desfrutando de diversão, conforto e distrações compulsivamente e à custa de nossos objetivos mais importantes. Se quisermos mudar para melhor, recuperar nosso poder e cumprir nossas metas, precisamos rever com urgência o papel do prazer em nossa vida.

A gratificação instantânea deve ser um deleite ou uma recompensa — não o normal. Deve ser algo a que nos entregamos *conscientemente*, e não compulsivamente. Deve ser algo que ilumine a vida, e não algo que tente encobrir um vazio subjacente.

Há uma analogia que ilustra este ponto. É uma velha história popularizada por Steven Covey, autor de *Os sete hábitos das pessoas altamente eficazes*. Imagine que sua vida é como uma jarra, e, ao lado dela, há pedras, seixos e areia.

- As **pedras** são seus objetivos significativos e seus valores mais elevados, e todos os passos que o ajudam a alcançá-los. São as coisas que realmente lhe dão uma sensação de satisfação e realização duradouras; sem elas, há uma sensação de vazio na vida e de arrependimento.
- Os **seixos** são coisas importantes, mas não críticas; são os objetivos menores, atividades urgentes, mas não essenciais,

e valores externos, como dinheiro, status, reconhecimento e atos para agradar aos outros.

- A **areia** simboliza prazer, conforto, passatempos, negócios e coisas desse tipo.

Se você encher seu pote primeiro com areia ou seixos, não restará lugar para as pedras. Mas, se colocar primeiro todas as pedras, depois os seixos, e depois a areia, haverá espaço para tudo.

Como está a jarra da sua vida?

A Autodisciplina Consciente consiste em priorizar seus valores mais elevados, suas aspirações e objetivos de longo prazo. Comece com isso, e então o prazer pode preencher quaisquer lacunas que ainda existam. Isso lhe permitirá substituir os picos de "dopamina ruim" pela estabilidade de uma curva de dopamina de longo prazo e mais saudável. Também lhe permitirá desfrutar dos pequenos prazeres da vida sem culpa, e assim apreciá-los muito mais.

É a única maneira que conheço de ter tudo: aspiração e prazeres. Você poderá então desfrutar dos prazeres da vida livremente, desde que mantenha o equilíbrio.

Se precisa de uma diretriz mais prática, considere aplicar o princípio de Pareto: dedique 80% de seu tempo, dinheiro e energia disponíveis a coisas que promovam seus valores e objetivos mais elevados e 20% a prazeres e distrações. Ou, se for realmente ambicioso, pode chegar à proporção 90/10.

Como fazer essa mudança da busca do prazer para a busca da realização, de deixar de favorecer metas de curto prazo para favorecer metas de longo prazo, fazer a transição da dopamina ruim para a dopamina saudável? Você pode usar o método Mude seu Foco (veja o Capítulo 18), para afastar a tentação e concentrar-se em suas metas de longo prazo, ou o método Mude sua Percepção (veja o Capítulo 19), para fazer com que a distração seja menos atraente. Ou pode usar um dos três métodos explicados a seguir neste capítulo, que são específicos para lidar com as distrações.

MÉTODO 1: A SEMANA DO MONGE (*DETOX* DE DOPAMINA)

O primeiro método é o *detox* de dopamina: um período em que você evita a dopamina ruim e cultiva a presença, o contentamento e o trabalho focado. Você basicamente entra no *modo monge*, evitando todas as distrações e tentações. É um verdadeiro reinício na vida! Considere esse período seu ritual de iniciação à Autodisciplina Consciente.

Durante a Semana do Monge, corte completamente todas as suas fontes de distrações e de dopamina ruim ou, pelo menos, as mantenha ao mínimo necessário se relacionadas às reais necessidades familiares ou profissionais. Eis aqui alguns exemplos de coisas a serem eliminadas durante esta experiência:

- Comidas de cunho emocional (açúcar, salgadinhos, café, álcool, *fast-food*).

- E-mail e aplicativos de mensagens.
- Videogames.
- Redes sociais.
- Notícias.
- Pornografia.
- Navegar na internet sem objetivo.
- Sites que desperdiçam tempo.
- Devaneios.
- Download de novos aplicativos.
- Entretenimento.
- Dependências emocionais (discutir, fofocar, reclamar, falar mal etc.).

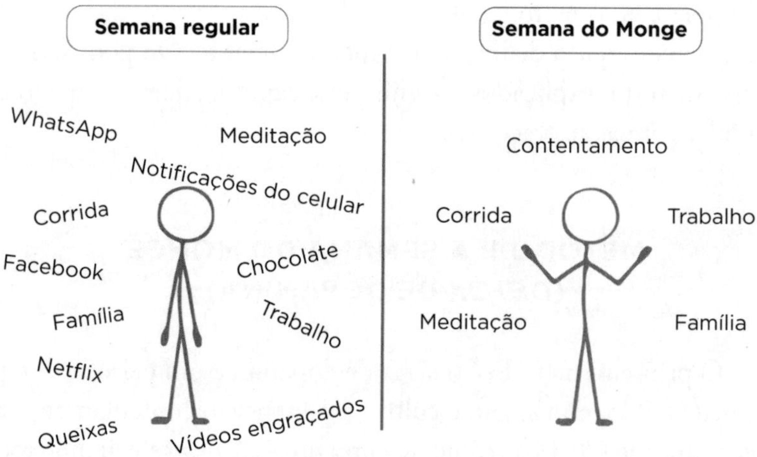

Você pode não ser capaz, neste primeiro momento, de abrir mão completamente de nada disso — e tudo bem. Mas com certeza é capaz de fazer uma pausa de uma semana. Mesmo que se torne a semana mais difícil de sua vida (improvável), *você é capaz*. (Quanto mais difícil parece, mais revela quanto você se viciou.)

Onde você deve fazer isso? Você pode fazer esse detox de dopamina em sua própria casa ou mudar de ambiente — por exemplo, ir a um retiro. Essa opção torna as coisas mais fáceis; tendo dito isso, precisa estar muito atento à maneira como fará a transição de volta ao seu ambiente cotidiano. Caso contrário, seu cérebro pode associar essa mudança ao novo ambiente, em vez de vê-la como sua nova maneira de ser.

Quanto tempo deve durar? Sugiro que experimente por uma semana, e por isso a chamo de Semana do Monge.

O que acontece depois? Após o término da semana, pense nas formas de gratificação instantânea que realmente valem a pena e em quais você pode dispensar. Você pode então reintroduzir as que quiser conforme necessário, mas desta vez de forma mais intencional e controlada, com consciência e temperança. Seja conservador e elimine impiedosamente as que não fizeram falta.

Por exemplo, digamos que você tenha o hábito de entrar em seu e-mail e perfil em redes sociais várias vezes ao dia — assim que uma notificação aparecer em seu telefone ou computador ou sempre que tiver quinze segundos de inatividade. Isso o mantém viciado em dopamina, mantém sua mente dispersa, torna-o menos presente e interrompe o fluxo do seu trabalho. Também o deixa mais cansado e inquieto, pois sua atenção está fragmentada.

Durante a Semana do Monge, você limitaria a verificação de seu e-mail a uma ou duas vezes por dia, para fins de trabalho, e se ausentaria completamente das redes sociais (entre outras coisas). Após a Semana do Monge, você talvez perceba que de fato não precisa verificar os e-mails mais de duas vezes por dia, e também pode entrar em uma única rede social apenas duas vezes por dia, por dez minutos a cada vez.

Qual é o efeito de tudo isso em sua motivação? Durante a Semana do Monge, você cultiva sua fome de sentido e prazer, mas não a satisfaz por meio de atividades triviais. Por ora, você eliminou essas opções. A cada fonte de dopamina ruim que você sacrifica, sua energia e motivação aumentam. Remova uma distração, e o foco em seus objetivos aumentará. Remova dez distrações, e seu foco ficará dez vezes melhor.

Continue ávido.

STEVE JOBS

O que acontece quando você elimina todas as fontes de gratificação instantânea de sua vida por um curto período? Seu cérebro vai se rebelar e você precisará encontrar outra maneira de experimentar a dopamina. Então, faça uso dessa oportunidade para treinar seu cérebro a buscar satisfação por meio de objetivos de longo prazo. Isso vai acontecer se concentrar todo o tempo e energia livres em sua aspiração — revise-a diariamente e aja diariamente. Deixe que essa seja sua única fonte de dopamina.

Busque o tédio, e então trabalhar em seus objetivos será como uma distração bem-vinda — uma alegria! Para que isso funcione da melhor maneira possível, porém, é preciso cortar **todas** as fontes de distração durante esta experiência. Se você deixar uma única fonte de dopamina rápida disponível, há uma boa chance de que seu cérebro canalize ali toda sua fome de prazer.

Uma das ideias implícitas na Semana do Monge é que é mais fácil experimentar essas mudanças (um pouco radicais) de uma só vez, por um curto período, do que uma de cada vez. Isso permite que você concentre sua energia melhor e veja o impacto que todos esses pequenos vícios têm em sua vida como um todo.

Muitas vezes é mais fácil abster-se por completo do que tentar diminuir gradualmente o seu consumo de dopamina durante um longo intervalo. A primeira forma tem regras muito claras, é preto no branco; a segunda envolve brincar com fogo, tomar muitas decisões e se envolver em uma prolongada batalha de autocontrole. Ecoando essa ideia, o médico dr. Dean Ornish, em sua pesquisa sobre mudanças intensivas de estilo de vida, descobriu que era mais fácil para as pessoas abandonarem muitos hábitos ruins de uma só vez do que aos poucos.

Para a maioria das pessoas, o maior desafio são as mídias digitais (aplicativos, sites, redes sociais, notícias, YouTube etc.). Ao contrário de outras fontes rápidas de dopamina, elas não são algo que podemos eliminar completamente na vida moderna. No entanto, esses grandes e belos botões de dopamina estão aniquilando seu cérebro por meio de uma superestimulação crônica — eles destroem sua motivação e fragmentam sua atenção. É o extremo oposto da meditação e da autodisciplina.

Portanto, é essencial melhorar nossa relação com o mundo digital. O reinício radical da Semana do Monge pode ser um grande ponto de partida para isso.

Durante a Semana do Monge, certifique-se de comer e dormir bem, meditar diariamente, fazer exercícios e permanecer conectado com seus entes queridos — ou com qualquer coisa que mantenha seu coração aquecido. Essas coisas ajudam a repor sua força de vontade e equilibram as dificuldades emocionais que você pode enfrentar durante o exercício.

Depois da Semana do Monge, e se estiver se sentindo ambicioso, você pode tentar realizar o seu primeiro Mês do Monge. Ou pode incluir um Dia do Monge semanal. Pode até optar por entrar no *modo monge* em relação a uma atividade viciante, abstendo-se completamente dela para sempre. No mínimo, pode praticar uma Hora de Monge no início de seu dia, todos os dias, como parte de sua rotina matinal (veja o Capítulo 34).

O próximo passo é muito simples: marque em sua agenda a primeira Semana do Monge.

MÉTODO 2: PROCRASTINAR A DISTRAÇÃO

Uma lição difícil de aprender: suas distrações mais persistentes lhe parecerão razoáveis.
JAMES CLEAR

A Semana do Monge (e outras variantes do *modo monge*) é um grande reinício. No entanto, ela é algo que você agenda para determinada época do ano ou reserva determinado dia da semana para fazer. E como lidar com as distrações em outros momentos? É aqui que entram os métodos 2 e 3.

Todos nós sabemos como procrastinar, mas estamos procrastinando as coisas erradas. Deixamos para depois as coisas que são importantes, mas desconfortáveis; ao contrário, devemos adiar as coisas que são triviais, mas reconfortantes. Chamo isso de Procrastinar a Distração. O método é simples: quando sentir uma forte vontade de ceder a uma distração, procrastine-a. Mantenha o foco no trabalho que está fazendo e deixe a distração para *mais tarde*. Adie-a, para que a gratificação instantânea não seja mais tão *instantânea*.

Quando o "mais tarde" se torna "agora"? Isso depende de você. Para as distrações de que quer abrir mão completamente, devido aos seus efeitos nocivos ou à sua natureza de desperdício de tempo, a resposta é *nunca*. Para outros tipos de distrações, você pode se permitir utilizá-las como recompensa por ter progredido em seus objetivos importantes; em todo caso, espere pelo menos meia hora antes de se permitir.

Mais uma vez, fazer isso não leva a uma vida entediante e sem prazer. Pelo contrário, faz com que você aprecie ainda mais os prazeres. Primeiro você se priva, e depois desfruta como uma experiência prazerosa. A felicidade que vai extrair da experiência será muito maior.

O único requisito para que esse método funcione — aliás, para que todos os métodos funcionem — são a pausa e a consciência. Não é possível aplicá-lo se estiver apenas se entregando aos prazeres automaticamente, sem nem notar. Se este for o seu caso, reveja as três principais práticas da consciência: meditação, reflexão e integração (veja o Capítulo 16). Quanto mais conseguir desacelerar e viver de forma mais atenta, mais fácil será ganhar consciência de suas compulsões e fazer escolhas diferentes a respeito delas.

Procrastinar a Distração é, portanto, uma variante do Método PAV (veja o Capítulo 17) — a única diferença é que o terceiro passo, a *força de vontade*, é adiar a distração e voltar a se concentrar no seu objetivo.

- Comece usando a Regra das Três Respirações para pausar: sempre que se sentir tentado pela distração ou qualquer tipo de impulso, faça uma pausa e respire profundamente por três ciclos.
- Em seguida, tome consciência da distração e perceba como ela é tentadora.
- Finalmente, tome a decisão consciente de deixar a distração/o prazer para mais tarde e volte a se concentrar em seu objetivo e nas atividades relacionadas a ele.

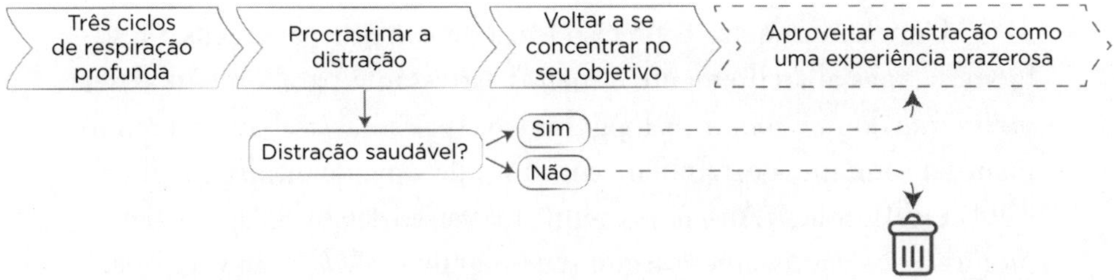

Repita o processo acima tantas vezes quantas forem necessárias, até completar o trabalho que se propôs a fazer. E não precisa tornar as coisas mais difíceis para si mesmo; ajude seu foco removendo a distração de seu campo de visão nesse meio-tempo. Isso pode significar fechar uma aba do navegador, colocar seu telefone em modo avião ou em modo silencioso e virado para baixo, ou devolver a barra de chocolate à despensa. (Saiba mais sobre o uso do ambiente para melhorar seu foco nos Capítulos 26 e 33.)

Desacelerar seus impulsos lhe permitirá ver as coisas com mais clareza e fazer escolhas melhores.

Neste ponto, você pode se perguntar por que simplesmente não resistimos por completo à tentação com um *não* definitivo. É porque, na maioria dos casos, isso não funciona tão bem. Parece que é um *não* eterno, e por isso sua mente vai se rebelar e rejeitar essa instrução. O renomado psicólogo Roy F. Baumeister, coautor do livro *Força de vontade: a redescoberta do poder humano*, relata um experimento que explica por que isso funciona:

> [...] pessoas que tinham dito a si mesmas *Agora não, só mais tarde* mostraram-se menos perturbadas por visões de bolo de chocolate do que os outros dois grupos [...]. Aqueles na condição de adiamento na verdade comeram significativamente menos do que aqueles na condição de abnegação [...]. O resultado sugere que dizer a si mesmo que poderá comer aquilo mais tarde, para a mente, funciona um pouco como comer no mesmo momento. Satisfaz o desejo em algum grau — e pode ser ainda mais eficaz para suprimir o apetite do que realmente comer a guloseima.

Concluíram que: "É preciso força de vontade para recusar a sobremesa, mas aparentemente é menos estressante para a mente dizer *mais tarde* do que *nunca*. A longo prazo, as pessoas acabam querendo menos a sobremesa e, também, consumindo uma quantidade menor".

Os Alcoólicos Anônimos usam uma versão desse princípio. O compromisso dos que assumem seguir seu programa é: "*Hoje* não vou beber". Isso é muito mais viável do que "Nunca mais vou beber". O cérebro é enganado ao se adiar a tentação todos os dias, indefinidamente.

Ao contrário da Semana do Monge, este método é simples e fácil de implementar. Reserve um momento agora mesmo para escolher uma distração para procrastinar. Assuma o compromisso firme de se lembrar da prática de *procrastinar a distração* em relação a essa tentação ou prepare algum tipo de lembrete para lembrá-lo do exercício. Escreva sobre isso em seu diário todas as noites para ganhar mais motivação e autoconsciência.

MÉTODO 3: DISPOSITIVOS DE COMPROMETIMENTO

Um dispositivo de comprometimento é uma escolha deliberada que você faz hoje para restringir suas opções de amanhã, com a intenção de ajudar seu eu futuro a praticar o autocontrole e permanecer no caminho rumo aos seus objetivos. Ele é projetado para criar um amortecedor para protegê-lo de seus impulsos futuros e pressões ambientais.

O exemplo clássico de dispositivo de comprometimento é a história das Sirenas, da mitologia grega. Essas sereias eram criaturas perigosas que atraíam os marinheiros com sua música encantadora, fazendo-os bater os navios nas rochas. Segundo a lenda, Ulisses (Odisseu) queria ouvir o canto das sereias evitando saltar ao mar ou destruir seu navio, então ordenou a seus homens que prendessem seu corpo ao mastro da embarcação. Foi um *dispositivo de comprometimento* que restringiu suas escolhas futuras, impedindo-o de agir por impulso.

Quais são suas Sirenas? Como você vai se amarrar ao mastro?

Em nossa vida moderna, um dispositivo de comprometimento poderia ser decidir excluir aplicativos de redes sociais de seu telefone ou bloquear sites que desperdiçam tempo para evitar usá-los quando se sentir entediado ou quiser procrastinar. Poderia ser matricular-se no plano semestral da academia ou assinar um programa on-line, de modo que não cumprir seu compromisso tenha consequências financeiras. Outro exemplo é não comprar chocolate ou salgadinhos no mercado, de modo que uma "boquinha" nada saudável não seja uma opção quando acordar às duas horas da manhã procurando algo para comer. Há também vários *plug-ins* de navegador que pode usar para limitar seu tempo em certos sites, apagar seu *feed* do Facebook ou do Twitter e esconder o buraco negro conhecido como "Vídeos relacionados" no YouTube.

Algumas pessoas gostam de criar um contrato formal com um amigo ou familiar, no qual se comprometem a atingir um objetivo dentro de determinado prazo, deixando inclusive um depósito. A pessoa só recebe seu dinheiro de volta se atingir seu objetivo; se não, o perde para uma instituição de anticaridade (uma organização à qual você não gostaria de dar dinheiro). Em vez de uma consequência financeira, pode ser também uma consequência social: por exemplo, se você fracassar, seu amigo tem que publicar fotos embaraçosas suas na internet.

Há muitas maneiras de criar um dispositivo de comprometimento, e você pode ser criativo. O propósito é tornar a falha de autocontrole impossível, ou, pelo menos, acrescentar uma consequência ruim o suficiente para detê-lo e impedir que desista pelo caminho.

PONTOS-CHAVE

Neste capítulo, você aprendeu fatos sobre a dopamina, a armadilha da gratificação instantânea e a necessidade de priorizar sua aspiração, não seus prazeres. Aprendeu três métodos poderosos para lidar com as distrações, além dos métodos mencionados antes no pilar Consciência. Caso sinta-se na dúvida em relação a qual priorizar, eis aqui uma rápida descrição de como eles se encaixam.

Soluções para distração		
	Semana do Monge	Faça uma vez, para reiniciar
	Procrastinar a Distração Mude seu Foco Mude sua Percepção	Pratique sempre que se deparar com a distração
	Dispositivo de comprometimento	Ajuda extra opcional

- A indiferença ocorre quando você não se importa mais o suficiente com seu objetivo ou aspiração porque se distraiu com outra coisa. Você está satisfazendo a sua necessidade humana de realização e propósito com pequenos prazeres que prometem ambos, mas não ofertam nenhum dos dois e o mantêm viciado, atrás de mais.
- Os prazeres são o *fast-food* da felicidade. É possível obtê-los de forma rápida e barata, mas eles não vão satisfazê-lo. Não oferecem os nutrientes de que você realmente precisa. A longo prazo, eles só o deixarão doente.
- Não dá para mudar como o cérebro funciona, mas você pode decidir como "procurar energia" — o tipo de *bem* que você busca. Se gastar energia buscando prazeres efêmeros, não restará energia para ir atrás do seu bem maior — a sua aspiração. É um péssimo investimento.
- Você precisa de níveis saudáveis de dopamina para ser saudável, portanto o problema não é a dopamina, mas a forma como procuramos experimentá-la. Quando consegue adiar a experiência da recompensa, a dopamina o motiva a permanecer nos trilhos; ela o mantém concentrado e criativo. Entretanto, ao procurar experimentar repetidamente picos breves e grandes de dopamina (gratificação instantânea), desgastamos nossa motivação, o que pode levar ao vício.
- Nosso cérebro não sabe lidar com as muitas fontes de estímulos supernormais do mundo moderno, por isso se vicia fácil em dopamina. É necessário interromper esse ciclo vicioso desenvolvendo a consciência, limitando as atividades que lhe dão uma injeção rápida de dopamina e, em vez disso,

concentrando-se em atividades que aumentam os níveis de dopamina — como exercício físico, estudo e meditação.

- Priorizar metas de longo prazo em detrimento da gratificação instantânea não tornará sua vida entediante ou sem vigor. Pelo contrário, as pesquisas mostram que, com autocontrole maior, a sensação de felicidade e a satisfação com a vida na verdade aumentam. Os prazeres efêmeros, por outro lado, logo sofrem uma "correção" e não alteram o que você sente a longo prazo.
- Uma boa vida tem tanto aspirações quanto prazeres. O equilíbrio é alcançado priorizando seus objetivos de longo prazo, mas deixando espaço para alegrias de curto prazo também (analogia do jarro com pedras, seixos e areia). Isso permitirá que você substitua os picos de "dopamina negativa" por curvas de dopamina mais saudável e de longo prazo. Também permitirá que desfrute dos pequenos prazeres da vida sem culpa e os aprecie muito mais.
- A gratificação instantânea deve ser um deleite ou uma recompensa — não o normal. Deve ser algo a que nos entregamos *conscientemente*, não compulsivamente. Deve ser algo que melhore nosso bem-estar, e não algo que tente encobrir um vazio subjacente.
- Princípio de Pareto: dedique 80% de seu tempo, dinheiro e energia a coisas que façam seus valores e objetivos mais altos avançarem e 20% a prazeres e distrações. Ou, se for realmente ambicioso, tente chegar à proporção 90/10.
- Método 1 — *Semana do Monge*: faça um *detox* de dopamina por uma semana, evitando todas as distrações e tentações e, em vez disso, cultivando a presença, o contentamento e o trabalho concentrado. Satisfaça sua fome de sentido e prazer com objetivos de longo prazo, em vez de fontes de gratificação instantânea.
- Método 2 — *Procrastinar a Distração*: quando houver um forte desejo de se entregar a uma distração, procrastine-o. Mantenha

o foco no trabalho que está fazendo e deixe a distração para *mais tarde*, para que a gratificação instantânea não seja mais tão instantânea. Essa é uma variante do Método PAV.

- Método 3 — *Dispositivos de comprometimento*: faça uma escolha deliberada hoje para restringir suas opções de amanhã, com a intenção de ajudar seu eu futuro a praticar o autocontrole e permanecer no rumo de seus objetivos.

CAPÍTULO 23

A CONSCIÊNCIA SUPERA DESCULPAS

Argumente a respeito de suas limitações
e elas pertencerão a você.
RICHARD BACH

Mentir para nós mesmos é uma coisa. Acreditar é outra.
STEVEN PRESSFIELD

Ou alguém compra seus sonhos em troca de suas desculpas,
ou compra suas desculpas em troca de seus sonhos.
ORRIN WOODWARD

UMA DESCULPA É ALGO QUE VOCÊ DIZ A SI MESMO PARA justificar uma exceção a um compromisso, ignorar um hábito ou fazer algo que você sabe que dá menos um ponto em sua vida. É racionalizar seus impulsos emocionais para não se sentir mal em agir motivado por eles.

Encontre um procrastinador e encontrará um especialista em desculpas. Encontre alguém com um vício e encontrará um medalhista de ouro nesse esporte. Nós somos ótimos em racionalizar; conseguimos justificar o descumprimento de qualquer regra.

Assim como em muitos dos desafios de autodisciplina, existe uma base neurológica para nosso hábito de dar desculpas. Vimos que as principais prioridades de nosso cérebro primitivo são, primeiro, economizar energia e sobreviver; depois, evitar a dor; e, por fim, experimentar o prazer. O cérebro racional (neocórtex) e todos os seus objetivos são relativamente novos no jogo. Assim, quando damos desculpas, tentamos tirar o cérebro racional do caminho — para justificar seguir nossos impulsos —, usando sua própria linguagem para argumentar com ele: a razão.

Formar hábitos ruins é fácil: é só tomar o caminho do menor esforço. Seguir o que *parece bom* no momento, independentemente das consequências a longo prazo. Criar hábitos positivos é difícil: é preciso esforço e perseverança. É preciso seguir o que *se sabe que é bom*, independentemente de como aquilo *parecer* no momento.

Desculpas são uma forma de evitar fazer esse esforço, evitando, ao mesmo tempo, sentir-se mal com isso (angústia emocional). "Prevenir a dor e, ao mesmo tempo, economizar energia? Ah, SIM!" — essa é a reação de seu cérebro primitivo às desculpas, e é por isso que ele as ama.

Essa predisposição genética funciona muito bem se nosso objetivo for apenas sobreviver. Mas para o ser humano moderno, que busca satisfação, realização e contribuição significativa, ela é autodestrutiva. É racionalizar o porquê de ser pior do que pode ser e não expressar seu pleno potencial.

Se você planeja deliberadamente ser pior do que é capaz de ser, então eu lhe aviso que será infeliz pelo resto de sua vida.
ABRAHAM MASLOW

Algumas desculpas o impedem de começar, ou até mesmo de sonhar. Outras aparecem mais tarde, impedindo que seja consistente ou que dê o melhor de si.

Exemplos de desculpas por não tentar (ou não tentar com muito empenho):

- Provavelmente nunca vai funcionar comigo mesmo, porque ____________________.
- Talvez eu seja velho demais para isso.
- Eu não tenho tempo/dinheiro/apoio para fazer isso.
- Vou tentar depois de ____________ (algo no futuro).
- Não sou talentoso/bem relacionado/esperto/experiente o suficiente.
- Não sou como ______ (modelo de inspiração), porque tive uma infância difícil.
- Perdi minha chance. Agora é tarde demais.
- Não há garantias de que terei sucesso.
- Não consigo. Nunca terminei nada…

Exemplos de desculpas para não fazer uma atividade diária, procrastinar ou não cumprir uma resolução:

- Agora não é a hora certa. Vou começar quando ________.
- Vou abrir uma exceção só desta vez, porque ___________.
- Agora estou cansado/ocupado/desmotivado demais para ____________________.
- Não estou a fim agora.
- Não estou chegando a lugar nenhum com isso, mesmo.
- Deixe-me pensar um pouco sobre isso.
- Uma mordida/taça/rodada nunca fez mal a ninguém.
- Isso vai me ajudar a me sentir bem e a relaxar.
- Não fazer isso só desta vez não faz mal nenhum.
- Esta semana não está sendo boa. Vou recomeçar na segunda.
- Todos os outros estão fazendo isso.
- Deixa para amanhã.

Quais são suas desculpas preferidas? O que está sacrificando ao acreditar nelas?

PENSAMENTO DE TUDO OU NADA

Um dos tipos de desculpas mais comuns que ouço de meus clientes nas sessões de *coaching* é o que se conhece como *pensamento de tudo ou nada*. Portanto, vamos dedicar algum tempo detalhando-o aqui.

Pensamento de tudo ou nada ocorre quando, ao não cumprir sua regra uma vez, você convence a si mesmo a quebrá-la ainda mais, pensando que seu caso já está perdido. Assim, sobrecarrega o seu eu futuro com a tarefa de recomeçar. Esse é um padrão de pensamento muito comum e bastante limitante.

É mais ou menos assim... Você se compromete a fazer vinte minutos de esteira todos os dias. Faz vinte minutos na segunda-feira e vinte minutos na terça. Pula a quarta, porque estava ocupado. Na quinta, você se sente cansado e diz: "Ah, bem, eu já não fiz ontem, então vou considerar esta semana desperdiçada e começar de novo na próxima".

Ou você se comprometeu a ficar um mês sem comer besteira e açúcar. No quinto dia, vai a uma festa de aniversário e, como todos estão tomando refrigerante, você faz o mesmo. Então pensa: "Ah, bom, hoje já bebi refrigerante, então vale comer alguns cachorros-quentes e uma fatia de *cheesecake* também". Ou: "Hoje à noite tenho uma festa e provavelmente vou comer mal, então posso considerar o dia desperdiçado e comer porcarias no almoço também". Ou: "Eu já traí meu parceiro beijando esta pessoa, poderia muito bem não parar por aí...".

O *pensamento de tudo ou nada* é como furar três pneus bons porque um deles está vazio, e, por isso, não vai dar mesmo para dirigir.

A maneira de reverter essa tendência é primeiro considerar cada escolha *individualmente*. Não some todas elas a uma porção como um dia/semana/mês e depois considere o todo positivo ou negativo. Cada escolha por si só representa adicionar ou tirar um ponto. Fazer sua esteira na segunda e na terça-feira, depois na sexta e no sábado é muito melhor do que simplesmente não fazer — pelo menos teve quatro +1 nessa semana. Funciona igual com o exemplo da comida: beber refrigerante uma vez tira um ponto, mas adicionar o cachorro-quente e o *cheesecake* à lista representa um -3 para seus objetivos.

As tentações são muitas vezes assim: você lhes dá seu dedo mindinho e elas querem pegar a mão toda. Lembre que é muito melhor perder só o dedo mindinho do que a mão inteira!

Tudo ou nada: "Será um +7 ou um 0!"
Expectativas realistas: "Um +4 é melhor que nada!"

A segunda questão aqui é deixar de lado as expectativas irreais e o perfeccionismo (veja o Capítulo 21). Um perfeccionista acredita que um "fracasso" estraga tudo, por isso, quer se recompor e recomeçar. Acredita que um fracasso significa que não é suficientemente bom e que não será capaz de formar esse hábito, por isso, vale mais a pena se entregar de antemão. Isso fará desse hábito um problema para o seu eu futuro.

Para contrariar essa tendência, antecipe falhas, contratempos e desafios. Assim que notar que se desviou do caminho, conte suas perdas e siga em frente. Faça o seu melhor a partir deste momento. Isso é o suficiente.

Essa habilidade é desenvolvida na meditação: assim que perceber que sua atenção se dispersou, você a traz de volta ao objeto da meditação (respiração/mantra). Você não diz a si mesmo: "Ah, bom, eu pensei em algo, então vou descartar essa meditação. É melhor parar agora e tentar de novo amanhã". Em vez disso, você apenas se torna consciente de seu pensamento e conduz sua atenção de volta o mais rápido possível. O mesmo se aplica a todos os outros hábitos e objetivos na vida.

Vamos agora falar sobre os métodos que você pode usar para superar outros tipos de desculpas.

MÉTODO 1: DESAFIE SUAS DESCULPAS

Imagine que a resistência que sente é um peso na sua academia mental. Cada vez que ela aparecer, você pode ou se afastar e se sentir mais fraco, ou agarrá-la e se tornar mais forte.
PATRICK EDBLAD

Desculpas são pensamentos, então podem ser resolvidas ao se mudar a maneira de pensar sobre as coisas. Essa mudança é feita através do Método PAV, explicado no Capítulo 17.

Digamos que você se comprometeu a meditar todos os dias, e a desculpa é que hoje você está ocupado e, também, sem vontade. Seguindo o Método PAV, o primeiro passo é fazer uma **pausa**, desacelerar e interromper o padrão de dar uma desculpa; isso significa que ainda não está agindo com base em sua desculpa, mas, em vez disso, apenas respira fundo.

O segundo passo é tomar **consciência** de que você está inventando uma história para si mesmo, ver claramente os pensamentos que surgiram e aonde eles o levarão (+1 ou -1). Rotular seus pensamentos pode ajudá-lo bastante. Pode ser tão simples quanto dizer mentalmente: "Desculpas estão surgindo" ou "Racionalizando". Ou você pode ir além, materializando a voz da desculpa em sua mente — dê-lhe um nome, para que possa separá-la de si mesmo. Por exemplo, "Racionalizando": "O sr. Não Consigo está aqui" ou "O Reclamão está falando".

O terceiro elemento, a **força de vontade**, significa mudar intencionalmente seu estado de espírito — neste caso, desafiando suas desculpas e mudando sua narrativa. Eis aqui alguns exemplos:

Desculpa	Contestando	Mudando
Vou fazer isso amanhã...	Você disse isso ontem!	Se eu não fizer isso agora, não farei nunca. Nada vai estar diferente amanhã.
Hoje foi um dia cansativo e não estou a fim de me exercitar.	Que dia não é? Se só se exercitar quando não estiver cansado, acha que vai chegar muito longe?	Não importa como me sinto. Vou lá fazer o mínimo, mas não vou deixar de ir!
Abrir uma exceção e desfrutar disso hoje vai me ajudar a relaxar e a ficar bem...	Vai, sim, mas a que custo? Se sempre pensar assim, quem vai se tornar?	Que alternativas mais saudáveis tenho para relaxar e me sentir melhor agora?
Todo mundo perde tempo nas redes sociais...	E "todo mundo" está mais ansioso e deprimido do que nunca... Isso é mentalidade de rebanho!	O que vou conquistar se dedicar metade do tempo que gasto nas redes sociais aos meus objetivos?
Não tenho tempo nem dinheiro para ir atrás desse sonho.	Há muitos exemplos de pessoas com menos recursos que tiveram sucesso.	Isso é mesmo importante para mim? Se sim, o que posso fazer agora para avançar um pouco?

Da próxima vez que se flagrar dando desculpas, aplique o Método PAV. Faça uma pausa. Tome consciência de sua voz interior. Use sua força de vontade para transformá-la em algo que lhe permita agir. Faça isso repetidamente, tantas vezes quanto for necessário, até que as velhas desculpas não apareçam mais.

Não espere pelo momento "certo". Afaste a preguiça e o desconforto e faça algo do qual possa se orgulhar. Dê um passo em direção ao seu eu ideal. Use a técnica Abrace sua Dor, se necessário (veja o Capítulo 20).

Recuse-se a sentir pena de si mesmo. Não se faça de vítima — mesmo que, objetivamente falando, você realmente tenha sido vítima de injustiça (veja o Capítulo 12). Saiba que você sempre tem escolha e apenas concentre-se em fazer a melhor escolha possível a cada momento. Acumule o máximo de pontos positivos que puder, até que haja uma massa crítica que o empurre em direção ao seu objetivo ou à mudança que deseja fazer.

Exercício:

1. Pense em três objetivos ou áreas de sua vida nas quais você quer ser mais disciplinado.
2. Pense nas últimas três ocasiões em que não cumpriu uma resolução/intenção para cada um desses objetivos.
3. Identifique as desculpas que usou para justificar essa escolha por meio da razão.
4. Abaixo de cada desculpa, escreva como pode contestá-la ou apontar buracos nessa narrativa.
5. Em seguida, escreva a conversa que pode ter para ver a situação com novos olhos e passar à ação.
6. Comprometa-se a se lembrar de fazer isso da próxima vez que essa desculpa passar pela sua cabeça.
7. Revise esta lista diariamente por vinte e um dias ou até que as novas maneiras de pensar se tornem naturais.

MÉTODO 2: VISUALIZAÇÃO PODER

Quando as pessoas do movimento da evolução pessoal falam sobre visualização, muitas vezes querem dizer visualizar que você atingiu seu objetivo sem esforço e está desfrutando dele, como o conceito da "lei da atração" inspira. Isso não é o que eu quero dizer com visualização.

Para superar desculpas, resistências, falhas e outros desafios em seu caminho, é necessário visualizar o processo de superá-los — e não apenas a felicidade do resultado. De fato, as pesquisadoras Heather Kappes e Gabriele Oettingen publicaram um estudo mostrando que a visualização do resultado pode, na verdade, ser prejudicial, uma vez que drena sua motivação. Seu cérebro pensa que tudo está feito e, por isso, há menos energia disponível para fazer o esforço necessário na trajetória.

A visualização como ferramenta da Autodisciplina Consciente diz respeito a ensaiar a perseverança. Você se imagina fazendo o que precisa fazer, enfrentando obstáculos e depois superando-os com sucesso. Eu chamo isso de Método P-O-D-E-R. Você pode usar essa visualização como um complemento para desafiar suas desculpas (método apresentado anteriormente) ou também como uma técnica independente.

Visualização P-O-D-E-R

Preparação → **O**bstáculo → **D**eterminação e força de vontade → **E**nergia → **R**esultado

O processo é assim:

1. **Preparação.** Sente-se ou deite-se de modo confortável. Feche os olhos. Chegue a um estado de tranquilidade, de relaxamento, usando sua técnica de meditação favorita.
2. **Obstáculo.** Visualize-se trabalhando em prol do seu objetivo ou ideal e depois enfrentando os obstáculos que aparecem. Visualize-os com o máximo de detalhes. Perceba como se sente naquele momento — medo, desculpas ou dúvidas que possam surgir, irritação ou confusão, distrações, o fracasso e o desânimo.
3. **Determinação e força de vontade.** Veja-se parando, tomando consciência da situação e intencionalmente fazendo um esforço para mudar seu estado de espírito (Método PAV). Visualize-se lembrando das ferramentas que aprendeu e usando sua determinação e força de vontade para aplicá-las.
4. **Energia.** Experimente o estado de acúmulo de energia que vem como resultado de utilizar seus recursos internos e superar obstáculos. Sinta como isso é fortalecedor e energizante.
5. **Resultado.** Visualize-se vencendo esse obstáculo e avançando. Sinta como isso é bom.

Por exemplo, se, para você, o sucesso significa ter um ótimo relacionamento com seu parceiro, visualize os *conflitos*, os mal-entendidos, as brigas que provavelmente acontecerão. Sinta a frustração, a confusão. E então visualize-se encontrando as *ferramentas*, a *clareza* e a *energia* para superá-los com sucesso, com ambos, você e seu parceiro, saindo da tempestade mais fortes e mais unidos. É muito diferente de simplesmente visualizar os momentos de lua de mel eterna. É mais prático e realista.

Faça toda a visualização do jeito mais vívido possível, como se estivesse realmente presente. Se você não é bom em visualizações, então imagine a situação da maneira que funcione melhor para você. O importante é fazer a situação parecer real e experimentá-la em primeira mão, para que esteja de fato preparando seu cérebro para se comportar de uma maneira diferente.

OUTRAS SOLUÇÕES

No Capítulo 29, sobre a superação de dúvidas, você aprenderá duas técnicas que também funcionam bem para superar desculpas: a Agora Não e a Remova suas Opções. São grandes técnicas curinga, que removem muitos obstáculos internos de uma só vez. Se nenhuma das técnicas deste capítulo funcionar para você, talvez seja uma boa ideia experimentá-las.

Por fim, talvez você também queira considerar a possibilidade de que alguém fique de olho em você (veja o Capítulo 35). A maioria das pessoas é especialista em se enganar. Somos incapazes de enxergar nossas desculpas ou de agir coerentemente apesar delas. Podemos precisar de alguém que funcione como um espelho e nos ajude a permanecer no rumo certo. Portanto, seria de grande ajuda se tivesse um colega que fosse ousado e psicologicamente inteligente (ou seja, que entenda como a mente funciona). Ou você pode considerar contratar um *coach* de disciplina.

As desculpas são uma forma de autossabotagem. Supere-as utilizando todos os meios necessários, para que possa avançar sem o freio de mão estar puxado.

PONTOS-CHAVE

- Uma desculpa é algo que você diz a si mesmo para justificar abrir uma exceção a seu compromisso, ignorar um hábito ou fazer algo que sabe que significa perder um ponto em sua vida. É racionalizar seus impulsos emocionais para que não se sinta mal em agir motivado por eles.
- Pensamento de tudo ou nada é quando você quebra as regras uma vez e depois convence a si mesmo a quebrá-las mais uma vez, pensando que seu caso já está perdido. Para reverter isso, considere cada escolha *individualmente* (e não a associando a outras) e abandone a expectativa irreal de que será capaz de seguir de modo perfeito desde o início.
- Método 1 — *Desafiar suas Desculpas*: aplique o Método PAV (veja o Capítulo 17) para interromper o padrão de pensamento, observe a história que está contando a si mesmo e suas consequências (+1 ou -1), e mude a narrativa, desafiando suas desculpas. Crie uma lista de respostas para suas desculpas mais comuns.
- Método 2 — *Visualização*: visualize o processo de superação de desculpas, resistências, falhas e outros desafios pelo caminho usando o Método PODER (Preparação, Obstáculo, Determinação e força de vontade, Energia, Resultado). Não visualize apenas o resultado, pois isso pode, na verdade, desmotivá-lo.
- Outras soluções para superar as desculpas são as técnicas Agora Não e Remova suas Opções (veja o Capítulo 29), ou procurar alguém que acompanhe seu processo.

CAPÍTULO 24

O CENÁRIO GERAL DA *CONSCIÊNCIA*

O PILAR CONSCIÊNCIA É A BASE DA AUTODISCIPLINA Consciente. Ele lhe dá a liberdade de escolher como responder à vida à medida que ela se desenrola, ajudando-o assim a viver alinhado com seus objetivos e valores. Sem ele, a verdadeira autodisciplina não é possível, porque se está vivendo de modo automático — o seu futuro será uma repetição do seu passado. Com consciência, você pode projetar seu futuro de acordo com suas aspirações.

A autoconsciência traz clareza; ela vê as coisas como são, com honestidade radical. Ela é neutra — não rejeita nem envergonha. E o aceita como você é, sem autoagressão.

Cultiva-se a consciência com três práticas centrais: **meditação** (todas as manhãs), **integração** (ao longo do dia) e **reflexão** (escrita em um diário à noite). Integração é praticar o Método PAV — incluindo as três *técnicas de vontade* — em seu cotidiano, para que possa dar passos adiante em direção a suas aspirações (+1) e evitar se afastar delas (-1). Esse é o cerne do pilar Consciência.

O pilar Consciência

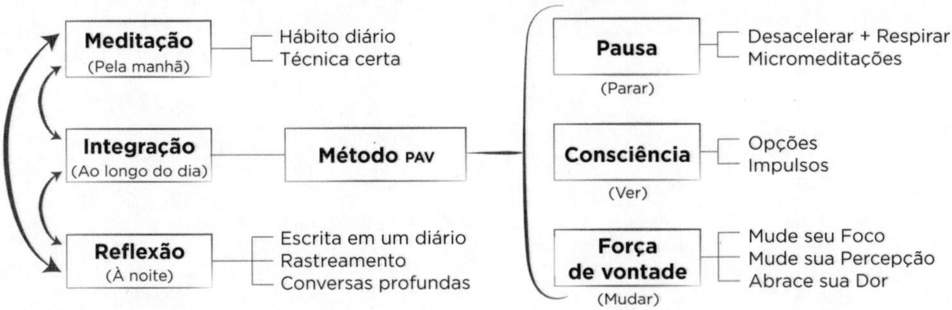

O Método PAV e outras práticas de conscientização também ajudam a superar diretamente três dos maiores obstáculos da autodisciplina: falta de perseverança, distrações e desculpas.

- Para **perseverar**, use a consciência para se livrar de emoções difusas pelo Método ROAR e, também, para abandonar expectativas irreais (perfeccionismo e síndrome da falsa esperança).
- Para superar as **distrações**, reestabeleça seus níveis de dopamina com o método Semana do Monge, use o método Procrastine a Distração e as técnicas de força de vontade do PAV; opcionalmente, busque dispositivos de comprometimento para subir de nível.
- Para superar as **desculpas**, use uma variante do Método PAV conhecida como Desafie suas Desculpas, além da Visualização PODER.

Agora, respire fundo. Você sabe o que quer (suas aspirações) e tem as ferramentas para continuar no rumo de seus objetivos, pelo poder da consciência. É hora, então, de mergulhar no terceiro e último pilar da Autodisciplina Consciente.

PILAR 3

AÇÃO

CAPÍTULO 25

AÇÃO - PASSO 1: CRIE SEU CAMINHO

Sua habilidade de se disciplinar e estabelecer objetivos claros e depois trabalhar na direção deles a cada dia fará mais para garantir seu sucesso do que qualquer outro fator individual.
BRIAN TRACY

Faça primeiro o que você não quer fazer de jeito nenhum.
CLIFFORD COHEN

Autodisciplina é a habilidade de se obrigar a fazer o que precisa, quando precisa, estando com vontade ou não.
ELBERT HUBBARD

ASPIRAÇÃO SEM AÇÃO É APENAS ILUSÃO. CONSCIÊNCIA sem ação é impotência. Sem ação, suas resoluções e intenções são inúteis.

Este terceiro pilar tem tudo a ver com agir — o elemento final essencial da Autodisciplina Consciente. É aqui que a coisa fica séria. Mas apenas agir não é suficiente. Sua ação precisa ser proposital, consistente e eficaz.

No primeiro passo deste pilar, você aprenderá a traduzir suas aspirações e objetivos em marcos e hábitos, e então superará os quatro obstáculos remanescentes à ação disciplinada: o esquecimento, a procrastinação, as dúvidas e a rigidez.

Agir requer esforço, e seu cérebro não gosta de esforço. Aliás, há 10 mil anos, muitas vezes a preguiça era uma virtude — significava poupar energia e, assim, multiplicar as chances de sobrevivência. Hoje em dia, a preguiça significa exatamente o oposto: você terá dificuldade para pagar as contas. Além disso, se o seu objetivo é não apenas sobreviver, mas também prosperar, a preguiça não é uma opção.

O pilar Ação

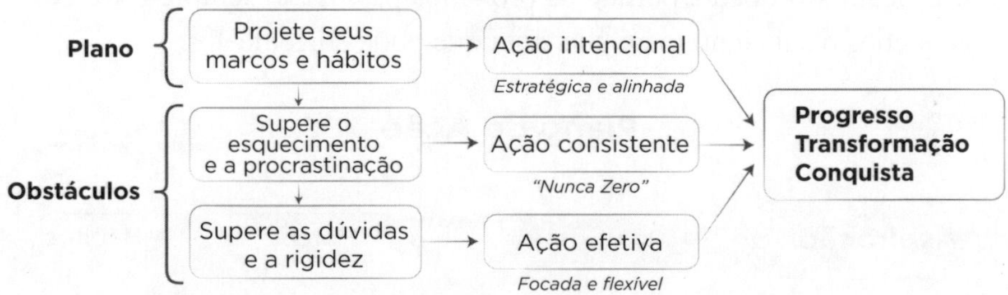

Seu plano de ação

Para avançar rumo à sua aspiração, você precisa agir de forma *organizada*. Para isso, precisará de um plano de ação, que é o seu mapa do terreno. Caso contrário, é fácil acabar se esforçando muito sem saber realmente o que está fazendo, e depois colher os resultados que procura. Isso leva à frustração e à desistência.

Ter um plano de ação assim pode ajudá-lo a evitar duas armadilhas pelo caminho:

- Subestimar a jornada.
- Subestimar a si mesmo.

Quando se subestima a jornada, há uma tendência inconsciente de alocar menos recursos do que a tarefa realmente exige. Você pensa que as tarefas exigirão menos tempo, menos energia, menos paciência e menos força de vontade do que elas de fato exigem. Por isso, os desafios naturais, obstáculos e incertezas do trajeto o pegam de surpresa. Quando isso acontece, pode se sentir desanimado e esgotado.

Quando você se subestima, olha para o caminho à sua frente e se sente atordoado. Pensa: "É impossível conseguir fazer tudo isso". Você não tem rota clara para o futuro, por isso se sente desanimado e começa a duvidar de si mesmo.

Dividir sua jornada em marcos e depois em passos lhe permite evitar essas duas armadilhas. Você terá uma melhor compreensão do que é necessário para atingir seu objetivo, desenvolvendo assim uma dose saudável de respeito pelo trabalho que está por vir. E também não ficará atordoado, porque os próximos passos são sempre claros e pequenos o suficiente para que sinta que pode enfrentá-los.

Plano de Ação

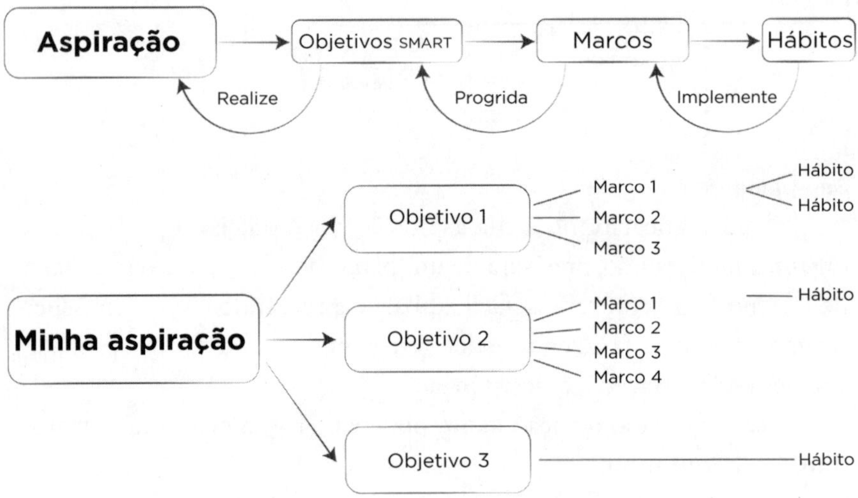

Agora vamos começar a elaborar seu plano de ação!

ESCOLHA SEUS MARCOS

Sua aspiração é o benefício final. É a sua nova identidade — quem você quer ser. No Capítulo 9, traduzimos isso em objetivos SMART, que são mais específicos e possuem prazos. Agora precisamos dividir ainda mais algumas de seus objetivos SMART em marcos.

Uma aspiração pode incorporar várias metas, abrangendo os diferentes aspectos desse sonho, valor ou projeto. E cada meta, muitas vezes, tem pelo menos dois marcos. Marcos são as fases-chave pelas quais se passa para cumprir uma meta. Eis aqui alguns exemplos.

Aspiração	*Vida familiar feliz*	*Compartilhar minha sabedoria*	*Saúde e vitalidade*
Objetivo 1	*Casar-me com alguém inteligente e carinhoso antes dos trinta e cinco anos*	*Escrever um livro importante sobre liderança até o fim do ano que vem*	*Perder vinte quilos até o Natal*
Marco 1	*Desenvolver a mim mesmo*	*Pesquisar e planejar o tema*	*Perder os primeiros cinco quilos*
Marco 2	*Encontrar um bom parceiro*	*Escrever o primeiro esboço*	*Perder mais cinco quilos*
Marco 3	*Construir nossa relação*	*Conseguir que o livro seja publicado*	*Perder mais cinco quilos*
Marco 4	*Casar-me*	*Promover o livro*	*Perder os últimos cinco quilos*

Como pode ver, para alguns objetivos, os marcos serão diferentes tipos de tarefas ou subprojetos (como nas duas primeiras aspirações do quadro). Para outros tipos de metas, de natureza mais quantificável, os marcos serão diferentes etapas de progresso da mesma atividade (terceira aspiração do quadro).

Também pode ser benéfico ter uma data de início e fim para cada um de seus marcos. Essas datas são estimadas, não uma realidade. A realidade raramente será como um de seus planos; no entanto, o planejamento ainda assim é extremamente útil. Ter datas para começar e prazos claros ajuda a manter seu impulso, formar um senso de urgência e concentrar seus recursos de modo adequado.

Eis aqui seus próximos passos de sua jornada de Autodisciplina Consciente:

1. Selecione uma aspiração e um de seus objetivos SMART.
2. Divida esse objetivo em marcos.
3. Adicione uma data de início e um prazo para cada marco.
4. Repita os passos acima para cada aspiração e objetivo.

Os marcos permitem que você concentre melhor sua energia e evite se sentir atordoado. Eles esclarecem os passos a seguir, ajudam--no a se sentir mais motivado e lhe dão um gostinho de sucesso mais rapidamente. Seu sonho pode ser do tamanho que quiser, mas é preciso dividi-lo em objetivos SMART e esses objetivos em marcos realizáveis.

Se sua grande aspiração ainda não estiver clara, então simplesmente comece com a meta de melhorar uma área específica de sua vida e desenvolver os hábitos necessários para conseguir isso.

Etapa de ação: dividir suas metas em marcos específicos.

ESCOLHA SEUS HÁBITOS

Uma vez que tenha marcos claros, divida cada um deles em hábitos. Seus hábitos são as coisas específicas que precisa fazer para completar cada marco. Eles podem mudar conforme avança de um marco para o próximo.

Um hábito é um compromisso com sua meta. É alocar tempo e energia para fazer seu projeto avançar. Se sua aspiração não for traduzida em hábitos, ela nunca será cumprida.

Há três tipos de hábitos, dependendo da natureza de seu marco.

- **Hábito de ação.** O que você precisa é se comprometer com uma única atividade, como: "Meditar durante vinte minutos todas as manhãs" ou "Escrever em meu diário de gratidão antes de dormir".

- **Hábito de substituição.** Quando sua autodisciplina envolve romper com um hábito negativo ou superar um impulso prejudicial, seu hábito será então para substituir a ação que realiza após uma situação específica por outra ação mais saudável. Por exemplo: "Sempre que tiver vontade de fumar, farei cinco minutos de respiração consciente".
- **Hábito de projeto.** Quando seu marco é um subprojeto complexo com diferentes tipos de atividades (por exemplo, lançar um blog ou comprar a casa dos seus sonhos), seu hábito estará na forma de um compromisso temporal, como: "Trabalhar em meu projeto das 19 às 21 horas, cinco dias por semana". Durante o tempo alocado, você realizará as tarefas necessárias para cumprir todos os seus marcos, em ordem, um após o outro.

Há muitas maneiras diferentes de atingir um objetivo, e há hábitos diferentes que poderiam ser úteis para cada fim. Cada hábito, portanto, representa uma estratégia diferente. Se seu objetivo é emagrecer, seu hábito pode ser seguir uma dieta baixa em carboidratos ou praticar jejum intermitente, comendo uma vez por dia (dieta OMAD) — é possível adotar diferentes hábitos para alcançar o mesmo resultado.

Liste seus hábitos

Seu próximo passo é descobrir os hábitos específicos que precisa criar a fim de cumprir sua meta. Quem você precisará se tornar a fim de transformar sua aspiração em realidade? Quais são os hábitos e comportamentos da sua versão ideal de si mesmo — aquela que atingiu o objetivo?

Veja seu primeiro marco e faça uma lista de todas as atividades importantes que precisa realizar para cumpri-lo. Esses serão os rituais diários que o ajudarão a progredir em direção ao seu objetivo. Eis aqui algumas perguntas para ajudá-lo a pensar sobre isso:

- Que mudanças preciso fazer para alcançar minha meta?
- Que atividades me ajudam a progredir rumo à minha meta?
- Quais são as diferentes estratégias para alcançar essa meta e seus passos?

- Que novas crenças e formas de pensar terei que desenvolver?
- Quais são os hábitos, rotinas e virtudes das pessoas que alcançaram essa meta?

Para responder à última pergunta, você pode usar os modelos que listou ao completar os exercícios do pilar Aspiração (Passo 1). Esmiúce o que torna essas pessoas quem elas são. Isso lhe dará uma lista de coisas que precisa fazer e de qualidades que precisa desenvolver. Alternativamente, pode se basear em sua identidade futura ideal para responder a essas perguntas.

Uma vez que termine sua lista de atividades, revise-a e tente descobrir um ou dois hábitos essenciais que precisa desenvolver. As coisas sem as quais nenhum progresso real será possível.

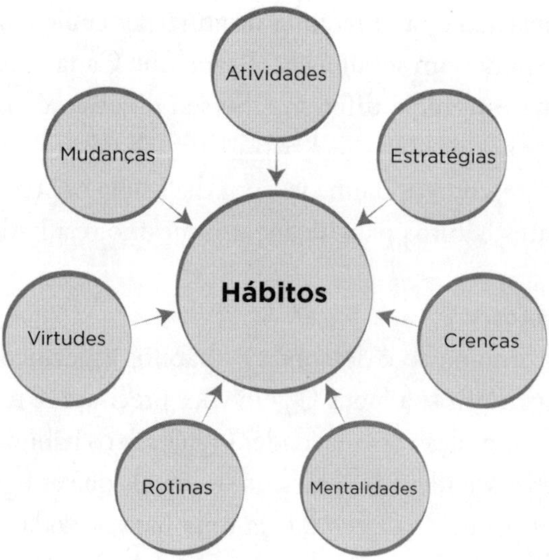

Para a área da saúde, os hábitos essenciais podem ser praticar atividades físicas diariamente e ter um horário regular de sono, ou praticar atividades físicas diariamente e controlar as porções dos alimentos. Para o bem-estar, podem ser meditar e programar pausas em nosso estilo de vida agitado. Para as aspirações relacionadas às finanças, podem ser economizar e estudar oportunidades de investimento. No trabalho, pode ser passar uma hora por dia aprendendo uma habilidade importante. Nos relacionamentos, podem ser tornar-se mais empático e praticar a gratidão diária. Para o crescimento pessoal, podem ser manter um diário e ler bons livros.

Encontre os hábitos fundamentais

Pode haver inúmeros hábitos que você queira incorporar à sua vida. Hábitos relacionados a saúde, carreira, crescimento pessoal, passatempos e relações interpessoais. Entretanto, não precisa tentar começar todos agora mesmo. Na verdade, isso provavelmente seria atordoante, e não é uma boa ideia. Baseado em minha experiência como *coach* e praticante da autodisciplina, raramente funciona.

Em vez de se sobrecarregar, escolha um ou dois hábitos fundamentais e comece a praticá-los. Os hábitos fundamentais, de acordo com Charles Duhigg (autor do seminal *O poder do hábito*), são "pequenas mudanças ou hábitos que as pessoas introduzem em suas rotinas e que, involuntariamente, transferem-se para outros aspectos de suas vidas". Em outras palavras, trata-se de um único hábito que tem um efeito dominó positivo, facilitando a manutenção da autodisciplina também em relação a outros hábitos.

Eis aqui alguns exemplos de hábitos fundamentais:

- Meditação diária.
- Atividade física regular.
- Higiene do sono.
- Rotina matinal.
- Escrita em um diário.

Estes são hábitos fundamentais universais — todo mundo pode se beneficiar deles. Haverá também hábitos fundamentais exclusivos para seus objetivos e suas aspirações. Se você quiser escrever um livro, um hábito importante pode ser passar a primeira hora de seu dia desconectado, apenas escrevendo, sem interrupções. Se quiser melhorar seu ofício, pode ser passar a primeira hora de suas sessões de prática focado em dominar o básico. Se seu objetivo é criar um ambiente familiar mais feliz, pode ser tornar o horário do jantar sagrado, estimulante e livre de tecnologias.

Exercício: escolha seu primeiro hábito fundamental — pode ser um hábito universal, como a meditação, ou específico para seu objetivo. Escreva, resumidamente, a ação mínima e a ação ideal para o primeiro hábito que você deseja criar.

AJUSTE SEUS HÁBITOS

Agora que você sabe quais hábitos precisa formar para dar passos em direção a suas metas — e, assim, realizar suas aspirações —, é hora de ajustá-los, para que sejam mais eficazes. Hábitos eficazes precisam ser específicos, com horário ou intervalo específico e, de preferência, agradáveis.

Torne seus hábitos específicos

Os hábitos efetivos lhe dizem exatamente *o que* fazer, *quando* e *onde*. Se seus hábitos forem vagos, é muito improvável que os mantenha.

Eis aqui alguns exemplos.

Objetivos SMART	Hábito ineficaz	Hábito eficaz
Perder treze quilos em dois meses	Fazer um pouco de exercício toda manhã	Fazer meia hora de CrossFit às sete da manhã todos os dias na academia
Escrever um livro de duzentas páginas, até março, sobre liderança	Escrever toda noite antes de dormir	Escrever mil palavras toda noite logo depois do jantar, no meu escritório em casa
Melhorar nossa satisfação no casamento de 60% para 90% este ano	Conversar com mais frequência sobre nossas necessidades e desejos na relação, e como podemos melhorar	Fazer uma revisão do relacionamento de vinte minutos toda sexta à noite, respondendo às perguntas XYZ
Nunca mais gritar com meus filhos	Comprometer-me em ficar mais calmo e me lembrar de respirar quando estiver irritado	Fazer uma sessão de respiração consciente de cinco minutos antes de nosso tempo em família, não importa onde eu esteja
Passar, no máximo, meia hora por dia no YouTube	Colocar um *post-it* me lembrando de limitar meu tempo no YouTube	Ligar um contador no meu telefone sempre que eu começar a ver vídeos no YouTube

Torne seus hábitos *agradáveis*

Um dos elementos dos hábitos eficazes é a especificidade, como vimos acima. O outro elemento é remover o atrito — porque é difícil se concentrar no processo se você o odeia ou não o entende. Para se manter no caminho certo rumo a seus projetos e suas aspirações de longo prazo, você precisa se concentrar no processo, e não apenas no objetivo. É disto que tratam os hábitos: concentrar-se no processo.

Naturalmente, tendemos a procrastinar ou nos distrair quando temos que realizar tarefas de que não gostamos, que achamos tediosas ou sem sentido. Por outro lado, se você conseguir tirar alguma satisfação do próprio processo, ser disciplinado para atingir seu objetivo será mais natural. Você será mais sincero em seu processo.

Para que um hábito seja eficaz, veja se você consegue aprender a aproveitar o processo em si. Se conseguir aprender a realmente desfrutar das atividades necessárias para atingir seu objetivo, será muito mais fácil permanecer focado e manter esses hábitos a longo prazo. Para isso, ame não apenas a meta, mas também o caminho em si. Deixe que o caminho em si seja o objetivo. Esta abordagem não só é mais agradável, mas também mais eficaz.

A maneira de fazer isso é simples: ao ir atrás da sua aspiração, busque um processo de que você possa desfrutar ou aprenda a aproveitar o processo que encontrou. O resultado de ambas as abordagens é o mesmo: você estará presente, será dedicado e engajado. A perseverança virá mais naturalmente, as falhas serão menos importantes e será mais fácil ater-se ao seu plano até o fim.

Há muitas maneiras diferentes de se atingir um objetivo. Se quiser ficar em forma, por exemplo, existem centenas de atividades físicas diferentes. Se detesta corrida ou musculação, você pode tentar tênis, artes marciais ou qualquer outro esporte que ache interessante. Mesmo que essas opções tenham se provado objetivamente menos eficazes para seu objetivo específico, elas ainda seriam mais eficazes para você, porque será capaz de se concentrar melhor, se esforçar mais e realizar a atividade por mais tempo.

Trata-se de *encontrar um processo de que você possa desfrutar*. Quando não for possível ou desejável, você precisa aprender como desfrutar do processo de fazer algo de que naturalmente não gosta. Por exemplo, se ir ao CrossFit todos os dias é a maneira mais eficaz de alcançar seu objetivo, talvez seja melhor aprender a *gostar* de ir ao CrossFit.

Como aprender a gostar de uma atividade que não lhe agrada? Acrescentando recompensas a essa atividade, um assunto que abordaremos em profundidade no Passo 2 (o próximo capítulo). Mas obtenhamos agora mesmo uma breve visão geral, para que possa escolher seu hábito.

Você pode tornar uma atividade intrinsecamente gratificante usando uma reavaliação positiva (veja o Capítulo 19): contemple as qualidades dessa atividade, concentre-se em suas recompensas, mude sua voz interior sobre ela etc. Se não conseguir, você pode anexar recompensas extrínsecas. Uma maneira de fazer isso é conhecida como "agrupamento de tentações" — expressão cunhada pela professora Katherine Milkman. A técnica envolve combinar o prazer a uma atividade voltada a suas metas. Você pode fazer isso, por exemplo, ouvindo música enquanto caminha na esteira.

Apesar de esse conceito ser altamente elogiado por outros especialistas na área, eu não vejo utilizar a tentação como solução ideal — definitivamente não do ponto de vista da meditação. Já vivemos em um mundo de distrações e falaremos mais adiante a respeito das consequências de se estar em um modo multitarefa. O agrupamento de tentações divide sua atenção e o deixa menos concentrado na atividade em si, apenas para torná-la suportável. Também não é algo que você possa usar efetivamente para atividades que requerem concentração (tais como trabalhar ou estudar).

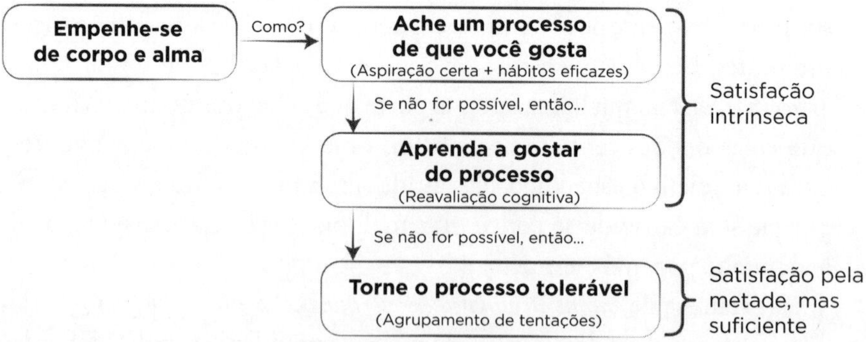

Por essas razões, eu quase não incluí esta técnica neste livro. No entanto, ela ainda é melhor do que odiar a atividade que você está fazendo e contar os minutos para o seu fim. Portanto, adote esse método como último recurso, caso não possa escolher um processo que você ama e não consiga fazer um trabalho de reavaliação positiva.

Uma área na qual esse método pode funcionar bem é quando a tentação vier *após* sua atividade de promoção de metas, em vez de junto com ela. Por exemplo: "Só vou assistir ao meu programa favorito depois de limpar a cozinha" ou "Só vou comer um pedaço de chocolate depois de escrever quinhentas palavras". No entanto, isso não é realmente um agrupamento de tentações, mas o que eu chamo de sequenciamento de tentações.

Conclusão: certifique-se de escolher um hábito agradável. Se não for possível, reserve um momento para refletir como você o tornará agradável — ou, no mínimo, tolerável.

Prepare o terreno

Agora que você sabe *o quê* — hábitos, atividades e qualidades que precisa cultivar —, chegou o momento de decidir *como* e se preparar.

Você precisa de alguma ferramenta, conhecimento especial ou outras circunstâncias externas para poder cultivar seu hábito? Se sim, seu primeiro passo é reunir essas coisas, caso contrário, não poderá começar. Pode ser comprar seus tênis de corrida, encontrar o mentor ou curso on-line certos, baixar os aplicativos necessários para facilitar seu trabalho, comprar um caderno, organizar sua agenda, criar espaço em sua casa para aquela nova atividade, conversar com seus familiares sobre seus novos horários e o que eles podem esperar de você, finalizar um projeto que está pendente etc.

Não deixe que isso seja uma desculpa para procrastinar ou para sentir que ainda não está pronto. Para evitar que isso aconteça, reserve agora um momento para decidir a data de início de seu novo hábito ou atividade. Anote-o na agenda e faça todos os preparativos necessários de antemão. Depois, quando o dia chegar, comece, sentindo-se pronto ou não, tendo finalizado tudo ou não.

Implementando seus hábitos

Eis aqui as etapas de ação para a criação de seu hábito, com base no que vimos até agora:

1. Decida os dois hábitos mais importantes que precisa criar.
2. Torne-os específicos e com horários/prazos estabelecidos.
3. Torne-os agradáveis.
4. Obtenha as ferramentas de que precisa e prepare-se com antecedência.

Na *etapa 2* do pilar Ação, você aprenderá todos os detalhes da mecânica dos hábitos, entre eles, como escolher a deixa ou o gatilho ideal para eles, tirar proveito de seu ambiente, escolher sua ação mínima e ideal, e tornar seus hábitos mais gratificantes. Ao final, terá tudo de que precisa para agir de forma coerente e intencional em direção a seus objetivos.

AGENDE SUAS REVISÕES

E se você estiver tomando medidas que sejam intencionais e consistentes, mas na direção errada? Nesse caso, você estaria se esforçando muito, mas progredindo lentamente. E, se não estiver disposto a aprender e a corrigir o curso, cairá na armadilha da *rigidez*.

É fundamental não só perseverar, mas também *adaptar-se*. A Autodisciplina Consciente não é uma questão de avançar às cegas; é uma questão de consciência e consideração.

Talvez você esteja seguindo sua dieta e seu regime de exercícios religiosamente, mas não emagrecendo como desejado. Ou esteja meditando todos os dias, sem falta, mas sem experimentar nenhum benefício. Você poderia continuar fazendo o que está fazendo, mas não há garantia de que começará a ter resultados diferentes. Talvez você precise fazer algum ajuste.

Não siga em frente obstinadamente, com uma abordagem baseada na força bruta, esperando que uma hora tudo dê resultado. Não se limite a "começar e depois deixar para lá", tornando seu hábito ou processo sem vida. Seja sempre atencioso. Seja sempre curioso. Continue aberto e receptivo a um novo treinamento.

Continue tolo.
STEVE JOBS

O processo precisa ser constantemente ajustado. Uma maneira eficaz de fazer isso é com revisões regulares, nas quais você analisa o que está funcionando, o que não está funcionando e estabelece suas necessidades atuais. Você pode fazer isso semanal, mensal ou trimestralmente.

Quando fizer suas revisões, precisará se perguntar: "Preciso perseverar nesta estratégia ou é hora de mudar as coisas?". Nesse caso, não há regras estabelecidas. Às vezes, você precisará mudar porque as circunstâncias mudaram ou porque descobriu que certa abordagem não funciona particularmente bem para você. Em outras ocasiões, só precisa perseverar por mais tempo, pois ainda não investiu o suficiente nessa linha de ação para tirar quaisquer conclusões significativas.

É necessário verificar caso a caso, usar sua intuição, educar-se e, potencialmente, obter a ajuda de um mentor nesse campo. Mesmo que não tenha uma ideia clara do que fazer a seguir, não pule o processo de revisão. Não deixe de fazer as perguntas certas, mesmo que não obtenha respostas imediatas. Tenha um plano. Tenha uma estratégia. Execute-a de forma consistente. E nunca deixe de aprender e de se adaptar.

PONTOS-CHAVE

Projete seu plano de ação

- Divida suas aspirações e objetivos SMART em marcos e hábitos, e depois tome medidas que sejam consistentes, focadas e flexíveis.
- Ter um plano de ação o ajudará a evitar subestimar a jornada e subestimar a si mesmo.

Crie seus marcos

- Escolha uma aspiração e um de seus objetivos SMART.
- Divida essa meta em marcos.
- Estabeleça um prazo para cada marco.
- Escolha a data de início do primeiro marco.
- Repita os passos acima para cada aspiração e meta.

Crie seus hábitos

- Um hábito é um compromisso com seu objetivo. É alocar tempo, espaço e energia para avançar rumo à sua meta.
- Há três tipos de hábitos: hábito de ação, hábito de substituição e hábito de projeto.
- Na hora de escolher os hábitos, pense nas mudanças, passos, rotinas e mentalidades que o ajudarão a avançar em sua meta.
- Em vez de tentar estabelecer muitos hábitos ao mesmo tempo, escolha um ou dois hábitos fundamentais e comece a implementá-los. Os hábitos fundamentais têm um efeito dominó positivo, tornando mais fácil exercer a autodisciplina com outros hábitos.
- Para que um hábito seja eficaz, ele precisa determinar exatamente *o que* fazer, *quando* e *onde*. E deve ser algo de que possa desfrutar ou aprender a desfrutar.
- Prepare o terreno adquirindo as ferramentas, os conhecimentos e planejando as circunstâncias necessárias para poder realizar sua atividade com menos resistência; mas não deixe que isso seja uma desculpa para procrastinar.

Revise frequentemente

- É necessário fazer revisões regulares, para verificar o que está funcionando e o que não está. Continue aberto e receptivo a um novo treinamento. Nunca deixe de aprender.

CAPÍTULO 26

AÇÃO – PASSO 2: CRIE SEUS HÁBITOS

Sucesso nada mais é do que algumas disciplinas simples, praticadas todos os dias.
JIM ROHN

Você nunca vai mudar sua vida se não mudar algo que faz diariamente. O segredo de seu sucesso está na sua rotina.
JOHN C. MAXWELL

Formar hábitos ruins é fácil, mas viver com eles é difícil.
Formar hábitos positivos é difícil, mas viver com eles é fácil.
E, como disse Goethe:
"Tudo é difícil antes de tornar-se fácil".
BRIAN TRACY

NO INÍCIO DESTE LIVRO, EU DISSE QUE A MAIORIA DAS pessoas acha que formar hábitos é o único ingrediente da autodisciplina. Neste ponto, se tiver lido todos os capítulos anteriores, talvez já tenha percebido que, embora construir hábitos seja parte importante da autodisciplina, há muito mais nela. Como definimos no Capítulo 1:

> A autodisciplina é a capacidade de viver de acordo com seus objetivos e valores mais elevados a cada momento. É o poder de superar obstáculos

internos e externos, comprometer-se com o que é importante para você e deixar que isso oriente a maneira como pensa, as escolhas que faz e as atitudes que toma — até concretizar seu objetivo.

Tudo o que abordamos até agora o capacita a formar hábitos positivos e a superar os hábitos ruins. São os princípios atemporais da Autodisciplina Consciente. No capítulo anterior, você traduziu suas aspirações em objetivos específicos, marcos e hábitos eficazes. Agora, falaremos em detalhes sobre a construção de hábitos.

HÁBITOS E AUTODISCIPLINA

Quanto tempo leva formar um hábito? Existem diferentes estudos sobre o tema, e as opiniões dos especialistas neste campo divergem. Alguns dizem que são necessários apenas 18 ou 21 dias; outros dizem que leva 254 dias. Em todo caso, após esse período relativamente curto de preparação, o comportamento tende a se automatizar, exigindo muito pouco autocontrole ou força de vontade para ser mantido. Portanto, os hábitos podem ser considerados atalhos para a autodisciplina.

Por essa razão, a maioria das pessoas dá muita atenção à formação de hábitos e pouquíssima à autodisciplina como um todo. A esperança é achar "atalhos" para formar um hábito o mais rápido possível, usando os aplicativos e truques da moda e, então, esperançosamente, colher os frutos de um bom comportamento automático para o resto da vida, sem mais esforço.

Raramente é assim. Como vimos no Capítulo 4, nem todas as ações com as quais precisamos ser disciplinados podem ser automatizadas. Algumas delas sempre exigirão força de vontade (como tomar banhos frios no inverno); outras são dinâmicas demais para serem planejadas (como a gestão de conflitos em um relacionamento).

Além disso, por mais tempo que leve *formar* um hábito, isso é apenas parte da jornada; a outra é *manter o hábito*. Você pode demorar um mês para estabelecer um hábito, mas passará uma vida mantendo-o. Mesmo hábitos bem estabelecidos podem desaparecer de um mês para o outro, especialmente se seu ambiente ou rotina mudar com um novo emprego, o fim de um relacionamento, viagens, mudança de casa, problemas familiares etc.

A autodisciplina não é o tipo de coisa que se pratica uma vez e depois se esquece. Não é um simples "custo de instalação" para o estabelecimento de hábitos positivos. Nunca é possível realmente afastar-se dela; quando isso ocorre, você começa a recair em comportamentos antigos. Enquanto tiver objetivos, enquanto desejar crescer em qualquer área da vida, precisará de autodisciplina. É por isso que escrevi este livro, para ser uma espécie de *manual de vida*.

Se você deixar de higienizar seu corpo, ele, naturalmente, ficará sujo. Se deixar de cuidar de um relacionamento, ele, naturalmente, vai se deteriorar. Se deixar de tentar se concentrar, sua mente, naturalmente, vai se distrair. É a natureza do corpo se sujar e adoecer. A natureza da mente é se distrair. A natureza dos relacionamentos, precisar de manutenção. Da mesma forma, é da natureza do nosso cérebro preferir o conforto ao esforço, a gratificação instantânea às metas de longo prazo, a dopamina negativa à dopamina saudável. Se parar de tentar se disciplinar, seus principais objetivos e aspirações perderão automaticamente o ímpeto, e sua energia se dissipará.

A qualidade de sua vida é um reflexo da qualidade de seus pensamentos e ações habituais. Portanto cultivar os hábitos certos é extremamente importante para que você viva bem e alcance seus objetivos. Vamos, agora, aprender como formar hábitos, compreendendo os três elementos centrais do comportamento automático: deixa, ação e recompensa.

ESCOLHA SUA DEIXA (*QUANDO*)

A *deixa* é o gatilho no seu ambiente. Ela o leva a agir para ter uma recompensa final. Todos temos muitas versões do ciclo Deixa-Ação-Recompensa em nossa vida. Podem ser o que chamo de "ciclos automáticos de hábitos", se tiverem sido formados de maneira espontânea, ou "ciclos intencionais de hábitos", se tiverem sido criados intencionalmente.

Eis alguns exemplos de ciclos automáticos de hábitos:

Deixa	Ação automática	Recompensa
Notificação do telefone	Pegar o telefone	Excitação, diversão, informação
Cheiro de café	Tomar uma xícara de café	Sentir-se mais acordado e reconfortado
Acordar sentindo-se cansado	Apertar o botão de soneca	Descansar mais
Pilha de papéis em sua mesa	Procrastinar	Sentir um alívio temporário
Sentir-se emocionalmente sugado	Ver tevê sem prestar atenção	Sentir-se O.K.
Encontrar seu cônjuge	Começar a reclamar	Evitar a responsabilidade

Eis alguns exemplos de ciclos intencionais de hábitos:

Deixa	Ação intencional	Recompensa
Ver seus tênis de corrida ao lado da porta	Colocá-los e sair para correr	Sentir-se saudável e cheio de energia
Alarme toca, lembrando-o de meditar	Meditar	Sentir-se calmo, centrado, com clareza mental
Abrir a geladeira procurando doces e só achar frutas	Comer frutas	Sentir-se bem por comer de modo saudável
Ver seu diário em cima do seu travesseiro	Escrever em seu diário de gratidão	Sentir-se mais satisfeito
Alarme toca às 7 horas em um dia de semana	Ir à academia	Sentir-se em dia com suas metas de saúde
Terminar o almoço	Escrever em seu diário alimentar	Sentir-se no controle de sua dieta
Notar que está reagindo de acordo com suas emoções	Fazer uma meditação rápida de respiração profunda	Sentir-se bem de novo

No caminho da Autodisciplina Consciente, o que queremos praticar é a *consciência* de nossos ciclos automáticos de hábitos (para que possamos mudar hábitos negativos) e *criar* novos ciclos intencionais de hábitos (para que possamos formar hábitos positivos).

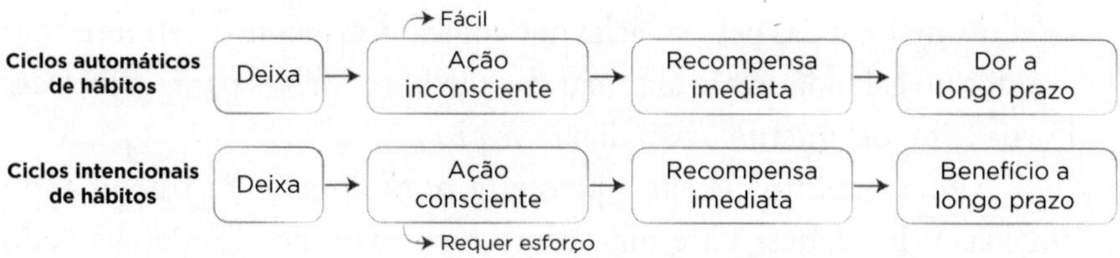

A prática de tomar consciência das *deixas* que levam ao comportamento negativo é bastante autoexplicativa. É preciso começar a perceber os horários do dia, lugares, pessoas, sentimentos, interações e outras coisas que o levam a fazer algo que preferiria não fazer. Esse é o primeiro passo para superar um hábito negativo.

Agora vamos discutir como criar deixas para os hábitos de promoção de metas.

Escolhendo sua deixa

No último capítulo, você selecionou os hábitos que deseja criar a fim de impulsionar seus objetivos e realizar suas aspirações. Para implementá-los, você precisa escolher uma deixa/gatilho que o lembre de fazê-los.

Trata-se de usar seu ambiente como apoio para sua autodisciplina. Agir em seu ambiente (tempo, espaço, pessoas) para que a ação que quer realizar se torne mais fácil. Criar um gatilho para se lembrar de dar um passo em direção ao seu eu ideal.

Usar uma deixa para construir hábitos é basicamente dizer a si mesmo que, *Quando X acontecer, eu farei Y* ou, *Depois de X, eu farei Y.* Essa fórmula expressa sua intenção e sua resolução de seguir adiante com seu novo hábito (Y) sempre que você encontrar a deixa escolhida (X).

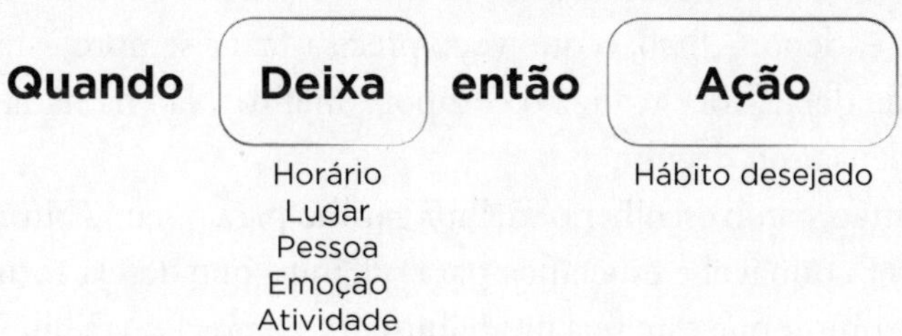

A maioria das pessoas acha que colocar alarmes no telefone e criar eventos no calendário são algumas das melhores deixas para estabelecer novos comportamentos. São deixas *temporais*.

Quer garantir passar a primeira hora do seu dia trabalhando em suas prioridades? Crie um evento recorrente na agenda chamado "Trabalho Focado". Isso garante que nada mais será agendado para esse momento e, também, que você o verá todos os dias. Quer garantir fazer dez minutos de esteira antes do trabalho? Coloque um alarme em seu telefone para as sete horas da manhã dizendo: "Exercite-se agora"!

Quer dormir antes das 23 horas? Coloque um alarme para as 22h45 com a mensagem "Prepare-se para dormir". As deixas temporais funcionam muito bem, mas há outras opções.

- **Quando** meu alarme tocar às 22 horas, **vou** começar minha rotina noturna.
- **Quando** vir meus filhos no final do dia, **vou** abraçá-los e passar tempo com eles.
- **Quando** o salário cair na minha conta todos os meses, **vou** planejar meu orçamento mensal.
- **Quando** acabar de escovar os dentes pela manhã, **vou** meditar por dez minutos.
- **Quando** me sentir ansioso, **vou** fazer uma pausa de três minutos de respiração profunda.
- **Quando** estiver em meu escritório, **vou** colocar o telefone no modo avião.

Estabelecer um hábito usando a fórmula "Quando X, eu vou Y" ajuda a evitar a fadiga de decisão. A decisão precisa ser tomada apenas uma vez e, depois disso, o que você precisa fazer sempre estará claro. Depois da deixa, você realiza o comportamento. Não há nada de novo para se pensar ou decidir.

Então, como escolher o melhor gatilho para o seu hábito? A deixa precisa ser confiável e específica para o hábito que deseja formar.

Se quiser que este seja um hábito *diário*, precisa atribuí-lo a uma deixa que também ocorra todos os dias — ou criar uma. Se seu hábito tem a ver com as coisas que precisa fazer quando está em determinado lugar, então o atribua a esse lugar. Se trata-se de ações que quer realizar quando encontra alguém específico, então as atribua a essa pessoa. Se trata-se de como quer reagir quando se sente de determinada maneira, então o atribua a esse sentimento. Tudo isso pode parecer bastante óbvio, mas às vezes é útil afirmar o óbvio.

Quanto mais específica e confiável for a sua deixa, mais fácil será fazer a ação desejada. "Depois de escovar meus dentes pela manhã" é uma boa deixa para um novo hábito de meditar, porque é algo que (esperemos) acontece todas as manhãs, sem falta, mesmo que o horário exato possa variar. Se a deixa acontecer sempre ao mesmo tempo ("o alarme toca às dez"), é um bônus, pois traz maior consistência à sua rotina. É algo desejável, mas não essencial — então trabalhe com o que se tem.

"Quando eu vir meus filhos no final do dia" pode não acontecer sempre no mesmo horário, mas ainda assim é uma ótima deixa para o comportamento de "passar tempo com eles", porque está diretamente relacionada ao gatilho. Entretanto, essa seria uma deixa ruim para uma prática diária de meditação, por exemplo — porque nos fins de semana você poderia passar o dia todo com seus filhos, de modo que sua deixa não funcionaria. Ou talvez seus filhos estejam de férias ou vão dormir na casa de um amigo, e aí seu hábito/comportamento provavelmente não vai acontecer naquele dia.

Atribuir o hábito desejado a um hábito existente é uma estratégia eficaz recomendada por muitos especialistas da área. B. J. Fogg chama isso de "usar um hábito como âncora", e James Clear, de "empilhamento de hábitos". Não importa o nome, a ideia é pegar carona em um de seus hábitos/rotinas estabelecidos, usando-o como deixa para o novo comportamento.

A ordem dos hábitos em sua rotina também pode ser importante. Se seu novo hábito é desafiador, desagradável ou chato, considere realizá-lo logo após fazer algo de que goste (a), ou como uma condição para que você desfrute de outra coisa (b). Como exemplo para (a): se precisar fazer uma pesquisa chata, faça isso logo após um banho relaxante ou uma refeição nutritiva, de modo que sua força de vontade esteja recarregada e mais facilmente acessível. Um exemplo para (b) seria: ler algumas páginas de seu livro favorito assim que acordar, mas somente caso se levante sem apertar o botão de soneca. (Vamos explorar esta segunda abordagem com mais detalhes no próximo capítulo.)

Ter uma deixa não significa que você terá *vontade* de realizar o novo comportamento. Não. A deixa é apenas um gatilho, um lembrete. Você provavelmente ainda precisará empregar alguma força de vontade para executar a ação mesmo que não esteja a fim. (Abordaremos o conceito de compromisso *versus* motivação no Passo 7 do pilar Ação.)

Antes de encerrar esta seção, vamos falar de alguns problemas que as pessoas às vezes enfrentam para estabelecer deixas para seus hábitos.

O primeiro é: o que fazer se a deixa para de funcionar?

Esse é um desafio muito comum que vejo alguns clientes nas sessões de *coaching* e estudantes de meditação enfrentarem. Se a deixa não está mais funcionando, é porque nunca foi devidamente configurada, para começo de conversa, ou porque se desgastou antes que o comportamento desejado pudesse se transformar em hábito. Se isso acontecer com você, considere restabelecer essa mesma deixa com uma intenção mais firme, ou então mude a deixa para algo novo e mais eficaz.

O segundo desafio é: podemos usar deixas para atividades criativas?

Fui *coach* de vários artistas, e uma objeção comum é: "Não podemos simplesmente agendar uma hora do dia para a inspiração". Não, não dá para controlar a inspiração; mas dá para abrir espaço para ela — e é nisso que a autodisciplina e o estabelecimento de hábitos são úteis. Muitos artistas bem-sucedidos têm uma rotina de expressão criativa.

O roteirista Raymond Chandler tinha esta regra simples: "Escrever ou não fazer nada. Eu acho que funciona. Duas regras muito simples: a. eu não preciso escrever; b. mas também não posso fazer mais nada". Na mesma linha de raciocínio, alguém uma vez perguntou ao escritor Somerset Maugham se ele trabalhava em um horário específico ou apenas quando inspirado. "Eu escrevo somente quando a inspiração vem", respondeu ele. "Felizmente, ela vem todas as manhãs às nove horas em ponto."

> **Exercício:** passe alguns minutos escolhendo as deixas para os próximos três hábitos que você quer criar. Dê os passos necessários para implementar essas deixas agora mesmo. Considere a ordem dos hábitos em sua rotina, se relevante, e esteja pronto para ainda precisar exercer alguma força de vontade após a deixa.

MELHORE SEU AMBIENTE

Não há como negar que seu ambiente o afeta. É mais fácil se concentrar em seu trabalho se sua mesa estiver limpa; seu escritório, silencioso; e se sua área de trabalho do computador não contiver cinquenta arquivos diferentes e tarefas abandonadas. É mais fácil entrar no clima de se exercitar quando você está na academia, em vez de treinar sozinho em sua garagem. Vai conseguir realizar mais facilmente uma sessão de meditação profunda se tiver um canto de sua sala dedicado a essa atividade, com sua própria energia calmante, em vez de meditar sentado no sofá da sala de estar.

Seu ambiente pode facilitar ou dificultar a autodisciplina. Embora não queiramos depender do ambiente — porque nem sempre é possível controlá-lo e isso nem sempre funciona (veja o Capítulo 4) —, é sábio melhorar seu ambiente para tornar as coisas mais fáceis, sempre que possível.

O princípio geral é aproveitar o *poder do padrão*:

- Dificultar os hábitos negativos o máximo possível (o padrão é não fazer).
- Facilitar os hábitos positivos o máximo possível (o padrão é ser lembrado de fazê-lo).

O rompimento de hábitos negativos é, portanto, facilitado pela mudança em seu ambiente e pela remoção de fontes de tentação. Quer parar de fumar? Não saia com amigos que fumam e não tenha maços disponíveis em casa. Quer parar de perder seu tempo com joguinhos? Elimine todos os seus aplicativos do tipo. Quer parar com a compulsão de verificar seu telefone a cada cinco minutos? Desligue todas as notificações ou coloque-o no modo "não perturbe".

A criação de hábitos positivos, por outro lado, é facilitada pela presença de muitos lembretes. Uma estratégia que recomendo com frequência para meus clientes é deixar como tela de bloqueio do telefone uma captura de tela com uma mensagem que os lembre de sua resolução ou identidade-alvo. Como pegamos nosso telefone de cinquenta a cem vezes por dia, isso funciona como um lembrete constante — até que você se acostume com ele, daí vai precisar de uma nova imagem de fundo.

Outra maneira é usar um objeto, uma mensagem inspiradora ou uma imagem que o lembre de seus objetivos a longo prazo. Quer se manter no caminho certo rumo a seus objetivos de *fitness*? Compre uma roupa que quer que sirva e pendure-a em um lugar onde a verá o tempo todo; depois, toda vez que a vir, lembre-se de seus objetivos e comece a trabalhar! Quer beber mais água? Coloque uma garrafa de água em cada canto da casa. Quer correr todas as manhãs depois do café? Coloque seus tênis de corrida na frente de sua cafeteira. Quer substituir o ato de assistir à tevê pelo de ler? Coloque seu livro sobre o controle remoto.

Para eliminar hábitos → Remova todos os lembretes de seu ambiente
Para formar hábitos → Adicione muitos lembretes em seu ambiente

Eis aqui alguns exemplos de como eu uso esse princípio de *melhorar o ambiente* em minha própria vida:

- Não tenho aplicativos de redes sociais, jogos ou de notícias no meu celular.
- Meu celular fica no modo avião das 21 horas às 8 horas, basicamente todos os dias.
- Durmo com o celular a um metro da minha cama, por isso nunca aperto o botão de soneca após o alarme.
- Não há bolos, rosquinhas, tortas, *muffins*, chicletes ou doces em casa, nunca.
- Meu ambiente de trabalho, tanto físico quanto digital, é minimalista e organizado.

Facilitar um bom hábito é também se munir das ferramentas necessárias, para que possa remover o atrito. Planeje com antecedência para ter tudo à mão e tornar o comportamento mais fácil. Quer cozinhar todos os dias, para comer de forma mais saudável? Considere cortar os legumes para a semana toda no domingo à noite, para que, na hora de cozinhar, essa atividade seja mais rápida e fácil. Quer trabalhar em um projeto pessoal por uma hora todas as manhãs? Tenha todas as ferramentas dispostas, então, quando chegar a hora, tudo o que precisa fazer é começar.

Finalmente, no início, também é aconselhável imprimir suas rotinas matinais e noturnas e colar em vários lugares de casa. Não confie em sua memória para isso e não deixe seu cronograma ser apenas digital. Garanta que ele esteja bem na frente de seus olhos quando estiver no quarto, ou for ao banheiro, ou à cozinha, ou entrar no carro. Pela mesma razão, você também pode querer considerar usar um rastreador de hábito físico.

Faça de seu ambiente um reflexo da pessoa que você quer se tornar, e ele vai influenciá-lo a chegar lá mais rapidamente.

Exercício: Quais as cinco principais mudanças que fará em seu ambiente hoje?

ESCOLHA SUA AÇÃO (*O QUÊ*)

Após a deixa, vem a ação. É o hábito que você quer criar. É a ação que, se realizada regularmente, o ajudará a cumprir seus marcos e a avançar em direção a seus objetivos e suas aspirações.

No capítulo anterior, vimos que há três tipos de hábitos: um hábito de ação (por exemplo, ler durante meia hora todas as manhãs), um hábito de substituição (por exemplo, comer uma maçã em vez de batatas fritas) ou um hábito de projeto (realizar uma atividade complexa ou uma rotina com várias etapas). Vimos também que seu hábito precisa ser específico e, de preferência, algo de que goste ou que possa aprender a gostar. O próximo passo, agora, é usar as dicas que selecionou da seção anterior com seus hábitos de promoção de metas. Também é útil começar aos poucos, com o que eu chamo de "ação mínima".

A ação ideal é o que você gostaria de realizar. A ação mínima é o mínimo que você vai fazer, *não importa o que aconteça*. É o que você não tem desculpa para não fazer (veja o conceito Nunca Zero no Capítulo 31).

Ação ideal	Ação mínima
Escrever mil palavras	Escrever duzentas palavras
Correr por uma hora	Correr por vinte minutos
Entrar em contato com vinte potenciais clientes	Entrar em contato com três potenciais clientes
Fazer a análise técnica de cinco posições	Fazer a análise técnica de uma posição
Meditar por meia hora	Meditar por cinco minutos
Praticar minhas cinco músicas favoritas no violão	Praticar minha música favorita no violão
Fazer uma pausa de dez minutos a cada duas horas	Fazer uma pausa de cinco minutos a cada duas horas
Limpar a casa toda	Ligar a lava-louças
Fazer cinquenta flexões	Fazer cinco flexões

Como pode ver, em todos os exemplos ambas as ações são muito específicas. Além disso, em todos os casos, o compromisso é com a própria ação (por exemplo, correr por uma hora), não com o resultado (por exemplo, perder sete quilos). A diferença entre eles é que a ação ideal é o hábito que deseja formar, enquanto a ação mínima é um ponto de partida para você obter (e manter) o ritmo.

Voltando à ideia de *hábitos eficazes*, o que se deseja é um compromisso que seja **específico** e que esteja conectado a uma ação mínima. A ideia é pretender fazer sua ação ideal todos os dias, é claro, mas, desde que faça pelo menos a **ação mínima**, esse dia não foi desperdiçado. Você não deixou de cumprir seu compromisso. Você obteve um +1, e sua cadeia de hábitos ainda está intacta. Pode ficar orgulhoso!

A ação mínima existe para tornar as coisas mais fáceis para você. Ela permite que mantenha o ritmo, não importa o que aconteça. O professor Mihály Csíkszentmihályi, conhecido como um dos pais da psicologia positiva, fala sobre a "energia de ativação dos hábitos", que é o esforço ou o atrito necessário para realizar uma ação. Estabelecer uma ação mínima com um custo de ativação próximo de zero e estabelecer uma ação ideal que progride à medida que seu compromisso progride é fundamental para manter hábitos.

Em outras palavras: no início do estabelecimento de qualquer novo hábito, comece *bem* aos poucos. É por isso que, em meu programa de meditação Vida sem Limites, oriento os alunos a começar com uma sessão de meditação de três minutos; depois a aumentamos de forma muito gradual e, dentro de cinco semanas, todos estão meditando durante quinze minutos por dia. As pessoas que começam muito ambiciosas — talvez porque já meditavam durante trinta minutos, mas apenas de vez em quando — resistem a essa abordagem no início. E ainda assim, depois de um tempo, elas entendem o valor da abordagem, pois também estabelecem uma sólida disciplina diária para a meditação (algo que não tinham antes).

É melhor começar pequeno e aumentar gradualmente do que ser ambicioso demais desde o primeiro dia e logo se frustrar. Facilite o início para si mesmo, para que possa adquirir o hábito. Nas primeiras três a quatro semanas de estabelecimento de seu novo hábito, sua prioridade é apenas *colocá-lo em andamento*, não ser incrível nele. Somente quando o novo hábito já estiver consolidado deve começar a aumentar as exigências.

Use seu impulso e suas ambições como combustível para iniciar hábitos, sim; mas não deixe que eles criem padrões impossíveis de manter e que o façam perder a motivação e desistir rapidamente. Ao formar novos hábitos, muitas vezes o mais difícil é vencer a inércia inicial e, portanto, seu foco durante as primeiras semanas deve ser simplesmente executar o hábito logo após sua deixa. Para isso, remova toda probabilidade de atrito, tornando a ação o mais fácil possível.

Uma vez fazendo sua ação ideal consistentemente e não tendo deixado de fazer a ação mínima nem um dia, você pode se concentrar em aumentar ou melhorar sua ação ideal, se necessário. Nesta fase, também pode aumentar o compromisso mínimo, mas o faça com cautela — não chegue ao ponto de que até mesmo a ação mínima seja algo que o faz ter vontade de procrastinar.

Seu cérebro quer economizar energia e adora automatizar os comportamentos para conseguir isso. Se você faz algo todos os dias, está dizendo ao seu cérebro: "Ei, eu preciso usar esta habilidade todos os dias...". Então o cérebro responde: "Certo, deixe-me então transformar isso em um hábito para que não precise mais gastar energia decidindo o que fazer". Toda vez que você executa sua ação escolhida após a deixa, está fortalecendo seu hábito e ajudando seu cérebro a economizar energia.

A REGRA DE OURO

A *ação* é o hábito que você quer criar; a *deixa* é seu gatilho, seu lembrete. Precisamos de um lembrete porque um dos principais obstáculos da autodisciplina é o esquecimento. Até que sua atividade escolhida se torne um hábito automático, você precisará ser ativamente lembrado de fazê-la. Não dá para depender apenas de sua memória. Você precisa de uma deixa eficaz para lembrá-lo. Se seguiu as etapas deste capítulo, a esta altura você já tem uma deixa eficaz e sabe exatamente o que fazer quando a vir.

Qualquer lembrete que funcione para você está ótimo. Você pode ser criativo e, também, mudar o lembrete com o tempo, se ele deixar de ser eficaz. Há apenas uma regra que precisa observar para que os lembretes funcionem. Ela é tão simples e óbvia que é até embaraçoso escrevê-la. Mas o bom senso nem sempre é uma prática comum, então aqui vamos nós:

Assim que receber o lembrete, *execute* a ação.

A deixa mais maravilhosa e o melhor sistema de lembrete do mundo são inúteis se, no momento em que você vê/ouve o sinal, você o ignora e diz para si mesmo: "Ótimo, farei isso mais tarde" ou "Farei *daqui a pouco*".

Saiba que, quando receber o lembrete, você tem apenas duas opções: executar a ação e receber um +1 ou ignorar o lembrete e receber um -1. Portanto lembre-se da regra de ouro: *assim que receber o lembrete, execute a ação.*

COMECE

No capítulo anterior, você escolheu quais hábitos precisa estabelecer para avançar em seus objetivos SMART, atingir seus marcos e cumprir suas aspirações (Passo 1). Depois, neste capítulo (Passo 2), você escolheu a deixa que desencadeará o hábito, a ação ideal e a ação mínima, bem como as mudanças que precisa fazer em seu ambiente para tornar as coisas mais fáceis. Assim, agora você sabe exatamente o que fazer, quando e como.

Só resta uma coisa. Fazer, de fato. Começar. Não adie nem mais um dia. Você tem todos os elementos necessários para dar início a medidas consistentes e intencionais rumo a seus objetivos.

Assuma o compromisso agora mesmo. Comece a tomar medidas hoje mesmo.

Seu compromisso precisa ter um cronograma. Mesmo que queira manter o hábito para sempre, é impossível se comprometer "para sempre". Para sempre é muito tempo e, por isso, não o ajuda a concentrar sua energia e se manter motivado. Você precisa de um prazo — digamos, trinta dias. Comece com seu hábito fundamental, comprometendo-se com um período de trinta dias durante o qual o seguirá diariamente, não importa o que aconteça (veja mais sobre isso no Capítulo 31). Ao fim desse período, você terá ganhado impulso e então poderá esquecer os prazos e ter "para sempre" como um objetivo que cause menos resistência.

Uma vez que um hábito esteja, assim, completamente estabelecido, você poderá partir para um segundo hábito. Uma vez que esse esteja estabelecido, vá para o próximo e assim por diante, até que sua rotina seja composta por todos os hábitos necessários para viver em harmonia com seus objetivos e valores.

A partir daqui, tudo se resume a seguir com planejamento, mantendo-se concentrado em seu propósito e adaptando-se conforme a necessidade. Esse caminho, entretanto, terá seus desafios — e, se não tivesse, não valeria a pena segui-lo, pois não traria nenhum crescimento.

No pilar Consciência, você aprendeu como superar dois dos principais obstáculos à autodisciplina: as distrações e as desculpas. Nos capítulos seguintes, abordaremos os outros três obstáculos: a procrastinação, a dúvida e o fracasso.

PONTOS-CHAVE

Introdução

- Os hábitos são atalhos para a autodisciplina, mas nem todas as ações podem ser automatizadas.
- Você pode levar um mês para estabelecer um hábito, mas mantê-lo é algo para a vida inteira. Mesmo hábitos bem estabelecidos podem ser interrompidos de um mês para o outro, especialmente se seu ambiente ou rotina mudarem.
- É necessário prestar atenção contínua a seus hábitos para mantê-los.

Escolha suas deixas

- Uma *deixa* é um gatilho ambiental que o lembra de fazer algo que você decidiu fazer (ciclos planejados de hábitos) ou o tenta a fazer algo que talvez você não queira fazer (ciclos automáticos de hábitos), a fim de obter uma recompensa.
- Usar uma deixa para formar hábitos é basicamente dizer a si mesmo: *Quando X acontecer, eu vou fazer Y* ou *Depois de X, eu vou fazer Y.* Isso ajuda a evitar a fadiga de decisão.
- Escolha uma deixa confiável e específica para o hábito que você deseja formar. É ainda melhor se isso acontecer todos os dias aproximadamente no mesmo horário.
- Ter uma deixa não significa que você *terá vontade* de executar o novo comportamento, apenas que será lembrado de executá-lo; você ainda precisará empregar certo grau de força de vontade.
- Se sua deixa não estiver mais funcionando, pense em restabelecê-la com uma intenção mais firme, ou então a mude para algo novo e mais eficaz.
- Tire proveito do poder do padrão: dificulte ao máximo os hábitos negativos, removendo as tentações (padrão de não fazer), e facilite ao máximo os hábitos positivos, acrescentando muitos lembretes (padrão de ser lembrado de fazê-los).

- Remova a resistência no desempenho de seu hábito, preparando-se com as ferramentas necessárias e tomando decisões com antecedência para ter tudo de que precise à mão.
- Imprima e cole sua rotina em vários lugares de sua casa.
- Tarefa nº 1: escolha as deixas para seus três principais hábitos e as implemente.
- Tarefa nº 2: faça cinco mudanças em seu ambiente para tornar seus hábitos mais fáceis.

Escolha sua ação

- A ação ideal é o que você gostaria de realizar. A ação mínima é o mínimo que fará, *não importa o que aconteça*. É o que você não tem desculpa para não fazer, e jamais vai deixar de fazer. Sua intenção é realizar a ação ideal todos os dias, é claro, mas, desde que faça pelo menos a ação mínima, seu compromisso permanece de pé.
- No início do estabelecimento de qualquer novo hábito, comece *bem* aos poucos, com metas pequenas, para poder vencer a inércia. Isso diminui a energia de ativação dos hábitos e facilita o ganho de impulso.
- Tarefa nº 3: escreva, resumidamente, a ação mínima e a ação ideal para o primeiro hábito que deseja criar.

A regra de ouro

- Sua deixa é um lembrete. Ela é necessária para que você não se esqueça de realizar o hábito.
- O melhor sistema de lembrete do mundo é inútil se você o ignorar. Portanto, siga a regra de ouro: *uma vez que receber o lembrete, executa ação.* Toda. Vez.

CAPÍTULO 27

AÇÃO - PASSO 3: CRIE SUAS RECOMPENSAS

PARA CRIAR UM HÁBITO, VOCÊ SÓ PRECISA DOS DOIS primeiros elementos que aprendemos no último capítulo: deixa e ação. Para manter um hábito, porém, você precisará certificar-se de que também tenha um terceiro elemento: a recompensa.

Seu cérebro busca recompensas sob a forma de substâncias químicas que desencadeiem reações de prazer. Depois de "sobreviver e evitar a dor", essa é a programação principal dele. Não importa se a recompensa é um prazer físico, satisfação emocional ou realização psicológica — seu cérebro está motivado a experimentar essa recompensa, e isso é o que o leva à ação.

Saber disso é valioso porque nos ensina um dos principais princípios da formação de hábitos: ter uma recompensa imediata ligada ao comportamento. Muitos de nossos objetivos de longo prazo envolvem ações prolongadas cuja experiência da grande recompensa vem somente no final (ou seja, se formos bem-sucedidos). É isso que acontece com algumas de nossas aspirações mais profundas, mas, infelizmente, não é assim que seu cérebro funciona. Ele precisa ver alguns resultados imediatos para a atividade parecer valer a pena. Ele precisa experimentar uma recompensa *logo após* o desempenho da atividade. É por isso que a "recompensa" é o terceiro elemento da formação de um hábito e a chave para reforçar os bons comportamentos.

Vamos agora falar das diferentes formas de se experimentar uma recompensa pelo hábito que se está tentando estabelecer. Elas serão apresentadas em ordem de preferência: do cenário ideal (recompensas intrínsecas) até a última opção, se nada mais funcionar (consequências dolorosas).

RECOMPENSAS INTRÍNSECAS (MELHOR OPÇÃO)

Até agora, neste livro, enfatizamos as recompensas intrínsecas, o que quer dizer encontrar a recompensa na própria atividade. Isso frequentemente ocorre de maneira automática quando se tem uma aspiração forte e seus objetivos estão alinhados com ela. Quando não é o caso, isso pode ser cultivado usando a técnica Mude sua Percepção (veja o Capítulo 19). Deixe-me esclarecer: se você aspira a estar sempre saudável, em boa forma e cheio de energia, terá uma tendência natural a gostar de exercícios físicos e de se alimentar de forma saudável; se não, poderá aprender a gostar dessas atividades (porque elas estão alinhadas com a vida que você deseja viver) usando a técnica Mude sua Percepção.

As recompensas intrínsecas acontecem quando você gosta da atividade em si (por exemplo: "Eu amo comer salada"), quando gosta de como se sente após a atividade (por exemplo: "Eu amo como meu corpo não parece pesado após eu comer salada") ou quando gosta da satisfação emocional de ter feito algo importante para você (por exemplo: "Estou contente por ter feito algo bom para a minha saúde").

As recompensas intrínsecas são o melhor tipo de recompensa porque são as mais naturais. São encontradas na própria atividade. Você não sai para correr porque essa é a condição que estabeleceu para que possa assistir ao seu programa de tevê favorito, nem porque fez uma aposta e, se não for correr, haverá consequências dolorosas. Você vai correr porque gosta de correr, ou porque gosta de como se sente logo depois de correr, ou pelo menos gosta da satisfação psicológica de hoje ter dado um passo em direção ao seu objetivo.

Esses são os três caminhos para as recompensas intrínsecas. Você só precisa que um deles funcione para você, mas, se puder combinar dois ou os três, o hábito ficará ainda mais fixado.

Opções de recompensa intrínseca

- Gostar da atividade em si
- Gostar de como você se sente após a atividade
- Gostar de ter dado um passo em direção ao seu objetivo

Não se preocupe se não se sentir naturalmente assim em relação à sua atividade de promoção de metas. Há várias maneiras de treinar seu cérebro a encontrar essa recompensa intrínseca.

Você pode aprender a **gostar da atividade** usando a técnica Mude sua Percepção (veja o Capítulo 19). Essa técnica tem o poder de fazer com que a couve sem graça tenha o sabor de um delicioso petisco, e a dor muscular provocada pelo exercício pareça uma explosão de energia. Ela ensina a aproveitar o lado bom de algo ruim, até que isso não seja mais tão "ruim". Acrescentar variedade à ação também pode ajudá-lo a desfrutar mais dela (por exemplo, mudar os conjuntos de exercícios ou não almoçar a mesma salada todos os dias).

Você também pode aprender a **gostar dos benefícios da atividade**, tendo consciência de como se sente antes e depois dela. Pergunte-se: "Como me sinto agora em relação a meu corpo, minha mente e minhas emoções?". Faça isso antes e depois da atividade e preste atenção às mudanças positivas que aconteceram. Isso pode fazê-lo perceber que a meditação o leva de disperso e irritável a calmo e centrado, e que uma corrida de trinta minutos transforma letargia em disposição e vitalidade. À medida que você se sintoniza mais com seu corpo, torna-se mais fácil descobrir esses tipos de recompensas.

Por fim, você aprende a **gostar da satisfação psicológica** de realizar a atividade que permite o cumprimento de suas metas, reconectando-se com seu eu futuro (veja o Capítulo 18), ampliando suas aspirações (veja o Capítulo 8) e desenvolvendo um sentimento de gratidão consigo mesmo. Afinal de contas, você acabou de fazer algo grandioso para si: deu um passo em direção à sua vida projetada! Realizou progressos, por menores que sejam. Sinta-se feliz com isso! Curta esse sentimento. Celebre-o. Exagere, se necessário. Certifique-se de que a sensação fique registrada.

Observe o progresso que está fazendo. Fique feliz por estar ativamente no caminho da realização de seu sonho. Quando sentimos que estamos crescendo e progredindo, há uma recompensa natural no processo. Torna-se mais fácil permanecer motivado e nos trilhos, ansiando por aquele sentimento de progresso que vem de dar mais um passo rumo à sua aspiração. É por isso que o conceito de ação mínima é tão importante — permite que você experimente pequenas vitórias de modo consistente, o que é uma recompensa intrínseca eficaz.

Aquilo a que damos atenção dá frutos. Aquilo de que retiramos nossa atenção mingua. Eu chamo isso de *Lei de Atenção*. Faça uso dessa lei para tornar maior a recompensa de agir em harmonia com sua aspiração, permanecendo com ela por mais tempo.

Toda vez que afirmar sua força de vontade e praticar a autodisciplina, receberá um impulso natural de autoconfiança. Isso o faz sentir-se mais feliz consigo mesmo e com sua vida. Sintonize-se com esses sentimentos ou evoque-os deliberadamente. Em seguida, amplie a experiência prestando mais atenção a eles.

> **Exercício:** encontre uma maneira de experimentar recompensas intrínsecas em sua ação escolhida, usando pelo menos duas das modalidades explicadas acima.

RECOMPENSAS EXTRÍNSECAS (FUNCIONAM)

Embora eu realmente acredite que todos podemos aprender a obter recompensas intrínsecas de nossos hábitos, para ser abrangente, eu preciso abordar, mesmo que apenas de passagem, os métodos muito populares de "burlar o sistema" acrescentando recompensas extrínsecas.

Mas, antes, por que esses métodos são mais populares do que o de recompensas intrínsecas? Porque as recompensas extrínsecas prometem um atalho — e vivemos em uma sociedade obcecada por cortar caminhos. Esses métodos oferecem um benefício *semelhante* ao das recompensas intrínsecas, mas não exigem o mesmo trabalho de conscientização e mudança de mentalidade.

Digo "benefício semelhante" porque envolve enganar seu cérebro. Em vez de aprender a amar salada, acrescenta-se um tipo de tempero para mascarar o sabor de que não se gosta. Em vez de aprender a amar a corrida, adiciona-se música para torná-la suportável. Em vez de curtir a pesquisa para sua tese, você se dá uma recompensa caso se motive a terminá-la. Tudo isso ainda é eficaz, pois aciona o centro de recompensa do cérebro e o motiva a agir. Funciona, e em alguns casos pode ser a única opção. Mas não é tão ideal quanto ter uma motivação intrínseca (e seria irresponsável da minha parte não mencionar isso). É muito mais difícil permanecer no rumo certo de um hábito ou objetivo quando se depende de uma recompensa externa, em comparação a quando se está intrinsecamente motivado a fazer a atividade.

Muito bem, vamos agora aos aspectos práticos desta abordagem. Há três formas principais de utilizar as recompensas extrínsecas:

Opções de recompensas extrínsecas

- Agrupamento de tentações (mesclar com o prazer)
- Sequenciamento de tentações (estabelecer uma condição para o prazer)
- Economia de fichas (recompensas simbólicas)

A **primeira abordagem** é conhecida como *agrupamento de tentações* e envolve misturar o comportamento escolhido com uma atividade de que você gosta (algo divertido). Isso permitirá que experimente alguma recompensa enquanto executa seu hábito positivo, mesmo que não venha da atividade principal em si. Isso tornará as coisas mais fáceis, compensando a dor de seu esforço com algum prazer ou diversão. Está comprovado que funciona. Por exemplo, há estudos mostrando que ouvir música ao mesmo tempo que faz atividades físicas diminui a percepção do esforço em 10%.

A **segunda** é fazer de seu hábito a condição para desfrutar de determinada recompensa. É algo conhecido como "autorrecompensa" na literatura científica, mas eu gosto de chamá-lo de *sequenciamento de tentações*, para relacioná-lo ao primeiro método. A ideia é selecionar uma atividade ou coisa que você ama e defini-la como uma recompensa por realizar sua atividade de promoção de metas. O segredo para que isso funcione é não se permitir experimentar essa recompensa em particular de outra forma — já que isso vai contra o propósito.

A fórmula básica é: "Só vou _______ (recompensa externa) se _______ (hábito escolhido)". É uma expressão do princípio *primeiro a aspiração, depois o prazer*, abordado no Capítulo 22. Seu "prazer" é sua recompensa por ter priorizado seus objetivos de longo prazo, e pode ser desfrutado sem culpa.

Hábito desejado	Recompensa externa	Fórmula
Acordar às 5 h da manhã	Ler meu livro favorito	"Só vou ler meu livro favorito nos dias em que acordar às cinco horas da manhã."
Evitar doces	Redes sociais	"Só posso usar redes sociais nos dias em que não comer doces."
Terminar todas as tarefas domésticas	Assistir a um filme	"Só vou assistir a um filme nos dias em que minha casa estiver completamente limpa."
Economizar uma quantia específica	Viagem a Bali	"Vou viajar a Bali apenas depois de ter economizado X quantia."
Nadar três vezes por semana	Uma noite com os amigos	"Só vou me permitir curtir uma noite com os amigos nas semanas em que nadei três vezes."
Dormir às 23 h	Jogar joguinhos	"Não posso jogar a não ser que tenha dormido antes das 23 horas na noite anterior."

Se a recompensa puder ser experimentada logo após o "hábito chato", melhor ainda. Isso faz com que o cérebro associe as duas atividades mais facilmente.

Este segundo tipo de recompensa extrínseca, o *sequenciamento de tentações,* é melhor do que tentar misturar hábito ao prazer. Um problema, porém, é que você pode se tornar dependente da atividade prazerosa e incapaz de realizar seu hábito sem ela. Outro problema é que pode usá-lo para justificar recompensas insalubres. Para evitar esses dois problemas, pense no *sequenciamento de tentações* como as rodinhas auxiliares do estabelecimento de hábitos e escolha uma recompensa que não prejudique gravemente seus objetivos.

Tenha em mente que, para que dê certo, você precisará realmente ser rígido com suas próprias regras e só desfrutar da atividade que você ama se a condição tiver sido cumprida. Isso requer certa autodisciplina. Se for um pouco rebelde, poderá precisar de apoio externo formal, ou então de fortes dispositivos de comprometimento para fazer com que isso funcione (veja o Capítulo 22).

Por fim, o **terceiro** método de recompensas extrínsecas é provavelmente o mais inofensivo e escapa à ressalva que expus no início desta seção. Trata-se basicamente de dar a si mesmo uma recompensa simbólica que represente o seu progresso — como estrelas douradas, pontos, fichas de pôquer ou o que mais quiser. Isso é conhecido, na psicologia, como *economia de fichas.*

Crie uma lista de experiências e coisas com as quais se recompensará uma vez que tiver acumulado um certo número de fichas. Não se permita fazer essas coisas ou experimentar essas recompensas de qualquer outra forma, de modo que toda sua energia esteja focada em obter as fichas (através da execução dos hábitos), para "pagar" pelas recompensas. As recompensas devem ser coisas que o entusiamem, mas não o desviem de seus objetivos. Por exemplo, não faria sentido "recompensar" uma semana sem beber com "ir a um bar".

CONSEQUÊNCIAS DOLOROSAS (ÚLTIMO RECURSO)

Os dois primeiros tipos de recompensa são uma espécie de cenourinha colocada à sua frente. Quando a cenoura não funciona, recorre-se ao chicote. Aqui, o que se busca é evitar uma experiência dolorosa, em vez de desfrutar de uma experiência prazerosa. Isso é feito associando sensações dolorosas, perdas financeiras ou experiências vergonhosas ao não cumprimento de um hábito.

Não cumprir o compromisso ⟶ dor, perda ou vergonha

Em um estudo da Universidade da Pensilvânia, os pesquisadores examinaram que tipo de recompensa financeira funcionaria melhor para fazer as pessoas alcançarem a meta de 7 mil passos por dia durante treze semanas. Um grupo de pessoas ganharia dinheiro a cada vez que atingissem a meta; outro grupo receberia o valor total com antecedência e perderia dinheiro a cada dia que não alcançasse a meta. O resultado mostrou que o grupo que tinha recebido o dinheiro adiantado havia tido um desempenho muito melhor.

Isso é conhecido como *aversão à perda*: somos mais motivados pelo medo de perder algo do que pelo desejo de ganhar a mesma coisa.

Para algumas pessoas, ou em alguns casos, o chicote pode ser a única ferramenta que funciona. Ainda assim, o problema desta estratégia é que, na ausência do chicote, as pessoas quase sempre retomam o comportamento anterior. Estudos demonstram que, quando as pessoas emagrecem usando essa abordagem, elas recuperam todo o peso perdido uma vez que a ameaça de punição desapareça. Assim, esta estratégia pode ser útil apenas para ganhos ou tarefas de curto prazo.

Se quiser tentar esta abordagem e associar perdas financeiras ou um elemento de vergonha ao comportamento indesejado, reveja a seção sobre dispositivos de comprometimento (veja o Capítulo 22). Por outro lado, se quiser incorporar o desconforto físico/dor como chicote, pode usar um dispositivo chamado **Pavlok** para adiantar a dor futura da (in)ação à sua consciência e, assim, treinar seu cérebro reptiliano.

ESCOLHENDO SUAS RECOMPENSAS

A melhor abordagem é aprender a fazer a atividade desejada por si mesma — aprendendo a desfrutá-la, ganhando consciência de seus benefícios imediatos ou saboreando a satisfação psicológica de fazer algo rumo a seus objetivos e que esteja alinhado com quem você quer ser. Esta é a estratégia de estabelecimento de hábitos mais sustentável a longo prazo.

Em alguns casos, porém, isso não é possível.

Em sua palestra TEDx sobre autocontrole, o dr. Dan Ariely narra um incidente pessoal que ilustra um uso apropriado de recompensas externas para motivar um comportamento difícil. Ele precisava aplicar a si mesmo três injeções semanais, durante um ano e meio, a fim de recuperar seu fígado da cirrose. O problema era que, durante as quinze horas seguintes depois de cada injeção, ele experimentava terríveis efeitos colaterais. Só foi capaz de seguir adiante dando a si mesmo uma recompensa: ele assistiria a filmes logo após ter aplicado uma injeção. Com isso, foi capaz de suportar os efeitos colaterais da medicação e salvou seu fígado.

Às vezes, as recompensas intrínsecas podem não ser viáveis, como no exemplo acima. Outras vezes, a atitude que deseja tomar pode ser temporária (por exemplo, terminar um projeto de pesquisa) em vez de um hábito ou objetivo de vida que precisa ser mantido (por exemplo, meditar diariamente ou "manter-se em forma"). Nesses casos, tente utilizar as recompensas extrínsecas por meio do agrupamento de tentações (aceitável), do sequenciamento de tentações (melhor) ou da economia de fichas (a melhor de todas).

Se todas as cenouras falharem, daí pode usar o castigo das consequências dolorosas para se manter nos trilhos. Entretanto, neste ponto, eu realmente o encorajaria a parar por um momento e refletir. Se possui tamanha resistência em relação ao seu hábito ou ação de cumprimento de metas, será que isso é algo que realmente está de acordo com suas aspirações e seus valores? Você está indo atrás dos objetivos certos?

PONTOS-CHAVE

- Reforce seus comportamentos desejados associando uma recompensa imediata ao seu hábito — pode ser o prazer físico, a satisfação emocional ou a realização psicológica. Seu cérebro adora recompensas, especialmente quando surgem *logo após* o comportamento.
- As recompensas intrínsecas são o melhor tipo de recompensa.

- Elas são de três tipos: gostar da atividade em si (por exemplo: "Eu amo salada"), gostar de como você se sente após a atividade (por exemplo: "Eu amo como meu corpo não fica pesado após comer salada") e gostar da satisfação emocional de ter feito algo significativo ou importante (por exemplo: "Estou contente por ter feito algo bom para a minha saúde").
- Você pode se treinar a experimentar recompensas intrínsecas usando a reavaliação positiva, exercendo a atenção plena ou conectando as atividades aos benefícios para seu eu futuro.
- As recompensas extrínsecas oferecem benefícios semelhantes às recompensas intrínsecas, mas prometem um atalho. Entretanto, podem não ser tão sustentáveis no longo prazo, pois as recompensas externas tendem a deixar de funcionar. Elas também não o ajudam a se concentrar mais na atividade.
- O *agrupamento de tentações* envolve misturar o comportamento desejado com uma atividade de que goste (algo divertido).
- *Sequenciamento de tentações* (ou autorrecompensa) é fazer de seu hábito a condição para obter determinada recompensa. Só se permita desfrutar dessa recompensa se a condição for cumprida. A fórmula básica é: *Só vou (recompensa externa) se (hábito desejado).*
- *Economia de fichas* é dar a si mesmo uma recompensa simbólica que represente seu progresso — como estrelas douradas, pontos ou fichas de pôquer. Use-as para "comprar acesso" a itens/experiências desejáveis.
- O terceiro tipo de recompensa é, na verdade, evitar a dor. Esse tipo de abordagem só deve ser usado em último caso. Trata-se de associar sensações dolorosas, perdas financeiras ou experiências vergonhosas ao não cumprimento de seu hábito. Esta estratégia só é útil para ganhos ou tarefas de curto prazo.

Então, agora você aprendeu os três elementos-chave para formar hábitos: deixa, ação, recompensa. Eis aqui uma rápida revisão dos dois últimos capítulos.

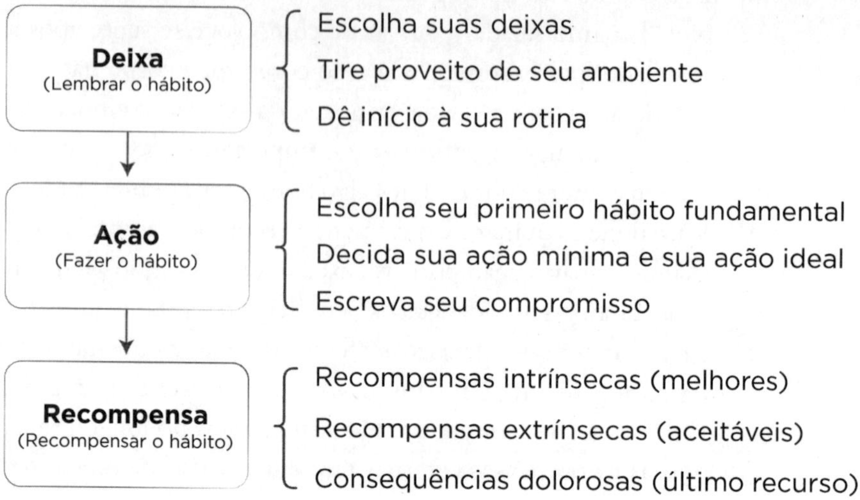
Deixa
(Lembrar o hábito)
Escolha suas deixas
Tire proveito de seu ambiente
Dê início à sua rotina
Ação
(Fazer o hábito)
Escolha seu primeiro hábito fundamental
Decida sua ação mínima e sua ação ideal
Escreva seu compromisso
Recompensa
(Recompensar o hábito)
Recompensas intrínsecas (melhores)
Recompensas extrínsecas (aceitáveis)
Consequências dolorosas (último recurso)

CAPÍTULO 28

SUPERE A PROCRASTINAÇÃO

COM UMA *DEIXA* EFICAZ (VEJA O CAPÍTULO 26), VOCÊ SE lembrará de agir. No entanto, isso não significa que realmente seguirá adiante. Às vezes você se lembra de agir, mas, por uma razão ou outra, evita a ação. Isso é procrastinação — ela o impede de agir, atrasa seus objetivos e enfraquece suas aspirações.

Por que procrastinamos? Para evitar alguma forma de dor — seja ela física, mental ou emocional. Pode ser a dor da ansiedade e do medo — como o medo de falhar, o medo de perder, o medo de ser julgado ou até mesmo o medo do sucesso (veja o Capítulo 11). Também pode ser motivada pela aversão à tarefa — como quando procrastinamos porque a atividade é percebida como sem sentido, enfadonha ou difícil.

Vários livros falam sobre a procrastinação e suas causas, mas o âmago disso tudo é este: prevemos a dor, e nosso cérebro reptiliano entra em jogo para "nos salvar" dela. Em seguida, procuramos nos acalmar emocionalmente, engajando-nos em uma atividade que proporciona uma injeção rápida e fácil de dopamina. A dopamina suprime temporariamente a experiência do sofrimento emocional, mas isso só piora a situação.

Ciclo vicioso da procrastinação

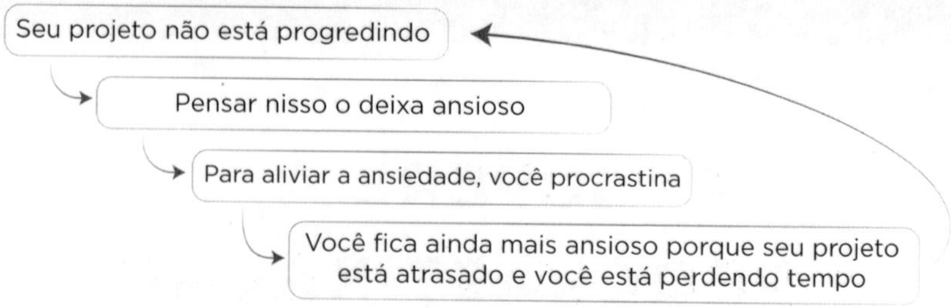

Se a procrastinação serve para evitar a dor, existem apenas três maneiras de realmente superá-la:

- Diminuir a dor da ação.
- Aumentar a dor da inação.
- Abraçar a dor e seguir em frente.

Todos os tipos de "dicas e truques" para superar a procrastinação normalmente farão parte de um desses conjuntos. Se não, é pouco provável que consigam resolver a questão central. Por exemplo, muitos blogs aconselham a instalar aplicativos que limitem o acesso a certos sites que sugam seu tempo como forma de evitar a procrastinação. Embora essa estratégia possa ser muito útil, a verdade é que, a menos que abordemos a dor subjacente que se está tentando evitar, a remoção de uma fonte de distração será apenas uma solução temporária. Sempre encontraremos uma maneira de procrastinar com outra coisa — nosso cérebro reptiliano é muito bom nisso!

Na Autodisciplina Consciente, a forma como lidamos com a procrastinação é a mesma como lidamos com a maioria dos desafios da autodisciplina: usando uma variante do Método PAV (veja o Capítulo 17): Pausa, Autoconsciência e (Força de) Vontade. O primeiro passo é fazer uma **pausa**, respirar e desacelerar por um momento. Em seguida, você se torna **consciente** da dor subjacente que o está fazendo procrastinar, perguntando a si mesmo: "Que dor estou evitando agora?".

Descubra do que está fugindo. Seja específico em sua resposta. Vá fundo e encontre a verdadeira causa — sem ela, será difícil superar de vez a procrastinação. Então, aplique um dos três métodos de força de vontade a seguir para mudar seu estado de espírito, de modo que você possa agir alinhado com seus objetivos e obter um +1.

MÉTODO 1: DIMINUIR A DOR DA AÇÃO

Se determinada atividade for importante para seus objetivos e não envolver dor, você não vai procrastinar. Portanto, para vencer a procrastinação, a primeira coisa que pode tentar é tornar a atividade menos dolorosa. Uma maneira de fazer isso é aprender a gostar da atividade por si só — um conceito que abordamos no capítulo anterior. Outra maneira é dividir a tarefa em Pequenos Passos — ou o que o cientista social e especialista em comportamento B. J. Fogg chama de "micro-hábitos".

Tarefa ou hábito	Pequeno Passo
Meditar por meia hora todos os dias	Meditar por três minutos
Escrever um livro de duzentas páginas	Escrever 250 palavras por dia
Parar de comer *fast-food*	Eliminar um tipo de *fast-food*
Arrumar o quartinho da bagunça	Livrar-se de cinco itens por dia
Fazer o imposto de renda	Preencher o primeiro campo do formulário
Sair para correr	Vestir as roupas de corrida
Dormir às 22h em vez de meia-noite	Dormir toda noite às 23h45

Pequenos Passos são uma extensão do conceito de *ação mínima* que abordamos no Capítulo 27. A diferença é que a *ação mínima* diz respeito ao estabelecimento de hábitos; é a versão minimalista do hábito que se deseja formar. Mas Pequenos Passos são algo que podemos utilizar não apenas para estabelecer hábitos (por exemplo, meditar, correr, escrever), mas também para rotinas, projetos e etapas de ações que não são necessariamente habituais — como limpar o quartinho da bagunça ou finalizar alguma pesquisa enfadonha.

A filosofia é muito simples: dividir sua tarefa ou hábito em quantas etapas forem necessárias, até que a procrastinação desapareça ou se torne administrável. Quantas etapas devem existir? A regra geral é esta: se seu próximo passo parecer difícil ou confuso demais, ainda é grande demais, e é necessário dividi-lo em partes ainda menores.

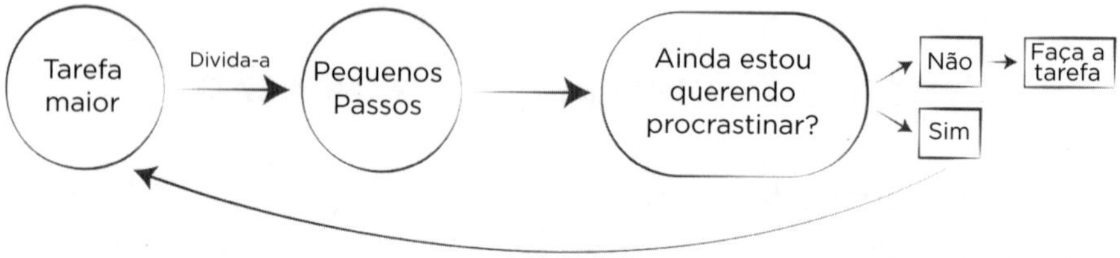

Dividir as tarefas dessa forma remove a sensação de sobrecarga e outros tipos de dor associados à própria atividade. É uma maneira fácil de dar mais um passo em direção ao seu objetivo. Ele pode não ser grande, mas é significativo e lhe dá um gostinho do sucesso. Avançar assim, um passo, depois outro, constrói seu senso de confiança e motivação, e o impulsiona.

Ganhar confiança com pequenas vitórias é extremamente importante. Como vimos no Capítulo 4, se você acreditar que tem uma força de vontade limitada, terá menos dela à sua disposição. Bem, se continuar tentando fazer algo acima de suas capacidades atuais ou além de sua motivação, e continuar falhando, sua confiança e motivação sentirão um baque. Isso, por sua vez, afeta negativamente a quantidade de força de vontade disponível, o que torna ainda mais difícil progredir além do obstáculo atual.

Por outro lado, caso se concentre em obter pequenas vitórias rápidas, vai se sentir confiante de que pode progredir; saberá que pode ter sucesso. Com esse impulso de confiança, sua motivação e sua força de vontade também aumentam.

De acordo com o neuropsicólogo Ian H. Robertson, autor de *O efeito vencedor*, as experiências de sucesso e fracasso nos moldam profundamente. Na natureza, quando um animal venceu algumas lutas contra adversários fracos, ele se torna muito mais propenso a vencer futuras contra animais mais fortes. Isso porque, a cada pequeno sucesso, ocorre um aumento dos níveis de testosterona e dopamina — o que o torna mais confiante, concentrado e forte. O mesmo acontece com outras espécies, entre elas, os seres humanos. Portanto, não gaste toda sua motivação e energia com o primeiro obstáculo com o qual se deparar. Em vez disso, divida-o em Pequenos Passos, continue avançando e formando sua confiança e habilidades ao longo do tempo.

Isso é o que acontece com sua motivação se começar com grandes passos, em vez de Pequenos Passos:

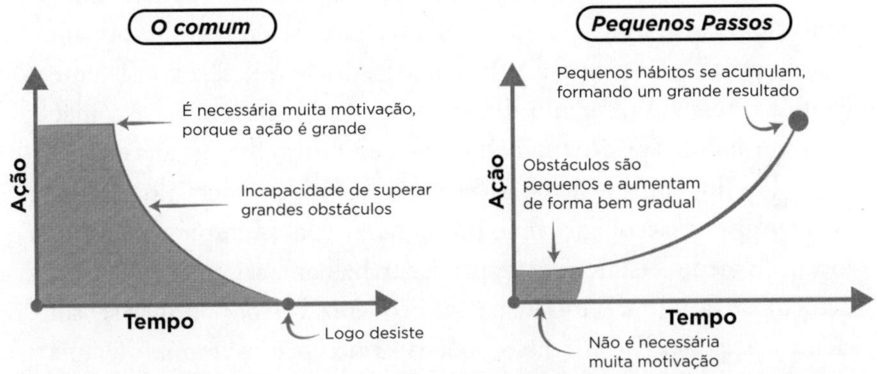

Adotar Pequenos Passos não apenas mantém sua motivação, mas, como mencionamos, também cria impulso. A Primeira Lei de Newton afirma que um objeto em repouso permanece em repouso, e um objeto em movimento permanece em movimento, a menos que outra força aja sobre ele. A parte mais difícil — em relação aos movimentos e a hábitos de vida — é sempre começar. Uma vez que a inércia (positiva) está funcionando a seu favor, é muito mais fácil se manter no rumo certo.

Portanto, no início, você deve se concentrar em simplesmente começar. Não seja idealista e não tenha pressa. Faça com que seja o mais fácil possível atingir seu objetivo e estabelecer seus hábitos, usando os Pequenos Passos.

Você não precisa buscar a perfeição, só precisa começar.

JACK CANFIELD

Não vise à perfeição — tente ser melhor do que ontem. Tente melhorar 1% a cada dia. Isso se traduz em enormes resultados ao longo do tempo.

Da próxima vez que se sentir empacado ou confuso e quiser procrastinar, em vez disso, divida a tarefa a ser realizada em tarefas menores, até que o próximo passo seja tão claro e simples que não haja motivo para adiá-lo ou fugir dele. Mas e se não souber o que deve fazer a seguir? Bem, então o próximo passo *é* descobrir o próximo passo.

Os Pequenos Passos que você dá todos os dias rapidamente se convertem em grandes resultados, cujos efeitos serão sentidos por anos. Não importa quão devagar você comece, desde que seja consistente e continue crescendo. Quanto antes você vencer a inércia inicial e começar a formar hábitos positivos, melhor. Seu eu futuro lhe agradecerá.

Por fim, uma pequena advertência: se estiver procrastinando para evitar uma dor psicológica mais profunda — como vergonha ou alguma forma de medo —, talvez antes precise trabalhar essas emoções, de uma maneira ou de outra. A estratégia dos Pequenos Passos pode não ser suficiente neste caso. Em vez disso, podem ser necessários *coaching*, terapia e outros modos de trabalhar o crescimento pessoal para ajudá-lo a avançar.

MÉTODO 2: AUMENTAR A DOR DA INAÇÃO

Como vimos no pilar Consciência, toda decisão é importante. Toda ação tem consequências: ou vai fazer com que dê um passo em direção ao seu objetivo (+1) ou com que dê um passo para trás (-1).

Afastar-se de seu objetivo e de seu eu ideal é doloroso — mas muitas vezes não percebemos isso. No caos da vida diária, com a quantidade de coisas que passam por nossa mente, é fácil esquecer nossos objetivos e valores, e não ver os custos de procrastinar.

Procrastinar algo importante é optar
por adiar um futuro melhor.
James Clear

Se, para você, fosse claro que procrastinar a escrita daquele artigo significa que está dando um passo na direção de se tornar insatisfeito e irrelevante em seu campo, ainda assim procrastinaria escrever o artigo? Se fosse claro para você que a procrastinação em acabar com uma relação tóxica significa se manter indisponível para um relacionamento melhor por mais tempo, será que ainda procrastinaria o término? Se fosse claro para você que procrastinar a limpeza do seu quartinho da bagunça significa passar mais dias sentindo-se atordoado dentro da própria casa, será que ainda procrastinaria a limpeza?

Se a dor for clara e *real* o suficiente, você não vai procrastinar. Sim, pensar assim é doloroso. Esse é exatamente o ponto — queremos tornar a dor da inação maior do que a dor da ação, para que você possa seguir em frente. Quando a dor da inação se tornar insuportável, você *terá* que agir. (Esperamos que seja capaz de agir bem antes disso.)

Eis aqui algumas perguntas que você pode se fazer para aumentar a dor da inação:

- Que dor estou provocando ao evitar fazer isso?
- O que esta decisão está fazendo com o meu eu futuro?
- Quais são os custos ocultos da inação?
- Ao decidir procrastinar, estou me preparando para o sucesso ou para o fracasso?

Todas essas perguntas apontam para a mesma conclusão: a inação é, em última análise, dolorosa. Reflita profundamente sobre esses questionamentos até poder *sentir* as consequências (e não apenas conhecê-las racionalmente). Você também pode usar as técnicas Mude seu Foco ou Mude sua Percepção (veja os Capítulos 18 e 19) para se reconectar com sua aspiração, com o seu eu futuro, e deixar a dor da inação ainda maior.

Enquanto os Pequenos Passos são como deixar o caminho à frente livre para que seja fácil avançar, tornar a procrastinação dolorosa é como puxar o elástico de um estilingue: você está criando tensão até que seja quase insuportável. Quando essa tensão atingir o seu máximo, ela o impulsionará para a frente com grande velocidade. Neste ponto, a procrastinação não será mais capaz de detê-lo. Nada será.

MÉTODO 3: ABRAÇAR A DOR

Muitas vezes procrastinamos porque nos agarramos à fantasia de que teremos *vontade* de agir quando o momento certo chegar. Então o momento chega, e ainda não temos vontade de fazer essa atividade, assim acabamos procrastinando novamente. Fazemos isso para evitar a dor da ação.

Este terceiro método para superar a procrastinação tem a ver com sua capacidade de agir de forma diferente dos seus sentimentos. Trata-se de não fugir da dor, mas ir ao encontro dela. Você pode fazer isso por meio da força ou ganhando a consciência de aceitar sua dor e, assim, diminuí-la. Este último método é a forma da Autodisciplina Consciente.

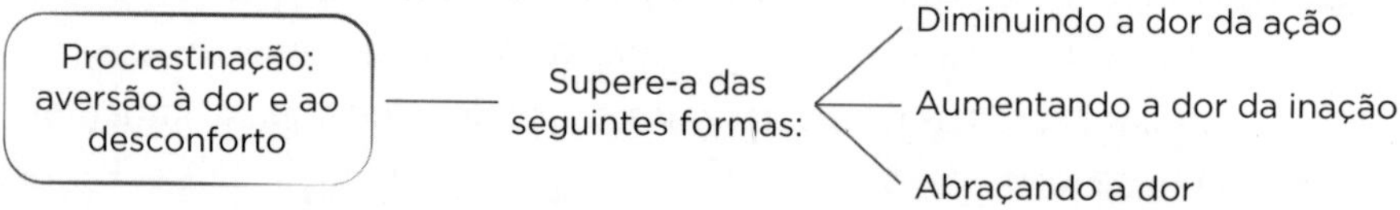

Consulte a técnica Abrace sua Dor (veja o Capítulo 20) para obter mais detalhes de como fazer isso.

PONTOS-CHAVE

A procrastinação é nosso cérebro evitando a dor e buscando o conforto. Ela nos impede de realizar ações importantes e de desfrutar dos benefícios e do crescimento que essas ações nos trariam. A Autodisciplina Consciente *é* nosso cérebro aprendendo a abraçar a dor com um propósito. Somos nós superando nossa natureza reptiliana.

No caminho da dor, há a grandeza. No caminho do conforto, há o tédio. Munido deste conhecimento, decida avançar em suas atividades de promoção de metas, seja tornando-as menos dolorosas, seja tomando consciência dos custos da inação, seja aprendendo a abraçar conscientemente a dor.

- A procrastinação acontece quando você se lembra de agir, mas ainda assim evita a ação para não sentir alguma forma de dor (física, mental ou emocional).
- Solução: use um dos três métodos para superar a procrastinação.
- O primeiro, *diminuir a dor da ação*, funciona dividindo a tarefa em Pequenos Passos, até que o próximo passo não seja mais tão confuso, doloroso ou atordoante. Seguir essa estratégia constrói confiança e o impulsiona. Suas pequenas ações se acumulam ao longo do tempo.
- O segundo, *aumentar a dor da inação*, funciona com a lembrança de suas aspirações e respondendo às perguntas fornecidas. Através dele, torna-se dolorosamente claro que a procrastinação da tomada de ações acabará provocando uma dor maior — e assim você consegue avançar.
- O terceiro, *abraçar a dor*, funciona ao se aceitar a dor e enfrentá-la usando a força de vontade ou a aceitação consciente.

CAPÍTULO 29

SUPERE AS DÚVIDAS

Quando você duvida de seu poder, dá poder à sua dúvida.
HONORÉ DE BALZAC

O único limite à nossa realização do amanhã serão nossas dúvidas de hoje. Vamos em frente, com uma fé forte e ativa.
FRANKLIN D. ROOSEVELT

Nossas dúvidas são traidoras e nos fazem perder o bem que muitas vezes poderíamos conquistar, pelo medo de tentar.
WILLIAM SHAKESPEARE

QUANDO TEMOS 100% DE CERTEZA DE ALGUMA COISA, falamos com confiança e autoridade. Quando temos 100% de certeza de que algo é possível, concentramo-nos naquilo e avançamos com determinação. Quando temos 100% de certeza de que determinada técnica funcionará, dedicamo-nos a ela de corpo e alma até obter os resultados.

A certeza traz poder e foco. Ela nos ajuda a perseverar. Ela nos impulsiona a continuar agindo independentemente de falhas e contratempos. Magnetiza-nos e nos torna carismáticos.

A dúvida faz o contrário. A dúvida é incerteza. Ela nos puxa para trás, retarda-nos, dissipa nossa energia e pode nos fazer desistir cedo demais. Hesitamos em seguir em frente e, quando seguimos, é com pouco entusiasmo. Nenhuma meta importante pode ser alcançada com pouco entusiasmo. Precisamos de toda a nossa motivação para dar um passo à frente.

> *Não se pergunte do que o mundo precisa. Pergunte a si mesmo o que o faz ganhar vida e vá fazer isso, porque o que o mundo precisa é de pessoas que tenham ganhado vida.*
> HOWARD THURMAN

Segundo o estudioso da força de vontade dr. Roy Baumeister, o estado de incerteza é um estado de esgotamento da força de vontade. Quando se está sobrecarregado de dúvidas, há menos energia para avançar. Superar dúvidas, então, aumenta a força de vontade, dando-lhe alguma certeza, mesmo que ela seja substituída mais tarde por outra.

Duvidar ou não duvidar

A dúvida é, hoje, uma inimiga maior do que era alguns séculos atrás, cortesia da revolução científica. Em nossa vida moderna, enfatizamos demais a razão, o pensamento linear e a mente analítica. Dúvida e ceticismo são considerados distintivos de honra e sinais de inteligência. De certa forma, eles são, mesmo — mas existem diferentes tipos de inteligência.

A capacidade de duvidar e questionar é a pedra angular do pensamento crítico. Sem ela, a indagação científica é impossível. Colocar suposições à prova é o que nos permite superar os preconceitos e descobrir a verdade sobre as coisas. O problema é que toda virtude projeta uma sombra (veja o Capítulo 38). Se a análise, o questionamento e o ceticismo forem as suas únicas ferramentas, e você as usar para tudo e em todas as áreas de sua vida, está se limitando.

Duvidar constantemente de suas conclusões sobre a natureza das coisas o impulsionará; duvidar constantemente de suas conclusões sobre sua capacidade, não.

Para fins da autodisciplina, existem três tipos de dúvida que nos limitam: as dúvidas a respeito de nós mesmos, a respeito do caminho e a respeito do objetivo. Em sua palestra TEDx *The Psychology of Self--Motivation* [A psicologia da automotivação], o professor Scott Geller fala sobre a necessidade de chegar aos *três sins*. "Sim, eu consigo fazer isso", "Sim, vai dar certo" e "Sim, vale a pena". As três dúvidas são o que nos impede de chegar a estes três sins.

Duvidar de si mesmo Duvidar de seu caminho Duvidar de seu objetivo	Leva a	Falta de motivação Falta de confiança Hesitação/incerteza Falta de entusiasmo

A primeira é duvidar **de si mesmo** — da sua capacidade. É questionar suas habilidades, pressupondo que você não seja suficientemente bom e que não vai conseguir alcançar seus objetivos. Esse tipo de pensamento é como um vírus mental, é sua mente derrotando a si mesma. Você precisa superá-lo a todo custo. (Você verá mais sobre isso em breve.)

A segunda é duvidar **de seu caminho** — de sua estratégia. Você pode ter certeza de sua capacidade, mas, se continuar duvidando constantemente de seus métodos e mudando sua estratégia a cada semana, não chegará a lugar algum. Por isso, gaste um tempo estudando e descobrindo o melhor caminho para você. Procure os melhores mentores, conselhos e sistemas que possa encontrar. Mas, depois, tenha fé de que funcionará e paciência com o tempo que leva. Continue por tempo suficiente antes de questionar a eficácia do caminho.

A terceira é duvidar de **seu objetivo** — de seu propósito. Quando as coisas evoluem mais devagar do que esperava ou quando os desafios se acumulam, você pode ter a sensação de que nunca alcançará seu objetivo. Pode sentir que ele é difícil demais para você. Para se proteger dessa dor, você perde o interesse em seu objetivo ("Talvez isso não seja para mim...") e vai atrás de outro interesse passageiro. Você pode superar isso com uma forte aspiração, perseverança e autoconfiança (veja os Capítulos 7-9, 13 e 21).

A dúvida é ótima para entender as coisas, mas ruim para manifestá-las. A dúvida é amiga do conhecimento, mas inimiga da concentração e da criatividade. Ela aguça sua capacidade analítica, mas enfraquece sua determinação e dissipa sua energia. A habilidade de duvidar, portanto, tem seu lugar — mas não é algo que deva usar sempre, em relação a tudo. Para mantê-lo disciplinado, ela não ajuda.

Exercício: auditar suas dúvidas

Agora pare por um momento. Respire fundo e pergunte-se:

- Como estou duvidando de minha capacidade?
- Como estou duvidando de minha estratégia escolhida?
- Como estou duvidando de meu propósito?

Essas perguntas pressupõem que você *está* duvidando — o que é bem provável. A maioria de nós tem algum tipo de dúvida em relação a pelo menos um desses três aspectos.

Dedique dez minutos a este exercício de auditoria de dúvidas. Procure em seu cérebro todos os sentimentos de dúvida em relação a si mesmo, ao caminho escolhido e ao seu objetivo. Anote-os, cada um em uma linha.

POR QUE DUVIDAMOS

A dúvida mata mais sonhos do que
o fracasso jamais vai matar.
Suzy Kassem

Uma das razões pelas quais duvidamos, como explicamos acima, é que confiamos demais em nossa **mente analítica**. Exageramos nessa virtude, caindo assim em sua sombra ao tentar aplicá-la a *tudo* em nossa vida. Temos um grande martelo e tratamos tudo como se fosse um prego. O problema é que nem tudo é prego.

Outra causa do vírus da dúvida sobre si mesmo é nosso **condicionamento de infância**. Muitos de nós tivemos um pai ou mãe supercrítico, um irmão dominador ou um valentão na escola. Ou éramos constantemente comparados a outra criança que simplesmente parecia "melhor" em tudo. Isso nos torna doutrinados a acreditar que não somos suficientemente bons. Duvidar de nós mesmos, então, torna-se natural.

Uma terceira causa possível é uma grande **experiência de fracasso**. Talvez você tenha tido uma boa autoconfiança e autoestima, tenha se dado bem na vida, mas sofrido um baque e batido no chão com *força*.

Pode ter sido por conta de uma experiência traumática, depois da qual se tornou difícil apostar novamente em si mesmo. Você internalizou não apenas a lição desse fracasso, mas uma autoimagem mais derrotista. Pode haver agora uma nova voz dentro de você, pedindo-lhe sempre que aposte no que é mais seguro. Ela está tentando protegê-lo, mantendo-o afastado de tudo que percebe como perigo.

Uma quarta causa do sentimento de dúvida são as **más companhias**. As pessoas com quem passamos nosso tempo nos influenciam profundamente. As pessoas que lemos (autores, blogueiros, influenciadores) e ouvimos (amigos, família, colegas, apresentadores de *podcast*) também nos influenciam profundamente. Influenciam nossos pensamentos, a maneira como nos sentimos e as decisões que tomamos.

Se você se cerca do tipo errado de pessoas, fica mais fácil duvidar de si mesmo, distrair-se de seus objetivos e sentir-se desmotivado. Quando tentar começar algo novo na vida, alguns vão invejá-lo e tentar impedi-lo dissimuladamente. Outros podem ser supostamente mais "bem-intencionados" e querer ajudá-lo a "ser realista" para que você não se decepcione.

Por fim, as três dúvidas também podem ser causadas pela **falta de perspectiva**. Nós nos comparamos, assim como os resultados que estamos obtendo, com pessoas que parecem mais capazes ou que obtiveram resultados mais rápidos. Comparamos nosso *processo* com o *resultado* de outra pessoa e desanimamos. Ou pensamos que as dificuldades que estamos enfrentando neste momento serão eternas: que elas são permanentes e que nunca seremos capazes de superá-las. Essas são algumas formas diferentes de como às vezes perdemos a perspectiva.

Quais são as causas por trás de seu hábito de duvidar de si mesmo? Dedique um momento para refletir sobre isso.

Se forem as más companhias, a melhor maneira de superar as dúvidas é encontrar companhia melhores. A vida é curta demais para ser desperdiçada com pessoas tóxicas. Elimine de sua vida as pessoas que só o deixam para baixo e procure a companhia daquelas que o fazem feliz. Fazer isso é um favor a si mesmo, aos outros e a todas as pessoas que estão esperando que você dê um passo adiante e dê vida ao que quer que esteja criando. (Veja o Capítulo 35.)

Se um buscador não encontrar um companheiro melhor ou igual a ele, que resolutamente siga um curso solitário. No caminho, não há espaço para a companhia de tolos.

BUDA

Vamos agora discutir como você pode superar as outras quatro causas de dúvidas.

MÉTODO 1: A TÉCNICA *AGORA NÃO*

É extremamente difícil vencer a dúvida só negociando com ela. Se a dúvida fosse uma pessoa, ela seria aquela cética teimosa que sempre tem uma objeção ("Sim, mas...") ao que quer que se diga. Ela nunca se convence. É necessário fazer uma pausa, às vezes, para poder se concentrar em seguir em frente.

Há espaço para a dúvida, mas não *sempre* nem *em todo lugar*. A dúvida saudável é construtiva e o ajuda a ver as coisas sob uma nova perspectiva; a dúvida negativa o deixa incerto e o paralisa. Este é o lado sombrio da dúvida, e trata-se de um grande obstáculo à autodisciplina.

Uma ótima maneira de superar essa sombra é criar um *experimento livre de dúvidas*. Trata-se de se comprometer com um período em que nenhuma dúvida é permitida. Toda dúvida é respondida com um simples: "Agora não". Dessa forma, medos, dúvidas e ansiedades são temporariamente suspensos. Sem precisar descobrir como superá-los permanentemente, você cria o espaço necessário para avançar! Somente depois desse período poderá questionar suas habilidades e reavaliar seus métodos — e só se isso for mesmo necessário.

Essa mudança de mentalidade é extremamente simples, porém eficaz. Manter as dúvidas longe se torna mais fácil, pois é "apenas um experimento", com um começo e um fim estabelecidos. As dúvidas, então, não precisam lutar para entrar em sua mente, pois sabem que a hora virá — só "não agora".

Durante o experimento livre de dúvidas, concentre-se completamente na tarefa em mãos, com total convicção e entusiasmo. Nenhuma dúvida é permitida. Cultive a sensação de que você tem *certeza* de que está no caminho certo e que alcançar seu objetivo é apenas uma questão de tempo. Acredite que está se aproximando mais de seu objetivo a cada passo que dá, mesmo quando não está a fim.

Se necessário, seja loucamente otimista e fanaticamente dedicado — durante esse tempo limitado. Depois, faça uma pausa para refletir, aprender e recomeçar com uma visão mais aprofundada. Continue praticando assim durante todo o tempo que precisar. Eventualmente, suas dúvidas podem desistir e parar de bater à sua porta, sabendo que ninguém vai abrir. Assim como aconteceu comigo.

Duvide de suas dúvidas antes de duvidar de si mesmo.
LEWIS PUGH

Uma vez que tenha iniciado seu experimento livre de dúvidas, interrompa qualquer dúvida ou medo que surja para incomodá-lo. A técnica Agora Não é o botão de soneca em seu cérebro. É a capacidade de usar uma habilidade em que você é muito bom (procrastinação) para coisas que realmente vale a pena procrastinar (ter dúvidas).

Quando as dúvidas vierem, diga "agora não". Procrastine a dúvida. Procrastine os medos, preocupações e ansiedades. Procrastine dramas emocionais e distrações. Durante o período determinado, concentre todas as suas energias na tarefa que tem que fazer e pressione o botão de soneca para todo o resto. Aja primeiro, duvide depois.

Quanto à duração do experimento, depende de suas necessidades. Pode ser durante uma hora todas as manhãs, uma hora em que você afaste a insegurança sobre suas habilidades de escritor e apenas escreva. Pode ser um período de trinta dias em que se comprometa com determinada dieta sem pisar constantemente na balança para ver se ela está funcionando ou não. Pode ser um ano que se dedique a uma nova ideia de negócios sem se distrair com outras "oportunidades". Projete seu próprio experimento livre de dúvidas e, em seguida, faça-o de todo o coração, apertando o soneca em todas as dúvidas e medos com a ajuda da técnica Agora Não.

E se as dúvidas aparecerem novamente? Repita "agora não" com uma voz interior firme, mas calma. Faça isso tantas vezes quantas forem necessárias e, uma hora, sua mente aprenderá. Você precisa estar no controle, não seus pensamentos. Estabeleça limites para eles. Reivindique seu poder — essa é a principal mensagem da meditação.

A técnica Agora Não não é uma zona livre de análises. São umas férias muito necessárias de sua mente autodestrutiva. Você ficará surpreso com sua capacidade. Vai explorar recursos que nem sabia que tinha. Há um poder tremendo nisso.

Essa técnica é semelhante ao método Procrastinar Distrações (veja o Capítulo 22). Aliás, você também pode usar a técnica Agora Não para lidar com distrações, desculpas ou quaisquer outras crenças limitantes ou estados emocionais. Também pode usá-la para superar outros inimigos da autodisciplina, tais como distrações, medos e desculpas.

Esta técnica não resolverá nenhuma dor emocional do passado que possa estar por trás de tudo, mas evitará que dúvidas e medos estraguem sua jornada. Uma vez que esse espaço livre de dúvidas tenha sido criado em sua vida, você será capaz de avançar com menos resistência, saborear pequenas vitórias pelo caminho e evitar que a mente excessivamente analítica o detenha em um ciclo infinito. Assim, mesmo que medos e dúvidas ainda habitem sua cabeça, eles deixam de defini-lo. Não podem mais detê-lo.

MÉTODO 2: REMOVER SUAS OPÇÕES

No antigo manual militar *A arte da guerra*, o estrategista chinês Sun Tzu aconselha (VII, 36): "Quando cercar um exército, deixe uma saída livre. Não pressione um inimigo desesperado com força demais." A ideia implícita é que, quando as pessoas acreditam que não há saída, elas lutam com todas as suas forças, explorando um poço de força até então desconhecido.

Podemos aplicar a mesma estratégia em nossa vida diária. Quando não tivermos opção a não ser fazer uma mudança, trabalharemos por ela de corpo e alma. Quando *tivermos* que ter sucesso, teremos. Não há possibilidade para dúvidas, portanto não há dúvidas.

Se *tiver* que conseguir dinheiro extra nas próximas duas semanas para pagar a medicação de seu filho terminalmente doente, você encontrará uma maneira. Não vai procrastinar, distrair-se ou duvidar de si mesmo. Vai se concentrar no desafio e seguir em frente com todas as suas forças.

No budismo, há um ditado: "Medite como se sua cabeça estivesse em chamas". Quando sua cabeça está em chamas, não há distrações. Não há prioridades concorrentes. E você definitivamente não fica pensando no almoço.

Por outro lado, quando temos outras opções — um plano B, C e D —, é mais difícil gerar esse tipo intenso de energia. Como as consequências do fracasso não são tão terríveis, é mais fácil se distrair do objetivo, arranjar desculpas e não agir. Quando você sabe que vai cair sobre uma almofada confortável, não fica tão concentrado em caminhar. Parte de você está indiferente.

Não é preciso dizer que este método é mais extremo. Não é um método para todo tipo de pessoa nem funciona com todo tipo de objetivo. No entanto, a lição central se aplica a todos: quanto mais comprometido estiver, menos dúvidas terá. Portanto, se tudo o mais falhar, remova todas as suas opções. Este método não falhará.

Uma pessoa determinada avança em direção ao seu objetivo como uma flecha em direção ao alvo.

Você é assim? Se não, por que não?

MÉTODO 3: CONSEGUIR UMA NOVA PERSPECTIVA

Remover a dúvida é como remover uma venda.
TIM FARGO

Duvidar de si mesmo é apenas uma das muitas maneiras possíveis de ver as coisas. É uma narrativa — uma narrativa limitadora. O terceiro método para superar os três tipos de dúvidas é distanciar-se e obter uma nova perspectiva.

Uma maneira de fazer isso é obter uma **perspectiva temporal**, lembrando que *isso também passará*. Quaisquer que sejam os desafios que esteja enfrentando, não durarão para sempre. É improvável que esteja lidando com os mesmos obstáculos daqui a três meses; se não, daqui a três anos, com certeza, estará em um lugar diferente, desde que siga adiante e aja.

Lembre sempre que "isso também passará". Escreva isso em algum lugar que veja com frequência. Tatue no seu cérebro. Contemple esta frase em momentos de necessidade.

Uma segunda maneira de mudar de perspectiva é *ajustar suas expectativas* em relação à duração da viagem e em relação aos desafios que encontrará. Falamos sobre isso no Capítulo 21, quando abordamos a virtude da perseverança e um de seus inimigos: a síndrome da falsa esperança.

Imaginemos que seu objetivo é adquirir a excelência no canto (ou em qualquer outra habilidade, aliás). Você encontra um professor excelente e vai às aulas com grande entusiasmo. Então, após apenas duas semanas, sente-se decepcionado por não estar progredindo tão rápido quanto o esperado. Essa, na verdade, é uma sensação normal, e não um motivo para duvidar. Mas, se começar a pensar que não tem uma voz bonita (duvidando de si mesmo), que esse método de aprendizagem não vai funcionar (duvidando de seu caminho) ou que talvez cantar não seja realmente para você e, por isso, não vale a pena (duvidando de seu objetivo), é provável que desista cedo demais. Em vez disso, reajuste suas expectativas em relação ao processo.

Uma terceira maneira de ganhar uma nova perspectiva é **abandonar as comparações injustas**. A comparação pode trazer dúvidas sobre sua capacidade e seu caminho. A mais comum é comparar o seu *processo* com o *resultado* de outra pessoa. Imagine que você seja um artista iniciante olhando para a obra-prima de outra pessoa e pensando: "Eu nunca serei capaz de pintar assim… talvez eu não tenha nascido para isso". Ou que é um jogador de tênis e pensa: "Não estou progredindo rápido o suficiente… nunca jogarei como o Sampras…". É uma comparação justa?

Nunca compare o seu processo com o resultado de outra pessoa. Você não precisa ser melhor do que ninguém, só precisa ser a melhor versão de si mesmo.

A comparação é uma tendência programada em nossa mente. Podemos não ser capazes de parar de comparar, mas podemos aprender a comparar de forma mais sábia. Se precisa de inspiração, compare-se com aqueles que estão à sua frente, em coisas que são significativas para você, sem perder a perspectiva do caminho necessário para chegar lá. Se precisa de autocompaixão e incentivo, compare-se com a versão anterior de si mesmo ou com os que estão atrás, e perceba até onde chegou. Mas não compare o início do seu processo com o fim do processo de outra pessoa.

Está apegado a alguma comparação que não o estimula? Se sim, é hora de substituí-la por outras mais estimulantes. Para isso, você também pode usar o método de mudar sua voz interior (veja o Capítulo 12) e o método de apontar buracos nos pensamentos negativos (veja o Capítulo 22).

No início deste capítulo, passamos pelo exercício de auditoria de dúvidas, para o qual você fez uma lista de todas as formas com que duvida de si mesmo, de seu caminho ou de seu objetivo. Agora, reveja essa lista e decida qual técnica usará para superar cada dúvida.

PONTOS-CHAVE

- A certeza traz poder e foco. Ajuda-nos a perseverar. Estimula-nos a continuar agindo, independentemente de falhas e contratempos.
- A dúvida nos puxa para trás, atrasa-nos e dissipa nossa energia. Hesitamos em seguir em frente e, quando seguimos, é com pouco entusiasmo. A dúvida às vezes é uma virtude, mas tem seu lado sombrio. Se tentar aplicá-la em todas as áreas de sua vida, terá dificuldades.
- Para a autodisciplina, os três tipos de dúvidas que você precisa superar são: duvidar de si mesmo (questionar sua capacidade/valor), duvidar de seu caminho (ser cético sobre sua estratégia e viver mudando-a) e duvidar de seu objetivo (perder o interesse por não progredir). A razão pela qual duvidamos pode ser a confiança excessiva na mente analítica, um condicionamento de infância, uma grande experiência de fracasso, más companhias ou uma perspectiva equivocada.
- Método 1: *A técnica Agora Não*. Comprometa-se com um período em que não sejam permitidas dúvidas. Concentre-se apenas na tarefa atual, com total convicção e confiança. Aperte o botão "soneca" em todas as dúvidas, medos e distrações dizendo mentalmente "agora não", tantas vezes quantas forem necessárias, com calma e confiança.
- Método 2: *Remover suas opções*. Quando não tiver opção a não ser fazer uma mudança, você vai se esforçar por ela de corpo e alma. Quando tiver opções, ou quando as consequências do

fracasso não forem tão terríveis, será mais difícil gerar esse tipo intenso de energia. Remova suas opções para se tornar totalmente focado e comprometido. Este método é radical.

- Método 3: *Conseguir uma nova perspectiva*. Distanciar-se para ver as coisas mais claramente. Obtenha uma perspectiva temporal, lembrando que quaisquer desafios que esteja enfrentando são temporários ("isso também passará"). Ajuste suas expectativas em relação à duração da viagem e às dificuldades com que vai se deparar. Abandone comparações injustas, como comparar o seu processo com o resultado de outra pessoa.

CAPÍTULO 30

SUPERE O FRACASSO

Cair sete vezes, levantar-se oito.
PROVÉRBIO JAPONÊS

Entrar em uma batalha sem um plano é o ápice da arrogância. Esse tipo de general devia ser condenado à morte, pois arrisca a vida de seus soldados.
SUN TZU

O pensamento correto é que toda dor um dia acaba. E, quando se consegue entender isso, tudo vira só uma questão de aguentar tempo suficiente.
DAVID GOGGINS

O CAMINHO EM DIREÇÃO AO SEU OBJETIVO PROVAVELmente será mais longo e mais difícil do que espera. Você deverá experimentar muitas falsas largadas, dúvidas, desmotivação, confusão, cansaço, prioridades concorrentes, distrações, resultados inesperados, falhas e atrasos. Saber disso é importante, porque, ao esperar desafios, você está pronto para eles; quando os desafios não são esperados, você não está pronto para eles.

Superar o fracasso é uma questão de duas habilidades distintas. A primeira é se preparar para o fracasso, para que ele se torne menos provável de acontecer, e, se acontecer, você consiga se recuperar com rapidez. A segunda é aprender a falhar com elegância, para não cair em um poço de emoções negativas, como vergonha, desânimo, aversão a si mesmo ou pânico. Vamos agora aprender a desenvolver essas duas habilidades.

TENHA UM PLANO DE CONTINGÊNCIA

Se você espera que, uma vez que der início ao seu hábito, o execute sem falhas até atingir seu objetivo, vai acabar se decepcionando. Assim, ao menor desvio, você pode começar a duvidar de si mesmo ou cair no pensamento de *tudo ou nada* (veja o Capítulo 23). Se espera que o caminho seja fácil e suave, cairá na armadilha da *síndrome da falsa esperança*, que prejudica a sua capacidade de perseverar (veja o Capítulo 21). Se espera que suas habilidades de autocontrole sejam infalíveis, cairá em um *viés de contenção* (veja o Capítulo 38, equilibre suas virtudes) e será severamente repreendido pela realidade.

A solução para tudo isso é ter um plano de contingência e saber exatamente como reagir a todo tipo de desafio, interno e externo, que possa surgir. Uma vez que tenha preparado um plano de contingência, você não será pego de surpresa. Vai se tornar mais resistente aos desafios, porque agora sabe exatamente como enfrentará cada um. O fracasso será menos provável, porque você está antecipando os desafios, e está pronto para enfrentá-los. Assim, vai alocar mais força de vontade à jornada.

Esta é uma ferramenta que uso o tempo todo com meus clientes nas sessões de *coaching*. Se o objetivo deles é se exercitar por meia hora todas as manhãs, por exemplo, então os oriento a criar um plano de contingência fazendo-lhes várias perguntas. Eis aqui alguns exemplos:

O que você fará se...?	Plano de contingência
não acordar no horário?	Exercitar-se à noite, após o trabalho.
estiver extremamente cansado?	Pegar leve, fazer pela metade do tempo, mas fazer mesmo assim.
não se sentir motivado?	Não estou esperando me sentir motivado. Vou mesmo assim.
estiver viajando?	Planejar meus dias para ter tempo para me exercitar.
seu celular tocar?	Deixar o celular em modo avião ou retornar a ligação depois.
se esquecer?	Criar alarmes para evitar que isso aconteça.
seu aparelho de malhação estiver quebrado?	Fazer outros tipos de exercícios, mas me exercitar!
tudo ficar muito difícil?	Lembrar que *isso também passará* e que a dor do exercício é melhor que a dor do problema de saúde.
lhe oferecerem a comida de que está tentando se abster?	Dizer: "Obrigado, mas não como mais X" ou "Obrigado, mas vou comer uma salada".

Se você nunca se deparou com um conjunto semelhante de perguntas, quando esses desafios surgirem — e eles surgirão —, será pego de surpresa. E pode não ter a lucidez, o tempo para pensar ou a força de vontade necessária para encontrar e implementar a solução no momento e depois dele. O resultado? Você pula esse dia e perde o impulso. Não cumpre seu compromisso e recebe um -1.

Como vimos no Capítulo 22, Ulisses tinha um plano de contingência. Ele sabia o desafio que estava enfrentando. Sabia o que esperar das Sirenas. Conhecia seus inimigos e conhecia a si mesmo. É por isso que ele pediu para ser amarrado ao mastro do navio.

Você também precisa de um plano de contingência.

Se você conhece o inimigo e se conhece, não teme o resultado de uma centena de batalhas. Se você se conhece, mas não conhece o inimigo, para cada vitória conquistada, você também sofrerá uma derrota. Se não conhece nem o inimigo, nem a si mesmo, você sucumbirá a cada batalha.

Sun Tzu

Quem são os inimigos de sua autodisciplina? Os suspeitos habituais são: o cansaço, as tarefas, as desculpas, a procrastinação, a baixa motivação, as distrações, os fracassos, as críticas alheias etc. Ignorar seus inimigos o torna incapaz de se defender. Por isso, a consciência também é fundamental nesse caso.

É necessário esperar os solavancos do caminho. Pense que seja mais difícil do que será. Saiba que haverá obstáculos e que encontrará resistência. Conheça suas fraquezas, suas desculpas, os pontos em que provavelmente vai falhar. Saber o que pode fazer fará seu eu impulsivo despertar. Saiba e espere tudo isso, mas não deixe que isso o desmotive; tenha um plano de contingência para superar tudo.

Exercício: crie seu plano de contingência

O próximo passo é realizar uma auditoria de obstáculos e criar seu plano de contingência. Crie cenários simples com a estrutura "se/então", também conhecidos como "intenções de implementação".

1. Faça uma lista de todos os desafios, desculpas e obstáculos que possam tentá-lo a não realizar seu hábito por um dia ou não cumprir sua resolução. (*Se _____ acontecer,*).
2. Ao lado ou abaixo de cada item, escreva como vai reagir. Especifique a ação exata que vai realizar ou como vai responder mentalmente (*Eu vou ______*.)
3. Reveja essa lista pelo menos uma vez por semana, até que tudo seja internalizado.
4. Se necessário, verifique a Visualização PODER para programar seu cérebro a seguir adiante com o plano (veja o Capítulo 23).

Fazer este processo permite que você tome decisões com antecedência sobre como lidará com as tentações e desafios. Quando eles aparecerem, saberá exatamente como enfrentá-los. Então será necessário menos força de vontade para permanecer no rumo de seus objetivos. De certa forma, você já superou o fracasso antes que ele acontecesse.

E se as coisas forem realmente muito mais fáceis do que previu e nenhum desses desafios ocorrer? Bem, então essa será uma surpresa positiva!

FALHE COM ELEGÂNCIA

Tudo o que abordamos neste livro até agora serve para ajudá-lo a ter sucesso no estabelecimento de hábitos e, assim, alcançar seus objetivos. Tudo foi projetado para ajudá-lo a evitar "falhas". Por exemplo, falamos em nos concentrar no processo e em não ficarmos obcecados com os resultados. Falamos em começar bem aos poucos (Pequenos Passos e Ação Mínima) e aumentar o ritmo gradualmente. Falamos sobre as diversas maneiras de superar a distração, a procrastinação, as desculpas, o esquecimento e a dúvida sobre suas capacidades. Aprendemos também a criar um plano de contingência.

No entanto, mesmo que tenha as melhores ferramentas e faça um esforço sincero de seguir os princípios deste livro, você ainda enfrentará contratempos e provavelmente "falhará" de vez em quando. Quando isso acontecer, poderá lidar com esse fracasso de uma forma que lhe cause sofrimento emocional e dificulte a disciplina ou poderá lidar com ele com consciência e autocompaixão — sabendo que o fracasso é apenas uma resposta, e que não é o fim do mundo. O fracasso não é fatal, e não define quem você é.

Como lidar com o fracasso de forma consciente? Você simplesmente **reconhece** o que aconteceu, **aprende** com isso, **perdoa** a si mesmo e **age** (compromete-se novamente). A Autodisciplina Consciente diz respeito a ter consciência e, como vimos no Capítulo 16, a consciência é neutra e não requer vergonha ou culpa.

Se você esqueceu de fazer algo, acabou procrastinando ou sucumbiu às distrações, aceite e siga em frente. Se conta a si mesmo uma desculpa esfarrapada e acredita nela, aprenda com isso e siga em frente. Se teve uma semana ruim, cheia de recaídas e más decisões, com mais pontos negativos do que consegue contar, perdoe-se e siga em frente.

A vergonha não é eficaz

Transformar-se não é fácil, porque há uma tremenda inércia que nos segura. Essa inércia quer manter as coisas como estão. E, se você quer mudar as coisas, então precisa ser mais forte do que a inércia. Algumas vezes, porém, ela vencerá — e a maneira como escolhe reagir a essas "falhas" temporárias determinará se você vai permanecer nos trilhos ou não.

Como vimos no pilar Consciência, quando você sente vergonha ou se culpa, está criando um estado de aflição emocional. Está criando um sofrimento (desnecessário) para si mesmo. E sabe o que somos muito bons em fazer quando estamos sofrendo? Buscar alívio rápido. Portanto acrescentar vergonha ou culpa à mistura só o aproxima de mais um fracasso, porque agora você se encontra em um estado de angústia emocional e buscará alívio através de gratificação e distrações instantâneas — que lhe oferecem uma experiência de bem-estar sem praticamente nenhum esforço.

A conclusão é óbvia: quanto mais você se envergonhar por seus fracassos, mais provável é que desista ou, pelo menos, que se afaste ainda mais de seus ideais. O mesmo se aplica a outras formas de vozes interiores negativas, como autocrítica, culpa e sentimento de desapontamento consigo mesmo.

Para a maioria das pessoas, portanto, a vergonha é uma estratégia ineficaz que apenas as paralisa com o medo de experimentar novamente esse estresse emocional. No entanto, essa não é uma regra universal. Para algumas pessoas, uma dose saudável de autocrítica e medo de sentir vergonha podem ser o combustível de que precisam para seguir em frente e fazer algo que realmente querem fazer.

Como você sabe que tipo de pessoa é? É simples: basta observar o que acontece quando se envergonha. Você se sente mais motivado e depois segue adiante e toma medidas positivas? Ótimo, então a use como combustível, se desejar. Mas se, em vez disso, você se entrega e procrastina ainda mais, pratique ser gentil consigo mesmo e falhar com elegância, usando o Método ALFA.

O Método ALFA

O Método ALFA [da sigla em inglês para: *acknowledge*, *learn*, *forgive* e *act*] é um processo de perdoar-se e recomeçar. O "alfa" é a primeira letra do alfabeto grego e um símbolo do início de todas as coisas.

Eis aqui como aplicar o método:

1. **Reconhecer**. Responsabilize-se pelo que aconteceu sem se culpar. Isso se faz descrevendo o ocorrido em uma linguagem emocionalmente neutra. Por exemplo, em vez de dizer a si mesmo: "Ah, eu fiz asneira de novo", diga: "Eu escolhi adiar, e agora o projeto está atrasado".
2. **Aprenda**. O que você pode aprender sobre esta situação e sobre você mesmo? O que o levou a agir dessa maneira? O que você vai mudar para que isso não volte a acontecer?
3. **Perdoe**. Lembre que você é humano e não se torture. Interrompa todas as narrativas de autocrítica, vergonha ou culpa. Você cometeu um erro, e isso agora está no passado. Repare os danos, se possível, mas concentre-se em estar pronto para seguir em frente.
4. **Aja**. Comece de novo. Lembre-se da importância de suas metas. Com suavidade, mas com determinação, volte a se comprometer com seus objetivos e hábitos. Levante-se todas as vezes que cair. (Veja o Capítulo 21.)

Em momentos de desânimo, lembre-se de suas aspirações e seus objetivos. **Seu objetivo é mais importante do que seus fracassos.** Lembre por que está fazendo tudo isso, por que isso importa (veja o Capítulo 8), e saiba que todo o mais *também passará*. Se precisar de inspiração extra, leia as histórias de sucesso de outras pessoas que fizeram o que está tentando fazer e as derrotas que enfrentaram ao longo do caminho.

Faça o que for preciso para sair da fase de autocomiseração, para que possa, mais uma vez, seguir no caminho certo para viver sua vida projetada.

PONTOS-CHAVE

Teoria

- Superar o fracasso é uma questão de duas habilidades distintas. A primeira é se preparar para o fracasso, para que ele se torne menos provável, e, se acontecer, você consiga se recuperar rapidamente (plano de contingência). A segunda é aprender a falhar com elegância, para não cair em um poço de emoções negativas, como vergonha, desânimo, aversão a si mesmo e pânico.

Plano de contingência

- Espere que o caminho em direção ao seu objetivo seja cheio de falsas largadas, dúvidas, desmotivação, confusão, cansaço, prioridades concorrentes, distrações, resultados inesperados e atrasos. Esteja preparado para isso, decidindo antecipadamente como reagirá a cada um dos diferentes tipos de desafio. Isso o tornará mais resiliente.
- Fórmula: "Se *isto* (desafio), então *aquilo* (reação)".
- Tarefa: crie seu plano de contingência. Revise-o semanalmente.

Falhe com elegância

- É provável que você falhe de tempos em tempos. Quando acontecer, pode lidar com isso de uma forma que lhe cause sofrimento emocional e dificulte a autodisciplina ou pode lidar com isso com consciência e autocompaixão.
- A vergonha é uma resposta ineficaz ao fracasso, porque cria um estado de angústia emocional, que o empurra a buscar alívio, entregando-se ainda mais à procrastinação e às distrações.
- Quando você falhar, pratique o Método ALFA: reconheça e aceite o que aconteceu; aprenda com isso para que possa fazer melhor no futuro; perdoe-se e repare os danos; aja, comprometendo-se novamente e recomeçando.

- Em momentos de desânimo, lembre-se de suas aspirações e objetivos. Seu objetivo é mais importante do que seus fracassos. Lembre por que está fazendo tudo isso, por que isso importa, e saiba que tudo o mais *também passará*. Se precisar de inspiração extra, leia as histórias de sucesso de outras pessoas que fizeram o que está tentando fazer e que superaram desafios semelhantes ao longo do caminho.

CAPÍTULO 31

COMPROMETA-SE COM O *NUNCA ZERO*

Talvez seja necessário travar uma batalha
mais de uma vez para vencê-la.
MARGARETH THATCHER

AGORA VOCÊ TEM TUDO O QUE PRECISA PARA COMEÇAR a realizar ações consistentes e eficazes para satisfazer suas aspirações. O próximo passo é assumir o compromisso de seguir adiante com seu plano e seus hábitos, independentemente das flutuações de humor e motivação.

A motivação é importante. Muitas vezes é a centelha inicial que o fez iniciar uma jornada. É a conexão emocional com seu objetivo, a sensação de ser atraído em direção a ele e ter energia para agir.

O problema é o seguinte: a motivação é fugaz. Trata-se de uma sensação — e, assim como todas as outras sensações, ela oscila. Não é possível confiar nela porque ela vem e desaparece. Ninguém se sente motivado o tempo todo. A autodisciplina é, por definição, sua capacidade de agir *além* da motivação, além do que está sentindo ou não no momento. A autodisciplina é um compromisso.

COMPROMISSO, NÃO MOTIVAÇÃO

A motivação pode fazer com que você comece a jornada, mas apenas a autodisciplina o ajudará a chegar até o fim. A motivação é a centelha inicial; a autodisciplina está continuamente alimentando o fogo. Não dependa da motivação. Em vez disso, assuma um compromisso com seriedade.

Se depender de um sentimento inconsistente (motivação) para agir, sua ação também será inconsistente. Você será como um marinheiro que só sabe como navegar quando o vento está a seu favor — não conseguirá ir muito longe.

Portanto, não espere que a motivação preceda a ação. Não espere se sentir motivado para começar. Não espere que "seja gostoso". Aja, independentemente da motivação. Dê um passo adiante na direção de seus objetivos diariamente, quer se sinta motivado, quer não. Eis aí a diferença entre o arrependimento e o sucesso a longo prazo

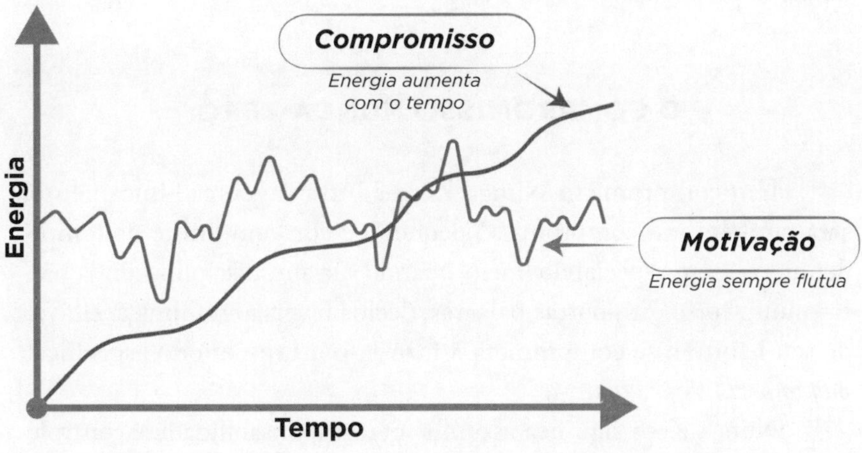

Quando o jovem comediante Brad Isaac pediu conselhos profissionais a Jerry Seinfeld, este lhe disse que era necessário escrever piadas todos os dias. Não "todos os dias em que você se sente inspirado". Não "todos os dias em que se acha engraçado". Todos os dias.

No caminho rumo a suas aspirações, você enfrentará muitos contratempos, derrotas e decepções. Vai, às vezes, duvidar de si mesmo e de seu processo. Esses são os momentos decisivos em qualquer trajetória. É a hora de provar sua fibra e reafirmar sua aspiração. Neles, somente o compromisso com o seu propósito pode ajudá-lo.

> *Sempre senti que o valor de um jogador não é*
> *quanto ele joga quando está jogando bem,*
> *mas quanto pontua e joga quando está jogando mal.*
> JACK NICKLAUS
> (JOGADOR DE GOLFE PROFISSIONAL)

Existem diferentes tipos de compromisso. Alguns não estão abertos à discussão — chamo-os de compromissos *Nunca Zero*. Outros precisam de um pouco mais de flexibilidade, para que não haja muita pressão em seu cotidiano (o que levaria a um estresse desnecessário). Apenas tenha em mente que, quanto mais flexível for a sua mentalidade em torno de seu compromisso, maior a probabilidade de encontrar uma desculpa para ignorá-lo.

O COMPROMISSO NUNCA ZERO

Um compromisso Nunca Zero é intransigente. Tipicamente, será também um compromisso pequeno e com um limite de tempo definido — em especial no início, quando sua autodisciplina ainda não for muito forte. Em outras palavras, decida a versão mínima aceitável de seu hábito e se comprometa a fazê-la por um período específico, *não importa o que aconteça*.

Nunca Zero significa assumir total responsabilidade e controle por sua vida. Você decide o que vai fazer, quem vai se tornar, e abandona todas as desculpas possíveis.

Crie compromissos Nunca Zero em torno do(s) hábito(s) mais importante(s) que precisa cultivar para avançar rumo a seus objetivos. Eis aqui alguns exemplos:

- Meditarei pelo menos cinco minutos todos os dias.
- Durante os próximos cem dias, escreverei das seis às sete horas da manhã.
- Até o final deste ano, não irei dormir sem demonstrar apreço ao meu parceiro.
- Estudarei vinte minutos de espanhol todos os dias até minha viagem à Espanha.
- Não beberei cerveja nem comerei doces até o dia seguinte à minha maratona.

Você não será capaz de fazer um compromisso Nunca Zero para cada hábito. Isso seria irreal e inflexível demais (veja o Capítulo 3, sobre a necessidade de equilibrar a autodisciplina). Em vez disso, basta escolher praticá-lo com um ou dois hábitos fundamentais, com horários ou duração definidos.

Você pode querer mudar muitas coisas em sua vida, mas é mais sábio começar com um único hábito e concentrar-se nele até consolidá-lo antes de assumir outro. É melhor seguir em frente com firmeza, mesmo que a passos lentos. Desenvolva a autodisciplina, aceitando um desafio de cada vez. **Se tentar se comprometer com tudo, não vai se comprometer com nada.**

Uma vez que um de seus hábitos esteja totalmente integrado à sua rotina, você pode, então, adicionar outro à pilha. Por exemplo, se já tem o hábito de acordar às seis horas da manhã e meditar por vinte minutos, adicionar um terceiro hábito de fazer vinte minutos de exercícios pela manhã não é tão difícil. Ele apenas se torna "a coisa que eu faço depois de meditar".

Após desenvolver a habilidade Nunca Zero em uma área da vida, pode então aplicá-la a outras áreas. A cada hábito adicionado, a autodisciplina se torna mais fácil — para a teoria da criação de hábitos, isso é conhecido como "efeito halo". Seu cérebro agora sabe como passar pelo processo de resistir à tentação, permanecer concentrado e priorizar seus objetivos de longo prazo.

Os pesquisadores australianos Megan Oaten e Ken Cheng chegaram a encontrar evidências de um efeito halo em torno da criação de hábitos. Nos estudos que realizaram, estudantes bem-sucedidos em adquirir um hábito positivo relataram menos estresse; menos gastos impulsivos; melhores hábitos alimentares; menor consumo de álcool, tabaco e cafeína; menos horas assistindo à tevê; e até menos acúmulo de louça suja. Sustente a disciplina por tempo suficiente em relação a um hábito, e não só ele vai se tornar mais fácil, mas outras coisas também. É por isso que aqueles com hábitos positivos parecem se dar melhor do que os outros. Eles estão fazendo a coisa mais importante para eles regularmente e, por isso, todo o resto fica mais fácil.

TRECHO DE *A ÚNICA COISA*, DE GARY KELLER

Vamos agora discutir cada um dos três elementos do compromisso Nunca Zero: definido no tempo, pequeno e rigoroso.

Um compromisso *definido no tempo*

Fazer um compromisso Nunca Zero é como virar uma nova página no livro de sua vida. É uma coisa significativa, portanto precisa de uma data de início adequada. Isso ajuda a criar expectativas e concentrar sua energia.

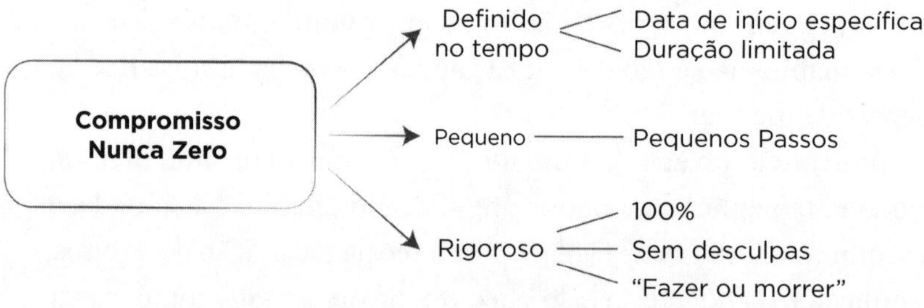

Decida quando o seu compromisso vai começar — pode ser na próxima segunda-feira, no seu aniversário ou amanhã. Marque essa data no calendário. E, se ela estiver um pouco distante, coloque um *post-it*

em algum lugar para constantemente lembrar que um novo começo está se aproximando. Aguarde-o ansiosamente!

Você também precisa decidir a duração de seu compromisso: o número de dias, semanas ou meses em que o manterá. Ou pode ser pela vida inteira, se for um compromisso com um hábito que é essencial para a pessoa que você quer se tornar, ou se for um compromisso de romper com um vício, como o álcool ou o cigarro.

Em 21 de março de 2000, assumi meu compromisso Nunca Zero com a meditação. Eu disse a mim mesmo, após fazer um curso rápido, que meditaria pelo menos cinco dias por semana pelo resto de minha vida. Essa foi a minha primeira tentativa de Nunca Zero, e funcionou para mim. Depois de alguns anos, aumentei a frequência para os sete dias da semana, e desde então medito diariamente.

Entretanto, se você é um novato no Nunca Zero, pode não ser uma boa ideia começar com um compromisso vitalício. De repente, comece com algo menor, como "ficar sem açúcar por cinquenta dias", ou "enfrentar minha ansiedade social todos os dias por três semanas". Escolha algo que fizer sentido para você e depois mantenha-se fiel ao compromisso, não importa o que aconteça. Não aceite nenhuma desculpa.

Durante o período escolhido, não há opção a não ser cumprir o compromisso. Somente após esse período você poderá então reavaliar como continuar. Você pode querer tentar outro *sprint* Nunca Zero, ajustar a frequência (para mais ou para menos) ou tornar esse hábito parte permanente de sua vida.

Um compromisso *pequeno*

Um compromisso Nunca Zero não precisa ser pequeno, mas, no início, recomendaria muito que fosse. Como esse compromisso é imutável (durante o período escolhido), é melhor não ser ambicioso demais no início. Lembre-se do conceito de Pequenos Passos e facilite as coisas para si mesmo: comece pequeno, aos poucos. Você pode aumentar a dificuldade mais tarde, depois de ter dominado o básico.

Se nunca teve o hábito de fazer atividades físicas regularmente, não se comprometa a correr duas horas todos os dias. Isso apenas criaria uma pressão indevida, o estressaria e provavelmente acabaria em decepção e frustração. Em vez disso, comece pequeno. Não importa quão pequeno seja o compromisso, desde que seja realmente um compromisso Nunca Zero. Continuar, *não importa o que aconteça*, é mais importante do que começar grande ou progredir com rapidez.

Vá no ritmo que desejar. Decida se quer pegar pesado ou ser gradual. Mas, depois que tomar a decisão, determinar o compromisso, decidir a resolução — siga-o até o final, como se fosse uma situação de vida ou morte.

Uma exceção a esta regra é se seu Nunca Zero for um compromisso de "não fazer algo", tal como parar de fumar ou de consumir bebidas alcoólicas. Se esse for seu objetivo, e você for corajoso o suficiente para aceitar viver um inferno por alguns meses, então pode cortar esse vício de uma vez. Nesses casos, tentar diretamente a abstinência total pode ser mais fácil do que tentar ser moderado e brincar com fogo.

Um compromisso *rigoroso*

Durante o período de seu compromisso, NÃO há desculpas razoáveis. O compromisso não tem meio-termo. Você pode ajustar o período que passará comprometido a seguir o Nunca Zero, ou a grandeza e a dificuldade de seu hábito, mas não sua natureza *rigorosa*. Caso contrário, não faz sentido. Uma vez que começar, terminará. Não importa o que aconteça.

Nesse sentido, este método é uma expressão da técnica Remover suas Opções (abordada no Capítulo 29).

Mesmo na presença de dúvida, medo ou dor, **aja**. Mesmo que esteja confuso ou desmotivado, aja. É isso que significa "não importa o que aconteça". Não importa se você se sente exausto um dia ou se trabalhou vinte e três horas naquele dia. Não importa se houver uma morte na família, uma crise econômica, uma nova pandemia ou o início da Terceira Guerra Mundial. E certamente não importa se está a fim ou não. É isso que significa o "nunca" em Nunca Zero.

Na Autodisciplina Consciente, comprometer-se 100% é mais fácil do que comprometer-se 99%, pois ajuda a evitar a fadiga de decisão. Quando a regra é flexível (99%), sempre é preciso considerar se hoje é o dia em que deve abrir essa exceção. Mas, quando a regra é rígida (100%), não há o que pensar. Sua decisão já foi tomada! Sua mente está sempre livre do fardo de considerar suas possibilidades. Isso economiza energia e lhe dá paz de espírito.

Nunca Zero é quase um tipo de determinação de *fazer ou morrer*. A frase pode parecer exagerada, mas é assim que se forja a força interior. Essa força da determinação leva a autorrespeito, autoconfiança e amor-próprio. E, com isso, é possível conseguir tudo.

Pode parecer assustador assumir um compromisso como este, porque é poderoso e intransigente. Sua seriedade é palpável — e, se não for esse o caso, é porque seu compromisso não é rigoroso ou é pequeno demais. Tome esse medo e esse sentimento de seriedade como um bom sinal. Você está saindo de sua zona de conforto. Está fazendo uma grande aposta em si mesmo. Muitas coisas boas virão daí.

Um dos mestres de meditação que mais admiro, Swami Vivekananda, costumava dizer: "Acredite em si mesmo, e o mundo ficará a seus pés". Não é preciso ter nenhuma ambição de dominação mundial para sentir o poder dessa afirmação. Ele não está falando da autoconfiança comum. Está falando sobre ter *fé* e confiança absoluta em si mesmo. Esse é o tipo de fé que move montanhas.

"Nunca Zero é o combustível da força de vontade."

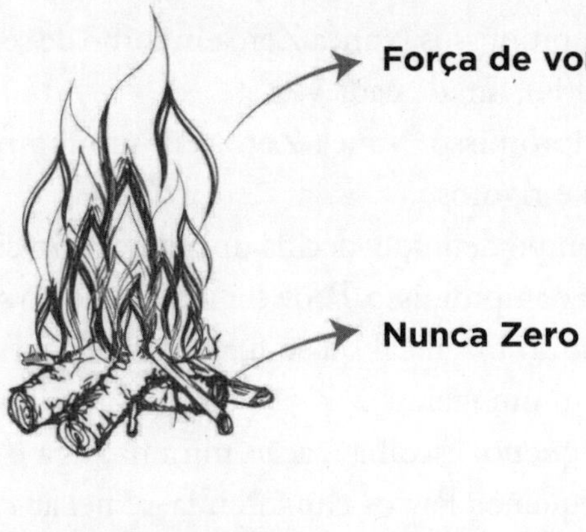

Mas como poderá acreditar em si mesmo se não para de quebrar suas promessas pessoais?

No fim das contas, a autodisciplina é muito mais do que alcançar seus objetivos — isso é apenas o campo de treinamento. A autodisciplina, a autodisciplina *consciente*, diz respeito a desenvolver esse tipo de força e poder interior. Sim, com ela você poderá alcançar grandes coisas, mas ela, em si mesma, já é sua própria recompensa.

Não deixe sua chama interna se extinguir por conta de desculpas, exceções e oscilações de humor. Que, pelo menos em uma área de sua vida, por um pequeno intervalo, sua força de vontade seja absoluta e não conheça exceções. Deixe-a arder com mais força.

Desenhe o limite que você não vai cruzar. E depois não o cruze, *não importa o que aconteça*. Isso é integridade. Isso é força de vontade. Isso é Autodisciplina Consciente.

PONTOS-CHAVE

Motivação

- A motivação é importante, mas não suficiente. É preciso confiar no compromisso, não na motivação, porque a motivação é uma sensação. Ela oscila.
- Não espere "ser gostoso". Aja além da motivação.

Nunca Zero

- Crie compromissos Nunca Zero em torno de seu(s) hábito(s) principal(is), um de cada vez.
- Um compromisso Nunca Zero tem um tempo definido, é pequeno e rigoroso.
  - Tempo definido: decida uma data de início e a duração do compromisso. Pode ser vitalício, caso se trate de um hábito essencial ou se for o compromisso de romper com um vício.
  - Pequeno: escolha a ação mínima, siga o conceito dos Pequenos Passos e mantenha-se fiel ao compromisso, não importa o que aconteça. Não seja excessivamente ambicioso no início.

- ◈ Rigoroso: não há desculpas razoáveis para não cumprir o compromisso. Isso pode parecer assustador, porque é poderoso e intransigente.
- Compromissos Nunca Zero não só têm o poder de mudar a sua vida, mas também forjam grande autoconfiança e força de vontade. Essa força interior é uma recompensa em si.

Agora você sabe exatamente o que fazer, como fazer e por quê. Portanto, comprometa-se a dar um passo em direção ao seu objetivo *todos os dias*. Faça isso agora, antes de seguir para a outra página. Isto mudará sua vida.

> "A partir deste dia, eu me comprometo a ________________
> a cada ________________, não importa o que aconteça.

Combinado?

CAPÍTULO 32

A VISÃO GERAL DA *AÇÃO*

COMEÇAMOS O PILAR AÇÃO DESENHANDO UM PLANO de ação para suas aspirações. Você criou **marcos**, escolheu **hábitos** específicos e fez todos os preparativos de que precisava para iniciar sua jornada. Aprendeu sobre a necessidade de **revisões** regulares para garantir que permanecesse no caminho certo e que sua estratégia continuasse eficaz. (Passo 1)

Em seguida, entramos nos detalhes da formação de hábitos, falando em profundidade sobre a definição de **deixa**, **ação** e **recompensa** (Passos 2 e 3). Você aprendeu a escolher deixas eficazes, melhorar seu ambiente para que seus hábitos se desenrolem com mais facilidade e ter uma ação mínima, que é a versão *não importa o que aconteça* do hábito. Viu que, para reforçar um hábito, seu cérebro precisa experimentar um benefício imediato como recompensa pelo esforço, e que você pode conseguir isso através de recompensas intrínsecas (melhor tipo), recompensas extrínsecas (aceitáveis) ou consequências dolorosas (último recurso).

No pilar Aspiração, abordamos dois obstáculos da autodisciplina: falta de motivação (não ter aspiração) e medo (autossabotagem). No pilar Consciência, aprendemos como superar outros três obstáculos da autodisciplina: desistência, distrações e desculpas. Finalmente, no pilar Ação, falamos sobre os três últimos obstáculos principais: procrastinação, dúvidas e fracassos.

- Superar a **procrastinação** (Passo 4) é diminuir a dor da ação através dos Pequenos Passos, aumentar a dor da inação através da autorreflexão e aprender a abraçar a dor.
- Superar os três tipos de **dúvidas** (Passo 5) requer usar a técnica Agora Não, o método Remover suas Opções ou mudar de perspectiva.
- Superar os **fracassos** (Passo 6) é, antes de tudo, prevenir as falhas com um plano de contingência e, se não for possível, falhar com elegância e autocompaixão, usando o Método ALFA.

O capítulo final (Passo 7) reúne tudo isso, destacando a necessidade de colocar o compromisso acima da motivação e convidando-o a assumir um compromisso Nunca Zero com seu hábito mais importante.

Agora você sabe o que quer e o que fazer a seguir. Sabe como superar os diferentes desafios com que pode se deparar pelo caminho. Aprendeu toda a estrutura da Autodisciplina Consciente. Como vai utilizá-la para viver a melhor vida que conseguir?

AUTODISCIPLINA NA VIDA DIÁRIA

CAPÍTULO 33

GESTÃO CONSCIENTE DO TEMPO

Estar ocupado não é o bastante... A questão é: com o que estamos ocupados?
HENRY DAVID THOREAU

Cuide dos minutos, e as horas cuidarão de si mesmas.
LORD CHESTERFIELD

Gestão de tempo é uma expressão errônea.
O desafio é gerir a nós mesmos.
STEPHEN COVEY

A MANEIRA COMO VOCÊ PASSA SEU TEMPO É A MANEIRA como passa sua vida. Portanto, é necessário administrá-lo de modo proativo, para que reflita suas prioridades e seus valores mais elevados. Se não dedicar parte de seu *tempo* à sua aspiração, ela nunca se realizará. Ela não se tornará real no futuro — porque você não a tornou real *agora*.

A Autodisciplina Consciente é a arte de passar o tempo em harmonia com seus objetivos e valores mais elevados. É a arte de viver bem e partir deste mundo sem arrependimentos. Para isso, é essencial desenvolver a consciência de como gastamos nosso tempo — esse é o elemento consciente da gestão do tempo.

Se aprendeu bem os princípios dos dois primeiros pilares, você tem a base necessária para gerir bem seu tempo. A priorização do tempo e a consciência dele são as chaves para a *gestão de tempo consciente*, assim como são, respectivamente, expressões dos pilares Aspiração e Consciência. Elas contêm, em si mesmas, muitos dos princípios clássicos de gestão do tempo.

Gestão consciente do tempo

- **Priorização do tempo** (pilar Aspiração)
  - Planejamento
  - Limites
- **Consciência do tempo** (pilar Consciência)
  - Consciência
  - Foco

Pare agora para se perguntar: quanto está satisfeito com a maneira como está gastando seu tempo atualmente? No fim de cada dia, ao refletir e ver como viveu sua vida naquele dia, fica contente? Se sim, está vivendo uma vida plena; se não, ela pode culminar em arrependimento e frustração.

Para fazer bom uso de seu tempo, é preciso ter a intenção de fazê-lo. Isso envolve planejar, estabelecer limites, ter mais consciência e criar um ambiente de foco. Em outras palavras, criar uma estrutura (rotina) e mantê-la. Este é o tema deste capítulo.

A gestão do tempo é um tema amplo — que tem sido abordado por muitos livros. Não vou tentar esgotar o assunto aqui, mas vou apresentar alguns princípios centrais e então explicar a intersecção entre gestão de tempo e consciência — o que chamo de *gestão consciente do tempo*. Se você quiser obter mais detalhes e um sistema de gestão de tempo mais elaborado do que o apresentado neste capítulo, recomendo fortemente que estude o livro *A arte de fazer acontecer*, de David Allen.

Antes de falarmos sobre os quatro princípios centrais da *gestão consciente do tempo*, entretanto, vamos falar rapidamente sobre as prioridades.

ESCLAREÇA SUAS PRIORIDADES

Ou você administra o dia, ou o dia vai administrar você.

Jim Rohn

Trabalho, família, autocuidado, saúde, amigos, relacionamentos, propósito, finanças — temos muito a equilibrar. Quanto mais papéis desempenhar na vida, mais projetos e compromissos assumir, mais objetivos perseguir ao mesmo tempo, mais difícil fica. Seu tempo e sua energia estão divididos entre tantas coisas que você se sente sobrecarregado e, às vezes, não consegue dar a cada coisa a atenção que ela merece. É uma sensação frustrante.

A primeira coisa a fazer, então, é simplificar sua vida. De certa forma, ser mais pragmático e não pressupor que consegue dar conta de tudo ao mesmo tempo. Todos precisamos aprender a respeitar nossos limites de tempo e energia. Para saber mais sobre este assunto, recomendo que você leia *Essencialismo: a disciplinada busca por menos*, de Greg McKeown. É um dos meus livros de autodesenvolvimento favoritos.

Se quiser criar mais espaço para suas aspirações, precisará abrir mão de certas coisas. Como abordamos no Capítulo 13, precisará fazer um sacrifício, deixando de lado coisas de menor valor para suas aspirações — por exemplo, parar de gastar uma hora em redes sociais todos os dias para poder, em lugar disso, dedicar esse tempo a uma atividade que promova o seu objetivo. Se, a título de experiência, abrir mão de metade de suas atividades, descobrirá um fato surpreendente: a outra metade receberá o dobro da energia e da atenção. Você progredirá muito mais rapidamente na metade que restou — e, também, obterá muito mais satisfação.

Isso é priorização do tempo: aumentar a quantidade de tempo e energia dedicados a atividades que promovem os seus objetivos e valores, e diminuir o tempo e energia alocados ao restante — ou talvez até mesmo eliminar um monte de atividades. Essas decisões são tomadas usando seus valores e objetivos centrais como uma bússola, como aprendemos no pilar Aspiração.

Mas, independentemente de quão bem você seja capaz de seguir essa diretriz de simplicidade e sacrifício, *ainda* terá que fazer malabarismos com alguns aspectos variados da vida. O que significa que precisará dominar os quatro elementos da gestão consciente do tempo. Quanto mais complexa for a sua vida, mais precisará dessas habilidades.

ELEMENTO 1: PLANEJAMENTO

A produtividade nunca é um acidente.
Sempre é resultado de um compromisso com a excelência,
o planejamento inteligente e o esforço concentrado.
PAUL J. MEYER

Se não planejar o seu tempo,
outra pessoa o ajudará a desperdiçá-lo.
ZIG ZIGLAR

Planejar como vai gastar o seu tempo permite que você viva mais de acordo com o seu projeto de vida e assegura que todas as coisas importantes sejam realizadas a cada dia. Não planejá-lo, por outro lado, significa que viverá mais reativamente — é bem mais provável que se distraia, divida sua atenção em muitas tarefas (aparentemente) urgentes, seja constantemente interrompido e se sinta mais cansado no fim do dia.

Há dois tipos de planejamento de tempo: o fixo e o flexível. Na versão fixa, o planejamento é realizado uma vez e raramente muda — por exemplo, suas rotinas matinais e noturnas (veja o Capítulo 35). O resto desta seção é sobre o outro tipo, o planejamento flexível, que muda diariamente.

Para planejar efetivamente como vai gastar seu tempo, é necessário dedicar alguns minutos no início de cada dia — ou da noite anterior — para decidir quais são as coisas mais importantes que precisa fazer naquele dia, como priorizá-las e o que pode fazer para que seu dia corra com mais tranquilidade. Vamos agora mergulhar em cada um desses três tópicos.

Reflexão nº 1: Quais são as minhas prioridades do dia?

Ao levar uma vida com autodisciplina, suas metas e aspirações serão suas prioridades contínuas — elas estarão presentes em sua agenda todos os dias, de uma forma ou de outra. Mas provavelmente haverá também outras prioridades que vão variar a cada dia. Além disso, em cada área de sua vida, você também terá que gerenciar várias atividades concorrentes.

Eis aqui três perguntas que pode usar para definir suas prioridades todas as manhãs:

- *O que farei para chegar mais perto de minhas aspirações hoje?*
- *Quais são as três tarefas mais importantes que quero realizar hoje?*
- *Que tarefa, se concluída, contribuirá mais para o meu bem-estar?*

Se atualmente estiver trabalhando em mais de uma aspiração, então escolha (pelo menos) uma tarefa de cada uma delas. Não precisam ser grandes tarefas, mas é altamente desejável que estejam presentes em seu dia, sete dias por semana. Pode ser ler durante dez minutos, fazer um telefonema ou escolher comer salada e dispensar a sobremesa. Não deixe passar um dia sem dar um passo rumo a suas aspirações.

Quanto à segunda pergunta, existem diferentes estruturas que podem utilizadas para decidir quais são as tarefas mais importantes. Stephen Covey, em seu clássico *Os sete hábitos das pessoas altamente eficazes*, fala sobre o princípio do Primeiro o Mais Importante, classificando as atividades em quatro categorias com base em sua urgência e importância. Eis aqui minha interpretação da técnica:

	Urgente	Não urgente
Importante	Fatos da vida	Suas aspirações
Não importante	Vida reativa	Sugadores de tempo

Pode ser útil aplicar esta classificação à sua lista de tarefas e atividades, a fim de ganhar clareza. As prioridades do dia estarão quase sempre na primeira linha.

Outra maneira de responder a esta pergunta é aplicar a regra da proporção 80/20, também conhecida como princípio de Pareto. Esse princípio diz que 80% de seus resultados provêm de 20% de suas atividades. O que você precisa fazer, então, é identificar quais são os 20% das atividades que trazem a maior parte dos resultados e fazer deles a sua prioridade. Isso funciona em todas as áreas da vida — trabalho, relacionamentos, passatempos e até mesmo na espiritualidade.

A terceira questão muitas vezes não é considerada quando as pessoas falam sobre escolher prioridades e gestão do tempo. Já que estamos falando de autodisciplina *consciente*, faz sentido também considerar o impacto que certas tarefas terão em seu bem-estar se não forem cumpridas. Talvez determinada tarefa não seja tão importante quanto as outras em sua lista, nem tão urgente, mas se comporta como um pensamento grudento em sua mente que não permitirá que você se concentre inteiramente em nada mais até completá-la. Talvez seja uma boa ideia fazer dela uma das prioridades do dia.

Reflexão nº 2: Como vou manter minhas prioridades do dia?

Depois de decidir *o que* precisa priorizar, é hora de considerar como fará isso. Eis aqui as perguntas que pode usar para esse fim:

- *O que precisarei ignorar, adiar ou delegar para me concentrar em minhas prioridades?*
- *Que distrações e interrupções provavelmente acontecerão e como vou lidar com elas?*
- *Como posso ter certeza de que minhas tarefas prioritárias serão realizadas?*

A primeira pergunta o ajuda a decidir o que *não* será feito. Definir isso significa que você se sentirá menos sobrecarregado. Libera espaço para se concentrar nas prioridades que escolheu para o dia.

A segunda questão é antecipar os desafios e decidir de antemão como enfrentá-los, caso surjam. Isso é algo que a maioria das pessoas não leva em conta e que causa muita frustração. (Veja o plano de contingência, no Capítulo 31.)

Por exemplo, o que acontece se uma de suas tarefas, que deveria ter durado meia hora, levar duas? O que acontece se chegar atrasado ao trabalho? O que acontece se estiver se sentindo muito cansado e desmotivado? O que acontece se alguém lhe pedir ajuda com seus próprios projetos e prioridades? Ou se uma pessoa que deveria contribuir para um projeto não fizer a parte dela? O que fará caso se distraia ou seja interrompido constantemente? Você precisa saber como reagir a cada possível desafio. Caso contrário, as pressões do momento podem influenciá-lo a tomar uma decisão da qual se arrependerá mais tarde.

Talvez precise avisar outras pessoas de que não estará disponível durante certos momentos do dia. Talvez precise colocar seu telefone no modo avião para evitar distrações. Talvez precise alocar mais tempo para determinada atividade ou chegar ao trabalho mais cedo. Talvez precise decidir fazer as coisas mais difíceis primeiro, quando tiver mais energia mental disponível — uma técnica conhecida como "comer o sapo".

Coma um sapo vivo logo pela manhã, e
nada pior lhe acontecerá pelo resto do dia.
MARK TWAIN

Planejar não significa que as coisas acontecerão de acordo com suas expectativas; muitas vezes, não será o caso. Mas o planejamento faz a realidade tender a seu favor e aumenta suas chances de concluir suas tarefas com sucesso.

A terceira pergunta, "Como posso ter certeza de que minhas tarefas prioritárias serão realizadas?", tem tudo a ver com alocar seu tempo e depois respeitar os blocos que você atribuiu a cada tarefa. Isso pode significar, por exemplo, decidir que tem apenas uma hora disponível para gastar com e-mail e tarefas administrativas. Uma vez que essa hora acabe, você para e passa para a próxima tarefa — mesmo que ainda haja mensagens pendentes. Sua agenda e os despertadores são seus melhores amigos para alocar o tempo. Faça uso deles e respeite suas notificações (mais sobre isso no *Elemento 3: Consciência*).

Ao separar o tempo para as diferentes atividades e objetivos, você está garantindo que todas as áreas de seu trabalho e de sua vida pessoal recebam a devida atenção, sem eliminar outras tarefas prioritárias de seu dia.

Passar duas horas de qualidade com minha esposa e minha filha é uma prioridade em minha rotina noturna, mas essa atenção também se aplica a conseguir dormir no horário (caso contrário, minha preciosa rotina matinal pode sair do controle). Isso significa que, se decidirmos assistir a um filme de duas horas depois que já passei uma hora curtindo a minha família, há duas alternativas: ou assistiremos à outra metade no dia seguinte, ou elas terminarão de assistir ao filme naquela noite sem mim. Isso porque estou ciente da alocação do meu tempo, e dormir no horário é uma prioridade para mim.

Conhecer e respeitar seus horários lhe permitirá atender a todas as diferentes áreas de sua vida, de acordo com suas prioridades, ao mesmo tempo que ainda se sente no controle de sua agenda.

Reflexão nº 3: Como posso fazer com que as coisas corram mais tranquilamente hoje?

Enquanto planeja seu dia de hoje, considere: o estresse está agendado de alguma forma em meu dia? Se estiver, talvez você queira encontrar uma maneira de removê-lo, fazendo algumas mudanças simples.

A primeira é procurar um possível *conflito de horários*. Você tem reuniões concomitantes? Precisa estar em dois lugares ao mesmo tempo? Precisa enfiar uma reunião de uma hora em quarenta minutos para não se atrasar para o próximo item de sua lista? Precisa realizar três atividades diferentes apenas para se manter cumprindo a agenda? Se sim, está esperando demais de si mesmo ou subestimou as tarefas — o que quase sempre resulta em frustração.

Veja se há algo que possa fazer para simplificar as coisas. Isso pode significar reagendar certos compromissos, delegar tarefas, adiar algo ou decidir que algumas coisas simplesmente não valem a pena. Conhecer suas prioridades ajuda a decidir o que manter e do que abrir mão.

A segunda mudança possível para ajudar seu dia a correr mais tranquilamente é *agendar pausas e o tempo de descanso*. Isso significa incluir, em sua rotina, espaço para descanso, pausa e autocuidado. Se você tem dificuldade em fazer isso porque é controlador e perfeccionista, e quer aproveitar ao máximo cada minuto (bem-vindo ao clube!), obrigue-se a ir mais devagar, reservando cerca de 10 a 20% de tempo a mais do que acha que cada tarefa exigirá. Suponha que as coisas levarão mais tempo do que espera que levem e inclua um respiro.

Quando tiver um intervalo aqui e ali, você não precisa destravar seu telefone. Não há nenhum problema em só *existir*. Apenas *respirar*. Simplesmente *não fazer nada*. Desacelerar assim é parte importante da Autodisciplina Consciente — mantém a nitidez de sua mente, reabastece sua força de vontade e consciência e o ajuda a se manter concentrado no que é mais importante.

A terceira mudança é remover o atrito de suas atividades o máximo possível, racionalizando seus processos. Rory Vaden, em sua palestra TEDX *How to Multiply Your Time* [Como multiplicar seu tempo], fala sobre "dar a si mesmo a permissão emocional de gastar tempo hoje com as coisas que lhe darão mais tempo amanhã".

Isso pode significar passar uma tarde pesquisando um aplicativo de calendário melhor e migrando seus dados para ele, para que todo o trabalho futuro de agendamento de compromissos e verificação de conflitos de horários aconteça mais facilmente. Pode significar, para usar o exemplo de Vaden, gastar duas horas para planejar o pagamento on-line de suas contas, de modo que você economize tempo todo mês ao fazer os pagamentos. Pode significar pesquisar um par de tênis de corrida ou uma almofada de meditação melhores, para que cada minuto de seu esforço nessas atividades seja mais agradável e eficaz. Pode até significar limpar seu escritório, mudar o local onde você come ou contratar uma nova babá.

Remover atrito e desordem é uma estratégia de longo prazo e, muitas vezes, não parece ser uma prioridade (não é realmente importante nem urgente). Mas tornará sua vida mais fácil. Pode até multiplicar seu tempo ou o resultado de seus esforços.

Planeje seu tempo (resumo)

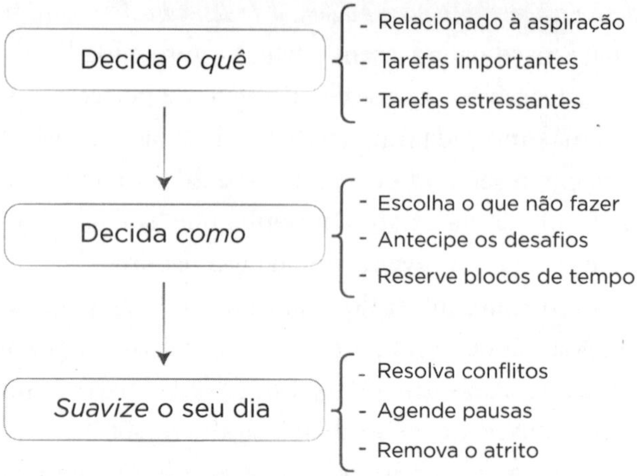

ELEMENTO 2: LIMITES

Seu tempo é limitado, portanto não o desperdice
vivendo a vida de outra pessoa.
STEVE JOBS

Você pode criar a melhor programação do mundo, mas, se não a cumprir, tudo o que tem é uma lista de desejos. É essencial, portanto, que proteja seu tempo das exigências alheias, e é disso que este segundo elemento trata. Ao contrário do dinheiro, o tempo é um recurso não renovável. É o material de que a vida é feita!

Proteger seu tempo exige observar a disciplina simples — e, ainda assim, muitas vezes desafiadora — de dizer *não*. Dizer *não* a outras pessoas que descarregam as responsabilidades delas em cima de você. Dizer *não* a reuniões sem sentido e tarefas desnecessárias. Dizer *não* a atender a um telefonema durante sua hora de exercício ou verificar e-mails durante um jantar em família. Dizer *não* até mesmo a algumas coisas boas que vêm na hora errada.

Toda decisão tem um custo. Toda decisão importa. Toda decisão significa um +1 ou um -1 em sua vida. Muitas vezes, dizer *sim* a um pedido é dizer *não* à sua aspiração. Portanto, não tenha medo de dizer *não*.

Dizer *não* o mantém no controle, permite que você viva a melhor versão da sua vida, dê o seu melhor e decida o que realmente importa para você.

Se não conseguir dizer *não* para os outros, não poderá ser disciplinado — porque não está no controle de seu tempo nem da sua energia. Dessa maneira, não consegue ser eficaz em suas tarefas nem levar uma vida autêntica. Você vai desistir inconscientemente de suas prioridades e gravitar em torno de outras pessoas. O resultado é muitas vezes sentir arrependimento por oportunidades perdidas, frustração pela falta de progresso e ressentimento pelas gentilezas que não são devolvidas.

Dizer *não* é mesmo muito importante. Portanto comprometa-se a desenvolver essa habilidade essencial. Pratique dizer *não* de uma forma graciosa e, ao mesmo, tempo assertiva. Isso muitas vezes requer separar sua decisão da relação com a pessoa que está pedindo o seu tempo. Você está negando o *pedido*, não renegando a pessoa. Não é uma rejeição à pessoa, mas a um compromisso.

O autor de *Essencialismo* recomenda as seguintes maneiras de dizer não:

- *Infelizmente, não tenho a capacidade necessária.*
- *Desculpe, estou ocupado demais no momento.*
- *Vou ter que passar.*
- *Agora não, mas talvez mais tarde.*
- *Eu não posso fazer X, mas talvez você queira tentar Y.*
- (No trabalho) *Sim, eu posso priorizar isso. A qual destes outros projetos devo dar menos atenção por ora?*

Se você for ousado, pode até tentar isto: quando alguém lhe pedir algo, fique em silêncio por vários segundos. Quase sempre a outra pessoa preenche a lacuna, dando-lhe uma saída fácil: "Quer dizer, só se você não tiver nada para fazer. Se não for o caso, tudo bem, sei que está ocupado...".

Dizer *não* não é egoísmo. Em uma sociedade obcecada em se adaptar e em agradar aos outros, dizer *não* aos pedidos de outras pessoas por seu tempo — quando não são coerentes com seus objetivos ou valores — é um grande presente que dá aos outros. Quando este for o caso, toda vez que disser *não*, está lhes dando permissão de serem igualmente focados e intencionais. Está normalizando a liberdade e o espaço pessoal, ajudando a criar uma cultura de autenticidade.

ELEMENTO 3: CONSCIÊNCIA

Esta é a chave da gestão do tempo:
enxergar o valor de cada momento.
MENACHEM MENDEL SCHNEERSON

No Elemento 2, você aprendeu a proteger seu tempo das demandas alheias; agora, vamos falar sobre como proteger sua agenda de sua própria mente de macaco, com seus lapsos de memória e suas distrações. Quase todo mundo tem alguma dificuldade com isso. Se você tiver Transtorno do Déficit de Atenção e Hiperatividade (TDAH), terá ainda mais dificuldade.

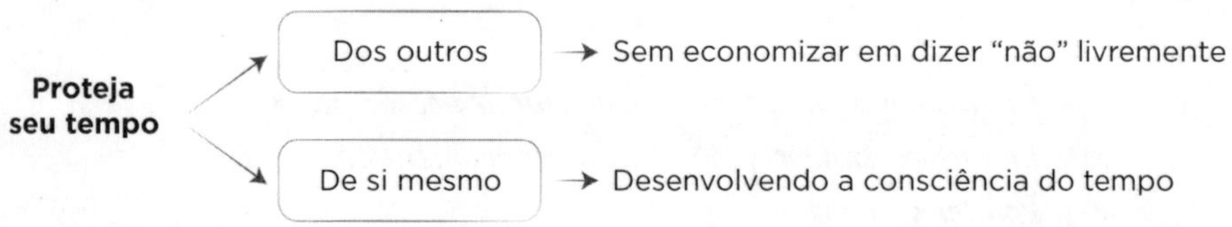

Você não conseguirá seguir sua agenda se esquecer seus compromissos ou se distrair com outra coisa. Uma gestão do tempo eficaz — uma gestão *consciente* do tempo —, portanto, exige uma constante consciência do tempo. A maneira de praticar isso é sempre *observar seu tempo*; prestar atenção a ele, estar consciente dele. E, para isso, precisará fazer de sua agenda e de seu relógio seus melhores aliados: verifique-os várias vezes ao dia para ter certeza de que se mantém nos trilhos.

Por exemplo, se tiver anotado um intervalo de vinte minutos no meio da tarde, *observar seu tempo* significa que, quando for o início do intervalo, você *sabe* que tem apenas vinte minutos e, assim, decidirá como empregar seu tempo durante esse intervalo de acordo com essa duração. Isso significa verificar o tempo constantemente, para ter certeza de não ultrapassar os limites que estabeleceu para si mesmo; ou iniciar um *timer* ao início do intervalo. Ou seja, estar ciente de que, após vinte minutos, precisa começar a fazer outra coisa.

Sem esse tipo de consciência, a mente de macaco fará uma bagunça em sua agenda. Ela dirá coisas como:

- Vou verificar *rapidinho* o meu e-mail e depois voltarei a escrever.
- Vou apertar o soneca *só desta vez*.
- Vou fazer um intervalo de *dez minutos* e depois voltarei ao trabalho.
- Vou terminar esta tarefa que vai levar *cinco minutos*, depois vou me arrumar para ir à academia.
- Vou olhar o Instagram por *alguns minutos* e depois vou dormir.
- Vou assistir a apenas *um* episódio.
- Eu posso demorar *mais alguns minutos* para sair e tenho certeza de que chegarei a tempo.

Quando isso acontece, qual é a probabilidade de ater-se ao seu plano? Se você for como a maioria das pessoas, não é muito grande.

Na técnica Mude seu Foco (veja o Capítulo 18), falamos sobre a necessidade de perceber os custos a longo prazo de pequenas decisões. A consciência do tempo é uma aplicação prática dela. Todos nós sabemos que essas decisões aparentemente inconsequentes em geral envolvem compromissos de tempo muito mais longos do que parece. Para estar plenamente consciente das consequências de certas decisões, é necessário estar bem consciente do tempo que consumirão.

Consciência do tempo

Muitas pessoas falam de gestão do tempo sem falar da consciência do tempo. Entretanto, a autodisciplina torna-se realmente difícil sem ela, e seguir uma rotina se torna um objetivo frustrante.

Já atendi vários clientes que tinham dificuldade para seguir até mesmo uma simples rotina. Após algum tempo trabalhando juntos, chegaram ao ponto de conseguirem seguir consistentemente uma rotina um tanto elaborada. Um desses clientes me disse uma vez: "É como se você tivesse instalado um programa em meu cérebro que me ajuda a estar constantemente consciente do tempo, pensando nos meus próximos passos e em como me preparar para eles". Eles tinham que anotar suas atividades e seguir um cronograma com suas prioridades, e sabiam que seriam questionados sobre isso em cada sessão conforme nos debruçávamos no que havia acontecido em cada dia da semana anterior.

Esse é o poder de desenvolver a consciência do tempo. Sem ela, não é possível seguir um cronograma. E, se você não conseguir seguir um cronograma, não poderá garantir que suas prioridades serão respeitadas — e suas aspirações, honradas.

Se não prestar atenção à forma como gasta seu dinheiro, ficará sem dinheiro e viverá endividado. Se não prestar atenção à forma como gasta seu tempo, também ficará sem tempo e viverá arrependido. Precisará pagar por isso mais cedo ou mais tarde — muitas vezes com juros, na forma de dor emocional de projetos atrasados, autocrítica e sobrecarga. Não é possível tomar infinitamente emprestado o tempo de seu eu futuro sem pagar por isso.

A consciência do tempo permite que esteja sempre um passo à frente. Você está ciente do próximo compromisso em sua agenda e sabe o que precisa fazer para se preparar. Está ciente do que deve estar fazendo a cada momento e quanto tempo lhe resta em seu bloco de tempo atual. Você não exagera. Não começa a ver um filme de duas horas uma hora antes do horário em que deseja ir dormir.

Não, você não precisa viver cada minuto de sua vida assim. Isso não seria equilibrado, nem desejável. Mas, se é como a maioria das pessoas, é provável que possa se beneficiar muito de um pouco mais de propósito em relação a como gasta seu tempo.

Quando está consciente de quanto tempo cada atividade leva e aceita as limitações naturais do tempo, é capaz de tomar decisões melhores sobre como passar seu dia e se sentir menos sobrecarregado.

Esteja atento ao tempo. É dele que sua vida é feita.

Considerações práticas

Desenvolver a consciência do tempo é desenvolver o hábito de verificá-lo constantemente, considerar a quantidade dele que cada atividade pode exigir e estar ciente do que vem em seguida em sua agenda.

Uma coisa que pode fazer para ajudá-lo a desenvolver esse hábito é colocar seus compromissos e tarefas em uma planilha e marcar diariamente nela o que você fez ou não conseguiu fazer, além do horário que começou cada atividade. Revise-a no fim do dia, e outra vez no fim da semana. Observe os padrões. Isso o ajudará a desenvolver a consciência do tempo muito rapidamente. Também o ajudará a estimar melhor a duração de cada atividade.

Sei que manter um controle do tempo é entediante. Talvez até extremamente entediante, mas mesmo assim é importante. **O que não é medido não é gerenciado.** Não há gestão do tempo sem consciência do tempo. E, como tempo é vida, não fazer bom uso do seu tempo leva ao arrependimento, ao sentimento de não realização de suas aspirações (a principal consequência da falta de autodisciplina).

Outra coisa que pode ajudar é, ao iniciar uma pausa — ou um tipo de atividade que normalmente suga seu tempo —, programar um *timer* em seu telefone com o tempo que deseja alocar à atividade. Certifique-se de que o volume do alarme seja suficientemente alto para que não seja ignorado. Você também pode deixar seu telefone a uns metros de distância de você, para evitar que o *timer* seja desligado automaticamente. Isso o ajudará a romper com o padrão de desperdiçar o tempo à toa e dará ao seu cérebro racional a oportunidade de entrar em ação e lembrá-lo de seus objetivos e compromissos.

ELEMENTO 4: FOCO

O guerreiro bem-sucedido é o homem comum com um foco bem definido.

BRUCE LEE

Se planejar seu tempo, proteger seu tempo e monitorar seu tempo, terá uma rotina sólida. Cumprirá as tarefas que escolheu para si no tempo e respeitará os limites de cada bloco planejado. Agirá conforme o fluxo, mas, ainda assim, talvez não sinta que está usando seu tempo da melhor forma.

A peça final do quebra-cabeça é a qualidade e a eficácia de cada uma de suas atividades. Para que possa aproveitar cada atividade ao máximo, você precisa estar *focado* — o que significa fazer uma coisa de cada vez, sem constantes interrupções e mudanças de foco. Significa estar totalmente presente e envolvido em cada atividade, em vez de apenas fazê-la mecanicamente. Não deixe que as coisas sejam apenas um item em sua lista de afazeres, coisas que está impaciente para riscar e seguir em frente. Faça valer a pena.

Estar 100% presente no que está fazendo confere uma qualidade totalmente nova à sua atividade. Você se torna mais eficaz. Entra em um estado de fluxo com mais facilidade. Sente-se mais conectado com a atividade e mais satisfeito no final.

Na vida moderna, a maior inimiga da concentração é, sem dúvida, a internet. Ou melhor, o uso *inconsciente* da internet. Isso acontece quando, em vez de usarmos nossos aparelhos como ferramentas que nos ajudam, nós os usamos como ferramentas que nos distraem. Nossos aparelhos, então, nos afastam constantemente da tarefa do momento por meio de notificações, mensagens, sons e a tentação sedutora de uma rápida explosão de dopamina a apenas um toque de distância.

Desenvolver foco é um dos principais benefícios de meditar regularmente. Assim como acontece em uma prática de meditação, focar significa manter sua atenção voltada para onde você quer que ela esteja, por períodos prolongados de tempo, e "dar soneca" nas distrações que surgirem. É semelhante à técnica Agora Não (veja o Capítulo 29).

Dê soneca nas distrações

O elemento-chave para superar o desafio da distração é a consciência. Quando uma distração surge no meio da sua concentração, você tem a opção de se entregar ou não a ela. Toda vez que se entrega, está treinando sua mente a ser dispersa; toda vez que se abstém, está treinando sua mente a ser disciplinada. O problema é que muitas vezes não nos damos conta dessas escolhas diárias e simplesmente passamos de um objeto que chama a nossa atenção para o próximo.

Vamos ilustrar isso com um exemplo. Suponha que esteja fazendo pesquisas importantes para um projeto, pessoal ou relacionado ao trabalho. Então, uma das seguintes coisas acontece:

- Seu telefone apita e pisca com a notificação de um novo e-mail — você vai dar uma "olhada rápida" ou vai permanecer concentrado?
- Você recebe um telefonema de um parente — vai atender e ter uma conversa rápida ou vai se manter concentrado?
- Você vê um anúncio em seu mecanismo de busca favorito promovendo uma nova maneira fácil e barata de atingir o seu objetivo — você vai clicar ou permanecer concentrado?
- Uma ideia interessante sobre um projeto não relacionado passa pela sua cabeça — vai parar o que está fazendo e mergulhar nisso ou deixar para mais tarde e permanecer focado?
- De repente você se lembra de uma comida deliciosa que está na geladeira — vai até a cozinha e faz um lanche rápido ou permanece concentrado?

Você *sempre* tem a opção de permanecer concentrado e disciplinado, mas nem sempre está ciente disso. E, quando não está ciente disso, não pode escolher.

Saiba que você tem o poder de *apertar o botão de soneca* para cada distração. Pode não ser capaz de fazer isso todas as vezes — pelo menos por enquanto —, mas ter a intenção clara de fazê-lo ajudará. Muito.

Também ajuda o ato de tornar o seu ambiente físico e digital mais amigável ao foco, removendo todas as distrações possíveis. Isso pode significar limpar sua mesa, desligar as notificações, trabalhar em um lugar de sua casa onde o Wi-Fi não pegue, desligar a tevê enquanto conversa com seu cônjuge etc. Você pode ter enorme força de vontade para resistir às tentações, mas, se possível, muitas vezes é melhor não as ter por perto, para se proteger do custo cognitivo de registrá-las e depois ignorá-las.

Pratique o trabalho focado

Uma maneira simples de implementar o conceito de *dar soneca nas distrações* é trabalhar com blocos curtos e focados de tempo — algo que Francesco Cirillo batizou, no final dos anos 1980, de "técnica Pomodoro". Nesse método, um *timer* de 25 minutos é programado e, durante esse período, trabalha-se com atenção absoluta em uma única tarefa, sem distrações, e se passa de uma tarefa a outra. Em seguida, ocorre um intervalo de cinco minutos.

A técnica Pomodoro é um ótimo começo se você tiver muita dificuldade de se concentrar. Mas, por favor, não pare por aí. Somos capazes de trabalhar por muito mais do que 25 minutos sem nos distrair. Não há razão para que você não seja capaz de seguir o mesmo princípio por uma ou duas horas. Chegará lá com a prática.

Em todo caso, o princípio é o mesmo: decidir ficar em uma tarefa até cumpri-la. Em seguida, manter-se fiel a isso até que esteja feito. Enquanto isso, dar soneca nas distrações que aparecerem. Você pode se comprometer com uma tarefa específica (por exemplo, "escrever mil palavras"), independentemente de quanto tempo levar, ou se comprometer com um período (por exemplo, "escrever por uma hora"), independentemente de quanto realmente for feito. É mais fácil se programar para o segundo tipo. É o que eu pessoalmente faço.

Se escolher a abordagem de alocação de tempo, decida quanto tempo vai gastar totalmente concentrado naquela única tarefa, então programe um *timer* em seu telefone e trabalhe exclusivamente naquele projeto até que o tempo acabe. Proteja seu tempo de todas as distrações internas e externas e mantenha-se fiel à sua atividade. Enquanto o relógio estiver em funcionamento, não faça nada exceto a tarefa na qual decidiu se concentrar. Não importa quão curto seja o período com que decidiu começar — desde que você siga a regra de *foco exclusivo*, sem exceções. Seja inflexível com todas as distrações e interrupções — esta é a única maneira de o método dar certo. Claro que, se houver a possibilidade de algo ruim acontecer naquele exato momento se você não agir imediatamente, pode abrir uma exceção; caso contrário, não são permitidas distrações ou interrupções.

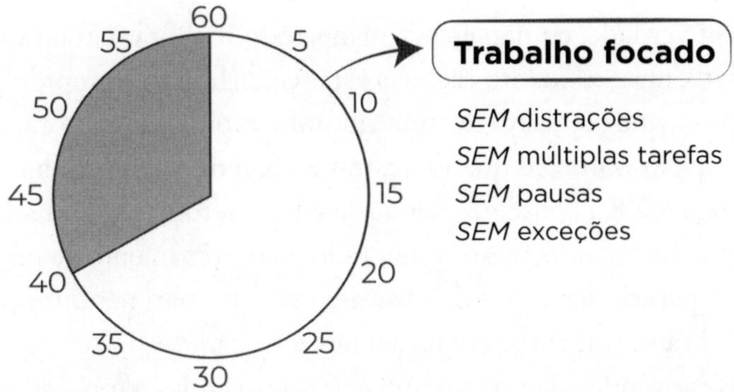

O que acontece com todas as coisas que você ignorou durante seu período de trabalho concentrado? É importante alocar algum tempo do dia para resolver todas essas pequenas tarefas, de preferência de uma só vez. Junte todas as pequenas interrupções, todas as coisas que levam apenas um minuto, todas as atividades de atenção fragmentada e as falsas urgências. Reúna tudo isso em um intervalo de quinze ou trinta minutos, uma ou duas vezes por dia. Isso permite que você não se preocupe com essas tarefas superficiais em todos os outros momentos do dia e que elas não interrompam seu fluxo durante as outras atividades.

Em minha própria vida, depois de duas horas de escrita concentrada de manhã cedo, eu enfrento todas as tarefas administrativas e pequenas "coisinhas" — o que o autor Cal Newport chamaria de *trabalho superficial*. Depois disso, fecho meu e-mail e, pelo resto do dia, estou novamente livre para fazer uma atividade de foco. Se, durante o trabalho concentrado, eu tiver ideias sobre outros projetos ou me lembrar de coisas que tenho que fazer, eu as tiro da minha mente anotando-as e depois volto imediatamente ao trabalho que estava fazendo. Funciona muito bem para mim, e talvez você possa tentar fazer algo semelhante.

Uma vez que se torne proficiente nas técnicas de trabalho focado e apertar o soneca para as distrações, pode tentar algo que nenhum novato autodisciplinado deveria ousar: acolher as interrupções de forma seletiva. Isso é perigoso, é claro. Você pode fazer isso quando estiver confiante em sua capacidade de se controlar e rapidamente se reorientar e acolher apenas interrupções que valham a pena.

Na verdade, eu não estava planejando incluir o parágrafo acima neste livro, mas, enquanto escrevia esta seção, fui interrompido por minha esposa, que precisava de uma ajudinha rápida. (Sim, ironicamente, a interrupção acontece quando estou escrevendo sobre trabalhar sem interrupções!) Eu consegui atendê-la e logo retomei a minha linha de raciocínio. Entretanto, mesmo com todo meu treinamento de meditação, eu não esperaria ser capaz de fazer isso sempre sem nenhum prejuízo. E ainda houve um custo cognitivo nessa troca.

Resumindo: siga o máximo de regras rígidas para seus períodos de trabalho concentrado — em particular quando estiver começando. Mais uma vez, não é possível, nem equilibrado, tentar fazer isso durante todas as horas do seu dia; mas você achará o método especialmente útil quando precisar fazer um trabalho que exija muita potência cognitiva ou se tiver a tendência de se distrair com facilidade.

Evite ser multitarefa

Devido à tecnologia moderna e a nosso estilo de vida acelerado, é muito tentador ser multitarefa — é fácil, muitas vezes agradável, e parece que estamos fazendo progressos. Pode parecer que estamos sendo mais produtivos e dando conta de nosso cronograma. Assim, rapidamente olhamos as notificações durante uma reunião, falamos ao telefone enquanto comemos um sanduíche, verificamos o Twitter enquanto assistimos a um filme e mantemos nossa caixa de entrada aberta enquanto terminamos aquela pesquisa chata.

Na verdade, porém, ser multitarefa é um mito.

> *Quando as pessoas pensam que estão sendo multitarefa, elas na verdade estão apenas mudando de uma tarefa para a outra muito rapidamente. E, sempre que o fazem, há um custo cognitivo.*
>
> EARL MILLER (NEUROCIENTISTA)

Um estudo da Universidade de Londres mostrou que tentar realizar mais de uma atividade cognitiva ao mesmo tempo representou uma queda de dez pontos no Q.I. — o mesmo prejuízo de perder uma noite inteira de sono. Ai!

Tentar ser multitarefa o torna menos eficaz, não mais eficaz. Esse comportamento treina seu cérebro a não se aprofundar nas coisas. Impede que você entre em um estado de fluxo, no qual o seu melhor trabalho pode se apresentar. Impede que fique totalmente presente e capte todos os sinais não verbais da pessoa com quem está conversando. Impede que se concentre em seus músculos enquanto estiver se esforçando na academia — o que significa trabalhar menos com eles e também que estará mais propenso a se machucar.

A cada vez que você realiza mais de uma atividade ao mesmo tempo, torna-se mais difícil se concentrar. A única coisa que você consegue ao ser multitarefa é treinar seu cérebro para o trabalho superficial e disperso. O trabalho focado, como a meditação, requer atenção exclusiva a uma única coisa — e a disposição de deixar todo o restante de lado, pelo menos por um tempo.

PONTOS-CHAVE

Introdução

- Seu tempo é sua vida. Se você não dedicar parte dele à sua aspiração, ela nunca vai se realizar. A Autodisciplina Consciente é a arte de gastar seu tempo em harmonia com seus objetivos e valores mais elevados.
- Fazer bom uso de seu tempo envolve planejá-lo, protegê-lo e criar um ambiente de concentração.
- Sua primeira tarefa é simplificar sua vida, para se sentir menos sobrecarregado e disperso entre diferentes funções e compromissos. Isso exigirá que abra mão de coisas de menor valor para dar conta de suas aspirações.

Elemento 1: Planejamento

- Há o tipo de planejamento que se faz uma vez e raramente se altera (seus horários fixos, como sua rotina matinal) e há o tipo de planejamento que se faz diariamente (seu horário flexível).
- É preciso dedicar alguns minutos no início de cada dia — ou da noite anterior — para o horário flexível, para decidir quais são as coisas mais importantes que precisa fazer naquele dia, como vai priorizá-las e o que pode fazer para que seu dia se desenrole com mais tranquilidade.
- A primeira reflexão para planejar seu tempo é: "Quais são minhas prioridades do dia?". Considere suas aspirações, suas três tarefas mais importantes, e quais tarefas, se concluídas, mais contribuirão para o seu bem-estar.
- A segunda reflexão é: "Como vou manter minhas prioridades do dia?". Pense no que não será feito, como evitar distrações e interrupções, e divida seu tempo em blocos para se certificar de que suas prioridades sejam cumpridas.
- A terceira reflexão é: "Como posso fazer com que as coisas corram mais tranquilamente hoje?" Isto envolve resolver conflitos de horário com antecedência, programar pausas e descansos e remover o atrito de suas atividades.

Elemento 2: Limites

- Proteger seu tempo requer observar a disciplina muito simples — e, ainda assim, muitas vezes desafiadora — de dizer *não*.
- Toda decisão tem um custo. Toda decisão importa. Muitas vezes, dizer *sim* a um pedido é dizer *não* à sua aspiração. Se você não consegue dizer *não*, não consegue ser disciplinado. Dizer *não* o mantém no controle.
- Separe essa decisão da relação com a pessoa que está pedindo pelo seu tempo. Diga *não* assertivamente, mas com elegância (ver exemplos).
- Dizer *não* não é egoísmo. Em uma sociedade obcecada em se adaptar e em agradar aos outros, dizer *não* aos pedidos de outras pessoas por seu tempo — quando não são coerentes

com seus objetivos ou valores — é um grande presente que dá aos outros. Quando este for o caso, toda vez que disser *não*, está lhes dando permissão de serem igualmente focados e intencionais. Está normalizando a liberdade e o espaço pessoal, ajudando a criar uma cultura de autenticidade.

Elemento 3: Consciência

- Você não conseguirá seguir sua agenda caso se esqueça de seus compromissos ou se distraia com outra coisa. Uma gestão eficaz do tempo requer uma constante consciência do tempo. A maneira de praticar isso é sempre *observar seu tempo.*
- Faça de sua agenda e de seu relógio seus melhores amigos; verifique-os várias vezes ao dia para ver se você está no caminho certo.
- A consciência do tempo permite que esteja sempre um passo à frente. Você está ciente do próximo compromisso em sua agenda e sabe o que precisa fazer para se preparar. Você está ciente do que deve estar fazendo a cada momento e quanto tempo lhe resta em seu bloco de tempo atual. Você não exagera. Não começa a ver um filme de duas horas uma hora antes do horário em que deseja ir dormir.
- Considere usar planilhas de registro de tempo e *timers* para ajudá-lo a desenvolver a consciência do tempo.

Elemento 4: Foco

- Melhore a qualidade de suas atividades, evitando distrações e estando completamente presente. A prática da meditação ajuda nisso.
- O maior obstáculo para a maioria de nós é o uso descuidado da internet e de nossos aparelhos. Isso acontece quando nossos aparelhos deixam de ser usados como ferramentas que melhoram nossa vida e, em vez disso, funcionam como ferramentas de distração — nos afastando da tarefa do momento com notificações, mensagens etc.

- O elemento-chave para superar o desafio da distração é a consciência. Quando uma distração surge no meio da sua concentração, você tem a opção de se entregar ou não a ela. Toda vez que se entrega à distração, está treinando sua mente a ser dispersa; toda vez que se abstém, está treinando sua mente a ser disciplinada.
- Saiba que você tem o poder de *apertar o botão de soneca* para cada distração. Pode não ser capaz de fazer isso todas as vezes — pelo menos por enquanto —, mas ter a intenção clara de fazê-lo ajudará. Muito.
- Trabalhe em blocos curtos e focados de tempo, durante os quais você permanecerá absolutamente concentrado em uma única tarefa, sem nenhuma distração ou sem realizar outra tarefa ao mesmo tempo. Para isso, você pode começar usando o método Pomodoro.
- Agrupe todas as tarefas triviais, interrupções e "coisinhas" para serem resolvidas em um único bloco de tempo, uma ou duas vezes ao dia. Ignore-as quando surgirem em outras ocasiões ou anote para lidar com elas mais tarde.

CAPÍTULO 34

A ROTINA MATINAL

Se você vencer a manhã, vencerá o dia.

Tim Ferris

PARA FINS DE AUTODISCIPLINA, OS HORÁRIOS FIXOS funcionam melhor, porque são mais fáceis de seguir e envolvem menos fadiga da decisão. No entanto, é impossível estabelecer uma rotina fixa para todo o seu dia; isso é muito inflexível e potencialmente estressante. Mas estará perdendo muito se não deixar pelo menos parte do seu dia inflexivelmente focado em suas prioridades mais elevadas. Minha recomendação é a seguinte: tenha uma rotina fixa de manhã e à noite, e seja flexível com todo o resto.

Independentemente da área da vida em que queira crescer, desenvolver rotinas matinal e noturna é uma excelente ideia. A maneira como você começa e termina o seu dia é muito importante — acertar nessa parte o ajudará a desenvolver a autodisciplina para todo o resto. Domine a primeira e a última hora de seu dia e você estará bem encaminhado rumo a uma vida disciplinada. Você se sentirá mais no controle de seu tempo, de seu humor e de sua vida.

Eis aqui os princípios para uma rotina matinal ideal:

- Hora de início fixa.
- Duração fixa.
- Estruturada.
- Focada.
- Realizável.

ELEMENTO 1: HORA DE INÍCIO FIXA

As rotinas matinais prosperam com começos consistentes e morrem por conta de horários irregulares de acordar. Para iniciar sua rotina matinal sempre na hora certa, é necessário acordar sempre na hora certa. Isto significa *nunca* apertar o botão de soneca. (Mais fácil falar do que fazer, certo?)

O botão de soneca é o maior inimigo da sua rotina matinal — evite-o a todo custo. Cada vez que o aperta, você atrasa o cumprimento de seus objetivos e tira a prioridade de sua aspiração. Cada vez que o aperta, enfraquece sua força de vontade e dificulta a sua disciplina. Não faça isso.

Eis aqui uma dica eficaz para se levantar sempre na hora: deixe seu telefone a alguns metros de distância de sua cama, com o volume alto demais para ser ignorado. Dessa forma, você se força a sair da cama e a se mexer antes de poder desligar o alarme. Depois, há apenas uma regra simples de que precisa se lembrar: "Vá ao banheiro, não volte para a cama". Avance, não volte para trás.

Para acordar sempre no mesmo horário, também precisará ir dormir sempre no mesmo horário. Caso contrário, se estiver com sono, sua rotina matinal será um estorvo; e seu dia, improdutivo. Portanto, de certa forma, o elemento mais importante de sua rotina matinal é sua rotina noturna (em breve falaremos disso).

Se ainda tiver dificuldade para acordar cedo mesmo depois de implementar essas duas dicas por pelo menos um mês, considere fazer da primeira atividade do seu dia algo excitante ou agradável. E estabeleça a regra de que você *só* pode fazer essa atividade *naquela* hora do dia, assim, se a ignorar, acabou! Se dormir, você perde.

Essa atividade agradável pode ser ler algumas páginas de seu livro preferido, desfrutar de seu chá favorito ou qualquer coisa a qual esteja disposto a "pagar o preço" de acordar cedo para vivenciar. Esta é uma forma de *sequenciamento de tentações* (veja o Capítulo 27).

ELEMENTO 2: DURAÇÃO FIXA

O tempo disponível para sua rotina matinal depende de vários fatores — como o horário em que precisa começar o seu dia de trabalho (ou cuidar de seus filhos) e quão cedo está disposto a acordar. Idealmente, reserve pelo menos meia hora para sua rotina matinal. O importante aqui é alocar tempo suficiente para os hábitos e tarefas que impulsionarão suas aspirações de forma significativa.

As primeiras cinco horas do meu dia sempre são iguais — começando com um banho frio e alguns alongamentos, depois uma *longa* sessão de meditação, afirmações, e depois uma longa sessão de escrita ou estudo. É minha parte favorita do dia, e eu não a perderia por nada! Na verdade, escrevi este livro durante minha rotina matinal.

É claro que nem sempre foi assim, e isso provavelmente vai parecer extremo para a maioria das pessoas. Você definitivamente não precisa ser tão ambicioso com sua rotina matinal. Mas, se conseguir que a primeira ou as primeiras duas horas de seus dias sejam sempre iguais e focadas em seus hábitos-chave, você viverá mais alinhado com seus valores e fará progressos consistentes com seus objetivos. Você pode achar útil reservar esse horário em sua agenda. Isso é útil porque impede que outras coisas sejam programadas para horário e, também, serve como um lembrete cotidiano.

ELEMENTO 3: ESTRUTURADA

Sua rotina matinal precisa ser estruturada — senão, não é uma rotina, mas uma lista de atividades que deseja fazer. Para estabelecer uma rotina matinal estruturada, use uma abordagem de "dividir e conquistar": pegue o tempo disponível e o divida em blocos, depois atribua um bloco a cada atividade. Em seguida, liste suas atividades na ordem para que cada uma siga naturalmente a anterior.

Sua rotina matinal precisa incluir os hábitos fundamentais relacionados às duas ou três áreas mais importantes de sua vida. Trate sua rotina matinal como seu *checklist* diário das coisas que você precisa fazer todos os dias para ter certeza de que está avançando naquilo que é mais importante para você.

Por exemplo, se sua rotina matinal for das 6h às 7h30 da manhã e seus principais objetivos são evolução na carreira, saúde e bem-estar, uma possível estrutura para sua rotina matinal poderia ser:

- 6h ➲ Acordar e ir ao banheiro.
- 6h10 ➲ Meditar (20 minutos).
- 6h30 ➲ Leitura relacionada ao trabalho (30 minutos).
- 7h ➲ Exercício: esteira/flexões/musculação (10 minutos).
- 7h10 ➲ Banho e café da manhã.
- 7h30 ➲ Fim da rotina matinal.

Para que consiga seguir essa estrutura de modo eficaz, recomendo fortemente que você crie um alarme em seu telefone para cada um desses blocos de tempo. Isso o ajudará a não gastar tempo demais em determinado bloco e a seguir a rotina conforme o planejado. Algumas pessoas também acham útil ter várias cópias impressas da rotina coladas em diferentes lugares pela casa. Isso pode ajudar durante as primeiras semanas, até que a rotina se torne natural para você.

Mesmo que o resto de seu dia seja incrivelmente ocupado e agitado, ter uma rotina matinal garante que siga todos os dias pelo menos três disciplinas simples que levarão seus objetivos adiante (neste caso, meditação, leitura e exercício). A rotina acima é apenas um exemplo. A estrutura, as atividades e o intervalo de cada bloco de tempo serão únicos para cada pessoa.

ELEMENTO 4: FOCADA

Para que a rotina da manhã seja eficaz, ela precisa ser focada. Isso significa criar um ambiente livre de distrações e dedicar-se completamente a cada atividade. Trata-se de uma expressão do elemento de gestão consciente do tempo do *Foco* (veja o Capítulo 33).

O mais importante para criar um ambiente livre de distrações é ~~minimizar~~ eliminar as interrupções, especialmente as digitais. Em outras palavras: se desconectar. Durma com seu telefone no modo avião e permaneça off-line até o fim de sua rotina matinal. Se você for como a maioria das pessoas, essa pequena mudança por si só será capaz de mudar a sua vida! Experimente por uma semana e veja o que acontece.

O outro aspecto é concentrar-se ativamente em cada hábito. Enquanto realiza sua rotina matinal, trate cada atividade como se fosse *a coisa mais importante do mundo para você*. Naquele momento, é. Quando estiver correndo, sua prioridade é correr — não há mais nada no mundo que precise fazer ou em que precise pensar naquele momento. Quando estiver lendo, apenas leia. Quando estiver meditando, basta meditar. Quando comer, apenas coma.

Esteja completamente presente no que quer que esteja fazendo. Essa também é uma prática de consciência. Não se preocupe, haverá tempo para chegar às outras coisas que precisa fazer — é por isso que você planejou seu dia, para que tudo o que é importante tenha sua vez. Trate sua rotina matinal como sagrada e você tirará muito dela.

ELEMENTO 5: REALIZÁVEL

Você não precisa ser um mestre da autodisciplina para estar apto a seguir uma rotina matinal eficaz. Também não precisa de uma rotina matinal perfeita. A rotina perfeita é inútil se não for capaz de segui-la. É mais importante ter um plano que consiga realmente pôr em ação do que um plano perfeito que não consiga cumprir. Portanto certifique-se de que sua rotina matinal seja realizável.

Como já mencionamos, a chave para tornar as coisas realizáveis é começar pequeno. Se acha que consegue fazer quarenta minutos de ginástica todas as manhãs, comece com vinte. Se gostaria de encaixar sete coisas diferentes em sua rotina matinal, comece com três. Se gosta da ideia de manter suas primeiras três horas do dia fixas, comece com uma ou duas. Facilite a sua vida. Não exagere em sua motivação. Aumente-a gradualmente.

Isso também significa que sua rotina matinal pode acontecer em cinco ou seis dias da semana, em vez de sete. Durante vários anos, tive uma rotina matinal diferente para os dias de semana e os fins de semana, e isso funcionou bem para mim naquela fase de minha vida.

Agora você conhece os cinco elementos/princípios necessários para criar uma poderosa rotina matinal e garantir começar todos os dias trabalhando em suas aspirações.

Princípios da rotina matinal

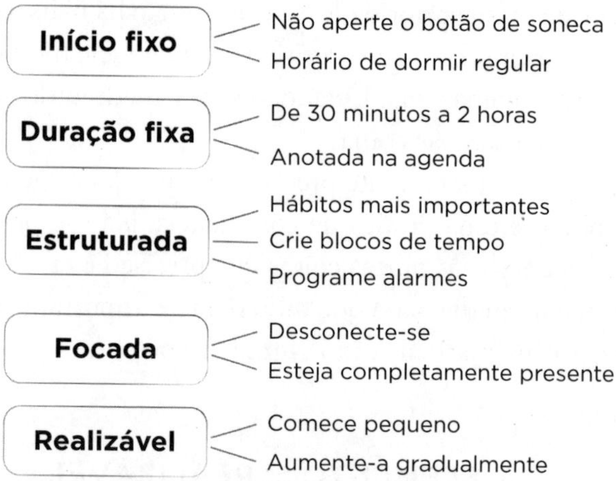

SUA ROTINA NOTURNA

A rotina noturna segue basicamente os mesmos princípios da rotina matinal, mas tem um propósito ligeiramente diferente. Enquanto a rotina matinal se concentra em prepará-lo para o dia e fazer com que marque como feitas as atividades mais importantes de sua vida, a rotina noturna tem mais a ver com revisar o dia e encerrá-lo. Também costuma ser mais curta do que a rotina da manhã.

Sim, há pessoas que são extremamente disciplinadas e não têm uma rotina noturna. Elas trabalham até o último minuto antes de ir dormir. Isso também é possível, e tem suas vantagens, mas não é algo que costumo recomendar, pensando na autodisciplina *equilibrada*, que abordamos no Capítulo 3.

Atualmente, nesta fase da minha vida, minha rotina noturna é de duas horas e meia. As primeiras duas horas são em família, e a última meia hora é de preparação para dormir, revisão do dia e algumas afirmações ou exercícios de visualização. Dentro do horário em família, as coisas não estão estruturadas — posso brincar com minha filha, conversar com minha esposa, assistir a um filme ou caminhar. Mas o tempo em família em si sempre acontece no mesmo horário, e é *focado* (eu fico off-line).

Para a sua rotina noturna, decida quais são as atividades de relaxamento que fazem sentido para você, a quantidade de tempo que deseja passar fazendo essas coisas, e então planeje sua rotina de trás para a frente, começando da hora em que quer ir para a cama. O elemento mais importante da rotina noturna é seu horário de dormir — se conseguir pegar no sono a tempo, mesmo sem cumprir a sua rotina noturna, já está ótimo. E, assim como você fez com a rotina matinal, programe alarmes para lembrá-lo todas as noites de quando ela deve começar — e não aperte o soneca.

PONTOS-CHAVE

- Uma rotina matinal tem cinco elementos centrais.
- O primeiro é que ela tem uma *hora de início fixa*. As rotinas matinais morrem por conta de horários irregulares de acordar. Para começar na hora certa, é necessário acordar sempre na hora certa. Isso significa *nunca* apertar o botão de soneca e ter um horário regular para ir dormir.
- O segundo é ter uma *duração fixa* (pelo menos trinta minutos). Considere marcá-la em sua agenda para evitar que outras coisas sejam marcadas naquele horário e, também, para que funcione como um lembrete diário.
- O terceiro elemento é que ela é *estruturada*. Divida o tempo disponível em blocos, e atribua um bloco de tempo para cada uma de suas atividades mais importantes relacionadas à sua aspiração, listadas em ordem. Use alarmes como lembretes e

considere ter uma cópia impressa de sua rotina matinal em cada cômodo de sua casa.

- O quarto elemento é que ela é *focada*. Coloque seu telefone no modo avião, assim você ficará totalmente concentrado até o fim de sua rotina matinal. Concentre-se por completo em cada hábito, tratando-o como a coisa mais importante do mundo quando o estiver realizando.
- Por fim, sua rotina matinal precisa ser *realizável*. A princípio, deixe que seja mais curta do que seria realmente capaz, para que ela fique mais fácil de seguir; depois, aumente-a gradualmente. Considere ter uma rotina matinal diferente para os fins de semana, ou um dia de descanso dela.
- A rotina da noite segue basicamente os mesmos princípios da rotina da manhã, mas tem um propósito um pouco diferente. Enquanto a rotina matinal se concentra em prepará-lo para o dia e fazer com que marque como feitas as atividades mais importantes de sua vida, a rotina noturna tem mais a ver com revisar o dia e encerrá-lo. Também costuma ser mais curta do que a rotina da manhã. O elemento mais importante da rotina da noite é o seu horário de dormir.

CAPÍTULO 35

INFLUÊNCIAS SOCIAIS

Cerque-se de pessoas que reflitam quem você quer ser e como quer se sentir. A energia é contagiante.
RACHEL WOLCHIN

Mostre-me seus amigos e eu lhe mostrarei seu futuro.
AUTOR DESCONHECIDO

No caminho, mantenha a companhia daqueles que são como você, ou melhores. Não há espaço para a companhia de tolos.
BUDA

AO DISCUTIR A NATUREZA DA FORÇA DE VONTADE (VEJA o Capítulo 4), vimos que não podemos esperar não ser necessário exercer a força de vontade contando apenas com o ambiente. No entanto, como explicamos, o ambiente ainda é muito importante. É mais difícil exercer sua força de vontade se estiver com sono, faminto ou cercado pelas influências erradas. Portanto, embora o ambiente e as condições de vida certas não consigam substituir a necessidade de autodisciplina, podem facilitar ou dificultar o seu exercício.

Vamos agora discutir quatro mudanças-chave que você pode fazer em seu estilo de vida que podem impactar positivamente sua autodisciplina. Este capítulo se concentra no elemento que afeta mais diretamente sua mentalidade e seu humor: as pessoas em sua vida e seus influenciadores. O próximo capítulo vai se concentrar nos outros três elementos: sono, alimentação e exercício físico.

REVEJA SEUS INFLUENCIADORES

Somos profundamente influenciados pelas pessoas com quem passamos o tempo. Vários estudos mostram como afetamos muito uns aos outros de forma consciente e inconsciente. Nosso cérebro é profundamente programado para obedecer aos padrões sociais, de modo que possamos ser aceitos, nos adaptar à sociedade e, assim, aumentar nossa probabilidade de sobrevivência. Por isso, tendemos a adotar os mesmos objetivos, preferências, preconceitos, hábitos e narrativas que as pessoas com as quais nos relacionamos, porque os vemos como a norma. Isso muitas vezes vem ao custo de sacrificar nossa autenticidade e nossos valores individuais.

Sabendo que existe essa forte atração para nos tornarmos como as pessoas com as quais nos relacionamos, é sábio escolher essas pessoas com muito cuidado. Não estamos falando apenas de seu círculo de amigos íntimos, mas de todos com quem você passa tempo, aprende, observa e conversa. Todos que são capazes de plantar uma ideia em sua mente ou influenciar seu humor de alguma forma são seus influenciadores.

Pesquisas mostram que, se seu amigo se tornar obeso, seu risco de também tornar-se obeso aumenta consideravelmente; que, se seus amigos ou familiares se divorciarem, é mais provável que você também se divorcie; e que a média de desempenho de universitários aumenta se viverem com estudantes de melhor desempenho. (Veja as referências no fim do livro.)

Se você passar tempo com pessoas preguiçosas, cronicamente distraídas e viciadas em redes sociais, tenderá a sentir (inconscientemente) que isso é normal e certo. Se seu cônjuge não acredita em você, tenderá a também duvidar de si mesmo. Se as notícias e os filmes a que você assiste forem tristes, tenderá a se sentir deprimido. Se a maior parte das informações que consome for um lixo, sua mente ficará cheia de lixo. Se ninguém em sua equipe se importar de verdade com o projeto, é pouco provável que você seja uma exceção por muito tempo.

Por outro lado, se passar tempo com pessoas honestas, você tende a se tornar mais honesto. Se a maioria de seus amigos medita e pratica a autodisciplina, será influenciado a fazer o mesmo. Se seu parceiro o incentiva a perseguir seus sonhos, você naturalmente se sentirá mais autoconfiante. Se os blogs e livros que você lê são divertidos, vai se sentir mais animado. Se seus colegas se preocuparem com a saúde, você será impelido a fazer o mesmo.

Eis aqui o segredo: cerque-se de pessoas, livros, mentores e ideias que lhe fazem bem. Escolha influências que confirmem a identidade que está tentando construir. Fique com aqueles que estão na mesma jornada ou, melhor ainda, que a tenham completado com sucesso. Fique perto daqueles que têm as qualidades que você deseja ter — essa é a maneira mais fácil de desenvolvê-las (veja o Capítulo 38).

Este é o *único* atalho que eu conheço para a autodisciplina.

Exercício: revise seus influenciadores

Quem são seus influenciadores? É uma pergunta importante, porque as crenças, as emoções e os objetivos dessas pessoas naturalmente vão afetá-lo. É difícil de evitar, mesmo que você esteja bem consciente disso.

Pare um momento para fazer um inventário das influências que atualmente operam em sua vida. Liste as dez pessoas com quem você passa mais tempo. Seu contato com elas pode ser direto (pessoalmente) ou indireto. O contato indireto inclui os autores que você lê, escritores cujo site você visita regularmente, apresentadores de programas de tevê a que você assiste e a pessoa por trás das contas que você segue nas redes sociais — todas essas pessoas também influenciam suas ideias, crenças e escolhas.

Então pergunte-se, para cada uma delas: como essa pessoa está me influenciando? Eu me sinto mais estimulado ou mais impotente depois de me estar com ela? Ela nutre meus hábitos e qualidades positivos ou meus hábitos e qualidades negativos? Sinto-me energizado ou desmotivado depois de ter contato com ela?

Uma vez que saiba como cada pessoa influencia sua vida, é tudo uma questão de perguntar a si mesmo: "Eu quero mais ou menos disso?".

Então decida passar mais tempo com aqueles que o ajudam a ser quem você quer ser e corte ou diminua o contato com aqueles que apenas o tornam melhor em obter pontos negativos.

O fato é que algumas pessoas não querem que você tenha sucesso. E não necessariamente porque sejam más (embora possam ser). Talvez elas apenas o invejem. Talvez seu progresso evidencie seus sentimentos de inadequação. Talvez elas pensem que *elas* não merecem ir atrás de certos objetivos, e o fato de que você ousa tentar obter essas coisas faz com que se sintam mal. Talvez elas simplesmente não acreditem que seu objetivo seja digno, bom ou possível. Podem até parecer altruístas e atenciosas, tentando dissuadi-lo de seguir seus sonhos para que você "não se machuque".

Seja qual for a razão, saiba que passar tempo com esse tipo de pessoas tornará sua jornada de autodisciplina mais difícil. Evite-as a todo custo. Evite-as se puder. A vida é curta demais para gastarmos energia ouvindo *haters*, críticos, opositores, narcisistas e tolos.

Procure a companhia daqueles que o empurram para a frente. Daqueles que celebram o seu sucesso. Daqueles que o ajudam a encontrar uma solução para cada problema, em vez de um problema para cada solução.

Não tenha medo de cortar os laços com pessoas que constantemente o deixam para baixo ou o empurram na direção errada. Fazer isso não é ser arrogante e egoísta. Não se trata de pensar "eu sou melhor do que você". Trata-se de autorrespeito e de estabelecer limites. Trata-se simplesmente de reconhecer que seus valores e mentalidades não combinam. Dessa forma, você respeita seu próprio tempo, energia e objetivos — assim como respeita os deles.

Mais uma vez, vale a pena se lembrar de um dos princípios da Autodisciplina Consciente: *equilíbrio*. É saudável expor-se a críticas *inteligentes* daqueles que querem o melhor para você. É saudável passar tempo com pessoas *virtuosas* que forçam seus limites e ampliam sua visão de mundo. É saudável cuidar do bem-estar daqueles que discordam profundamente de você. Não é saudável ouvir aqueles que fazem você se odiar. Não é saudável estar na companhia daqueles que desmerecem seus valores mais elevados. Não é saudável aturar as influências negativas que o puxam para baixo.

PRESTAÇÃO DE CONTAS

A prestação de contas é considerada por muitos como o Santo Graal da formação de hábitos e da autodisciplina. Concordo que é uma ferramenta poderosa que todos podem utilizar, mas, mesmo assim, optei por abordar o assunto no fim do livro. Por quê? Porque quero que você seja autossuficiente. Quero que você seja uma luz para si mesmo e não dependa de ninguém. Que seja alguém de quem os *outros* podem depender para conseguir motivação, inspiração e apoio. Que você seja um exemplo de Autodisciplina Consciente neste *mundo de distrações*.

Então, por favor, faça uso da prestação de contas. A única coisa que ressalto é que faça disso um *complemento* à sua prática dos três pilares, e não um substituto para ela.

Há três tipos, ou níveis, de prestação de contas. Vamos passar por eles do menos para o mais intenso.

Modos de prestação de contas

- Comunidade
- Parceiro
- *Coach*

Comunidade

O primeiro tipo de prestação de contas é a comunidade, que se apoia no poder das expectativas sociais. Significa se juntar a um grupo de indivíduos com objetivos ou hábitos semelhantes. Pessoas que querem parar de beber procuram os Alcoólicos Anônimos; pessoas que querem ficar em forma podem se matricular em uma academia ou se associar a um clube esportivo; pessoas que querem criar um negócio podem se juntar a uma comunidade virtual de empresários; pessoas que querem meditar se juntam a uma comunidade de meditadores.

Quando você faz parte de uma comunidade onde todos à sua volta compartilham a mesma jornada e fazem os mesmos tipos de coisas, torna-se muito mais fácil permanecer motivado e manter vivas suas aspirações. Aqueles na comunidade que já alcançaram o objetivo mostram o que é possível; aqueles que ainda não o alcançaram mostram que não há problema em falhar (temporariamente), que o processo leva tempo e que é necessário.

Parceiro de prestação de contas

O segundo tipo de prestação de contas é ter um parceiro de prestação de contas. Idealmente, essa pessoa estaria compartilhando a mesma jornada que você ou, pelo menos, tentando construir hábitos semelhantes. É também essencial que essa pessoa seja honesta consigo mesma e intransigente em seu feedback para você. O objetivo dela não deve ser o de ser simpática. Ela precisa ser eficaz.

Para trabalhar com um parceiro de prestação de contas, deve-se estabelecer diretrizes para a maneira e a frequência da comunicação, bem como as expectativas sobre como realizar o feedback. Eis aqui um exemplo disso e de como você se comunicaria com seu parceiro:

> Meu objetivo é correr ao ar livre por meia hora todos os dias; se não, pelo menos fazer minha ação mínima de correr por dez minutos na esteira. Quero praticar o Nunca Zero com este objetivo, portanto, não há desculpas para não cumprir meu compromisso. Todas as noites lhe enviarei uma mensagem dizendo se fiz o exercício ou não, e por quanto tempo. Por favor, sempre responda, mesmo que com apenas um *emoji*, para que eu saiba que você está esperando notícias minhas.
>
> Se eu não mandar notícias, por favor, envie-me uma mensagem perguntando o que aconteceu. Se eu começar a lhe dar desculpas, lembre-me de minha aspiração e por que ela é tão importante para mim.

Seu parceiro então compartilharia o que ele espera de você como o parceiro de prestação de contas dele. Vocês decidem uma data de início e depois começam a trabalhar! Se você quiser tornar esse compromisso ainda mais sério, também pode usar contratos de hábito, também conhecidos como dispositivos de comprometimento (veja o Capítulo 22).

Coach

A terceira forma de prestação de contas é ter um *coach* ou mentor. Esta é a forma mais poderosa de prestação de contas, por algumas razões. Primeiro, porque um *coach* de autodisciplina é um *parceiro profissional de prestação de contas*, que sabe como desafiá-lo e apoiá-lo de forma eficaz. Segundo, porque o *coaching* geralmente envolve um investimento financeiro considerável, e esse "sacrifício" — sua *oferta* — fortalece ainda mais o compromisso com seu objetivo. Você terá, então, muito mais chances de obter sucesso. Eu vejo isso acontecendo o tempo todo com meus clientes.

As pessoas ambiciosas, ou aquelas que já estão no auge de suas áreas de dedicação, frequentemente buscam a ajuda de *coaches* para acelerar seu processo de várias maneiras. Harvey McKay, autor de sete best-sellers do *New York Times*, teve vinte *coaches* — um de discursos, um de escrita, um de humor etc. Um bom *coach* serve como um espelho para que você se veja claramente e se mantenha fiel a seus ideais; esse profissional constantemente apontará as narrativas negativas que você está encenando e o ajudará de maneira proativa a corrigir o curso.

Reserve um momento para pensar em qual das três formas de prestação de contas mais lhe convém, considerando sua personalidade e a natureza de seus objetivos. Se você se identificar com a minha maneira de pensar e estiver interessado em um processo de *coaching*, pode aprender mais sobre meu trabalho na seção "Trabalhe comigo", no fim do livro.

DIZER OU NÃO DIZER

Você deve falar sobre seus objetivos ou deve mantê-los em segredo?

Alguns autores recomendam contar ao mundo todo sobre seu objetivo: mencioná-lo nas mídias sociais e contar a seus amigos e familiares o que está tentando alcançar. A lógica é que essa é uma forma de prestação de contas pública: você sabe que será questionado sobre isso no futuro e poderia se sentir um pouco desconfortável ao dizer que desistiu do objetivo ou que não fez nenhum progresso.

Embora isso possa funcionar, há também fortes razões para manter seus planos em segredo. Em seu TED Talk *Keep Your Goals to Yourself* [Mantenha seus objetivos para si], Derek Sivers argumenta que contar seu objetivo às pessoas faz com que você tenha menos probabilidade de alcançá-lo. Por quê? Porque isso lhe dá uma sensação prematura de completude. Há dados científicos que apoiam essa hipótese.

Quando se tem um objetivo, há uma série de passos difíceis que precisam ser dados até alcançá-lo de fato. Há todo um processo à sua frente. Normalmente, você não seria capaz de desfrutar da satisfação psicológica final que está buscando até realmente atingir seu objetivo. Mas, quando você o compartilha com outras pessoas ou visualiza-se já tendo alcançado esse objetivo, parte do seu cérebro já produz essa sensação de satisfação. Isso, por sua vez, drena seu combustível para seguir em frente.

Seu cérebro busca a satisfação. Se conseguir isso se distraindo com gratificações instantâneas (veja o Capítulo 22) ou imaginando o resultado, restará pouca motivação para enfrentar as dores da jornada. Por que você deveria se esforçar para ter algo que já tem?

Então, qual é a abordagem correta? Sivers sugere compartilhar a dor do processo ("Vou treinar duro e correr cinco vezes por semana") em vez da emoção do resultado ("Vou correr uma maratona"). Parece ser um meio-termo entre as duas abordagens, permitindo que você se beneficie tanto da prestação de contas pública quanto do adiamento da gratificação do reconhecimento social.

Outra maneira de pensar é a seguinte: mantenha seus objetivos em segredo, prestando contas a um único parceiro ou *coach*. Pessoalmente, é assim que eu faço. Raras vezes (ou nunca) compartilho minhas metas em público; pelo contrário, faço resoluções fortes comigo mesmo, trabalho em silêncio e as menciono quando já as alcancei. Isso funciona para mim, mas talvez você precise de uma estratégia diferente.

Agora que conhece os prós e os contras de cada método, está mais bem equipado para escolher o melhor para você.

PONTOS-CHAVE

- Somos profundamente influenciados pelas pessoas com quem passamos tempo — de forma consciente e inconsciente. Tendemos a adotar os mesmos objetivos, preferências, preconceitos, hábitos e narrativas que as pessoas com quem nos relacionamos, porque as vemos como a norma.
- Cerque-se de pessoas, livros, mentores e ideias que lhe fazem bem. Escolha influências que confirmem a identidade que você está tentando construir. Fique perto daqueles que têm as qualidades que você deseja ter.
- Faça o exercício *Revise seus influenciadores*, no qual listará todas as pessoas, livros, sites, grupos, shows etc. que nutrem suas ideias. Veja como eles o estão influenciando e pergunte-se se quer mais ou menos disso.
- Algumas pessoas não querem que você seja bem-sucedido. Evite sua companhia e opiniões.
- Faça uso de uma ou mais formas de prestação de contas para apoiá-lo na busca de seus objetivos, encontrando um grupo, um parceiro de prestação de contas ou um *coach*.
- Compartilhar suas metas publicamente pode lhe dar a sensação de que terá que prestar contas, mas, potencialmente, o desmotiva, dando-lhe uma sensação prematura de completude e satisfação. Portanto, mantenha suas metas em segredo — e obtenha uma forma de prestação de contas mais privada — ou compartilhe apenas o processo em prol de sua meta, não o resultado desejado.

CAPÍTULO 36

ESTILO DE VIDA FAVORÁVEL

Pequenas disciplinas repetidas com consistência
todos os dias levam a grandes conquistas
colhidas lentamente, ao longo do tempo.
JOHN C. MAXWELL

Cuide do seu corpo. É a sua única morada.
JIM ROHN

O SONO, A ALIMENTAÇÃO E A ATIVIDADE FÍSICA SÃO elementos essenciais para nossa saúde, desempenho e bem-estar psicológico. Ter o suficiente deles, e com qualidade, torna todo o resto mais fácil. Assim como se cercar das influências certas, isso não substitui a prática dos três pilares da Autodisciplina Consciente, mas pode aumentar seus benefícios.

Em se tratando da autodisciplina, o sono é indiscutivelmente o mais importante destes três elementos do estilo de vida. Portanto, vamos começar com ele, e depois nos aprofundaremos mais um pouco.

SONO

Quando não dormimos o suficiente, a qualidade de nossos dias, nossas decisões, nossos relacionamentos e nosso bem-estar sofrem. É um problema único, mas com muitas consequências em diferentes áreas de nossa vida. Muitos de nós estamos, portanto, vivendo abaixo de nossa capacidade devido à falta de sono — como um telefone celular constantemente com pouca bateria, precisando desesperadamente de uma recarga completa.

Há muitos estudos mostrando que a falta de sono diminui a motivação, a clareza mental e a força de vontade. Isso encurta os períodos de atenção, afeta a memória e torna mais difícil se concentrar. Prejudica a tomada de decisões e aumenta o risco de vários problemas de saúde e distúrbios de humor. Está comprovado que a privação do sono também aumenta o desejo por comida e cigarros.

De acordo com um estudo da Universidade de Nova Gales do Sul (Sydney, Austrália): "a privação moderada do sono produz deficiências no desempenho cognitivo e motor equivalente aos níveis legalmente prescritos de intoxicação alcoólica". Quando dormimos pouco, nossas células são menos capazes de absorver glicose, que é a principal fonte de energia do cérebro; isso, por sua vez, faz com que nos sintamos desnutridos, irritáveis e impacientes. Descobriu-se que a falta de sono causa uma leve disfunção pré-frontal, um estado em que o cérebro tem dificuldade de regular emoções e manter a atenção em qualquer tarefa.

Uma coisa é certa: se não conseguir dormir, a autodisciplina será muito mais difícil. É mais provável que você ceda às tentações, procure distrações e não tenha a resiliência de perseverar para superar as dificuldades em seu caminho. Se você não dormir horas suficientes ou se a qualidade de seu sono for ruim, esta é uma área em que deve buscar melhorar, a fim de facilitar a autodisciplina. É mais difícil estar *consciente* quando se está sem dormir.

Muitos livros foram escritos sobre melhorar a qualidade do sono; no entanto, aqui temos apenas algumas páginas, então vamos nos concentrar no essencial. Há três elementos necessários para melhorar a quantidade e a qualidade do seu sono: relaxamento, ambiente e rotina.

Elemento 1 do sono: relaxamento

Saber relaxar é essencial, porque é impossível dormir bem se seu corpo estiver tenso ou se sua mente estiver inquieta. Portanto, é necessário aprender a relaxar o corpo e a mente antes de dormir. É aqui que a meditação e outras técnicas da conexão mente-corpo são extremamente úteis.

O relaxamento do corpo pode ser alcançado com técnicas como a meditação *yoga nidra*, respiração nasal alternada e relaxamento muscular progressivo. Para relaxar a mente, qualquer estilo de meditação pode ser bom, mas os seguintes podem ser especialmente úteis: meditação mantra, silêncio interior e *trataka*. Por fim, as práticas de manter um diário de gratidão e de realizar um "despejo cerebral", escrevendo todas as preocupações que passarem pela sua cabeça, também podem ajudar sua mente a ficar em um estado de relaxamento, para um sono melhor.

Explicar essas técnicas uma a uma está além do escopo deste livro; mas pelo menos agora você sabe o nome delas e pode procurar aprendê-las por conta própria. Além da meditação, também há outras atividades que podem ajudá-lo a relaxar antes de dormir. Alguns exemplos são: ouvir música calma, alongar-se, fazer aromaterapia com óleo essencial de lavanda, aquecer as mãos e os pés e beber certos tipos de chá (como camomila, valeriana e passiflora).

Quanto mais conseguir relaxar seu corpo e sua mente antes de dormir, e quanto mais conseguir controlar o estresse e a ansiedade ao longo do dia, melhor será seu sono.

Elemento 2 do sono: ambiente

Seu quarto pode ajudá-lo a adormecer — e continuar dormindo — ou pode ser um obstáculo. Aqui estão algumas das dicas mais importantes para criar um ambiente favorável ao sono:

- Deixe seu quarto absolutamente escuro.
- Resfrie seu quarto.
- Deixe seu quarto completamente silencioso; se isso não for possível, use tampões auriculares ou aplicativos de ruído branco/trilhas sonoras para dormir.
- Não trabalhe, não veja tevê nem use dispositivos eletrônicos em seu quarto — associe estar em seu quarto apenas para descanso.
- Tenha um colchão confortável de, no máximo, nove ou dez anos de uso, de preferência de firmeza mediana.
- Tenha um travesseiro que preserve a curvatura natural de seu pescoço (quanto mais firme, melhor). Você também pode experimentar um travesseiro ortopédico.
- Tenha um segundo travesseiro entre suas pernas ou debaixo delas, para dormir com mais conforto.
- Evite dormir de bruços. De preferência, durma de costas ou de lado.
- Mantenha animais de estimação fora de seu quarto se eles tendem a acordá-lo durante a noite.

Elemento 3 do sono: rotina

O terceiro elemento para melhorar o sono é a rotina. Trata-se de otimizar suas atividades e sua rotina para melhorar seu *ritmo circadiano*.

O corpo gosta de consistência, e é por isso que segue um ritmo circadiano. É o relógio interno que diz ao corpo quando é hora de dormir, acordar e comer. Ele afeta frequência cardíaca, temperatura corporal, hormônios e humor; sincroniza nosso corpo com o ambiente e controla muitos sistemas fisiológicos. Quanto mais estável e consistente for seu ritmo circadiano, mais fácil será adormecer, permanecer dormindo e acordar descansado.

O fator mais importante para estabilizar seu ritmo circadiano é ter **horas regulares para dormir e acordar**. Isso significa ir dormir e acordar aproximadamente na mesma hora todos os dias — *inclusive nos fins de semana*!

> *Nada ajuda mais seu ritmo circadiano do que acordar e dormir na mesma hora todos os dias.*
>
> FRANK LIPMAN, MÉDICO

Quando você dorme e acorda aproximadamente na mesma hora todos os dias (inclusive nos fins de semana), ajuda seu corpo a ter um padrão de sono mais saudável. Seu corpo se prepara para acordar de uma a duas horas antes de você realmente se levantar e, por isso, se não souber quando deve acordar, seu sono será de má qualidade. A mesma coisa vale para a hora de dormir: se seu corpo não sabe quando você vai para a cama (porque seus horários são diferentes a cada dia), ele não saberá quando se preparar para dormir, então levará mais tempo para adormecer.

O segundo fator importante para estabilizar seu ritmo circadiano é **controlar sua exposição à luz**. O ritmo circadiano é controlado principalmente pela exposição à luz. Quando não havia eletricidade, nosso ritmo circadiano era regular e estável: ir dormir e acordar de acordo com o sol. Em nossa sociedade moderna, no entanto, muitas vezes temos ritmos circadianos desregulados devido à exposição à luz artificial e ao excesso de estímulos durante a noite.

Como resultado, o corpo fica confuso sobre quando é hora de dormir e quando é hora de acordar. Seu cérebro pode estar pronto para se desligar e ir dormir, mas aí você o impede ficando acordado até tarde, com as luzes acesas (lâmpadas ou dispositivos digitais). Mais tarde, quando você finalmente decidir tentar dormir, talvez tenha dificuldade para desligar, porque a mensagem que acabou de dizer ao seu cérebro, alguns momentos atrás, foi "Ainda é dia! Continue trabalhando!".

Para dormir melhor, você precisa controlar a exposição à luz de duas maneiras: primeiro, evitando a luz azul (produzida por tevês, computadores, *tablets* e celulares) pelo menos uma hora antes de dormir;

segundo, obtendo alguma luz solar assim que acordar, e o máximo possível durante o dia.

O terceiro fator para uma boa noite de sono é **evitar o excesso de estímulo**. Isso inclui não ingerir bebidas alcoólicas ou cafeína seis horas antes de dormir e evitar exercícios físicos e refeições pesadas três horas antes de ir para a cama.

Os especialistas em sono também recomendam que se evitem os seguintes fatores na hora que antecede o sono: fumar, discussões acaloradas, estimulação mental, preocupação e beber água. Se beber água ou comer frutas uma hora antes de dormir, é provável que seu sono seja interrompido pela necessidade de ir ao banheiro no meio da noite.

Horários regulares de dormir e acordar, nos sete dias da semana	+	Regular a exposição à luz (luz azul e luz solar)	+	Evitar excesso de estímulo antes de ir dormir	=	Ritmo circadiano saudável

SONECAS E PAUSAS

Tirar pequenas sonecas durante o dia pode ser uma boa maneira de compensar a falta de sono e melhorar seu bem-estar. Elas contam como sono e ajudam a repor sua energia mental durante o dia.

Basta estar atento ao tempo da sesta, para não interferir na sua rotina noturna. A recomendação geral é limitar os cochilos ao início da tarde e não deixar que passem de trinta minutos.

Por outro lado, tenha em mente que o descanso de que seu corpo e sua mente precisam não é obtido apenas pelo sono. Fazer pausas em que você se desliga completamente e vai dar uma volta durante o dia é também uma forma de descansar e evitar a fadiga da força de vontade. Da mesma forma, tirar férias, marcar dias de folga ou fazer uma pausa de um longo projeto também contam.

Se você se sente frustrado por não conseguir avançar; se está sobrecarregado, cansado ou desmotivado; se sente que seu corpo e sua mente não estão cooperando plenamente… não desista. Descanse um pouco. Durma mais hoje à noite. Tente novamente amanhã.

ALIMENTAÇÃO E EXERCÍCIOS

As outras duas principais variáveis de estilo de vida que podem afetar profundamente sua força de vontade e seus níveis de energia são a alimentação e a atividade física. Comer bem e se exercitar regularmente são disciplinas diárias que tornam outras formas de disciplina mais fáceis. Sim, elas exigem alguma força de vontade, mas mantê-las em sua rotina também fortalece sua força de vontade.

As disciplinas alimentares que eu pessoalmente sigo são comer uma vez por dia (jejum intermitente), nada de álcool, nada de cafeína e uma dieta vegetariana rica em frutas, legumes e folhas, grãos e nozes. Quanto ao exercício, faço de vinte a trinta minutos de uma mistura de artes marciais e alongamentos pela manhã, em casa, pelo menos quatro dias por semana. Funciona para mim.

Dito isso, estas não são minhas áreas de especialização, portanto se você quiser aprender mais, deve procurar conselhos de especialistas nestes temas. Aqui você encontrará apenas algumas dicas sobre a importância desses dois elementos, e o que buscar, de maneira geral.

Alimentação

Um dos elementos-chave da dieta para o cultivo da força de vontade e da autodisciplina é a manutenção de um nível estável de glicose no sangue. Isso se consegue comendo alimentos com baixo índice glicêmico (a abordagem *o que comer*) ou por meio do jejum intermitente (a abordagem *quando comer*).

O índice glicêmico (IG) de um alimento indica quão rapidamente esse alimento é decomposto em glicose, que então reabastece seu sistema. Quanto menor o índice glicêmico, mais gradual é esse processo — o que significa que não há grandes picos de glicose seguidos de quedas rápidas. Com isso, sua energia e sua força de vontade se tornam mais estáveis e confiáveis.

O jejum intermitente é uma alimentação com restrição de horários. Nele obtém-se toda a nutrição diária em uma pequena janela de tempo e, durante o resto do dia, faz-se um jejum em que se ingere somente água. O método mais comum é o 16:8, no qual se come durante um período de oito horas (por exemplo, do meio-dia às 20 horas) e se jejua durante as outras dezesseis horas. Outro método comum é o 20:4, também conhecido como OMAD (uma refeição por dia), que é o que eu sigo. Assim como com uma dieta com alimentos de baixo índice glicêmico, o jejum intermitente também tem o efeito de estabilizar seus níveis de açúcar no sangue, uma vez que não ocorrem mais picos e quedas a cada três horas.

Exercício

Qual é a importância do exercício físico para a autodisciplina?

Ele treina sua força de vontade. Reduz a fadiga e, ao fazê-lo, melhora seu autocontrole (que é afetado negativamente pelo cansaço). A atividade física também aumenta o fornecimento de oxigênio e de glicose para o cérebro e sabe-se que possui o efeito de aumentar o volume do córtex pré-frontal (que, como vimos, é a parte do cérebro responsável pela autodisciplina). Pesquisas mostram que apenas alguns meses de exercício regular já melhoram significativamente seu autocontrole e sua força de vontade — e que isso se traduz em mudanças positivas no controle emocional e, também, nas decisões financeiras.

A dra. Kelly McGonigal, em seu livro *Os desafios da força de vontade*, explica que a atividade física regular não só reduz as tentações, mas também alivia o estresse, e é um antidepressivo poderoso. O exercício — assim como a meditação — torna o cérebro maior e mais rápido; aumenta a variabilidade cardíaca e também demonstrou melhorar a qualidade do sono.

Adotar uma dieta saudável e fazer exercícios regularmente não fará de você automaticamente um mestre da autodisciplina, mas esses hábitos melhorarão sua força de vontade e, assim, multiplicarão os frutos de seus esforços.

Sono de qualidade + Alimentação saudável + Exercícios regulares = A autodisciplina torna-se mais fácil

PONTOS-CHAVE

Sono

- A falta de sono leva a tomada de decisões piores, mais oscilações de humor, menos clareza mental e menos força de vontade. Para facilitar o exercício da autodisciplina, certifique-se de ter um sono de qualidade todas as noites ou cochile durante o dia para complementar as horas de sono.
- Há três elementos centrais a serem considerados para se ter um sono reparador: relaxamento, ambiente e rotina.
- O *relaxamento* envolve o uso de técnicas específicas de meditação, bem como algumas atividades calmantes, para conduzir seu corpo e mente a um estado de relaxamento, sem tensão, antes de dormir.
- O *ambiente* envolve preparar seu quarto para ajudá-lo a adormecer sem interrupções. Os elementos mais importantes são ter um ambiente escuro e totalmente silencioso, afastar-se dos aparelhos eletrônicos e ter um bom colchão e travesseiros.
- *Rotina* significa otimizar suas atividades e horários para ajustar seu ritmo circadiano. As coisas mais importantes para esse fim são dormir e acordar no mesmo horário, regular a exposição à luz e evitar o excesso de estímulo nas horas que antecedem o sono.

Alimentação e exercício

- Comer bem e se exercitar regularmente são disciplinas diárias que tornam outras formas de disciplina mais fáceis.
- Comer de forma a manter um nível estável de glicose no sangue é bom para sua força de vontade. É possível conseguir isso ingerindo alimentos com baixo índice glicêmico ou pelo jejum intermitente.
- O exercício físico reduz a fadiga, aumenta o fornecimento de oxigênio e glicose para o cérebro, aumenta o volume do córtex pré-frontal e, assim, fortalece sua força de vontade e autocontrole.

APROFUNDANDO

CAPÍTULO 37

MEDITAÇÃO: A ACADEMIA DA AUTODISCIPLINA

Com esforço e atenção plena, disciplina e domínio de si,
o sábio faz para si uma ilha que enchente
nenhuma pode tomar.
BUDA

A liberdade é impossível sem uma mente
liberta pela disciplina.
MORTIMER ADLER

Domine sua mente, ou ela o dominará.
HORÁCIO

A MEDITAÇÃO É UMA DAS MELHORES MANEIRAS DE TREINAR a *consciência*. E a consciência está no cerne da Autodisciplina Consciente — porque a disciplina começa na mente. Ela começa com a forma como você pensa e administra suas emoções.

A meditação também treina sua *força de vontade* — e isso é algo que a maioria das pessoas não percebe. A meditação não se trata só de se sentar e observar sua mente de modo passivo; também serve para controlar ativamente sua atenção. Você escolhe onde quer colocar sua atenção (por exemplo, na sua respiração ou em um mantra), faz um esforço para mantê-la e a conduz de volta sempre que ela vagueia em pensamentos. Esse microexercício de autocontrole acontece dezenas de vezes sempre que se senta para meditar e, portanto, é um grande treinamento para a força de vontade.

Consciência (para *ver*) e força de vontade (para *agir*) são os dois ingredientes da *Autodisciplina Consciente*. Portanto, quanto mais você pratica a meditação, mais é capaz de praticar a autodisciplina, porque ela treina ambas. A meditação é a ginástica da autodisciplina.

Sim, você pode encontrar algumas pessoas extremamente disciplinadas que nunca praticaram a meditação de modo formal. Como isso é possível? Elas tomaram outro caminho e treinaram sua consciência por meio de um incansável exercício de autorreflexão e auto-observação. Ou compensaram a falta de conscientização à força e com a ajuda de ambientes que a incentivavam. Entretanto, muitas vezes não conseguem reproduzir essa autodisciplina em outros ambientes ou áreas da vida.

A meditação é um caminho mais fácil para a autodisciplina. Ela é menos contundente e mais direta. E traz consigo vários benefícios cientificamente comprovados para a saúde, os relacionamentos e o bem-estar. Quando sua saúde física e mental melhora, como resultado da prática regular de meditação, sua capacidade de ser disciplinado também melhora. Assim, a meditação ajuda a autodisciplina tanto diretamente (aumentando a consciência e a força de vontade) como indiretamente (contribuindo para uma melhora da saúde, do humor e dos níveis de energia).

No pilar Consciência, você aprendeu um exercício de meditação muito simples (veja o Capítulo 16). Agora vamos aprofundar o tema, para que entenda melhor o que é meditação, seus benefícios para a autodisciplina e como melhorar sua prática com os *Três Pilares da Meditação*. Embora uma apresentação abrangente do tema esteja além do escopo deste livro, as próximas páginas vão muni-lo dos conceitos de que precisa para compreender o que está fazendo e saber como seguir adiante a partir daqui.

MEDITAÇÃO PARA INICIANTES

Vamos começar com algumas das noções básicas, como: o que é meditação e os diferentes tipos de técnicas.

A meditação é um exercício mental que envolve *relaxamento*, *consciência* e *foco*. Ela é para a mente o que o exercício físico é para o corpo. A prática, em geral, é feita individualmente, de modo sentado, imóvel e com os olhos fechados, portanto muitas vezes envolve a *quietude* corporal. Mas há também maneiras de fazer meditação ativa, caminhando, por exemplo, e de integrar a consciência (atenção plena) a outras atividades (o que poderíamos chamar de "quietude dinâmica").

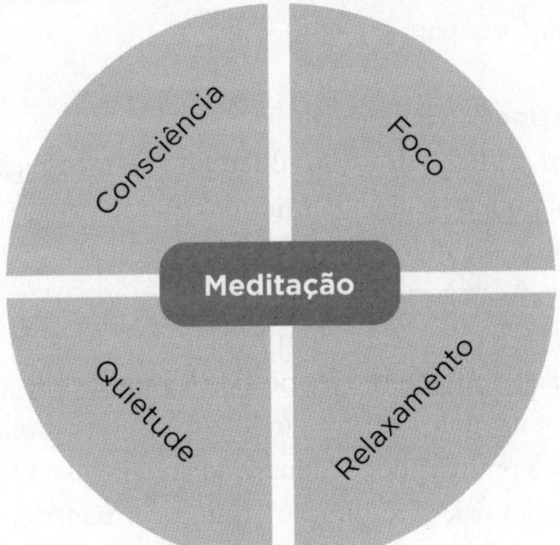

A meditação se assemelha a outras práticas contemplativas — tais como afirmações, auto-hipnose, orações, contemplação e exercícios respiratórios —, mas não é a mesma coisa.

A meditação originou-se na Índia, há muito tempo. A evidência mais antiga da prática é encontrada em murais indianos, de aproximadamente 5.000 a 3.500 a.C., mostrando pessoas sentadas em posturas meditativas, com os olhos meio fechados. O mais antigo registro escrito da meditação é de 1.500 a.C., e se trata dos Vedas. Nos séculos seguintes, em todo o mundo, a maioria das tradições espirituais e filosóficas da humanidade desenvolveu formas próprias de meditação.

A palavra "meditar" na verdade significa pensar profundamente em algo. Esse termo foi adotado para descrever as práticas contemplativas orientais quando elas foram importadas pela cultura ocidental, por falta de um vocábulo melhor. Atualmente, meditação se refere mais ao exercício de domar sua atenção do que ao de refletir profundamente.

Para meditar, você não precisa ser religioso, possuir nenhuma crença especial ou sentar-se em uma pose exótica e complicada. A meditação não é um prazer egoísta nem um convite para escapar da vida — pelo contrário, é uma prática essencial para se manter saudável, bem e são. Por fim, a meditação é para todos, não apenas para pessoas calmas ou para monges que conseguem "esvaziar a mente". Você não precisa ser uma pessoa calma para conseguir meditar, assim como não precisa ser forte para ir à academia.

Os diferentes tipos de meditação

Existem centenas de estilos diferentes de meditação. Em termos gerais, porém, podemos classificá-los em quatro categorias, de acordo com a forma como a mente é utilizada na prática.

A primeira categoria é a *meditação de concentração* (conhecida como "atenção focada" na literatura científica). Este é o estilo de meditação mais conhecido e comumente praticado. A atenção é, a cada momento, concentrada em um único objeto — o foco é estreito e profundo. O objeto escolhido para a prática pode ser quase qualquer coisa. Os mais comuns são uma sensação física (respiração), um som (mantra), uma sensação (por exemplo, meditação da bondade amorosa), uma parte de seu corpo (por exemplo, meditação *chakra*), uma imagem (visualização) ou um objeto físico que se deve encarar (por exemplo, a chama de uma vela).

O segundo tipo mais comum é a *meditação de observação* (conhecida como "monitoramento aberto" na literatura científica). Aqui, a atenção não se concentra em nenhum objeto em particular, mas monitora o panorama da experiência do momento. O praticante observa as diferentes informações sensoriais (sons que ouve, sensações corporais etc.) e/ou o que está acontecendo em sua mente (pensamentos, sentimentos, memórias etc.). O foco é amplo e superficial. Atenção plena, silêncio interior e alguns estilos de *vipassana* se enquadram nesta categoria.

A terceira categoria de estilos de meditação é a *meditação de relaxamento*. Nesse tipo de prática, o objetivo não é necessariamente treinar a atenção, mas chegar a um profundo estado de descanso e relaxamento. *Yoga nidra* e varredura corporal são as técnicas mais conhecidas desta categoria.

Por fim, existem técnicas de meditação que são a prática do *puro ser*. Nelas a pessoa não se concentra nem está observando algo, mas simplesmente deixando tudo de lado e simplesmente *sendo*. São em geral práticas mais avançadas, não diretamente relevantes para o desenvolvimento da autodisciplina. Os estilos que se enquadram são o chinês *zuowang*, as meditações budistas de *zazen* e *dzogchen*, e a prática não dual da autoinvestigação.

Para o desenvolvimento da autodisciplina, os estilos de meditação de concentração são os mais importantes, desenvolvendo tanto a força de vontade como da consciência. A meditação de relaxamento e a meditação de observação também podem desempenhar um papel no desenvolvimento da consciência e na dissipação de estados emocionais negativos que, de outra forma, levariam a comportamentos indesejados.

MEDITAÇÃO E PASSIVIDADE

Às vezes, os indivíduos orientados a cumprir objetivos têm um senso de aversão ou desdém pela prática da meditação. Sentem que a meditação é apenas viver o momento, relaxar e ser feliz com o que quer que se tenha aqui e agora. Temem que ela possa torná-los lentos, apáticos ou passivos. Acham que a meditação pode roubar-lhes a energia para perseguir seus objetivos.

Obviamente, minha experiência diz que não é isso que acontece — senão não faria sentido falar de autodisciplina *consciente*. A autodisciplina tem tudo a ver com atingir metas e aspirações; e a meditação, deste ponto de vista, está a serviço dessa função. É claro que a meditação dará a você muito mais benefícios do que apenas melhorar sua capacidade de conquistar seus objetivos, mas também vai lhe servir nisso, e muito bem.

Algumas pessoas que meditam tornam-se mais passivas. Elas perdem a motivação para seguir seus objetivos porque se sentem pacíficas e contentes com o aqui e o agora. (Que pena para elas, não é?) Seu impulso interior arrefece.

Não é o que aconteceu comigo, e não é o que acontece com meus alunos. Não é *assim* que eu ensino meditação — especialmente dentro no contexto da Autodisciplina Consciente. Em meus muitos anos como praticante e professor de meditação, percebi que a passividade que pode vir da meditação, para algumas pessoas, ocorre devido a: (a) escolha da técnica errada ou (b) uma ênfase excessiva ao desapego.

Vamos começar com o primeiro elemento. Em alguns estilos de meditação, a passividade e a aceitação são mais enfatizadas, direta ou indiretamente. Isso não é uma crítica. Não existem estilos de meditação ruins, mas os objetivos, a filosofia e os efeitos diferem de acordo com cada prática. Portanto é importante escolher um estilo que se adapte às suas necessidades e à sua personalidade (mais sobre isso na seção a seguir). Como conselho geral, com o propósito de usar a meditação para ajudá-lo a se tornar mais disciplinado e eficaz, concentre-se nas meditações baseadas na concentração. Sua motivação estará a salvo e, provavelmente, até aumentará.

> A **meditação de concentração** aumenta sua força de vontade e sua capacidade de discernimento, ao mesmo tempo que treina sua consciência. O objetivo é permanecer concentrado — por exemplo, contar as respirações. Isso requer energia e motivação. Para

que aconteça, você precisará monitorar sua mente com frequência, verificando: "Estou concentrado na respiração ou estou distraído?". Isso requer consciência e discernimento.

A **meditação de observação**, por outro lado, embora também seja poderosa para o desenvolvimento da consciência, pode levar a um estado em que simplesmente se vê todas as coisas de maneira igual, fazendo com que você não se sinta mais impulsionado a se mover em qualquer direção em particular. Esse é, de certa forma, um dos objetivos da prática. Em vez de focar sua mente em uma meta ou objeto específico, você a mantém aberta a receber todas as informações que venham de dentro ou de fora.

Motivação e foco têm a ver com sentir-se poderosamente movido por um ideal — não com enxergar todas as coisas da mesma maneira. Deixar de lado os anseios e as emoções difíceis, por outro lado, tem mais a ver com apaziguar a impulsividade e diluir a carga emocional de certos estímulos. Portanto, como regra geral, podemos dizer que a meditação de concentração é melhor para o foco e a motivação, e a meditação de observação é melhor para o controle de impulso e o processamento de emoções negativas.

A meditação de concentração é mais ativa; é como fogo. A meditação de observação é mais passiva; é como a água. Ambas são práticas maravilhosas e têm seu valor. Como mencionamos no Capítulo 3, sua vida precisa de um equilíbrio entre fogo e água, e a proporção também pode mudar com o tempo.

E quanto aos outros dois tipos de meditação? A **meditação de relaxamento** também é passiva, mas não tende a minar sua motivação; ao contrário, ela o reenergiza e dissipa a tensão emocional que, de outra forma, poderia motivá-lo a buscar alívio emocional pela gratificação instantânea. A meditação do **puro ser** é de natureza mais espiritual. Ela o conduz a um lugar além de todos os objetivos e esforços, e há uma chance de que você a ame tanto que não queira ir atrás de mais nada.

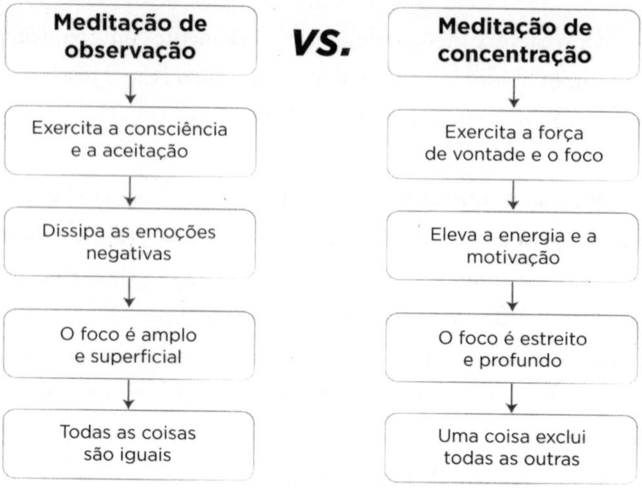

Não pretendo desencorajá-lo de praticar as meditações do tipo de *observação* ou de *puro ser*. Se você já pratica esses estilos e gosta deles, por favor, continue. Mas, se a sua intenção é sentir-se mais motivado a atingir seus objetivos, certifique-se de incluir alguma meditação de concentração em sua rotina.

A segunda razão pela qual a meditação pode criar passividade e diminuir a motivação em algumas pessoas está ligada às filosofias espirituais que podem acompanhar a meditação. Dependendo de como você aprende a meditar — que aula/grupo frequenta —, pode haver demasiada ênfase nos aspectos de *desapego* e *contentamento*. Em outras palavras, muita água, pouco fogo. Isso pode ser resultado de algumas das origens monásticas daquele estilo particular de meditação (e suas tendências de abnegação) ou das intenções escapistas de certos praticantes.

Qualquer que seja o estilo de meditação que pratique, no entanto, uma coisa pode acontecer: seus objetivos vão evoluir. A consciência que vem da prática pode fazê-lo perceber que estava buscando as coisas erradas, que não estava no melhor caminho. Saber isso é valioso — você também gostaria de saber que estava subindo a escada errada antes de ir até o topo. Essa percepção abre espaço para que metas mais profundas e verdadeiras surjam de dentro de você — metas que, uma vez alcançadas, vão fazê-lo *verdadeiramente* feliz.

Em resumo, algumas das maneiras como as pessoas ensinam meditação por aí podem torná-lo passivo e menos motivado. Essa *não* é a maneira como a meditação é ensinada neste livro. Em minha prática pessoal e em meus ensinamentos, a meditação não é meramente relacionada à paz, e sim relacionada à paz *energizada*. A meditação tem que ser útil não apenas para *amar o que tem* (aceitação), mas também para *conquistar o que ama* (energização).

É a forma equilibrada de praticar meditação quando se vive *neste mundo*.

É o caminho da Autodisciplina Consciente.

BENEFÍCIOS DA MEDITAÇÃO PARA A AUTODISCIPLINA

Todos os problemas da humanidade vêm da incapacidade humana de sentar-se em silêncio sozinho em um cômodo.

BLAISE PASCAL

Se Pascal disse isso no século XVII, imagine o que não diria hoje, quando a maioria das pessoas não consegue passar um minuto sozinha sem pegar o telefone e ficar olhando algo. Inclusive, um estudo da Universidade da Virgínia descobriu que muitas pessoas prefeririam levar um choque do que ser deixadas apenas com seus pensamentos. Não é de admirar, então, que algumas pessoas tenham aversão à meditação!

A meditação é uma forma muito consciente de "sentar-se em silêncio sozinho em um cômodo". Não tenho certeza se concordo com Pascal sobre a meditação ser capaz de resolver todos os problemas da humanidade, mas de uma coisa eu sei: ela o ajudará a resolver os seus problemas de autodisciplina.

Há mais de 4 mil estudos científicos mostrando os benefícios da meditação para saúde física, desempenho mental, relacionamentos e bem-estar emocional. Neste capítulo, abordaremos apenas brevemente as formas como a meditação impulsiona sua autodisciplina. (Você pode verificar as referências científicas no fim do livro.)

A meditação melhora sua **memória**. Em nossa vida moderna, a "memória de trabalho" de nosso cérebro está normalmente cheia. Recebemos muita informação de diversas fontes. Informação demais. Quando nosso cérebro está tão ocupado, é difícil manter em mente nossos objetivos e aspirações, nossos compromissos e resoluções. Não há mais espaço, portanto nós os esquecemos. E, por isso, não tomamos as melhores decisões. Não agimos de modo consistente com base em nossas metas de longo prazo, porque elas não passam pela nossa cabeça. Ao melhorar sua memória, a meditação também o ajuda a permanecer no caminho certo rumo aos seus objetivos.

A meditação melhora seu **humor**, diminui o estresse e aumenta sua **felicidade basal**. Faz isso, entre outras coisas, diminuindo a amígdala, que é a parte do cérebro responsável por sentimentos como estresse, ansiedade, medo e raiva. Como vimos nos Capítulos 21 e 28, a principal razão pela qual procrastinamos e a principal razão pela qual não perseveramos em nossos objetivos são iguais: queremos evitar experimentar alguma forma de dor mental ou emocional. Se você já experimenta menos dor emocional ou se souber como abraçá-la quando ela aparecer, não vai precisar procrastinar.

A meditação cria uma sensação de maior **bem-estar**. Ela o deixa mais satisfeito e feliz consigo mesmo — com isso, também aumenta sua capacidade de sentir desconforto sem se sentir atordoado. Isso funciona como um amortecedor eficaz contra os desafios da vida, tornando-nos mais resilientes e capazes de enfrentar dificuldades sem procrastinar ou precisar de distrações.

A meditação também promove a capacidade de fazer mais, de se distrair menos, de "distanciar-se" e obter clareza. Ela cria mais espaço interno em você — espaço para seus objetivos e aspirações. Ela permite que você domine sua mente e sua vida. Vamos agora desvendar estes benefícios.

A meditação dá o poder da pausa

A meditação o treina a fazer **pausas**, o que então lhe permite distanciar-se e ver as coisas com mais clareza. Este é um dos principais benefícios dessa prática para a autodisciplina.

Durante a meditação, praticamos desacelerar, observando nossa mente e pausando sempre que nos enredamos em nossos pensamentos, memórias ou sentimentos. Essa capacidade de pausar e tomar distância é uma das habilidades conquistadas com a meditação, e isso o ajuda muito com a autodisciplina. Como? Sempre que enfrentar distrações ou tentações em sua vida diária, terá a capacidade de pausar e se distanciar — em vez de agir por impulso e depois se arrepender de suas decisões.

Em vez de lutar contra seus impulsos — o que exige muito do cérebro —, a meditação ensina a estar ciente deles, aceitá-los e, ainda assim, permanecer no controle. Isso não só poupa a sua energia, como também é mais eficaz. Mostra que existe uma diferença entre ter um impulso e agir com base nele. Quando existe esse espaço entre você e seu impulso, em virtude de sua prática meditativa, você tem a liberdade de agir ou não — está no controle. Como resultado, pode permanecer no caminho certo para seus objetivos e hábitos positivos sem se envergonhar ou usar de repressão vigorosa.

O fato de desejar açúcar não significa que você tenha que ir pegar um pote de sorvete agora; o fato de um banho frio ser desconfortável não significa que não possa tomá-lo; o fato de o seu projeto de pesquisa ser entediante não significa que vá procrastiná-lo; o fato de estar cansado não significa que não possa sair para correr; o fato de ter falhado não significa que precise desistir. Impulso ou emoção é uma coisa; a ação é outra. Sua capacidade de pausar cria uma separação entre os dois. Essa margem é o espaço de sua liberdade.

Sejam seus impulsos e emoções fracos ou fortes, você pode sempre retomar o poder e exercer sua liberdade. Quase não importa quão poderoso seja o desejo, desde que haja o espaço para a pausa e a distância objetiva que ela traz. A pausa permite que você viva por projeto, não por padrão. É disso que se trata a Autodisciplina Consciente.

Se você não conseguir pausar e observar, não conseguirá aplicar nenhuma das técnicas deste livro — ou de qualquer outro livro de desenvolvimento pessoal. Tudo começa com uma pausa e consciência. Porque nada pode ser feito quando se vive de modo automático, inconsciente, com o cérebro reptiliano. Nesse estado, você está apenas reagindo ao ambiente, e seu futuro será uma repetição de seu passado.

A meditação o ajuda a desconectar a emoção/impulso da ação. E acontece que isso é mais eficaz para administrar os anseios do que a força de vontade. Inclusive, há estudos científicos que mostram que programas alimentares baseados na consciência têm um efeito muito mais duradouro do que tentar mudar sua dieta sem usar a consciência. Foi demonstrado que treinar a atenção plena tem ajudado a limitar a quantidade de alimentos não saudáveis que se ingere, o álcool que se bebe e os cigarros que se fuma. Também ajuda a aumentar a quantidade de exercício físico realizada. As mudanças de hábito criadas pela atenção plena também são comprovadamente mais duradouras do que se você tentar mudar seus hábitos sem incluir a consciência.

Meditação cria espaço

A meditação ajuda a diminuir a velocidade. Ela permite que você tenha menos pensamentos e mais espaço interior. Isso é essencial para a autodisciplina porque, se sua mente estiver constantemente ocupada com uma infinidade de pensamentos desnecessários, será muito difícil estar ciente de seus objetivos. E se não estiver ciente de seus objetivos, é improvável que tome decisões que estejam em harmonia com eles.

Como vimos, a meditação melhora sua memória — tanto a de longo prazo como a de curto prazo. O aumento da memória de longo prazo é bom para a aprendizagem, mas é a melhora da memória de curto prazo que nos interessa mais para impulsionar a autodisciplina. Scott H. Young, em seu mega-artigo "Guia completo de autocontrole", explica bem este fenômeno:

> Para que exista um conflito de autocontrole, é preciso estar bem ciente de seus objetivos de longo prazo ao mesmo tempo que decide se deve ou não ceder ao prazer efêmero. Em outras palavras, é preciso pensar ativamente em seu objetivo de ser saudável quando for confrontado com uma sobremesa. Se você não conseguir fazer isso, então se entregará por hábito, sem nem mesmo saber que houve um conflito, para começo de conversa (a menos que tenha formado um hábito diferente).

> [...] Para poder manter seus objetivos em mente, é preciso ter capacidade suficiente de memória de trabalho disponível. A memória de trabalho é sua capacidade de transmissão mental — ela contém informações sobre o presente para que você possa pesar diferentes alternativas e tomar decisões. O problema com a memória de trabalho é que sua capacidade é limitada. Ela se preenche muito rapidamente — pode conter apenas de quatro a sete itens (letras, palavras, números etc.) simultâneos.

Em outras palavras: quando nossa mente está constantemente ocupada, não acompanhamos nossos compromissos, resoluções, valores e objetivos. Não há espaço mental suficiente para isso. A meditação ajuda a melhorar essa situação, ampliando sua memória de trabalho.

E a meditação cria não apenas espaço mental, mas também espaço emocional. Por razões similares ao fenômeno descrito acima, quando você está sobrecarregado pelo estresse ou outras emoções difíceis, é difícil permanecer disciplinado. Funcionando como um estimulante natural do humor e dando-lhe um meio saudável e eficaz de processar emoções difíceis, a meditação aumenta a força de vontade à sua disposição na vida diária.

A meditação o ajuda a mudar sua história

Autodisciplina é tomar decisões melhores na vida — decisões mais alinhadas com nossas metas e aspirações de longo prazo. Para isso, precisamos verificar as narrativas que contamos a nós mesmos, porque elas informam nosso jeito de pensar, nossas crenças e a maneira como nos sentimos em relação às coisas.

Se você conseguir mudar as histórias que conta a si mesmo, consegue mudar qualquer coisa em sua vida. Como eu gosto de dizer em meus programas, *domine sua mente, domine sua vida*. Outros autores talvez tenham expressado essa ideia de forma mais eloquente:

Sua alma assume a cor de seus pensamentos.

MARCO AURÉLIO

Se mudar a maneira como vê as coisas,
as coisas que você vê mudam.
Dr. Wayne Dyer

As histórias que você conta a si mesmo formam sua identidade. São seus padrões de pensamento repetidos e inquestionáveis sobre quem você é, como é o mundo e como as coisas funcionam. O mais importante é perceber que elas não são verdades; são *hábitos*. Foram aprendidas. Você as absorveu das pessoas ao redor.

É importante perceber isso, porque essas histórias podem ser fortalecedoras ou desmotivadoras. Podem ser positivas ou negativas, agradáveis ou desagradáveis, úteis ou inúteis. Padrões de pensamento como "Eu não consigo fazer isso", "Eu não sou bom o suficiente", "Se eu falhar será um desastre" são desencorajadores e podem impedi-lo de atingir seus objetivos. A boa notícia é que você tem o poder de mudá-los.

Seus pensamentos não são verdades; são opiniões. São hábitos. À medida que pratica a meditação, isso se torna claro — não como um conceito, mas como uma *experiência*. Esse, para mim, é um dos maiores dons da prática de meditar.

Já que seu diálogo interno, crenças e mentalidades são apenas hábitos, eles podem ser mudados. Podem ser desaprendidos. Como se rompe com um hábito negativo? Não o repetindo mais e substituindo-o por um hábito melhor. O mesmo acontece com os hábitos de pensamento — são desaprendidos ao não se prestar mais atenção aos velhos modos de pensar (desapego) e substituindo-os por modos de pensar mais saudáveis e úteis (foco).

Eis aqui de novo o valor da meditação em sua jornada de autodisciplina. A meditação lhe ensina como desapegar e se concentrar, ensinando-lhe como controlar sua atenção. As vozes interiores às quais deixa de prestar atenção enfraquecerão e acabarão por desaparecer; as vozes às quais presta atenção vão se fortalecer e ganhar vida. Eu chamo isso de *Lei da Atenção*. A atenção dá vida ao que quer que toque.

A que você está *prestando atenção e dando vida* em sua vida?

Quando a voz do medo surge, dizendo: "Não faça isso... você vai fracassar e vai ser horrível", você tem uma escolha. Pode ouvi-la, acreditar nela e segui-la, não agindo. Ou pode ignorá-la, deixá-la de lado e agir mesmo assim. Pode até propositalmente trazer à tona a voz da coragem em você e alimentá-la com sua atenção.

Você pode não ser capaz de controlar as vozes que surgem nem as histórias que elas contam — mas pode escolher o que fazer com elas. A meditação o ajuda a reconhecer essas vozes, suas origens e os efeitos que têm em sua vida. Ela dará a você o poder de decidir qual voz irá obter o microfone e por quanto tempo. Com esse poder, viver uma vida de propósito e bem-estar fica mais fácil.

Precisamos olhar com atenção para nossa mente e mudar quaisquer padrões que estejam nos impedindo de evoluir. Por quê? Porque muitas vezes a mente é o chefe — nós fazemos o que a mente nos manda fazer. A meditação o ajuda a se tornar o chefe de sua mente; ou, no mínimo, um amigo atencioso que ela escutará e tentará, sinceramente, ajudar.

Quão mais fácil será alcançar seus objetivos se for capaz de parar de ouvir as narrativas que o limitam e, em vez disso, ser movido por uma voz interna energizante? A meditação permite que isso aconteça.

A meditação otimiza seu cérebro

Como vimos no Capítulo 1, autodisciplina, força de vontade e autoconsciência são expressões da parte mais evoluída de nosso cérebro — o córtex pré-frontal. O córtex pré-frontal é a sede do pensamento racional e das decisões conscientes. É a parte do cérebro responsável pela memória de trabalho, controle de impulsos, ignorância de distrações e flexibilidade cognitiva.

Por outro lado, o que muitas vezes nos impede de agir em harmonia com o que sabemos ser melhor para nós são nossos impulsos e emoções, que vêm do cérebro reptiliano. Quando estamos estressados, irritados ou ansiosos, nosso córtex pré-frontal desliga, e então operamos a partir do cérebro reptiliano. A partir daí, a autodisciplina torna-se impossível.

Vários estudos mostram que a prática da meditação aumenta a matéria cinzenta no córtex pré-frontal e diminui a ativação da amígdala (ver referências no fim do livro). Quanto precisamos meditar para que isso ocorra? Alguns pesquisadores descobriram que um total de apenas três horas de prática de meditação levou a uma melhora da atenção e do autocontrole. Após onze horas, os pesquisadores puderam ver essas mudanças traduzidas nas estruturas cerebrais dos participantes.

O valor da meditação para a autodisciplina, então, torna-se óbvio: ela facilita o exercício da autodisciplina ao agir em ambos os lados da equação. Aumenta a autoconsciência e a força de vontade (córtex pré-frontal mais forte) e diminui a resposta ao estresse (amígdala menor). É por isso que a meditação e a consciência são os temas centrais da minha abordagem em relação à autodisciplina. A meditação é a academia da autodisciplina.

OS TRÊS PILARES DA MEDITAÇÃO

Assim como existem três pilares de autodisciplina, existem também três pilares para a meditação. Eles são as áreas-chave nas quais você precisa se concentrar para realizar uma prática de meditação agradável e eficaz. Se você tiver esses três pilares em sua vida, sua prática dará frutos e você colherá os benefícios. Mas, se você não tiver — se mesmo apenas um deles estiver faltando —, então os benefícios que obterá serão limitados.

Os três pilares da meditação são o Hábito, a Técnica e a Transformação. Em resumo, você precisa praticar a meditação *diariamente*, utilizando a *técnica* e a abordagem ideais e depois aplicar as habilidades que adquiriu para *transformar* sua vida diária.

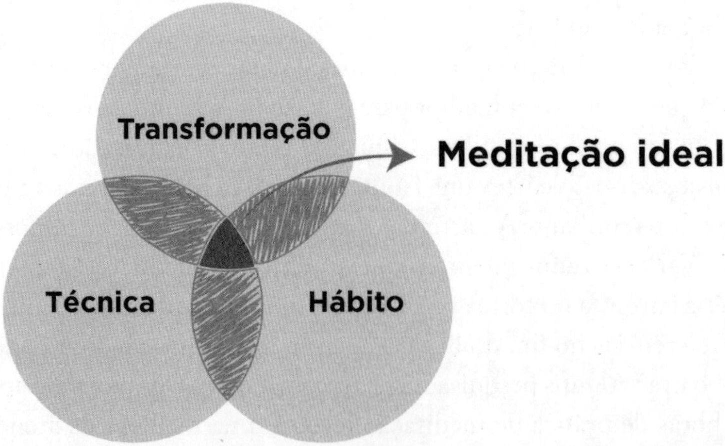

Hábito

A meditação não é como o exercício físico, com o qual podemos nos safar praticando apenas duas ou três vezes por semana. Na verdade, a meditação é o tipo de coisa que precisamos fazer *diariamente* — como comer, dormir, tomar banho e escovar os dentes. Está *nessa* categoria de atividades.

Por quê? Porque estamos expostos ao estresse diariamente. Porque nossa mente pode nos atolar com pensamentos e histórias negativas diariamente. Porque nosso ego trabalha diariamente. Porque há impulsos que nos distraem diariamente. Portanto também precisamos meditar diariamente. Caso contrário, será muito difícil reverter os padrões negativos de pensamentos e emoções. Os pensamentos ficam revirando em nossa cabeça sem parar, e a ansiedade não sai de férias.

O que acontece se você meditar apenas uma vez por semana? Não há dúvida de que experimentará alguns benefícios. Logo após a meditação, você provavelmente se sentirá mais calmo, centrado e concentrado. Pode se sentir imediatamente mais lúcido e presente. Mas não vai durar — porque uma vez por semana não é suficiente para que a prática ganhe um impulso real. Não será transformador.

Suponha que queira ferver um pouco de água. Você precisa deixar a chaleira no fogo por cinco minutos; assim a água ferverá. Mas, em vez disso, você a deixa ali por dois minutos, depois desliga o fogo e volta a ela na semana seguinte para deixá-la ali por mais dois minutos... Pode continuar fazendo isso por todas as semanas de sua vida, mas a água nunca ferverá porque, na semana seguinte, a água não continua a partir da temperatura que estava no final dos dois minutos anteriores. Na verdade, agora ela esfriou completamente, então você está começando da temperatura ambiente outra vez.

De certa forma, a prática da meditação é assim. E é por isso que é essencial meditar todos os dias — mesmo que por apenas cinco ou dez minutos. Se fizer isso, terá alguma continuidade, e a prática vai se fortalecer. Um hábito diário é o que faz a diferença entre ter uma prática que *faz bem quando você a faz* e uma que realmente transformará você e sua vida diária.

Criar o hábito diário de meditar tem tudo a ver com a autodisciplina e com seguir alguns princípios simples de estabelecimento de hábitos. Este livro lhe dá todas as ferramentas de que você precisa para isso. Eis aqui uma rápida visão geral dos princípios-chave para a formação do hábito da meditação diária:

1. Estabeleça seu hábito — escolha a hora, o lugar e as ferramentas para sua prática.
2. Configure um lembrete — pode ser um alarme, uma anotação na agenda ou um objeto que o faça recordar.
3. Comece pequeno — fazendo de três a cinco minutos por dia.
4. Siga o Nunca Zero — veja o Capítulo 31.
5. Aumente-o gradualmente — adicione um minuto por semana.
6. Renove seu compromisso — reafirme sua intenção após cada sessão.
7. Seja paciente — mantenha suas expectativas baixas e não avalie demais o progresso.
8. Permaneça sem julgamentos — sem autocrítica, vergonha ou culpa.
9. Aproveite o processo — faça da meditação a própria recompensa.
10. Esteja preparado — conheça os obstáculos e as desculpas que você pode inventar (plano de contingência).

Técnica

O segundo pilar é praticar a meditação usando a técnica e a abordagem corretas.

A técnica correta não significa que haja um estilo de meditação superior aos outros e que você só deva praticar esse estilo. Isso é mesquinhez e dogmatismo — infelizmente, o tipo de coisa que vemos em alguns grupos/aulas de meditação por aí. A técnica correta significa o estilo ideal *para você*, neste momento de sua vida. Como explicamos, existem centenas de estilos de meditação, e cada um deles tem um foco, processo e benefícios diferentes.

Quando a maioria das pessoas pensa em técnicas de meditação, o que vem à mente delas é observar sua respiração ou repetir um mantra.

Essas técnicas são ótimas e funcionam para algumas pessoas — mas não para todos. Talvez elas até funcionem bem para você, mas, até que experimente uma variedade de estilos, não saberá se existe uma técnica mais eficaz para você.

A boa notícia é que a meditação é uma prática incrivelmente vasta e flexível. Há muitos métodos desenvolvidos por diferentes tradições contemplativas ao longo de mais de 3 mil anos. Eles foram desenvolvidos não porque os monges estavam entediados, mas porque pessoas diferentes têm necessidades e temperamentos diferentes.

Algumas técnicas:

- podem fazer você se sentir passivo demais, enquanto outras são capazes de energizá-lo;
- fazem você se sentir mais centrado, enquanto outras fazem você se sentir mais distraído ou desprendido da vida;
- aumentam sua energia (bom para aqueles com depressão), enquanto outras canalizam sua energia (bom para aqueles com ansiedade);
- são mais adequadas para melhorar o desempenho e a concentração em atividades produtivas; outras podem ser melhores para explorar o lado espiritual da meditação;
- são mais fáceis para pessoas naturalmente mais visuais, enquanto outras são melhores para pessoas predominantemente auditivas ou sinestésicas.

Não há uma única maneira de experimentar a meditação; no entanto, é assim que ela é ensinada, com frequência. A maioria dos professores e cursos ensina apenas umas poucas técnicas. Aliás, é possível afirmar com certeza que existem tantas técnicas de meditação quanto existem diferentes esportes e dietas. Agora imagine se todos conhecessem apenas basquetebol ou atletismo... Ou se todos recebessem o mesmo tipo de alimento, independentemente de suas preferências, condições de saúde e alergias!

Embora a maioria das técnicas de meditação compartilhe de um grande número de benefícios comuns, ainda há uma grande diferença entre praticar uma técnica que funcione para você e uma que seja *ideal* para você. Assim como há uma grande diferença entre um trabalho bem-feito e seu trabalho ideal, ou uma casa bem-feita e sua casa ideal.

Está além do escopo deste livro explorar os principais estilos de meditação e como escolher a sua prática ideal. Além disso, ler sobre isso não é a melhor maneira de realizar esse processo — de preferência, seria melhor tentar meditações guiadas ou contar com a orientação sistemática de um professor conhecedor dos diferentes estilos de meditação. Naturalmente, você também pode fazer tudo isso sozinho, pesquisando por conta própria.

Em todo caso, o resumo é que existem muitos estilos diferentes de meditação, e descobrir o mais adequado para você é *muito* importante. A meditação é algo que, idealmente, praticaremos para o resto da vida, então não vale a pena passar algum tempo garantindo que escolhamos a melhor técnica para nós? Portanto, não pule este passo. Experimente diferentes técnicas e filosofias por um período e veja a que mais ressoa e mexe com você.

Transformação

O terceiro pilar é a *transformação*, ou *integração*: aplicar as habilidades de meditação à vida diária. A meditação não é apenas algo que você faz sentado em uma almofada por alguns minutos todas as manhãs — ela precisa ser aplicada em uma rotina. Quando isso acontece, os benefícios se multiplicam e é possível experimentar o verdadeiro objetivo da prática: a autotransformação.

A principal mensagem do pilar *transformação* é que sua vida diária é uma extensão da sua prática de meditação, e sua prática de meditação é a base de sua vida diária. Ambas são necessárias.

É verdade que, se praticar a meditação diariamente, seguindo a técnica certa para você, com o tempo algumas coisas começarão a mudar automaticamente. A maneira como você vê o mundo, como se vê, como reage às pessoas ao seu redor — tudo mudará. Mas esse processo pode ser enormemente acelerado se você o fizer *com propósito*. E é disso que se trata o terceiro pilar: aplicar as epifanias e as qualidades que experimenta na meditação em todo o restante. É levar a meditação para além da almofada.

Nas sessões de meditação, você desenvolve habilidades importantes, como:

- Habilidade de pausar.
- Autoconsciência.
- Foco.
- Força de vontade.
- Calma.
- Capacidade de distanciar-se.
- Abandono de pensamentos inúteis.
- Gestão de estados emocionais.
- Autoaceitação.

Qual é a habilidade mais importante ensinada pela meditação que você quer integrar em seu cotidiano? E como vai fazer isso? Será preciso se lembrar dela constantemente e aplicá-la. Isso requer autodisciplina.

Todo este livro é, de certa forma, um desdobramento do pilar *transformação* da meditação. Ele transforma todas as habilidades listadas acima em exercícios diários que você pode usar para viver melhor, transformar-se e alcançar seus objetivos. A aplicação das habilidades da meditação inspiraram todos os capítulos deste livro — e é por isso que ele é focado em Autodisciplina Consciente.

PONTOS-CHAVE

Introdução

- A meditação é uma das melhores maneiras de treinar a *consciência*. E a consciência está no cerne da Autodisciplina Consciente — porque a disciplina começa na mente. Ela começa com a forma como você pensa e administra suas emoções.

- A meditação também treina sua força de vontade, que é o segundo ingrediente central da autodisciplina.

Meditação para iniciantes

- A meditação é um exercício mental que envolve *relaxamento*, *consciência* e *foco*. A meditação é para a mente o que o exercício físico é para o corpo.
- Existem centenas de estilos diferentes de meditação, mas todos podem ser classificados em quatro grandes categorias.
    - Meditação de concentração: concentrar toda a sua atenção em um único objeto.
    - Meditação de observação: monitorar o panorama das informações do momento.
    - Meditação de relaxamento: liberar as tensões físicas, mentais e emocionais.
    - Meditação do puro ser: desapegar-se de tudo e simplesmente ser.
- A meditação não requer nenhuma crença ou ritual específico. Não precisa sentar-se em uma postura difícil de pernas cruzadas (basta manter as costas retas e sem apoio). Não é uma atividade egoísta nem uma fuga da vida. Ter uma mente calma é um resultado da prática, não uma exigência para começar.

Meditação e passividade

- Se apenas pratica *meditação de observação* ou meditação do *puro ser*, há o risco de sentir-se mais passivo e perder parte da sua motivação. Portanto, dê mais atenção à meditação de concentração ou pelo menos a inclua como parte da rotina.
- A meditação de concentração é mais ativa; é como o fogo. A meditação de observação é mais passiva; é como a água. Sua vida precisa de um equilíbrio entre fogo e água.
- Como regra geral, a meditação de concentração é melhor para o foco e a motivação, e a meditação de observação é melhor para o controle de impulsos e o processamento de emoções negativas.

- A meditação não tem a ver apenas com paz, mas com paz *energizada*. A meditação tem que ser útil não apenas para *amar o que tem* (aceitação), mas também para *conquistar o que ama* (energização). Essa é a forma equilibrada de praticar meditação quando se vive *neste mundo*, e é a ênfase deste livro.

Benefícios da meditação para a autodisciplina

- A meditação melhora a memória, o que lhe permite manter seus objetivos sempre em mente ao tomar decisões no seu dia a dia.
- A meditação melhora o humor, diminui o estresse e aumenta a felicidade basal — isso o torna mais resistente a emoções negativas, procrastinação e desistência.
- A meditação o treina a fazer pausas, o que então lhe permite distanciar-se e ver as coisas com mais clareza. Se você não conseguir pausar e observar, não conseguirá aplicar nenhuma das técnicas deste livro — ou de qualquer outro livro de desenvolvimento pessoal. Nada pode ser feito quando se vive de modo automático, inconsciente, com o cérebro reptiliano. Nesse estado, você está apenas reagindo ao ambiente.
- Pausar também permite que você supere seus impulsos pela consciência e aceitação, em vez de combatê-los. Você desconecta da ação tanto a emoção como o impulso. Quando existe espaço entre você e seu impulso, em virtude da prática meditativa, você tem liberdade para agir baseado nele ou não — você está no controle.
- A meditação o ajuda a desacelerar. Ela permite que tenha menos pensamentos e mais espaço interior. Isso é essencial para a autodisciplina, porque, se sua mente estiver constantemente ocupada com uma infinidade de pensamentos desnecessários, será muito difícil manter regras, resoluções, valores e objetivos. Não há espaço mental suficiente para isso.
- A meditação o ajuda a retomar o controle de sua atenção, o que lhe permite, então, escolher quais vozes e pensamentos internos vão se tornar mais fortes e quais vão se tornar mais

fracos. Isso permite que mude as narrativas que conta a si mesmo — e com isso você pode mudar a sua vida. Pode deixar de lado as narrativas negativas e desanimadoras, e focar as positivas e estimulantes.

- A meditação otimiza seu cérebro para a autodisciplina, aumentando a autoconsciência e a força de vontade (córtex pré-frontal mais forte) e diminuindo a resposta ao estresse (amígdala menor).

Os três pilares da meditação

- *Hábito* é praticar a meditação diariamente, não importa o que aconteça. Isso é essencial para que você se beneficie plenamente da prática. O hábito diário é a diferença entre ter uma prática que *faz bem quando você faz* e uma que realmente o transformará.
- *Técnica* é encontrar o estilo de meditação que é ideal para você. Técnicas diferentes levam a experiências e benefícios diferentes; cada uma é mais adequada para um tipo de pessoa e objetivo diferentes. É preciso experimentar diferentes técnicas de forma sistemática, idealmente com algum apoio, para encontrar a melhor para você.
- *Transformação* é aplicar as habilidades da meditação ao cotidiano — como pausar, desenvolver a autoconsciência, ter força de vontade, focar e desapegar. Sua vida diária é uma extensão de sua prática de meditação, e sua prática de meditação é a base de sua vida diária. As duas são necessárias. Todo este livro é, de certa forma, uma expressão do pilar *transformação*.

CAPÍTULO 38

VIRTUDES: SEUS SUPERPODERES

O QUE SÃO VIRTUDES E O QUE ELAS TÊM A VER COM autodisciplina? No Capítulo 1, vimos que a Autodisciplina Consciente tem tanto um aspecto externo quanto um interno. O aspecto externo é construir hábitos, seguir uma rotina e avançar na direção de seus objetivos. O aspecto interno tem a ver com autodomínio e autotransformação. O tema das virtudes está relacionado com o aspecto interno da autodisciplina.

As virtudes são traços de personalidade positivos considerados uma base para viver bem e um ingrediente essencial para a grandeza. Elas são seu patrimônio psicológico, suas qualidades pessoais, seus "superpoderes". Estamos falando de coisas como coragem, paciência, bondade, confiança nos outros e em si mesmo, foco, serenidade, determinação, resiliência, integridade etc. Elas são mais importantes que os objetivos, pois são habilidades transferíveis que podem ser aplicadas em qualquer jornada em que você se encontre.

Cada virtude é um escudo que nos protege de dificuldades, problemas e sofrimentos. Cada virtude é um tipo especial de "poder" que nos permite experimentar um nível de bem-estar ao qual não poderíamos ter acesso de outra forma. A palavra "virtude", inclusive, vem do latim *virtus*, que significa força, valor ou poder.

As virtudes têm sido valorizadas por pessoas sábias de todas as culturas desde os tempos remotos. Filósofos gregos, sufis persas, iogues indianos, imperadores romanos, monges budistas e líderes xamânicos — todos tinham sua lista de virtudes valorizadas e seus meios de desenvolvê-las.

Já abordamos algumas virtudes, tais como senso de propriedade (responsabilidade), perseverança e sacrifício. E, como vimos no Capítulo 1, a Autodisciplina Consciente já contém muitas virtudes em si mesma. Simplesmente seguindo os três pilares e fortalecendo sua autodisciplina, você já começará a desenvolver várias virtudes. Por outro lado, você também pode usar deliberadamente a autodisciplina para acelerar esse processo de desenvolvimento das virtudes de que precisa para sua vida. Este é o objetivo deste capítulo.

VIRTUDES SÃO NARRATIVAS

Toda virtude é uma maneira de ver o mundo, de experimentar o mundo e de navegar pelo mundo. Por trás de cada virtude há uma narrativa — um tipo de voz interior, crença ou mentalidade — que a sustenta. As virtudes expressam, por meio de ações, suas narrativas sobre si mesmo e sobre o mundo.

Por exemplo, a narrativa de "Eu me preocupo com as pessoas e quero fazer o bem" fortalece a virtude da bondade. A narrativa de "Permanecerei calmo e centrado, não importa o que aconteça" fortalece a virtude da equanimidade. A narrativa de "Tenho medo, mas vou fazer isso porque é importante para mim" fortalece a virtude da coragem.

Nossas narrativas são a forma como falamos conosco, dentro de nossa mente. Elas importam muito, pois nossa vida é feita das histórias que contamos a nós mesmos. Essas histórias podem criar virtudes ou dificuldades. Elas forjam nosso caráter e, com ele, nosso destino.

No entanto, a maioria das pessoas não presta atenção a suas próprias narrativas. Não fazem nenhum esforço para desenvolver narrativas que as fortaleçam, apenas continuam repetindo e acreditando nas mesmas histórias velhas e desanimadoras como se fossem verdades absolutas. Se esse é seu caso, de um jeito ou de outro, por favor, não se preocupe.

Este capítulo vai lhe dar ferramentas práticas para desenvolver narrativas mais fortalecedoras, bem como as virtudes que as acompanham.

De onde vêm nossas narrativas? Pegamos a maioria delas de nossos pais, amigos, programas de tevê e da sociedade em geral enquanto crescíamos. Outras foram desenvolvidas por nós mesmos ao longo do caminho. Independentemente de sua origem, todas podem ser alteradas. As histórias que você está contando a si mesmo são *hábitos*, não leis imutáveis. São *crenças*, não verdades absolutas. Isso significa que, se elas forem falsas ou inúteis, você pode substituí-las por narrativas melhores, por narrativas que criam virtudes.

Como desenvolver uma nova narrativa, ou voz interior? Da mesma forma que desenvolveu as originais: por meio da crença e da repetição. Primeiro se opta por adotar uma nova narrativa, depois a pratica persistentemente até que ela se torne seu novo padrão. É o Método PAV mais uma vez: desacelere o pensamento automático (pausa), perceba o aparecimento da velha história de sempre (consciência) e a substitua pela nova (força de vontade).

Agora vamos ver dois métodos universais de desenvolvimento de virtudes.

TÉCNICA 1: ACENDER A CHAMA DA VIRTUDE

Toda virtude deixa uma "pegada" em seu corpo, mente e coração. As virtudes são experimentadas subjetivamente como sensações corporais, emoções e uma narrativa, ou voz interior. Por exemplo, para você, a *perseverança* pode estar associada a uma sensação corporal de firmeza ou rigidez da coluna vertebral, ou talvez seja a uma sensação de reunir sua energia, ou ainda até a uma sensação de calor e energia acumulada em seus músculos, pronta para agir. A narrativa por trás da perseverança pode ser algo como: "Isso é importante para mim. Eu não vou desistir. Terminarei este projeto, não importa o que aconteça!". A experiência emocional que a acompanha pode ser um sentimento de esperança, otimismo ou confiança — uma sensação de vivacidade em seu peito.

Virtude
- Sensação física
- Narrativa mental
- Experiência emocional

Esses três elementos podem ser encontrados sempre que uma virtude se manifesta em você. O interessante é que, recriando deliberadamente essas três "partes", você pode acender essa virtude dentro de você. O processo funciona dos dois jeitos.

Portanto, da próxima vez que estiver manifestando certa virtude ou estado emocional positivo, reserve um momento para procurar as pegadas desse estado em seu corpo, mente e coração. Essas são as três partes que pode usar para recriar esse estado de espírito sempre que precisar. Podem ser coisas diferentes para pessoas diferentes, e percebê-las requer alguma prática e autoconsciência.

O processo

O primeiro método universal para o desenvolvimento de qualquer virtude é uma técnica de meditação, que consiste em acender a virtude em sua mente e, em seguida, realçá-la, concentrando-se nela. Essa é a metodologia usada pela conhecida e já muito pesquisada meditação da bondade amorosa no budismo. Ela pode ser usada pensando em qualquer sentimento ou virtude. A fim de entender como funciona, vamos falar sobre as três partes das virtudes.

Como se recria o estado virtuoso usando as três partes? Entre em um estado de relaxamento, depois acenda a virtude usando a memória ou a imaginação e, por fim, a aprimore concentrando-se nela.

O primeiro passo é o **relaxamento**. Você pode entrar em um estado de relaxamento profundo e tranquilidade usando sua técnica de meditação favorita. Pode usar varredura corporal, consciência das sensações, consciência da respiração, mantras — o que preferir (veja o Capítulo 37).

O segundo passo é **acender**. Recrie as sensações corporais, as experiências emocionais e as narrativas associadas a essa virtude. Faça isso lembrando-se vividamente de um momento em que você experimentou essa virtude e depois prestando atenção às três partes. Se nunca experimentou essa virtude antes, imagine como vai se sentir ao experimentá-la. Em ambas as situações, sua lembrança/imaginação deve ser vívida, detalhada e realista, para que você *de fato experimente* essas sensações e esse estado emocional aqui e agora.

O terceiro passo é o **aprimoramento**. Isso significa alimentar a virtude dentro de você, concentrando-se completamente nela, sem parar, com ajuda das três partes. A virtude em si se torna o objeto de sua meditação. Quanto mais atenção der a ela, mais profundos serão os caminhos neurológicos, as conexões que criará em seu cérebro em relação a esse modo de ser. Você também pode criar uma afirmação e repeti-la mentalmente, para dar mais ênfase à experiência.

Quanto mais você usar essa técnica, mais fácil será ter acesso a essa virtude em sua vida diária simplesmente lembrando-se de uma ou das três partes.

TÉCNICA 2: ABSORVER A VIRTUDE

Por três métodos podemos aprender a sabedoria:
em primeiro lugar, pela reflexão, que é o mais nobre;
em segundo lugar, pela imitação, que é o mais fácil; e em
terceiro lugar, pela experiência, que é o mais amargo.
CONFÚCIO

Outra maneira de desenvolver qualquer virtude é encontrá-la em outras pessoas e depois adotar esse modo de ser. Procure alguém que tenha essa virtude bem desenvolvida — talvez as pessoas inspiradoras que escolheu no Capítulo 7 — e depois a "absorva" dela.

A maneira mais simples de fazer isso é passar tempo com pessoas que têm a virtude que você deseja desenvolver. Podem ser amigos, familiares, colegas, mentores ou até mesmo especialistas com os quais você se relaciona virtualmente. Isso é absorver uma virtude por *associação* (veja o Capítulo 34).

Uma maneira mais poderosa de fazer isso é estabelecendo uma conexão da sua consciência com a consciência da outra pessoa. Isso é absorver a virtude por *identificação.*

Eis aqui os passos simplificados para fazer isso:

- **Passo 1:** Entre em um estado de profundo relaxamento e tranquilidade através da técnica de meditação que prefira.
- **Passo 2:** Visualize ou imagine a pessoa que o inspira bem à sua frente, o melhor que puder. Sinta a presença dela.
- **Passo 3:** Pense na qualidade que deseja absorver. Contemple todas as maneiras pelas quais essa pessoa expressa a virtude. Contemple a voz interior, os sentimentos que a alimentam e as sensações físicas associadas a ela. Imagine a experiência por completo.
- **Passo 4:** Ainda imaginando sua fonte de inspiração e contemplando essa qualidade, comece a prestar atenção em sua respiração. A cada inspiração, sinta-se como se estivesse absorvendo a virtude; a cada expiração, distribua essa qualidade por todo o seu corpo.
- **Passo 5:** Esqueça sua identidade por alguns momentos e *torne-se* essa qualidade. Pode até quase parecer que você se tornou aquela outra pessoa — você sente o que ela sente, pensa como ela pensa, age como ela age, e vê o mundo pelos olhos dela.
- **Passo 6:** Preste muita atenção às pegadas dessa qualidade em você. Tire uma "foto mental" de como essa sensação se manifesta em seu corpo, em suas emoções e em sua mente. Dessa forma, poderá recriá-la mais facilmente. A meditação acaba aqui.
- **Passo 7:** À medida que segue seu dia, aproveite essa qualidade, ou virtude, lembrando-se da fotografia mental e recriando esses pensamentos, sentimentos e sensações dentro de si. Aja como se você já fosse assim. Mantenha as dúvidas de lado e apenas faça isso.

Pratique esta técnica por dez minutos todas as manhãs durante 21 dias e perceba a diferença. Depois, você pode experimentar repetir o processo com outra virtude ou manter a prática como parte permanente de sua rotina matinal.

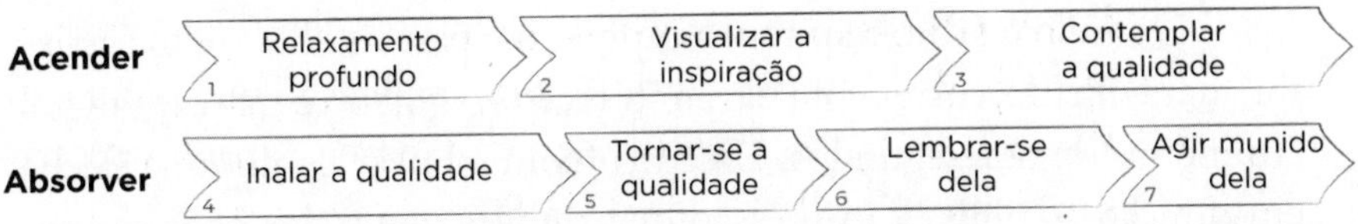

Essa técnica requer um pouco de imaginação, abertura de espírito e concentração. Quanto mais cético, lógico e excessivamente analítico você for, mais difícil será conseguir realizar o exercício. É necessário ter a capacidade de deixar sua identidade de lado por um curto período e acreditar em seus pensamentos até eles se transformarem em realidade. Precisa "tornar-se" outra pessoa, para que possa ver a vida pelos olhos dela e "baixar os superpoderes" dela.

Este método pode ser usado para desenvolver qualquer habilidade ou qualidade de que precise, e com qualquer tipo de "alvo". Não importa se você está visualizando um conhecido seu, um especialista de sua área, uma figura mítica ou um personagem de filme. Você pode absorver as virtudes de James Bond, Katniss Everdeen, o deus Apolo ou Yoda.

Quando era adolescente, eu era uma porcaria no futebol — o que é péssimo quando se vive no Brasil. Eu não tinha habilidade para correr com a bola nem nenhum controle sobre ela. Parecia ser muito melhor em chutar as canelas dos outros jogadores do que realmente acertar a bola (mais tarde descobri que sou bom em artes marciais, não em esportes coletivos).

Um dia, na aula de Educação Física, o jogo estava prestes a começar, quando decidi tentar algo radicalmente diferente. Em vez de me esconder, esperando que a bola não viesse na minha direção, fui até o meio de campo e pedi ao capitão que me passasse a bola assim que o jogo começasse. "Tem certeza?", perguntou ele, fazendo uma cara que eu nunca esquecerei. "Sim, só passe a bola para mim." "Tudo bem. Isso vai ser hilário...", disse ele.

Naquele momento, eu tinha me convencido de que era um jogador de futebol profissional, habilidoso e cheio de coordenação. Imaginei que tinha sido "possuído" por essa qualidade, digamos assim, e que não era mais eu mesmo. Acreditei nessa imagem mental com plena fé. Não havia lugar para dúvidas.

Quando o árbitro apitou, o capitão me passou a bola, e me assistiu, maravilhado, correr com ela em direção ao goleiro e marcar um gol em menos de dez segundos. Eu corri (com a bola!) como uma flecha em direção ao alvo. A impressão que tinha é que todos os membros do time oposto simplesmente abriram espaço para mim, desnorteados.

Mais tarde, repeti com sucesso essa experiência jogando handebol e boliche, e também com habilidades sociais. (Nem é preciso dizer que não funcionou várias vezes, porque também exige paciência e perseverança — virtudes que não posso me orgulhar de ter tido na adolescência.)

Com o passar dos anos, percebi que o truque que havia "descoberto" não tinha nada de novo ou original. Pelo que pesquisei, o método foi desenvolvido como uma técnica espiritual na Índia e no Tibete. Seu objetivo era que o praticante conseguisse um tipo de conexão mística com a divindade contemplada e, assim, "baixasse" a sabedoria, virtudes e poderes daquela divindade para si. No século passado, vários autores de autoajuda modernos adaptaram esta técnica (ou a descobriram por outros meios) e lhe deram nomes extravagantes.

É difícil explicar por que isso funciona sem entrar em teorias metafísicas. Talvez o mais próximo dela que possamos chegar aqui seja falando sobre o fenômeno do *enredamento quântico*: quando duas partículas estão "enredadas", o estado de uma delas afeta o estado da outra, independentemente de sua distância no espaço e no tempo. Einstein chamou o fenômeno de "ação fantasmagórica à distância". Ou talvez o método esteja ligado à forma como os neurônios-espelho funcionam. Em todo caso, sendo muito pragmático, não importa por que este método funciona, importa apenas que funcione.

Faça uma tentativa e veja o que acontece com você. E "tentativa" não significa testar por cinco minutos enquanto você espera pelo ônibus ou está deitado em uma rede, desistindo depois da primeira tentativa.

Significa praticar diariamente por algumas semanas antes de tirar qualquer conclusão.

Sua mente é programável, e sua identidade não é tão fixa como você imagina. Uma grande atriz interioriza totalmente sua personagem — sentindo, pensando e respirando como a personagem — e, por isso, consegue atuar de modo a *nos fazer acreditar*, porque ela mesma acreditou primeiro. Você também tem a capacidade de interiorizar as virtudes das pessoas que lhe inspiram e ousar *atuar como eles* sempre que a situação assim o exigir.

A vida é como um filme, e você pode escolher o papel que deseja interpretar. Não precisa ficar com o que lhe foi dado. Então, quem você vai escolher ser?

EQUILIBRE SUAS VIRTUDES

As virtudes são bens psicológicos maravilhosos à nossa disposição, e todos os esforços para desenvolvê-las pagam ricos dividendos. No entanto, também é verdade que toda virtude projeta uma sombra. Nossas maiores forças, quando desequilibradas, são muitas vezes a fonte de nossas maiores fraquezas.

Cada virtude é uma ferramenta, e precisamos de ferramentas diferentes para realizar diferentes trabalhos. Para usar uma metáfora bem conhecida: se você só tiver um martelo, tratará tudo como um prego. O problema é que nem tudo é um prego. Assim, é necessário se desenvolver holisticamente e prestar atenção especial ao desenvolvimento das virtudes opostas às que você já tem. Chamo esse princípio de **equilibrar suas virtudes**.

Eis aqui alguns exemplos de virtudes e virtudes opostas.

A virtude de **senso de propriedade** é assumir a responsabilidade por tudo em sua vida e concentrar-se no que pode controlar. Quando alguém exagera nessa virtude e não a equilibra com a virtude oposta (desprendimento), torna-se muito duro consigo mesmo e acaba assumindo responsabilidade por coisas pelas quais não é, de fato, responsável.

A virtude da **autoconfiança** é ter total confiança e fé em si mesmo, e estar confiante de que você pode realizar qualquer coisa que se proponha a fazer. Quando alguém exagera nessa virtude e não a equilibra com a virtude oposta (humildade), pode tender a tornar-se arrogante, defensivo, convencido e imprudente.

A virtude da **perseverança** é não desistir; é continuar na trajetória, apesar dos desafios. Quando alguém exagera nessa virtude e não a equilibra com a virtude oposta (aceitação), pode permanecer tempo demais em um caminho que perdeu o significado, ou com uma estratégia ineficaz. Pode se tornar muito teimoso, inflexível e até ignorar novas informações.

A virtude do **sacrifício** é fazer uma oferta e abrir mão de algo que se valoriza no presente com o propósito de obter uma recompensa maior no futuro. Quando alguém exagera nessa virtude e não a equilibra com a virtude oposta (diversão saudável), tende a se concentrar demais no futuro, sente que não é bom o suficiente e se culpa por todas as indulgências. (Veja o Capítulo 3 para mais detalhes sobre o equilíbrio da autodisciplina.)

Isso se aplica a todas as virtudes. É necessário equilibrar bondade com limites, motivação com paciência, consistência com flexibilidade, otimismo com prudência, idealismo com pragmatismo. Cada par de virtudes opostas tem um equilíbrio diferente, e não é possível abordá-los todos aqui. O ponto de equilíbrio também varia de pessoa para pessoa, dependendo de sua personalidade, estilo de vida e objetivos. Adote este conceito de virtudes opostas como um princípio geral para si mesmo, e o *como* surgirá pouco a pouco em sua vida, conforme se esforça para viver com maior consciência.

Equilibrando a autoconfiança

Antes de encerrar este capítulo, vale a pena passar algum tempo discutindo em mais detalhes um desses pares, que é mais relevante para o tema da disciplina: o par autoconfiança *vs.* humildade. Quando essas virtudes estão devidamente equilibradas, adquire-se *confiança sábia* e é possível praticar a Autodisciplina Consciente.

No Capítulo 12, abordamos como o fato de não ser muito autoconfiante ou não acreditar muito em si mesmo pode dificultar a autodisciplina. Mas você pode se perguntar quanto autoconfiança demais pode ser um problema. Bem, quando se está excessivamente confiante, há uma tendência a não enxergar seus preconceitos e deficiências. Certas possibilidades e feedback são ignorados e, quando a realidade bate à porta de maneira inesperada, é possível acabar se sentindo desencorajado e abandonando a busca.

Vamos analisar com mais detalhes um par de exemplos desse "viés de excesso de confiança".

O primeiro é chamado de **efeito Dunning-Kruger**. De acordo com o verbete da Wikipédia em inglês, "o efeito Dunning-Kruger é um viés cognitivo no qual pessoas com baixa habilidade em uma tarefa superestimam sua habilidade. [...] Sem a autoconsciência da metacognição, as pessoas não são capazes de avaliar objetivamente sua competência ou incompetência".

Quando se tem a autoconfiança inflada, acaba-se esperando resultados extraordinários. Por exemplo:

- Você coloca todo seu dinheiro em uma oportunidade de investimento questionável, porque *sabe* que ela *tem que* valorizar.
- Você acredita que seu livro se tornará um best-seller do *New York Times* e que todos ficarão entusiasmados com ele, mesmo que ninguém nunca tenha ouvido falar de você e você não o divulgue.
- Você pensa que, seguindo sua nova dieta, vai perder quinze quilos em três semanas.
- Você está convencido de que é um parceiro tão incrível que não há como seu amor jamais o deixar.
- Você procrastina trabalhar naquele projeto importante porque tem certeza de que consegue terminá-lo em uma semana.

Todos nós sabemos o que muitas vezes acontece quando temos esse tipo de pensamento. Quando a realidade não confirma nossas expectativas, caímos no poço da confusão e do autoquestionamento.

O segundo é conhecido como **viés de restrição**, que é acreditar possuir ter maior controle sobre seus anseios e impulsos do que a realidade. É basicamente o efeito Dunning-Kruger aplicado às suas habilidades de autocontrole. Alguns o chamam de efeito da lacuna de empatia, que se refere ao fato de que, enquanto se está em um "estado frio" (calmo e racional), não compreender o poder que os impulsos terão sobre si quando estiver em um "estado quente".

Com excesso de confiança em suas capacidades de autocontrole, você se entrega hoje, porque acredita que será capaz de se conter amanhã; experimenta algumas drogas, porque está confiante de que não se viciará; diz a si mesmo que "vai só olhar as redes sociais por cinco minutos" ou que "vai comer só um pedacinho de chocolate". Se você já experimentou qualquer variante desses exemplos, sabe como é o viés de restrição.

Estudos científicos mostram que pessoas com maior viés de restrição na verdade acabam se entregando mais às tentações. Este é um exemplo perfeito de como o desequilíbrio da autoconfiança pode prejudicar sua autodisciplina.

É assim que a virtude da autoconfiança pode revelar sua sombra. Para ter autoconfiança sem ficar preso nas sombras, é preciso desenvolver a autoconsciência — a capacidade de se enxergar com clareza, além de seus preconceitos. Com isso vem a virtude oposta, a humildade. Assim, é possível ser *sabiamente*, não insensatamente, confiante. Esse é o caminho da Autodisciplina Consciente.

O objetivo é o equilíbrio

Toda virtude é uma ferramenta e um bem. As virtudes lhe dão mais bem-estar, lhe permitem viver melhor e lhe dão poder para se realizar. Mas, quando estão desequilibradas, às vezes você pode cair em seus lados sombrios e, com isso, experimentar sofrimento e limitação.

Equilibrar suas virtudes com a Autodisciplina Consciente se resume, no final das contas, a cerca de três coisas:

Faça o que, no fim, será bom para você.
Pare de causar sofrimento a si mesmo.
Faça do mundo um lugar melhor.

Essas ideias aparentemente simples são o resumo de milhares de horas dedicadas à reflexão e à prática espiritual. Elas significam muitas coisas, mas vamos parar por aqui. Mantenha-as como uma bússola para suas decisões e, ano após ano, você as verá se desdobrarem em camadas mais profundas de significado em sua vida.

PONTOS-CHAVE

Virtudes (teoria)

- Nossas virtudes são nosso patrimônio psicológico. Mesmo que falhemos em nossos objetivos, se, ao longo do caminho, desenvolvemos virtudes e evoluímos, tudo valeu a pena. O crescimento pessoal é o propósito de ir atrás de qualquer objetivo.
- Toda virtude é uma maneira de ver o mundo e de navegar pelo mundo.
- Por trás de cada virtude há uma narrativa — um tipo de voz interior, crença ou mentalidade — que a sustenta. Suas narrativas são um *hábito*, não uma lei imutável. Você pode alterá-las por meio da repetição e da crença.

Técnica 1: acender a virtude

- Encontre as três partes de sua virtude escolhida: sensações físicas, experiência emocional e narrativa mental.
- Use o processo de três etapas descrito acima para acender e realçar essa virtude em você. Em seguida, comece a acessá-la várias vezes durante o seu dia.

Técnica 2: absorver a virtude

- Procure alguém que tenha sua virtude desejada bem desenvolvida — talvez as pessoas inspiradoras que escolher. Não importa se as conhece pessoalmente ou não.

- Absorva essa virtude por associação (passe tempo com ela) ou por identificação (siga o processo de sete etapas descrito anteriormente).

Equilibre suas virtudes

- Toda virtude projeta uma sombra. Nossas maiores forças, quando desequilibradas, são muitas vezes a fonte de nossas maiores fraquezas.
- Equilibre senso de propriedade com desprendimento, autoconfiança com humildade, perseverança com aceitação e sacrifício com diversão.
- Se não equilibrar autoconfiança e crença em si mesmo, cairá no efeito Dunning-Kruger e/ou no viés de restrição e no efeito da lacuna de empatia. Dessa forma, superestimará suas habilidades de autocontrole, ficará decepcionado e confuso, e se desviará ainda mais de seu objetivo. Fuja dessas sombras desenvolvendo a autoconsciência e a humildade.

CAPÍTULO 39

ESPIRITUALIDADE: A CAMADA MAIS PROFUNDA

Uma mente disciplinada leva à felicidade, uma mente indisciplinada leva ao sofrimento.
DALAI LAMA

Veja a consciência como uma função da matéria, e terá a ciência.
Veja a matéria como um produto da consciência, e terá a espiritualidade.
NISARGADATTA MAHARAJ

É mais elevado o objetivo de vida que exige a mais elevada e elaborada disciplina.
HENRY DAVID THOREAU

OBVIAMENTE, NÃO É PRECISO SER ESPIRITUALIZADO para ser disciplinado. Não é preciso ser espiritualizado nem para praticar a autodisciplina *consciente* — para isso, meditação e consciência são suficientes. Mas a espiritualidade pode contribuir para a autodisciplina? Sim, tremendamente.

A espiritualidade e a autodisciplina compartilham uma jornada semelhante: do cérebro reptiliano ao cérebro evoluído, do animal ao humano, do reativo ao consciente. Ambas visam a elevá-lo acima de seus impulsos e emoções negativas, até realmente dominar-se a si mesmo.

Se estiver aberto à espiritualidade, este capítulo pode acrescentar uma camada extra de profundidade, significado e força à sua prática de autodisciplina. E, se não estiver, sinta-se livre para ignorá-lo. A esta altura do livro, você já aprendeu muitas ferramentas eficazes para sua jornada.

O que é espiritualidade?

É um desafio definir a espiritualidade de uma forma que englobe todas as suas manifestações e deixe a todos contentes, mas precisamos de uma definição para que possamos estar mais ou menos alinhados. Eis aqui o conceito que utilizo:

> A espiritualidade é uma visão de mundo e uma forma de viver baseada na intuição de que há mais na vida do que aquilo que os sentidos percebem, mais no universo do que apenas mecânica sem propósito, mais na consciência do que impulsos cerebrais elétricos, e mais em nossa existência do que o corpo e suas necessidades.
>
> A espiritualidade abraça esse mistério e procura explorá-lo. Muitas vezes, envolve a crença em uma forma superior de inteligência ou consciência como origem do universo, assim como na vida após a morte e na existência de níveis de realidade mais sutis. É uma resposta à profunda sede humana por significado, paz, conexão e verdade. Ela incorpora o aspecto transcendental da existência humana, a complexidade de nosso ser, e dá contexto às experiências transcendentais.
>
> Espiritualidade não é a mesma coisa que religião. A religião é uma das manifestações da espiritualidade, mas também é possível ser *espiritualizado sem ser religioso*.

Para os propósitos deste capítulo, não importa que forma de espiritualidade pratique — desde que tenha consciência do aspecto imaterial da vida e vontade de explorá-lo.

Há muitas pesquisas científicas que mostram os benefícios de uma prática espiritual para a saúde da mente. Estudos recentes relataram resultados positivos de um paradigma e prática espiritual no tratamento da depressão, ansiedade, TEPT (transtorno de estresse pós-traumático), esquizofrenia e traumas, bem como para pacientes que lidam com doenças como o câncer. É provável que mais pesquisas do tipo venham a ser feitas à medida que a investigação científica sobre meditação se aprofundar. Aqui, vamos nos concentrar apenas em como a espiritualidade pode apoiar a autodisciplina, e em como a autodisciplina pode apoiar a espiritualidade. Vamos começar com a primeira.

ESPIRITUALIDADE PARA A AUTODISCIPLINA

Quando continuamos trabalhando dia após dia, algo misterioso começa a acontecer. É posto em marcha um processo pelo qual, inevitável e infalivelmente, o céu vem em nosso auxílio. Forças invisíveis se alistam em nossa causa; a serendipidade reforça nosso propósito.

STEVEN PRESSFIELD

A espiritualidade quase sempre traz consigo valores fortes como integridade, compaixão, paciência, perdão, autocontrole, determinação, consciência e moralidade. Ela requer uma autorreflexão honesta. Pede que se desenvolvam certas virtudes e se realizem certas práticas regularmente. Tudo isso, é claro, requer autodisciplina. Aliás, a palavra "disciplina" e a palavra "discípulo" têm a mesma raiz — disciplina é o que é necessário para o crescimento e o aprendizado.

Se você segue um caminho espiritual seriamente, já está bem familiarizado com a prática da autodisciplina e tem a vantagem adicional de ter a inspiração de seus colegas, mentores, comunidade, experiências místicas e textos sagrados para mantê-lo nesse caminho.

A espiritualidade também traz mais paz de espírito, acalma os impulsos e nos torna mais resilientes. Ela contribui para um senso mais forte de autoestima, porque nos vemos como algo maior do que nosso corpo e personalidade — alguns chamam isso de Eu, Consciência, Espírito, Alma, ou Mente de Buda. Também nos ajuda a nos perdoar por nossos erros e praticar a autocompaixão, porque vemos nossos fracassos como pequenos tropeços ao longo da jornada interminável de expansão/purificação/transcendência pessoal. Sua visão é ampla.

O poder da fé

Como vimos ao longo do livro, a autodisciplina requer as virtudes da *autoconfiança*, *perseverança* e *sacrifício* (veja os Capítulos 12 e 13). Todas elas são naturalmente desenvolvidas quando se tem uma forte fé em algo, porque a fé permite evitar completamente a dúvida. A fé não é uma conclusão — é uma *decisão*, uma emoção ou uma experiência. Não é o resultado do pensamento analítico — é transracional. Ela pertence mais ao reino do sentimento do que ao da razão. E não é domínio exclusivo da religião.

> *É preciso confiar em algo — seu instinto, seu destino,*
> *sua vida, seu carma, o que quer que seja.*
> STEVE JOBS

Quando perguntaram a Tony Robbins qual foi a crença central que mais o ajudou em sua vida, ele respondeu: "Que a vida está acontecendo *para* você, não com você". A mesma mensagem é repetida por muitas outras vozes no mundo do desenvolvimento pessoal, de diferentes formas. E é uma *crença*, um ato de fé. É algo que não se pode provar ser verdadeiro ou falso, mas é definitivamente útil e fortalecedor.

Se você acredita possuir uma alma ou um espírito, naturalmente acreditará que há grande sabedoria e poder dentro de si; isso significa que será capaz de usá-los em momentos de necessidade e perseverar. Se você acredita em Deus, pode entrar em contato com esse poder ilimitado pela oração. Se acredita na existência do apoio de entidades não materiais, pode pedir sua ajuda e sentir a esperança e a paz de espírito que advêm de saber que não precisa passar por nada sozinho. Se você acredita em um universo inteligente e compassivo, pode, como Tony Robbins, ter a resiliência e a desenvoltura de saber que tudo acontece para o seu bem maior.

Não tenho a intenção de convencê-lo a ter nenhum tipo de fé em particular. Ela tem que vir de dentro de você, sob a forma de algo que simplesmente *pareça* verdadeiro, bom e significativo. Fé é tomar como verdade algo que não pode ser cientificamente provado ou refutado, mas sobre o qual uma boa vida pode ser construída. É algo que torna a vida melhor.

A decisão mais importante que tomamos é se acreditamos viver em um universo amigável ou em um universo hostil.
ALBERT EINSTEIN

Vivemos melhor quando confiamos em uma inteligência superior e na bondade inerente ao universo. A fé é o fio que pode ser usado para organizar o caos da vida, o desconhecido, e dar sentido a ele. Um dia, você pode precisar substituir esse fio — mas, até lá, ele terá lhe servido bem.

Fé é escolher, dentre um mar de incógnitas, a única hipótese que, para você, faz com que tudo ganhe vida; que faz com que tudo valha a pena. Então você decide ver o mundo através dessas lentes, navegar na incerteza com esse mapa e experimentar os benefícios — até encontrar algo melhor. Isso não é irracional; é transracional. Não é insensato; é sábio. Não é mesquinho; é fortalecedor.

No mínimo, é necessário desenvolver uma forte fé em si. Uma fé inabalável em si mesmo. Para que permaneça como uma montanha que nenhum vento pode mover; para que seja uma luz para si mesmo. Isso também é espiritualidade. Como diz um de meus mestres de meditação favoritos, Swami Vivekananda: "Você não pode acreditar em Deus até que acredite em si mesmo".

Visão de longo prazo

A autodisciplina é a arte de dar prioridade aos objetivos de longo prazo. Este é outro sentido no qual a espiritualidade fortalece a autodisciplina, porque a visão da espiritualidade é de que a vida é a *muito* longo prazo.

Se seguir um caminho espiritual com seriedade, tenderá a ser mais disciplinado. Espiritualidade envolve pensamento a longo prazo. As pessoas espiritualizadas consideram as consequências de suas escolhas não apenas daqui a alguns anos (o que normalmente é considerado "longo prazo"), mas também para sua(s) vida(s) futura(s). Seja sob o contexto do Dia do Juízo Final (nas religiões abraâmicas) ou do carma (nas religiões orientais), a ideia é que o que se diz e faz aqui e agora importa muito, e por muito tempo. Como resultado, tende-se a prestar mais atenção. Tende-se a viver mais atento e a tomar decisões mais ponderadas. Essa perspectiva mais ampla facilita a prática Mude seu Foco (veja o Capítulo 18).

Outro benefício de considerar esse prazo mais longo à sua vida é que há uma tendência a se preocupar menos com coisas pequenas. Ganha-se mais espaço interior e uma perspectiva mais ampla. Pessoalmente, acredito na teoria da reencarnação e nem sei dizer quantas vezes esse prazo mais amplo me ajudou a mudar a perspectiva dos problemas e dificuldades que eu estava enfrentando. Cada desafio e preocupação parecem incrivelmente pequenos a partir dessa visão panorâmica. Sob esse ponto de vista, não há necessidade de ficar ansioso ou sentir medo.

Quando se acredita em um prazo mais longo e ainda assim se compreende o valor de cada momento, é muito mais fácil se levantar a cada queda.

Sentido mais forte de propósito

Muitas filosofias espirituais enfatizam a necessidade de ter um forte senso de propósito. Ensinam que estamos aqui para crescer e contribuir para o mundo, cada um de nós com seus próprios dons, perspectivas e singularidade. Há um senso de *dever* em relação a quem podemos ser e o que podemos dar — um senso de *Eu devo fazer isso*. Lemos na Bíblia que:

> *Porque a qualquer que tiver será dado,*
> *e terá em abundância; mas ao que não tiver*
> *até o que tem ser-lhe-á tirado.*
> MATEUS 25: 29

A espiritualidade hindu também compartilha essa ideia pelo conceito de *darma* — que são seus "deveres" na vida. Nossos deveres e papéis na vida são considerados sagrados. Eles são vistos como a forma como nos expressamos e lapidamos nossa alma. E são considerados como a maneira pela qual a consciência superior se expressa através de nós. São o que nascemos para fazer.

Eu me sento no centro de todos os seres e puxo
as cordas de seu coração de acordo com seu destino.
Bhagavad-gita

Quando cultivamos esse forte senso de propósito e dever, aparece uma força natural dentro de nós que nos impulsiona a fazer o melhor uso de nosso tempo e vida. Energizado por esse espírito, torna-se muito mais fácil permanecer concentrado no que importa, superar a procrastinação e perseverar no caminho de nossa vocação. Sem esse contexto mais amplo, nossos objetivos podem muitas vezes parecer forçados, egoístas ou mesmo vazios.

No início deste livro, vimos que a autodisciplina é o poder de alcançar seus objetivos e vivenciar seus valores. Ela não julga se seus objetivos vão lhe fazer bem ou não; simplesmente o ajuda a atingi-los. Escolher os objetivos e valores certos pertence ao domínio da sabedoria, não da disciplina.

À medida que cultiva sua espiritualidade, por exemplo, com práticas como a da contemplação, sua sabedoria crescerá. Sua intuição despertará. Você entrará em contato com algo mais profundo dentro de si; algo além do ego e de suas necessidades. Munido de novas sabedoria e complexidade, você será capaz de escolher melhores objetivos para si mesmo. Objetivos mais autênticos — e, portanto, mais motivadores. Objetivos em relação aos quais naturalmente desejará ser mais disciplinado.

Se tiver disciplina, mas não sabedoria, pode acabar no topo de uma escada que realmente não precisava escalar. Se tiver sabedoria, mas não disciplina, saberá qual a escada certa, mas não passará dos primeiros degraus. Para viver plenamente, é preciso tanto de sabedoria como de disciplina.

AUTODISCIPLINA PARA A ESPIRITUALIDADE

Não me pergunte onde moro nem o que gosto de comer.
Pergunte-me o motivo pelo qual estou vivendo e o que acho
que me impede de viver completamente para isso.
THOMAS MERTON

Vimos como a espiritualidade pode ajudar a melhorar a autodisciplina. Agora vamos ver como a autodisciplina pode melhorar a espiritualidade.

Bem, a espiritualidade é uma *disciplina*. Aliás, a verdadeira espiritualidade é a mais difícil de todas as disciplinas, porque envolve disciplinar seus pensamentos, emoções, intenções e ações o tempo todo. Enquanto a disciplina necessária para alcançar outros objetivos na vida é muitas vezes uma busca em tempo parcial, a disciplina para crescer e despertar espiritualmente ocorre em tempo integral.

Na Antiguidade, a autodisciplina e a espiritualidade não eram, na verdade, duas coisas diferentes. A autodisciplina era a pedra angular da moralidade, que era uma das principais funções da religião como a força que organizava a sociedade e promovia o bem. Naquela época, a autodisciplina era um dado; hoje, ela é considerada por muitos como um bônus opcional. Ah, quanto ainda temos a aprender com os antigos!

Há muitos caminhos e tradições espirituais diferentes. E todos eles — exceto os que foram criados no último século — exigem autodisciplina, considerada um ingrediente essencial para a autotransformação. Não importa se esteja praticando o jejum, a atenção plena, o silêncio, a meditação, a oração, o estudo, a simplicidade, a autorreflexão, a ascese ou a doação, você precisará de autodisciplina. E precisará ainda mais para praticar a autoconsciência e a autopurificação contínuas.

Todas as práticas espirituais requerem esforço e expandem seus limites. Pelo atrito de sua vontade, essas práticas acendem e fazem crescer sua chama interior. Elas geram uma força conhecida, na tradição da ioga, como *tapas*, que, como vimos, é um tipo de "calor interno". Esse calor tornará seu corpo, sua mente e seu coração maleáveis — permitindo que você os molde como desejar. Esse calor também estará disponível para que alcance tudo o que quiser em sua vida.

A realização de objetivos como um caminho espiritual

Superficialmente, pode parecer que a autodisciplina só tem a ver com conseguir o que você quer na vida — mais saúde, dinheiro, habilidade, reconhecimento, conhecimento, influência, "sucesso". Em sua essência, no entanto, a Autodisciplina Consciente tem a ver com um crescimento pessoal profundo e a capacidade de se transformar. Trata-se de cultivar seu poder pessoal e superar suas limitações.

Seus objetivos são apenas uma razão para que você passe por esse processo. Eles são como as cenouras que o encorajam a seguir em frente e o mantêm engajado na vida. E são muito melhores do que a alternativa: a apatia e estagnação.

> *Uma meta nem sempre serve para ser alcançada.*
> *Muitas vezes, serve simplesmente como algo em que mirar.*
> BRUCE LEE

Seus objetivos são a vida lhe chamando para seguir adiante, para que possa superar seus desejos atuais e estar pronto para seus maiores desejos. Pelo caminho, você conquistará o que deseja, é claro! (É provavelmente para isso que você comprou este livro.) Mas, depois de um tempo, começará a perceber que a satisfação que experimenta após atingir uma meta logo passa, e então abre o caminho para algo maior.

Uma vez que atinja seus objetivos, você os superará. Essa é a jornada da Autodisciplina Consciente: de meta em meta, crescer como ser humano. De meta em meta, avançar de fora para dentro, de valores externos para mais valores internos.

Chegará um ponto em que seu interesse se voltará naturalmente para a espiritualidade e a doação, de uma forma ou de outra. Quando isso acontecer, a autodisciplina que desenvolveu para atingir seus chamados objetivos mundanos lhe será extremamente valiosa. Você verá que seus objetivos e desejos serviram como um campo de treinamento para a autodisciplina e o prepararam para uma jornada ainda mais longa.

Uma nova espiritualidade

Joseph Campbell disse: "siga sua felicidade". Os mestres espirituais dizem: em busca de uma felicidade maior, abra mão da felicidade menor. Esse desprendimento não precisa ser forçado. Não precisa parecer uma abnegação. Assim como uma criança uma hora perde o interesse em brincar, sem precisar se forçar a abandonar os brinquedos, também podemos organicamente superar nossas metas e necessidades, satisfazendo-as com sabedoria. É mais natural e mais gentil conosco.

A espiritualidade tem sido tradicionalmente associada a autonegação, rejeição do corpo e renúncia às ambições mundanas. Essa é a velha espiritualidade: esperava-se que as pessoas abandonassem seus objetivos materiais em vez de se esforçarem para cumpri-los. Esperava-se que as pessoas não tivessem desejo, em vez de serem movidas pelo desejo. Esperava-se que as pessoas abrissem mão deles, em vez de tentarem conquistá-los.

Durante toda a minha vida, esforcei-me para seguir esse caminho por muitos anos e aprendi muito com ele. Mas notei que essa abordagem é para muito poucas pessoas. De fato, se você não é um monge, esse tipo de espiritualidade não lhe convém plenamente. Uma parte de você permanecerá sempre desconectada dela. Ela pode até fazer com que se sinta culpado, dividido, entorpecido ou não bom o bastante.

O mundo precisa de um novo tipo de espiritualidade. Uma espiritualidade que seja mais integrada, comprometida, fortalecedora e ativa. Uma espiritualidade que satisfaça as necessidades das pessoas, em vez de pedir às pessoas que as afastem. Uma espiritualidade que lhe dê poder para melhor atingir seus objetivos mundanos e que use esta jornada como um caminho para algo superior. Uma espiritualidade com a qual seja possível superar seus desejos (saudáveis), satisfazendo-os sabiamente.

A Autodisciplina Consciente permite que você faça isso. Ela fortalece tanto as metas materiais quanto as aspirações espirituais. Esse é o espírito deste livro.

A JORNADA DE UMA VIDA

Em várias ocasiões, minha esposa — que provavelmente me conhece melhor do que ninguém — expressou sua estupefação sobre como eu persevero e me mantenho fiel às minhas disciplinas escolhidas, mesmo que não obtenha os resultados esperados por anos. Bem, caro leitor, agora que estamos nos aproximando do fim deste livro, posso lhe contar um pequeno segredo: a fé é minha arma secreta. Ela turbina minha autodisciplina.

Sou alguém espiritualizado, mas não religioso. Ao longo dos anos, minhas crenças mudaram. Minha fé mudou — mas a força que tiro dela, não. E eu nunca deixei de acreditar em mim mesmo, mesmo quando me senti tolo ou irracional. Isso me ajudou demais.

No fim das contas, acho que não tenho nenhum talento especial, na verdade. Sou apenas incrivelmente teimoso. Eu me recuso a ceder. Recuso-me a ser definido por meus impulsos. Recuso-me a permitir que o que é fácil, mas superficial, me distraia do que é difícil, mas profundo. Recuso-me a ser limitado pelo meu ambiente e pela minha educação. Recuso-me a me esquivar da dor e do esforço. Recuso-me a duvidar de mim mesmo, mesmo que o mundo inteiro duvide.

Essa coisa da autodisciplina me levou a algum lugar. Por isso, tenho fé que ela também lhe servirá.

Tenha fé no processo. Tenha fé em si mesmo. E tenha fé em algo superior também. Persista e não tenha pressa. Esta é a jornada de uma vida.

PRÓXIMOS PASSOS

CAPÍTULO 40

CHECKLIST DE IMPLEMENTAÇÃO

COMO COLOCAR TODOS ESSES CONCEITOS E EXERCÍCIOS em prática em sua vida diária? Esta seção tem o objetivo de lhe dar um ponto de partida.

SUA CONFIGURAÇÃO DE AUTODISCIPLINA

Comece realizando os exercícios dos Passos 1 a 3 do pilar Aspiração (Capítulos 7, 8 e 9) — isso o ajudará a ter uma aspiração clara, forte e traduzida em metas realizáveis. Então, crie marcos e hábitos específicos para cada uma dessas metas, para obter um plano de ação e saber exatamente o que precisa fazer para avançar, sem se sentir atordoado (Capítulo 25). Tudo isso são coisas que você estabelece uma única vez e depois as revisa *trimestralmente*.

Uma vez que tenha clareza de suas aspirações, objetivos, marcos e hábitos, é hora de projetar sua vida diária de forma que consiga efetivamente formar esses hábitos e progredir em direção a seus objetivos. Isso se faz primeiro escolhendo a melhor deixa para cada hábito e estabelecendo a ação ideal, a ação mínima e as recompensas que o ajudarão a permanecer nos trilhos; então, tome medidas para melhorar seu ambiente e crie um plano de contingência para evitar "falhas" (Capítulos 26, 27 e 30). Depois disso, crie uma rotina matinal com seus hábitos mais importantes (Capítulo 34). Pode ser possível rever e refinar esse segundo grupo de tarefas *semanalmente*, até encontrar uma estrutura que funciona melhor para você.

Dependendo de seu momento de vida, você pode, depois disso, decidir que precisa restabelecer seus níveis de dopamina e planejar sua primeira Semana do Monge (Capítulo 22).

Toda essa *configuração inicial de autodisciplina* pode levar de duas horas a um dia inteiro. Quando terminar, estará pronto para agir de uma maneira eficaz, proposital e consistente. Consolide a jornada fazendo um compromisso Nunca Zero (Capítulo 31), e então comece a agir.

SUA TÉCNICA DE CONCENTRAÇÃO

Tendo chegado tão longe neste livro, você provavelmente agora tem uma ideia muito mais clara de quais são os maiores obstáculos que precisa superar para viver uma vida mais disciplinada e quais são as virtudes que o ajudarão a chegar lá. É hora de decidir em que obstáculo você se concentrará primeiro e depois começar a praticar os conceitos e técnicas do capítulo específico do livro.

A seguir há uma lista dos desafios da autodisciplina e onde encontrar as ferramentas para lidar com eles. Consulte também a seção "Índice de práticas", no fim do livro, para uma lista mais completa de ferramentas.

- Falta de motivação (Capítulos 7-10, 13, 31, 35)
- Conflitos internos (Capítulo 11)
- Falta de autoconfiança (Capítulo 12)
- Mentalidade de vítima (Capítulo 12)
- Falta de comprometimento (Capítulo 13)
- Medos e ansiedade (Capítulo 20)
- Desistência (Capítulo 21)
- Distrações (Capítulo 22)
- Desculpas (Capítulo 23)
- Esquecimento (Capítulo 27)

- Procrastinação (Capítulo 28)
- Dúvidas (Capítulo 29)
- Falhas (Capítulo 30)

Você só precisa se concentrar nos capítulos que abordam os desafios que realmente enfrenta. E, mesmo assim, não é necessário fazer todos os exercícios. Quando encontrar algo que funcione para você, concentre-se nessa técnica, praticando-a diariamente, até obter resultados. Chamo isso de sua Técnica de Foco.

Sua Técnica de Foco pode mudar com o tempo. Por exemplo, talvez neste momento você esteja lidando com o medo e a ansiedade, e assim decide se concentrar na técnica Abrace sua Dor (Capítulo 20). Então, após alguns meses, pode perceber que essas sensações não o retêm mais tanto, mas que anda procrastinando muito, e assim sua Técnica de Foco muda para Pequenos Passos (Capítulo 28).

Sugiro que trabalhe em um obstáculo ou virtude de cada vez, concentrando-se na questão durante um mês inteiro antes de passar para outro. É *possível* se concentrar em dois de cada vez, mas, com isso, muitas pessoas podem sentir uma sobrecarga da força de vontade, uma sensação de atordoamento e, depois, frustração pela falta de progresso. É melhor começar pequeno e ser consistente. Lembre-se: a autodisciplina é a jornada de uma vida.

Junto à meditação, à integração (PAV) e à manutenção de um diário, sua Técnica de Foco forma o núcleo de sua prática diária de autodisciplina.

SUA PRÁTICA DIÁRIA

Uma vez que termine sua configuração inicial e esteja ciente de seus maiores desafios, tudo se resume a manter uma prática diária que o mantenha no caminho certo rumo a seus objetivos e valores. Eis aqui uma sugestão para você testar.

Manhã

Como parte de sua rotina diária matinal, pratique pelo menos dez minutos de meditação (Capítulo 37). Você pode aprender mais sobre isso em meu primeiro livro, *Meditação: Orientações passo a passo para praticar, acalmar a mente e alcançar o bem-estar* ou seguindo uma meditação guiada de um professor em que você confie.

Depois de sua prática de meditação, separe alguns minutos para fazer os **Três Rs**:

- **Recordar-se.** Recorde suas aspirações e reveja a principal técnica de autodisciplina em que você está se concentrando no momento, para que elas se fixem em sua mente.
- **Revigorar.** Pense em seus objetivos SMART e hábitos escolhidos e revigore o compromisso de segui-los. Continue fazendo isso todos os dias até que se torne uma segunda natureza.
- **Resolver.** Defina uma intenção para o seu dia. Sua intenção é uma meta para sua prática de autoconsciência — algo a que você deve prestar atenção constantemente durante o dia.

Durante o dia

Ao longo do dia, pratique o Método PAV e uma das três principais técnicas de força de vontade (Capítulos 18-20). Tenha o hábito de fazer mais pausas antes de tomar cada decisão, tomando consciência das opções que darão +1 ou -1, e depois use sua força de vontade para mudar seu estado de espírito, para que possa viver mais em harmonia com seus objetivos.

Melhore as *pausas* incluindo micromeditações de um minuto, três vezes ao dia. Aumente a *autoconsciência* pelo rastreamento de suas ações, como ganhar ou perder um ponto.

Noite

No fim do dia, realize o método de responder a três perguntas em seu diário, descrito no Capítulo 16. Leva apenas entre dois e cinco minutos e ajuda a desenvolver gratidão, consciência e intenção.

Essas práticas diárias não tomam muito tempo, mas ainda assim pagam ricos dividendos. Permitem que você seja mais autodisciplinado com sua vida, seu tempo e sua energia. Cada dia em que você segue essas práticas é um dia em que você deu um passo firme em direção ao seu eu ideal.

AJUSTE FINO

Se fizer sua configuração inicial de autodisciplina e seguir as práticas diárias mencionadas neste capítulo (entre elas, a Técnica de Foco), estará bem encaminhado.

Neste ponto, certifique-se de que está pronto para praticar a autodisciplina de forma sustentável, sem se exaurir ou abrir mão de outros aspectos da vida (Capítulo 3). Você também pode ajustar suas escolhas de estilo de vida, para ter certeza de que está tornando as coisas mais fáceis para si mesmo, alimentando-se e dormindo bem (Capítulo 36), mantendo boas influências em sua vida (Capítulo 35) e organizando seu dia de forma a administrar bem sua energia e evitar a fadiga de decisão (Capítulo 4). Finalmente, pode aprender a usar a autodisciplina para administrar melhor seu tempo (Capítulo 33) e desenvolver as virtudes necessárias para tornar-se a pessoa que você quer ser (Capítulo 38).

EPÍLOGO

Com a vida, não importa o que faça, está apostando tudo. No fim, você vai morrer. Então, é melhor jogar o jogo da forma mais magnífica que puder. Você tem algo melhor a fazer?
JORDAN PETERSON

O auge do sucesso de um homem é verificado
pelo seu domínio de si mesmo;
a profundeza de seu fracasso, pelo abandono de si mesmo.
LEONARDO DA VINCI

AUTODISCIPLINA CONSCIENTE TEM A VER COM O DOMÍNIO de si. É a arte de viver em harmonia com seus maiores objetivos e valores mais elevados. Agora você sabe como fazer isso e por que é importante. Você aprendeu as ferramentas que lhe permitem alcançar seus objetivos de forma mais rápida e fácil, viver bem e realizar a visão que tem para si mesmo, de forma equilibrada.

Você aprendeu a terminar o que começa. A estabelecer metas significativas, priorizá-las e manter-se no caminho certo com hábitos importantes em sua vida. Aprendeu a superar obstáculos — como distrações, procrastinação, desculpas, falta de motivação, dúvida e medo — usando ferramentas poderosas de autoconsciência e de mudança de mentalidade.

A autodisciplina é uma forma de poder pessoal. É o poder de alcançar os objetivos que estabeleceu e conseguir que as coisas sejam feitas. O poder de dominar seus impulsos em vez de ser dominado por eles. O poder de se tornar quem você quer ser.

Use-a com sabedoria.

Esse poder vem com a prática, e vale a pena todo esforço. Porque a vida disciplinada leva ao crescimento e à realização; a vida indisciplinada leva à estagnação e ao arrependimento. Arrependimento pelo tempo perdido, pelos sonhos não perseguidos, pelo potencial não realizado. A dor da autodisciplina é o preço da autorrealização.

Uma recapitulação rápida

Na primeira parte deste livro, você aprendeu o que é autodisciplina, como ela funciona em seu cérebro e os benefícios de desenvolver essa habilidade. Cobrimos a necessidade de sermos equilibrados com nossas disciplinas, para que vivamos bem e não acabemos sofrendo um episódio de esgotamento. Discutimos então o papel essencial da força de vontade e como desenvolvê-la, bem como a prática da meditação, que é a base da Autodisciplina Consciente.

Na segunda parte, falamos sobre o pilar Aspiração. Você aprendeu a encontrar suas aspirações de vida mais profundas, ampliá-las, criar metas específicas a partir delas e priorizá-las em sua rotina. Viu como lidar com a autossabotagem e também como adotar três virtudes poderosas que lhe permitem viver mais plenamente suas aspirações: senso de propriedade, autoconfiança e sacrifício.

A terceira parte do livro foi sobre o pilar Consciência, que é o coração da Autodisciplina Consciente. A consciência é uma qualidade desenvolvida por meio da meditação diária e da autorreflexão (manutenção de um diário), e aplicada na vida diária com a ajuda do Método PAV. Você aprendeu três maneiras diferentes de usar a força de vontade para mudar seu estado de espírito, de modo que seja capaz de tomar decisões que o façam avançar rumo a seus objetivos em vez de afastá-lo deles. Também aprendeu técnicas para ajudá-lo a desenvolver a virtude da perseverança e superar os obstáculos das distrações e desculpas ao longo do caminho.

Na quarta parte deste livro, cobrimos o último pilar da autodisciplina, a Ação. Começamos com o desenho de seu plano de ação, criando marcos para seus objetivos e falamos em detalhes sobre como criar hábitos eficazes que o levarão adiante. Depois, aprendemos técnicas específicas para superar a procrastinação, a dúvida sobre suas capacidades e os fracassos. Você também aprendeu a melhorar seu ambiente, para que seja mais fácil praticar a autodisciplina. Fechamos com chave de ouro, falando sobre o compromisso Nunca Zero.

Na última parte do livro, você aprendeu princípios de gestão consciente do tempo e diretrizes específicas para criar rotinas matinais e noturnas eficazes. Viu a importância de escolher suas influências com cuidado, dormir o suficiente, comer de modo saudável e se exercitar. Aprendeu a importância das virtudes como uma prática do aspecto interno da autodisciplina e como desenvolvê-las. Abordamos então o tema da espiritualidade como uma camada opcional que pode fortalecer e acrescentar maior significado à sua autodisciplina, assim como evoluir com ela.

O objetivo deste livro é ser o melhor e mais completo manual de autodisciplina. Por isso cobrimos muitos conceitos e práticas. Um último lembrete, neste momento, é: não se sobrecarregue. Não é possível praticar tudo isso de uma só vez — nem mesmo desejável. Por favor, não tente. Em vez disso, selecione duas ou três práticas que mais o atraem e comece com elas. Uma vez que elas se tornem naturais, poderá, então, incorporar novas práticas.

Mesmo que implemente bem somente uma técnica deste livro, sua autodisciplina já melhorará. Portanto, pegue leve. A consistência é o mais importante.

Impulsionado para a frente pelo arco da autodisciplina, como uma flecha voando em direção a seu alvo, você por fim alcançará o sucesso. É apenas uma questão de tempo. Não duvide disso.

Do que se trata

A autodisciplina é a base de uma boa vida. Ela pode melhorar sua saúde, melhorar seu bem-estar, aumentar sua renda, estreitar seus relacionamentos e realizar seus sonhos. Pode ajudá-lo a dominar qualquer habilidade, arte ou profissão. Pode torná-lo um ser humano melhor e preparar o caminho para o despertar espiritual (se você quiser).

A autodisciplina o ajuda não apenas a marcar como concluídos os seus objetivos, mas também a evoluir como pessoa, a desenvolver virtudes e a viver melhor.

Alguns dizem que a autodisciplina é o pai de todas as virtudes. Faz sentido, porque toda virtude é uma *disciplina*. Toda virtude é um compromisso que precisa ser mantido. Mas, se a autodisciplina é o pai de todas as virtudes, a autoconsciência é a mãe. Na Autodisciplina Consciente, elas se unem. Sem elas, muito pouco é possível. Com elas, o céu é o limite.

No final das contas, a recompensa final da Autodisciplina Consciente não é que você atinja seus objetivos. É claro que isso também vai acontecer, no devido tempo, e é ótimo. Atingir seus objetivos é, muito provavelmente, o motivo pelo qual você comprou este livro. No panorama geral da vida, porém, a alegria que você experimentará ao conseguir isso será temporária, e suas novas realizações logo se tornarão parte de seu dia a dia. Então, o que está além disso?

A maior recompensa da autodisciplina é a pessoa que você se tornará. Você ficará orgulhoso de si. Vai se sentir mais feliz e comprometido. Sua vida será mais profunda; sua mente, mais aberta; e suas possibilidades... maiores.

Esse crescimento — essa mudança — vale todos os seus esforços.

É a sua vez

Agora você tem uma escolha.

Pode pensar "Ótimo, aprendi muito" e então fechar este livro e começar um novo amanhã, esperando que, de alguma forma, baste ler estas páginas para que a autodisciplina apareça automaticamente em sua vida.

Ou pode REALMENTE agir com base no que aprendeu — de novo e de novo. Você pode destacar, resumir, rever e pensar seriamente sobre este livro. Pode esclarecer seus objetivos, criar suas rotinas diárias e comprometer-se com o Nunca Zero. Pode escolher agora mesmo as duas técnicas que começará a aplicar em sua vida diária. Pode programar lembretes em seu telefone, espalhar algumas anotações por sua casa e criar um evento no calendário para voltar continuamente a este livro e integrar mais de seus princípios à sua vida.

O que é mais valioso: ler cem livros de autoajuda ou ler um e aplicá-lo cem vezes? Essas duas escolhas diferentes levam a duas versões futuras diferentes de si. Qual delas será a sua?

A leitura deste livro pode ser o início de uma nova vida. Um grande reinício. Uma linha riscada na areia. Se eu fiz bem o meu trabalho, será um divisor de águas. E se não fiz — então falhei com você.

A vida é curta. A tarefa à sua frente é difícil. Não perca tempo. Não hesite. Não adie. Tentar escapar de suas tarefas significativas o deixará sem propósito e trará arrependimento.

Comece agora. Dê um passo à frente, de corpo e alma. Mantenha-se no caminho certo, não importa o que aconteça.

Uma nova vida é possível. Um novo VOCÊ é possível.

Viva uma vida incrível! Seja fiel ao seu eu superior.

TRABALHE COMIGO

NESTE LIVRO, VOCÊ APRENDEU MUITOS PRINCÍPIOS E exercícios práticos que pode aplicar em sua vida para se tornar mais disciplinado. Eu não escondi nada. Todas as informações sobre autodisciplina sobre as quais poderia escrever estão aqui — este é o *sistema completo* de Autodisciplina Consciente.

Se você sente que tem tudo de que precisa, fico contente e lhe desejo sucesso! Pode pular esta página.

Por outro lado, talvez você sinta que quer ir mais fundo ou pelo menos acelerar este processo. Talvez você queira saber em qual das dezenas de exercícios deste livro você deve se concentrar e como fazê-lo. Talvez precise de algum apoio para personalizar este sistema de acordo com sua personalidade e suas necessidades, ou queira ajuda para otimizar sua rotina diária. Talvez você se sinta estagnado e saiba que ter algum mentor o ajudará a avançar mais rápido e lhe poupará muitas tentativas e erros. Talvez você permaneça na zona de conforto ou se sinta retido por certas crenças e medos limitantes. Por fim, pode haver um conflito interno que simplesmente não consegue resolver — uma parte de si que o está contendo e sabotando a jornada — e você precisa de ajuda com isso.

Há um nível de transformação e apoio que nunca pode acontecer pela leitura de um livro, por mais completo que ele seja. Ter o conhecimento é uma coisa; implementá-lo de fato em sua vida é algo completamente diferente.

Você pode ter os melhores vídeos para se exercitar em casa ou para melhorar suas habilidades de falar em público — mas, ainda assim, ter um *personal trainer* ou um *coach* de discurso resultará em mais avanços. Ele o responsabilizará a cada passo do caminho e o inspirará a ser melhor. O profissional lhe dará feedback personalizado e dicas que se aplicam somente a você. Ele lhe mostrará atalhos que só podem ser compartilhados pessoalmente. Você estará muito mais comprometido com o processo e, portanto, terá muito mais chances de sucesso. Terá clareza sobre o que fazer e a confiança de que está no caminho certo. Você será guiado e apoiado.

O mesmo se aplica ao aprendizado da autodisciplina: ter um *coach* ajudará ainda mais no processo. Portanto, eis aqui meu convite para você: se quiser acelerar sua jornada em direção a seus objetivos (ou torná-la mais suave), e estiver pronto para investir em si, entre em contato comigo para fazer *coaching* de autodisciplina em MindfulSelfDiscipline.com/coaching. Se trabalharmos juntos, você estará *no caminho* do sucesso — qualquer que seja seu objetivo ou aspiração. Meus índices de sucesso com clientes de autodisciplina são muito altos.

O livro é para todos. O *coaching*, não. O processo requer que você seja treinável, movido por um objetivo inspirador e esteja disposto a se comprometer ainda mais profundamente, fazendo um investimento substancial em si mesmo. Se esse é o seu caso, vamos conversar.[2]

---

[2] Apesar de o livro ter sido originalmente escrito em inglês, o autor é brasileiro e, portanto, fala português. O idioma não é uma barreira para o caso de o leitor desejar contatá-lo. (N. E.)

O MOVIMENTO

A AUTODISCIPLINA CONSCIENTE PRECISA SER MAIS DO que um livro. Precisa ser um *movimento* — em sua vida e na sociedade. Porque a autodisciplina torna as coisas melhores. Ela torna os seres humanos melhores.

Todas as invenções e facilidades de que desfrutamos são fruto da autodisciplina de alguém. Toda a cultura, a arte, a ciência e a tecnologia são fruto da autodisciplina de alguns poucos indivíduos. A autodisciplina cria realização pessoal, mas também legado.

A autodisciplina muda vidas. E também pode mudar o mundo.

O que você pode fazer para ser parte desse movimento maior? Cultivar a Autodisciplina Consciente em sua vida, é claro! Mas deixe que ela vá além de você. Compartilhe a inspiração. Ajude a divulgar as ideias deste livro para aqueles ao seu redor.

Se você tirou algo de valor deste livro — qualquer exercício, citação ou ideia —, por favor, dê um exemplar para alguém de quem goste (ou empreste o seu). Peça-lhes que o leiam e o pratiquem. Conversem sobre o livro. Quanto mais pessoas disciplinadas você tiver ao seu redor, mais fácil será para ser disciplinado também; esse é o poder da companhia e de prestar contas a alguém.

Espalhe as informações.

Os autodisciplinados herdarão a Terra — que sejam pessoas boas como você e aquelas em quem você confia. Obrigado!

ÍNDICE DE PRÁTICAS

EIS AQUI AS PRINCIPAIS TÉCNICAS, MÉTODOS E EXERCÍcios ensinados neste livro. Use esta tabela como uma rápida referência prática, bem como para marcar em quais vai se concentrar.

ORDENADAS POR ORDEM ALFABÉTICA

MÉTODO, FERRAMENTA, EXERCÍCIO	CAPÍTULO
A Semana do Monge	22
A técnica Agora Não	29
Abrace sua Dor (roar)	20
Abrir mão de falsas esperanças	21
Abrir mão do perfeccionismo	21
Absorver a virtude	38
Ação mínima	26
Acender a virtude	36
Aprimorar a dor e o prazer	08
Aumentar a dor da inação	28
Compromisso Nunca Zero	31
Concentre-se no sucesso	12
Crie seus hábitos	25
Crie seus marcos	25
Dê soneca nas distrações	33
Deixas de hábito	26

ORDENADAS POR OBSTÁCULO

Na tabela abaixo, você encontrará a maioria das ferramentas, ordenadas por finalidade. Muitas das ferramentas deste livro podem ser usadas para mais de uma finalidade; e também há muita sobreposição dos diferentes obstáculos à autodisciplina.

A primeira seção contém as ferramentas curinga, que podem ser usadas para lidar com qualquer um dos obstáculos. Coisas como ter uma aspiração forte e as três práticas de consciência (meditação, diário, Método PAV) fortalecem toda a estrutura da Autodisciplina Consciente e não se limitam a um desafio específico. Quanto ao *plano de contingência*, é algo que você faz para se preparar para lidar com todos os desafios.

Uma ou duas das ferramentas mais poderosas para cada obstáculo terão asterisco (*) ao seu lado.

Obstáculo	Métodos que você pode usar	Capítulo
Qualquer obstáculo	Pilar Aspiração (Passos 1-4)	6-10
	Faça sua oferta	13
	Meditação	37, 16
	Manutenção de um diário	16
	Método PAV	17
	Plano de contingência	30
Procrastinação	Prestação de contas	35
	Pequenos Passos*	28
	Dispositivos de comprometimento	22
	Abrace sua Dor (ROAR)*	20
	Recompensas	28
	Aumentar a dor da inação*	28
	Abrir mão do perfeccionismo	21
	Ação mínima	26
	Compromisso Nunca Zero*	31
	Remova suas opções	29
	Mude seu Foco	18
	Mude sua Percepção	19
	A Semana do Monge	22
	Visualização PODER	23
	Desenvolvimento de virtudes	38

Obstáculo	Métodos que você pode usar	Capítulo
Baixa motivação	Compromisso Nunca Zero	31
	Ação mínima*	26
	Desenvolvimento de virtudes	38
	Recompensas*	27
Desculpas	Compromisso Nunca Zero	31
	Estabelecimento de hábitos	26
	Dispositivos de comprometimento	22
	Remova suas opções	29
	A técnica Agora Não	29
	Desafie suas desculpas*	23
	Visualização PODER*	23
	Prestação de contas*	35
	Pequenos Passos	28
	Mude seu Foco	18
Esquecimento	Prestação de contas	35
	Deixas de hábito*	26
Dúvidas	Revise seus influenciadores	35
	Mude sua perspectiva	29
	Remova suas opções	29
	A técnica Agora Não*	29
	Desafie suas desculpas	23
	Abrindo mão das falsas esperanças	21
	Abrindo mão do perfeccionismo	21
	Pequenos Passos*	28
	Concentre-se no sucesso	12
	Inspire-se	12
	Mude sua voz interior*	12
	Visualização PODER	23
	Desafio da força de vontade	4
	Desenvolvimento de virtudes	38
Distração	Revise seus influenciadores	35
	Dispositivos de comprometimento	22
	Procrastinar as distrações*	22
	A Semana do Monge*	22
	Remova suas opções	29
	A técnica Agora Não	29
	Trabalho focado*	33
	Mude seu Foco	18
	Mude sua Percepção	19

Obstáculo	Métodos que você pode usar	Capítulo
Medo e ansiedade	Abrace sua Dor (ROAR)*	20
	Mude sua percepção	19
	O teste da pílula vermelha	11
	Remova suas opções*	29
	Pequenos Passos*	18
	Concentre-se no sucesso	12
	Visualização PODER	23
	Mude sua percepção	19
	Desenvolvimento de virtudes	38
Falta de progresso	Revisões regulares*	25
	Recompensas*	27
	Pequenos Passos	28
	Concentre-se no sucesso	12
	O compromisso triplo	10
Falha dolorosa	Visualização PODER	23
	O Método ALFA*	30
Falta de estrutura	Projete seu caminho*	25
	Projete seus hábitos	26
	Gestão de tempo consciente	33
	Rotinas matinais e noturnas*	34

NOTAS E REFERÊNCIAS

1. O que é autodisciplina?

BARBER, Larissa; GRAWITCH, Matthew J.; MUNZ, David C. "Are Better Sleepers More Engaged Workers? A Self-Regulatory Approach to Sleep Hygiene and Work Engagement". *Stress and Health*, 29, n. 4, out. 2012, 307-316. https://doi.org/10.1002/smi.2468.

DE RIDDER, Denise; ADRIAANSE, Marieke; FUJITA, Kentaro. *The Routledge International Handbook of Self-Control in Health and Well-Being*: Concepts, Theories, and Central Issues. Abingdon; Nova York: Routledge, 2018.

DUCKWORTH, A. L.; SELIGMAN, M. E. P. "Self-Discipline Outdoes IQ in Predicting Academic Performance of Adolescents". *Psychological Science*, 16, n. 12, 1 dez. 2005, 939-44. https://doi.org/10.1111/j.1467-9280.2005.01641.x.

FINKEL, Eli J.; CAMPBELL, W. Keith. "Self-Control and Accommodation in Close Relationships: An Interdependence Analysis". *Journal of Personality and Social Psychology*, 81, n. 2, 2001, 263-77. https://doi.org/10.1037//0022-3514.81.2.263.

HOFMANN, Wilhelm *et al.*, "Dieting and the Self-Control of Eating in Everyday Environments: An Experience Sampling Study". *British Journal of Health Psychology*, 19, n. 3, 10 jun. 2013, 523-39. https://doi.org/10.1111/bjhp.12053.

KINNUNEN, Marja Ilona *et al.* "Self-Control Is Associated with Physical Activity and Fitness among Young Males". *Behavioral Medicine*, 38, n. 3, 2012, 83-89. https://doi.org/10.1080/08964289.2012.693975.

STRÖMBÄCK, Camilla *et al.* "Does Self-Control Predict Financial Behavior and Financial Well-Being?". *Journal of Behavioral and Experimental Finance*, 14, jun. 2017, 30-38. https://doi.org/10.1016/j.jbef.2017.04.002.

TANGNEY, June P.; BAUMEISTER, Roy F. ; BOONE, Angie Luzio. "High Self-Control Predicts Good Adjustment, Less Pathology, Better Grades, and Interpersonal Success". *Journal of Personality*, 72, n. 2, abril 2004, 271-324. https://doi.org/10.1111/j.0022-3506.2004.00263.x.

WILLS, Thomas A. *et al.* "Behavioral and Emotional Self-Control: Relations to Substance Use in Samples of Middle and High School Students". *Psychology of Addictive Behaviors*: Journal of the Society of Psychologists in Addictive Behaviors, 20, n. 3, 2006, 265-78. https://doi.org/10.1037/0893-164X.20.3.265.

2. Os benefícios da autodisciplina

ANDERSON, Norman *et al.* "Stress in America: Our Health at Risk — 2011 Survey Reveals Mental Health of Young Adults as Most at Risk". *American Psychological Association*, 11 jan. 2012. Disponível em: https://www.apa.org/news/press/releases/stress/2011/final-2011.pdf.

BERTRAMS, Alex; BAUMEISTER, Roy F.; ENGLERT, Chris. "Higher Self-Control Capacity Predicts Lower Anxiety-Impaired Cognition during Math Examinations". *Frontiers in Psychology*, 7, 31 mar. 2016. https://doi.org/10.3389/fpsyg.2016.00485.

DUCKWORTH, A. L.; SELIGMAN, M. E. P. "Self-Discipline Outdoes IQ in Predicting Academic Performance of Adolescents". *Psychological Science*, 16, n. 12, 1 dez. 2005, 939-44. https://doi.org/10.1111/j.1467-9280.2005.01641.x.

HESHMAT, Shahram. "How Self-Control Can Help You Live a Healthier Life". *Psychology Today*, 28 jul. 2016. Disponível em: https://www.psychologytoday.com/us/blog/science-choice/201607/how-self-control-can-help-you-live-healthier-life.

HOFMANN, Wilhelm *et al.* "Yes, But Are They Happy? Effects of Trait Self-Control on Affective Well-Being and Life Satisfaction". *Journal of Personality*, 82, n. 4, 8 ago. 2013, 265-77. https://doi.org/10.1111/jopy.12050.

3. Concepções equivocadas sobre a autodisciplina

DE RIDDER, Denise; ADRIAANSE, Marieke; FUJITA, Kentaro. *The Routledge International Handbook of Self-Control in Health and Well-Being:* Concepts, Theories, and Central Issues. Abingdon; Nova York: Routledge, 2018.

HAMERMESH, Daniel S.; STANCANELLI, Elena. "Long Workweeks and Strange Hours". *ILR Review*, 68, n. 5, 19 jun. 2015, 1007-18. https://doi.org/10.1177/0019793915592375.

HOFMANN, Wilhelm *et al.* "Yes, But Are They Happy? Effects of Trait Self-Control on Affective Well-Being and Life Satisfaction". *Journal of Personality*, 82, n. 4, 8 ago. 2013, 265-77. https://doi.org/10.1111/jopy.12050.

KEINAN, Anat; KIVETZ, Ran. "Productivity Orientation and the Consumption of "Collectable Experiences". *Journal of Consumer Research*, 37, n. 6, 1 abril 2011, 935-50. https://doi.org/10.1086/657163.

KIVETZ, Ran; SIMONSON, Itamar. "Self-Control for the Righteous: Toward a Theory of Precommitment to Indulgence". *Journal of Consumer Research*, 29, n. 2, set. 2002, 199-217. https://doi.org/10.1086/341571.

KIVETZ, Ran; KEINAN, Anat. "Repenting Hyperopia: An Analysis of Self-Control Regrets". *Journal of Consumer Research*, 33, n. 2, set. 2006, 273-82. https://doi.org/10.1086/506308.

SZALAVITZ, Maia. "Self-Disciplined People Are Happier (and Not as Deprived as You Think)". *Time*, 24 jun. 2013. Disponível em: https://healthland.time.com/2013/06/24/self-disciplined-people-are-happier-and-not-as-deprived-as-you-think/.

4. Força de vontade, hábitos e ambiente

AMPEL, Benjamin C.; MURAVEN, Mark; MCNAY, Ewan C. "Mental Work Requires Physical Energy: Self-Control Is Neither Exception nor Exceptional". *Frontiers in Psychology*, 9, 5 jul. 2018. https://doi.org/10.3389/fpsyg.2018.01005.

BAUMEISTER, Roy F. *Self-Regulation and Self-Control*: Selected Works of Roy Baumeister. Abingdon; Nova York: Routledge, 2018.

BAUMEISTER, Roy F. *Self-Regulation and Self-Control:* Selected Works of Roy Baumeister. Abingdon; New York: Routledge, 2018.

BERNECKER, Katharina; JOB, Veronika. "Beliefs About Willpower Moderate The Effect of Previous Day Demands on Next Day's Expectations". *Frontiers in Psychology, 6,* 14 outubro 2015. https://www.researchgate.net/profile/Katharina_Bernecker2/publication/282856846_Beliefs_About_Willpower_Moderate_The_Effect_of_Previous_Day_Demands_on_Next_Day.

BOKSEM, Maarten A. S.; MEIJMAN, Theo F.; LORIST, Monicque M. "Mental Fatigue, Motivation and Action Monitoring". *Biological Psychology*, 72, n. 2, maio 2006, 123-32. https://doi.org/10.1016/j.biopsycho.2005.08.007.

DANZIGER, S.; LEVAV, J.; AVNAIM-PESSO, L.. "Extraneous Factors in Judicial Decisions". *Proceedings of the National Academy of Sciences*, 108, n. 17, 11 abril 2011, 6889-92. https://doi.org/10.1073/pnas.1018033108.

DE RIDDER, Denise; ADRIAANSE, Marieke; FUJITA, Kentaro. *The Routledge International Handbook of Self-Control in Health and Well-Being*: Concepts, Theories, and Central Issues. Abingdon; Nova York: Routledge, 2018.

HAYDEN, Benjamin Y. "Why Has Evolution Not Selected for Perfect Self-Control?". *Philosophical Transactions of the Royal Society B: Biological Sciences*, 374, n. 1766, 31 dez. 2018. 20180139, https://doi.org/10.1098/rstb.2018.0139.

MISCHEL, Walter; EBBESEN, Ebbe B.; ZEISS, Antonette Raskoff. "Cognitive and Attentional Mechanisms in Delay of Gratification". *Journal of Personality and Social Psychology*, 21, n. 2, 1972, 204-18. https://doi.org/10.1037/h0032198.

MISCHEL, Walter. *The Marshmallow Test: Understanding Self-Control and How to Master It.* Londres: Corgi Books, 2015.

MOLDEN, D. C.; HUI, C. M.; SCHOLER, A. A. "Chapter 20 — Understanding Self-Regulation Failure: A Motivated Effort-Allocation Account". In: HIRT, Edward R.; CLARKSON, Joshua J.;JIA, Lile. *ScienceDirect*. San Diego: Academic Press, 1 jan. 2016. https://www.sciencedirect.com/science/article/pii/B9780128018507000202.

QI, Peng *et al.* "Neural Mechanisms of Mental Fatigue Revisited: New Insights from the Brain Connectome". *Engineering* 5, n. 2, abril 2019, 276-86. https://doi.org/10.1016/j.eng.2018.11.025.

SHENHAV, Amitai *et al.* "Toward a Rational and Mechanistic Account of Mental Effort". *Annual Review of Neuroscience*, 40, n. 1, 25 jul. 2017, 99-124. https://doi.org/10.1146/annurev-neuro-072116-031526.

SZALAVITZ, Maia. "Decision Fatigue Saps Willpower — If We Let It". *Time*, 11 ago. 2011.

SZALAVITZ, Maia. "Mind over Mind? Decision Fatigue Saps Willpower — If We Let It". *Time*, 23 ago. 2011. Disponível em: <https://healthland.time.com/2011/08/23/mind-over-mind-decision-fatigue-may-deplete-ourwillpower-but-only-if-we-let-it/#ixzz1WRGB2Bya>.

6. O que e por quê

"The Many Benefits of Caring for Others". *Caregiver Stress*, 31 maio 2017. Disponível em: https://www.caregiverstress.com/stress-management/daughters-in-the-workplace/benefits-of-caring-for-others-canada/.

BOYLE, Patricia A. *et al.* "Effect of a Purpose in Life on Risk of Incident Alzheimer Disease and Mild Cognitive Impairment in Community-Dwelling Older Persons". *Archives of General Psychiatry*, 67, n. 3, 1 mar. 2010, 304-310. https://doi.org/10.1001/archgenpsychiatry.2009.208.

FREDRICKSON, B. L. *et al.* "A Functional Genomic Perspective on Human Well-Being". *Proceedings of the National Academy of Sciences*, 110, n. 33, 29 jul. 2013, 13684-89. https://doi.org/10.1073/pnas.1305419110.

"State of Global Well-Being. Results of the Gallup-Healthways Global Well-Being Index". *Healthways*, 2013. Disponível em: http://info.healthways.com/hs-fs/hub/162029/file-1634508606-pdf/WBI2013/Gallup-Healthways_State_of_Global_Well-Being_vFINAL.pdf?t=1428689269171.

"How Finding Your Purpose Can Improve Your Health and Life". *Blue Zones*, 22 ago. 2011. Disponível em: https://www.bluezones.com/2011/08/the-right-outlook-how-finding-your-purpose-can-improve-your-life/.

KOIZUMI, Megumi *et al.* "Effect of Having a Sense of Purpose in Life on the Risk of Death from Cardiovascular Diseases". *Journal of Epidemiology*, 18, n. 5, 2008, 191-96. https://doi.org/10.2188/jea.je2007388.

MILYAVSKAYA, Marina *et al.* "Saying 'No' to Temptation: Want-to Motivation Improves Self-Regulation by Reducing Temptation "Rather than by Increasing Self-Control". *Journal of Personality and Social Psychology*, 109, n. 4, 2015, 677-93. https://doi.org/10.1037/pspp0000045.

MOZES, Alan. "A Sense of Purpose May Help Your Heart". *Medical Express*, 6 mar. 2015. Disponível em: https://medicalxpress.com/news/2015-03-purpose-heart.html.

PARKER, Clifton B. "Stanford Psychologist Explores How Meaningfulness Cultivates Well-Being over Time". *Stanford University*, 22 out. 2014. Disónível em: https://news.stanford.edu/news/2014/october/aaker-happy-choices-10-22-2014.html.

PHILLIPS, W. M. "Purpose in Life, Depression, and Locus of Control". *Journal of Clinical Psychology*, 36, n. 3, 1 julho 1980, 661-667. https://doi.org/10.1002/1097-4679(198007)36:33.0.co;2-g.

14. Seja verdadeiro com quem você é

DE RIDDER, Denise; ADRIAANSE, Marieke; FUJITA, Kentaro. *The Routledge International Handbook of Self-Control in Health and Well-Being*: Concepts, Theories, and Central Issues. Abingdon; New York: Routledge, 2018.

DHAR, Ravi; WERTENBROCH, Klaus. "Self-Signaling and the Costs and Benefits of Temptation in Consumer Choice". *Journal of Marketing Research*, 49, n. 1, fev. 2012, 15-25. https://doi.org/10.1509/jmr.10.0490.

LEE, Chang-Yuan Lee *et al.* "Past Actions as Self-Signals: How Acting in a Self-Interested Way Influences Environmental Decision Making". Claus Lamm (ed.) *PLOS ONE*, 11, n. 7, 22 jul. 2016. https://doi.org/10.1371/journal.pone.0158456.

16. O porquê e o como da consciência

BOWEN, Sarah *et al.* "The Role of Thought Suppression in the Relationship between Mindfulness Meditation and Alcohol Use". *Addictive Behaviors*, 32, n. 10, out. 2007, 2324-28. https://doi.org/10.1016/j.addbeh.2007.01.025.

CARLSTON, Donal E. *The Oxford Handbook of Social Cognition.* Oxford; Nova York: Oxford University Press, 2014.

ERSKINE, James A. K. "Resistance Can Be Futile: Investigating Behavioural Rebound". *Appetite,* 50, n. 2-3, mar. 2008, 415-21. https://doi.org/10.1016/j.appet.2007.09.006.

ERSKINE, James A. K.GEORGIOU, George J.; KVAVILASHVILI, Lia. "I Suppress, Therefore I Smoke". *Psychological Science*, 21, n. 9, 26 jul. 2010, 1225-30. https://doi.org/10.1177/0956797610378687.

GIULIANO, Ryan J.; WICHA, Nicole Y.Y. "Why the White Bear Is Still There: Electrophysiological Evidence for Ironic Semantic Activation during Thought Suppression". *Brain Research*, 1316, fev. 2010, 62-74. https://doi.org/10.1016/j.brainres.2009.12.041.

SIEP, Nicolette *et al.* "Fighting Food Temptations: The Modulating Effects of Short-Term Cognitive Reappraisal, Suppression and up-Regulation on Mesocorticolimbic Activity Related to Appetitive Motivation". *NeuroImage*, 60, n. 1, 1 mar. 2012, 213-220. https://doi.org/10.1016/j.neuroimage.2011.12.067.

WEGNER, Daniel M. *et al.* "Ironic Processes of Mental Control". *Psychological Review*, 101, n. 1, 2004, 34-52. http://www2.psych.ubc.ca/~schaller/Psyc590Readings/Wegner1994.pdf.

WEGNER, Daniel M. *et al.* "Paradoxical Effects of Thought Suppression". 2004. Disponível em: <http://www.communicationcache.com/uploads/1/0/8/8/10887248/paradoxical_effects_of_thought_suppression.pdf>

YOKUM, S.; STICE, E. "Cognitive Regulation of Food Craving: Effects of Three Cognitive Reappraisal Strategies on Neural Response to Palatable Foods". *International Journal of Obesity*, 37, n. 12, 9 abril 2013, 1565-70. https://doi.org/10.1038/ijo.2013.39.

17. O Método PAV

HIGGS, Suzanne; WOODWARD, Morgan. "Television Watching during Lunch Increases Afternoon Snack Intake of Young Women". *Appetite*, 52, n. 1, fev. 2009, 39-43. https://doi.org/10.1016/j.appet.2008.07.007.

LONG, Stacey *et al.* "Effects of Distraction and Focused Attention on Actual and Perceived Food Intake in Females with Non-Clinical Eating Psychopathology". *Appetite*, 56, n. 2, abril 2011, 350-56. https://doi.org/10.1016/j.appet.2010.12.018.

MITTAL, Dolly *et al.* "Snacking While Watching TV Impairs Food Recall and "Promotes Food Intake on a Later TV Free Test Meal". *Applied Cognitive Psychology*, 25, n. 6, 5 dez .2010, 871-77. https://doi.org/10.1002/acp.1760.

OLDHAM-COOPER, Rose E. *et al.* "Playing a Computer Game during Lunch Affects Fullness, Memory for Lunch, and Later Snack Intake". *The American Journal of Clinical Nutrition*, 93, n. 2, 8 dez. 2010, 308-13. https://doi.org/10.3945/ajcn.110.004580.

ROBINSON, Eric *et al.* "Eating Attentively: A Systematic Review and Meta-Analysis of the Effect of Food Intake Memory and Awareness on Eating" *The American Journal of Clinical Nutrition*, 97, n. 4, 27 fev. 2013, 728-42. https://doi.org/10.3945/ajcn.112.045245.

WALLAERT, M.; WARD, A.; MANN, T. "Reducing Smoking Among Distracted Individuals: A Preliminary Investigation". *Nicotine & Tobacco Research*, 16, n. 10, 6 ago. 2014, 1399-1403. https://doi.org/10.1093/ntr/ntu117.

18. Técnica 1: mude seu foco

BERKMAN, Elliot T. *et al.* "Self-Control as Value-Based Choice". *Current Directions in Psychological Science*, 26, n. 5 2017, 422-428. https://doi.org/10.1177/0963721417704394.

BREWER, Judson. "Judson Brewer — No Willpower Required: Hacking the Brain for Habit Change". *YouTube*, 2020. Disponível em: < https://youtu.be/nFuVUZRm9AI>.

CLEAR, James. *Atomic Habits*. New York: Avery, 2017.

LIBBY, Lisa K.; SHAEFFER, Eric M. ; EIBACH, Richard P. "Seeing Meaning in Action: A Bidirectional Link between Visual Perspective and Action Identification Level". *Journal of Experimental Psychology: General*, 138, n. 4, 2009, 503-16. https://doi.org/10.1037/a0016795.

MILYAVSKAYA, Marina *et al.* "Saying 'No' to Temptation: Want-to Motivation Improves Self-Regulation by Reducing Temptation Rather than by Increasing Self-Control". *Journal of Personality and Social Psychology*, 109, n. 4, 2015, 677-93. https://doi.org/10.1037/pspp0000045.

MURAVEN, Mark; GAGNÉ, Marylène; ROSMAN, Heather. "Helpful Self-Control: Autonomy Support, Vitality, and Depletion". *Journal of Experimental*

Social Psychology, 44, n. 3, maio 2008, 573-85. https://doi.org/10.1016/j.jesp.2007.10.008.

MYRSETH, Kristian Ove R.; FISHBACH, Ayelet. "Self-Control". *Current Directions in Psychological Science*, 18, n. 4, ago. 2009, 247-52. https://doi.org/10.1111/j.1467-8721.2009.01645.x.

SHELDON, Oliver J.; FISHBACH, Ayelet. "Anticipating and Resisting the Temptation to Behave Unethically". *Personality and Social Psychology Bulletin*, 41, n. 7, 22 maio 2015, 962-75. https://doi.org/10.1177/0146167215586196.

STRÖMBÄCK, Camilla *et al.* "Does Self-Control Predict Financial Behavior and Financial Well-Being?". *Journal of Behavioral and Experimental Finance*, 14, jun. 2017, 30-38. https://doi.org/10.1016/j.jbef.2017.04.002.

URMINSKY, Oleg. "The Role of Psychological Connectedness to the Future Self in Decisions Over Time". *Current Directions in Psychological Science*, 26, n. 1, fev. 2017, 34-39. https://doi.org/10.1177/0963721416668810.

WEBB, Elizabeth C.; SHU, Suzanne B. "Is Broad Bracketing Always Better? How Broad Decision Framing Leads to More Optimal Preferences over Repeated Gambles". *Judgment and Decision Making*, 12, n. 4, 2017, 382-96. https://go.gale.com/ps/anonymous?id=GALE%7CA505130881&sid=googleScholar&v=2.1&it=r&linkaccess=abs&issn=19302975&p=AONE&sw=w.

WERNER, Kaitlyn M.; MILYAVSKAYA, Marina. "Motivation and Self-regulation: The Role of Want-to Motivation in the Processes Underlying Self-regulation and Self-control". *Social and Personality Psychology Compass*, 11 dez.2018. https://doi.org/10.1111/spc3.12425.

19. Técnica 2: mude sua percepção

GIULIANI, Nicole R.; CALCOTT, Rebecca D.; BERKMAN, Elliot T. "Piece of Cake. Cognitive Reappraisal of Food Craving". *Appetite*, 64, maio 2013, 56-61. https://doi.org/10.1016/j.appet.2012.12.020.

KOBER, Hedy *et al.* "Regulation of Craving by Cognitive Strategies in Cigarette Smokers". *Drug and Alcohol Dependence*, 106, n. 1, jan. 2010, 52-55. https://doi.org/10.1016/j.drugalcdep.2009.07.017.

MOTOKI, Kosuke; SUGIURA, Motoaki. "Disgust, Sadness, and Appraisal: Disgusted Consumers Dislike Food More Than Sad Ones". *Frontiers in Psychology*, 9, 6 fev. 2018. https://doi.org/10.3389/fpsyg.2018.00076.

READER, Shane W.; LOPEZ, Richard B.; DENNY, Bryan T. "Cognitive Reappraisal of Low-Calorie Food Predicts Real-World Craving and Consumption of High-and Low-Calorie Foods in Daily Life". *Appetite*, 131, dez. 2018, 44-52. https://doi.org/10.1016/j.appet.2018.08.036.

YOKUM, S. STICE, E. "Cognitive Regulation of Food Craving: Effects of Three Cognitive Reappraisal Strategies on Neural Response to Palatable Foods". *International Journal of Obesity*, 37, n. 12, 9 abril 2013, 1565-70. https://doi.org/10.1038/ijo.2013.39.

22. Consciência supera distrações

DE RIDDER, Denise; ADRIAANSE, Marieke; FUJITA, Kentaro. *The Routledge International Handbook of Self-Control in Health and Well-Being*: Concepts, Theories, and Central Issues. Abingdon; New York: Routledge, 2018.

HOFMANN, Wilhelm *et al.* "Yes, But Are They Happy? Effects of Trait Self-Control on Affective Well-Being and Life Satisfaction". *Journal of Personality*, 82, n. 4, 8 ago. 2013, 265-77, https://doi.org/10.1111/jopy.12050.

HOFMANN, Wilhelm; KOTABE, Hiroki; LUHMANN, Maike. "The Spoiled Pleasure of Giving in to Temptation". *Motivation and Emotion*, 37, n. 4, 7 abril 2013, 733-42. https://doi.org/10.1007/s11031-013-9355-4.

KRUGLANSKI, Arie W. *et al.*. "A Theory of Goal Systems". *Advances in Experimental Social Psychology*, 31 dez. 2002. https://www.researchgate.net/publication/242082665_A_theory_of_goal_systems.

LISLE, Douglas. "The Pleasure Trap: Douglas Lisle at xFremont". *YouTube*. Disponível em: https://youtu.be/jX2btaDOBK8.

OEI, Nicole Y. L. *et al.* "Acute Stress-Induced Cortisol Elevations Mediate Reward System Activity during Subconscious Processing of Sexual Stimuli". *Psychoneuroendocrinology*, 39, jan. 2014, 111-20. https://doi.org/10.1016/j.psyneuen.2013.10.005.

PHILLIPS, Anthony G.; VACCA, Giada;AHN, Soyon. "A Top-down Perspective on Dopamine, Motivation and Memory, *Pharmacology Biochemistry and Behavior*, 90, n. 2, 1 ago. 2008, 236-249. https://doi.org/10.1016/j.pbb.2007.10.014.

PLATÓ; LAMB, W. R. M. *Laches Protagoras; Mano; Euthydemus*. Londres: William Heinemann, 1924.

SCHOENFELD, Brad J. *et al.* "Evidence-Based Personal Training Attentional Focus for Maximizing Muscle Development: The Mind-Muscle Connection". *National Strength and Conditioning Association*, s.d.. Disponível em: https://bretcontreras.com/wp-content/uploads/Attentional-Focus-for-Maximizing-Muscle-Development-The-Mind-Muscle-Connection.pdf.

SINHA, Rajita. "How Does Stress Increase Risk of Drug Abuse and Relapse?". *Psychopharmacology*, 158, n. 4, 1 dez. 2001, 343-59. https://doi.org/10.1007/s002130100917.

WOOLLEY, Kaitlin; FISHBACH, Ayelet. "For the Fun of It: Harnessing Immediate Rewards to Increase Persistence in Long-Term Goals". *Journal of Consumer Research*, 42, n. 6, 5 jan. 2016, 952-66. https://doi.org/10.1093/jcr/ucv098.

27. Crie suas recompensas

Recompensas extrínsecas

BROWN, Emma M. *et al.* "Do Self-Incentives and Self-Rewards Change Behavior? A Systematic Review and Meta-Analysis". *Behavior Therapy*, 49, n. 1, jan. 2018, 113-23. https://doi.org/10.1016/j.beth.2017.09.004.

DE RIDDER, Denise; ADRIAANSE, Marieke; FUJITA, Kentaro. *The Routledge International Handbook of Self-Control in Health and Well-Being*: Concepts, Theories, and Central Issues. Abingdon; New York: Routledge, 2018.

MILKMAN, Katherine L.; MINSON, Julia A.; VOLPP, Kevin G. M. "Holding the Hunger Games Hostage at the Gym: An Evaluation of Temptation Bundling". *Management Science*, 60, n. 2, 2014, 283-99. https://doi.org/10.1287/mnsc.2013.1784.

ARIELY, Dan. "Self-Control: Dan Ariely at TEDxDuke". *YouTube*, 18 abr. 2011. Disponível em: https://youtu.be/PPQhj6ktYSo

THAKARE, Avinash E.; MEHROTRA, Ranjeeta; SINGH, Ayushi. "Effect of Music Tempo on Exercise Performance and Heart Rate among Young Adults". *International Journal of Physiology, Pathophysiology and Pharmacology*, 9, n. 2, 2017, 35-39. https://www.ncbi.nlm.nih.gov/pmc/articles/PMC5435671/.

Consequências dolorosas

GINÉ, Xavier; KARLAN, Dean; ZINMAN, Jonathan. "Put Your Money Where Your Butt Is: A Commitment Contract for Smoking Cessation". *American Economic Journal: Applied Economics*, 2, n. 4, out. 2010, 213-35. https://doi.org/10.1257/app.2.4.213.

PATEL, Mitesh S. *et al.* "Framing Financial Incentives to Increase Physical Activity Among Overweight and Obese Adults". *Annals of Internal Medicine*, 164, n. 6, 16 fev. 2016, 385, https://doi.org/10.7326/m15-1635.

ROYER, Heather; STEHR, Mark; SYDNOR, Justin. "Incentives, Commitments, and Habit Formation in Exercise: Evidence from a Field Experiment with Workers at a Fortune-500 Company". *American Economic Journal: Applied Economics*, 7, n. 3, jul. 2015, 51-84. https://doi.org/10.1257/app.20130327.

JOHN, Leslie K. *et al.* "Financial Incentives for Extended Weight Loss: A Randomized, Controlled Trial". *Journal of General Internal Medicine*, 26, n. 6, 20 janeiro 2011, 621-26. https://doi.org/10.1007/s11606-010-1628-y.

35. Influências sociais

ACHOR, Shawn. "The Happiness Advantage The Seven Principles of Positive Psychology That Fuel Success and Performance at Work". *The Business Source*. Disponível em: http://ebsp.s3.amazonaws.com/pdf/happinessadvantagen_s.pdf. Acesso em: 7 jan. 2021.

CHRISTAKIS, Nicholas A.; FOWLER, James H. "The Spread of Obesity in a Large Social Network over 32 Years". *New England Journal of Medicine*, 357, n. 4, 26 jul. 2007, 370-79. https://doi.org/10.1056/nejmsa066082.

ELICKER, Joelle; O'MALLEY, Alison; LEVY, Paul. "(PDF) Employee Lateness Behavior: The Role of Lateness Climate and Individual Lateness Attitude". *Human Performance*, 21, n. 4, 427-441, 8 out. 2008. https://www.researchgate.net/publication/232846898_Employee_Lateness_Behavior_The_Role_of_Lateness_Climate_and_Individual_Lateness_Attitude.

HENSVIK, Lena; NILSSON, Peter. "Businesses, Buddies and Babies: Social Ties and Fertility at Work". Uppsala: Institute for Labour Market Policy Evaluation, 30 jun. 2010. Disponível em: https://www.econstor.eu/bitstream/10419/45767/1/635426633.pdf.

MCDERMOTT, Rose; FOWLER, James; CHRISTAKIS, Nicholas. "Breaking Up Is Hard to Do, Unless Everyone Else Is Doing It Too: Social Network Effects on Divorce in a Longitudinal Sample". *Social Forces; a Scientific Medium of Social Study and Interpretation*, 92, n. 2, 1 dez. 2013, 491-519. https://www.ncbi.nlm.nih.gov/pmc/articles/PMC3990282.

WHEELER, Ladd. "Kurt Lewin". *Social and Personality Psychology Compass*, 2, n. 4, ju. 2008, 1638-50. https://doi.org/10.1111/j.1751-9004.2008.00131.x.

36. Estilo de vida favorável

Sono

BOONSTRA, T. W. *et al.* "Effects of Sleep Deprivation on Neural Functioning: An Integrative Review". *Cellular and Molecular Life Sciences*, 64, n. 7-8, 8 mar. 2007, 934-46. https://doi.org/10.1007/s00018-007-6457-8.

GOLDSCHMIED, Jennifer R. *et al.* "Napping to Modulate Frustration and Impulsivity: A Pilot Study", *Personality and Individual Differences*, 86, novembro 2015, 164-67. https://doi.org/10.1016/j.paid.2015.06.013.

GREER, Stephanie M.; GOLDSTEIN, Andrea N.; WALKER, Matthew P. "The Impact of Sleep Deprivation on Food Desire in the Human Brain". *Nature Communications*, 4, n. 1, 6 ago. 2013. https://doi.org/10.1038/ncomms3259.

HEATH, Georgina *et al.* "The Effect of Sleep Restriction on Snacking Behaviour during a Week of Simulated Shiftwork". *Accident Analysis & Prevention*, 45, 1 mar. 2012, 62-67. https://doi.org/10.1016/j.aap.2011.09.028.

NAUTS, Sanne; KROESE, Floor. "The Role of Self-Control in Sleep Behavior". Utrecht: Department of Social, Health & Organizational Psychology, jul. 2016. https://www.researchgate.net/profile/Sanne_Nauts/publication/305208390_Self-control_in_Sleep_Behavior/links/5784adfa08ae37d3af6d8503.pdf, 2017.

WILLIAMSON, A. M.; FEYER, A. M. "Moderate Sleep Deprivation Produces Impairments in Cognitive and Motor Performance Equivalent to Legally Prescribed Levels of Alcohol Intoxication". *Occupational and Environmental Medicine*, 57, n. 10, 2000, 649-55. https://doi.org/10.1136/oem.57.10.649.

Exercícios

CLARKSON, J. J. *et al.* "Perceived Mental Fatigue and Self-Control". *Self-Regulation and Ego Control*, 2016, 185-202. https://doi.org/10.1016/b978-0-12-801850-7.00010-x.

ERICKSON, Kirk I.; HILLMAN, Charles H.; KRAMER, Arthur F. "Physical Activity, Brain, and Cognition". *Current Opinion in Behavioral Sciences*, 4, ago. 2015, 27-32. https://doi.org/10.1016/j.cobeha.2015.01.005.

LOWE, Cassandra J.; KOLEV, Dimitar; HALL, Peter A. "An Exploration of Exercise-Induced Cognitive Enhancement and Transfer Effects to Dietary Self-Control". *Brain and Cognition*, 110, dez. 2016, 102-11. https://doi.org/10.1016/j.bandc.2016.04.008.

ROBINSON, Matthew M.; LOWE, Val J.; NAIR, K Sreekumaran. "Increased Brain Glucose Uptake After 12 Weeks of Aerobic High-Intensity Interval Training in Young and Older Adults". *The Journal of Clinical Endocrinology & Metabolism*, 103, n. 1, 25 out. 2017, 221-27. https://doi.org/10.1210/jc.2017-01571.

37. Meditação: a academia da autodisciplina

SAMARRAI, Fariss. "Doing Something Is Better Than Doing Nothing for Most People, Study Shows". *UVA Today*, 3 jul. 2014. Disponível em: https://news.virginia.edu/content/doing-something-better-doing-nothing-most-people-study-shows.

TANG, Yi-Yuan *et al.* "Central and Autonomic Nervous System Interaction Is Altered by Short-Term Meditation". *Proceedings of the National Academy of Sciences of the United States of America*, 106, n. 22, 2 jun. 2009, 8865-8870. https://doi.org/10.1073/pnas.0904031106.

TANG, Yi-Yuan *et al.* "Short-Term Meditation Training Improves Attention and Self-Regulation". Proceedings of the National Academy of Sciences, 104, n. 43, 11 out. 2007, 17152-56. https://doi.org/10.1073/pnas.0707678104.

TAREN, Adrienne A.; CRESWELL, J. David; GIANAROS, Peter J. "Dispositional Mindfulness Co-Varies with Smaller Amygdala and Caudate Volumes in Community Adults". Allan Siegel (ed.) *PLOS ONE*, 8, n. 5, 22 maio 2013. https://doi.org/10.1371/journal.pone.0064574.

VAN VUGT, Marieke K.; JHA, Amishi P. "Investigating the Impact of Mindfulness Meditation Training on Working Memory: A Mathematical Modeling Approach". *Cognitive, Affective, & Behavioral Neuroscience*, 11, n. 3, 6 jul. 2011, 344-53. https://doi.org/10.3758/s13415-011-0048-8.

Repressão não é bom

DE RIDDER, Denise; GILLEBAART, Marleen. "Lessons Learned from Trait Self-Control in Well-Being: Making the Case for Routines and Initiation as Important Components of Trait Self-Control". *Health Psychology Review*, 11, n. 1, 12 dez, 2016, 89-99. https://doi.org/10.1080/17437199.2016.1266275.

GILLEBAART, Marleen; DE RIDDER, Denise T. D.. "Effortless Self-Control: A Novel Perspective on Response Conflict Strategies in Trait Self-Control". *Social and Personality Psychology Compass*, 9, n. 2, fev. 2015, 88-99. https://doi.org/10.1111/spc3.12160.

MILYAVSKAYA, Marina *et al.* "Saying 'No' to Temptation: Want-to Motivation Improves Self-Regulation by Reducing Temptation Rather than by Increasing Self-Control". *Journal of Personality and Social Psychology*, 109, n. 4, 2015, 677-93. https://doi.org/10.1037/pspp0000045.

WANG, Yan; YANG, Lixia; WANG, Yan. "Suppression (but Not Reappraisal) Impairs Subsequent Error Detection: An ERP Study of Emotion Regulation's Resource-Depleting Effect". Ingmar HA. Franken (ed.). *PLOS ONE* 9, n. 4, 28 abril 2014.https://doi.org/10.1371/journal.pone.0096339.

WEGNER, Daniel M. *et al.* "Paradoxical Effects of Thought Suppression". *Journal of Personality and Social Psychology*, 53, n. 1, 1987, 5-13. https://doi.org/10.1037//0022-3514.53.1.5.

WERNER, Kaitlyn M.; MILYAVSKAYA, Marina. "Motivation and Self-regulation: The Role of Want-to Motivation in the Processes Underlying Self-regulation and Self-control". *Social and Personality Psychology Compass*, 11 dezembro 2018. https://doi.org/10.1111/spc3.12425.

Mindfulness é melhor para lidar com desejos

BAER, Ruth A. *et al.* "Using Self-Report Assessment Methods to Explore Facets of Mindfulness". *Assessment*, 13, n. 1, 2006, 27-45. https://doi.org/10.1177/1073191105283504.

BAER, Ruth A. *et al.* "Using Self-Report Assessment Methods to Explore Facets of Mindfulness". *Assessment*, 13, n. 1, 2006, 27-45. https://doi.org/10.1177/1073191105283504.

HIGGS, Suzanne; WOODWARD, Morgan. "Television Watching during Lunch Increases Afternoon Snack Intake of Young Women". *Appetite*, 52, n. 1, fev. 2009, 39-43. https://doi.org/10.1016/j.appet.2008.07.007.

KAMBOJ, Sunjeev K. *et al.* "Ultra-Brief Mindfulness Training Reduces Alcohol Consumption in At-Risk Drinkers: A Randomized Double-Blind Active-Controlled Experiment". *International Journal of Neuropsychopharmacology*, 20, n. 11, 1 nov. 2017, 936-947. https://doi.org/10.1093/ijnp/pyx064.

LONG, Stacey *et al.* "Effects of Distraction and Focused Attention on Actual and Perceived Food Intake in Females with Non-Clinical Eating Psychopathology" *Appetite*, 56, n. 2, abril 2011, 350-56. https://doi.org/10.1016/j.appet.2010.12.018.

MASON, Ashley E. *et al.* "Effects of a Mindfulness-Based Intervention on Mindful Eating, Sweets Consumption, and Fasting Glucose Levels in Obese Adults: Data from the SHINE Randomized Controlled Trial". *Journal of Behavioral Medicine*, 39, n. 2, 1 abril 2016, 201-213. https://doi.org/10.1007/s10865-015-9692-8.

MASON, Ashley E. *et al.* "Reduced Reward-Driven Eating Accounts for the Impact of a Mindfulness-Based Diet and Exercise Intervention on Weight Loss: Data from the SHINE Randomized Controlled Trial". *Appetite*, 100, maio, 2016, 86-93. https://doi.org/10.1016/j.appet.2016.02.009.

MEYER, Jacob D. *et al.* "Benefits of 8-Wk Mindfulness-Based Stress Reduction or Aerobic Training on Seasonal Declines in Physical Activity". *Medicine & Science in Sports & Exercise*, 50, n. 9, set. 2018, 1850-58. https://doi.org/10.1249/mss.0000000000001636.

MITTAL, Dolly *et al.* "Snacking While Watching TV Impairs Food Recall and Promotes Food Intake on a Later TV Free Test Meal". *Applied Cognitive Psychology*, 25, n. 6, 5 dez. 2010, 871-77. https://doi.org/10.1002/acp.1760.

OLDHAM-COOPER, Rose E. *et al.* "Playing a Computer Game during Lunch Affects Fullness, Memory for Lunch, and Later Snack Intake". *The American Journal of Clinical Nutrition*, 93, n. 2, 8 dez. 2010, 308-13. https://doi.org/10.3945/ajcn.110.004580.

ROBINSON, Eric *et al.* "Eating Attentively: A Systematic Review and Meta-Analysis of the Effect of Food Intake Memory and Awareness on Eating". *The American Journal of Clinical Nutrition*, 97, n. 4, 27 fev. 2013, 728-42. https://doi.org/10.3945/ajcn.112.045245.

VAN DE VEER, Evelien; VAN HERPEN, Erica; VAN TRIJP, Hans C. M. "Body and Mind: Mindfulness Helps Consumers to Compensate for Prior Food Intake by Enhancing the Responsiveness to Physiological Cues". *Journal of Consumer Research*, 42, n. 5, 17 nov. 2015, 783-803. https://doi.org/10.1093/jcr/ucv058.

38. Virtudes: seus superpoderes

CLARK, Stan. "The Restraint Bias: How Much Self Control Do You Really Have?". *Perspectives*, 6, n. 12, s.d. https://woodgundyadvisors.cibc.com/documents/525322/661211/The+Restraint+Bias+How+much+control+do+you+really+have.pdf/8148d938-c990-4154-97cd-efa5240e99b7.

NORDGREN, Loran F.; VAN HARREVELD, Frenk; VAN DER PLIGT, Joop. "The Restraint Bias: How the Illusion of Self-Restraint Promotes Impulsive Behavior". *Psychological Science*, 20, n. 12, 1 dez. 2009, 1523-1528. https://doi.org/10.1111/j.1467-9280.2009.02468.x.

NORDGREN, Loran. "Beware the Siren's Song". *Kellogg Insight*, 3 ago. 2009. Disponível em: https://insight.kellogg.northwestern.edu/article/beware_the_sirens_song.

39. Espiritualidade: a camada mais profunda

AKBARI, Mehdi; HOSSAINI, Sayed Morteza. "The Relationship of Spiritual Health with Quality of Life, Mental Health, and Burnout: The Mediating Role of Emotional Regulation". *Iranian Journal of Psychiatry*, 13, n. 1, 1 jan. 2018, 22-31. https://pubmed.ncbi.nlm.nih.gov/29892314/.

JOHNSON, Kirk A. "Prayer: A Helpful Aid in Recovery from Depression". *Journal of Religion and Health*, 57, n. 6, 30 jan. 2018, 2290-2300. https://doi.org/10.1007/s10943-018-0564-8.

MANNING, Lydia K. "Spirituality as a Lived Experience: Exploring the Essence of Spirituality for Women in Late Life". *The International Journal of Aging and Human Development*, 75, n. 2, set. 2012, 95-113. https://doi.org/10.2190/ag.75.2.a.

MCMAHON, Brendan T.; BIGGS, Herbert C. "Examining Spirituality and Intrinsic Religious Orientation as a Means of Coping with Exam Anxiety". *Vulnerable Groups & Inclusion*, 3, n. 1, jan. 2012, 14918. https://doi.org/10.3402/vgi.v3i0.14918.

ROSS, Julianne; KENNEDY, Gerard; MACNAB, Francis. "The Effectiveness of Spiritual/Religious Interventions in Psychotherapy and Counselling: A Review of the Recent Literature". *Psychotherapy and Counsiling Federation of Australia*, 2015. Disponível em: https://www.pacfa.org.au/wp-content/uploads/2012/10/Spiritual-and-Religious-Therapy-Literature-Review.pdf.

VERGHESE, Abraham. "Spirituality and Mental Health". *Indian Journal of Psychiatry*, 50, n. 4, 2008, 233. https://doi.org/10.4103/0019-5545.44742.

WACHHOLTZ, Amy B.; SAMBAMTHOORI, Usha. "National Trends in Prayer Use as a Coping Mechanism for Depression: Changes from 2002 to 2007". *Journal of Religion and Health*, 52, n. 4, 6 out. 2012, 1356-68, https://doi.org/10.1007/s10943-012-9649-y.

WHITEHEAD, B. R.; BERGEMAN, C. S. "Coping with Daily Stress: Differential Role of Spiritual Experience on Daily Positive and Negative Affect". *The Journals of Gerontology Series B: Psychological Sciences and Social Sciences*, 67, n. 4, 22 dez. 2011, 456-59. https://doi.org/10.1093/geronb/gbr136.